식민지시기 종교와 민족운동

식민지시기 종교와 민족운동

초판 1쇄 발행   2013년 2월 20일

지은이 ㅣ 성주현
펴낸이 ㅣ 윤관백
펴낸곳 ㅣ 선인

등록 ㅣ 제5-77호(1998.11.4)
주소 ㅣ 서울시 마포구 마포동 324-1 곳마루 B/D 1층
전화 ㅣ 02)718-6252/6257
팩스 ㅣ 02)718-6253
E-mail ㅣ sunin72@chol.com

정가 32,000원
ISBN   978-89-5933-597-8   93900

식민지시기 종교와 민족운동

성 주 현

책머리에

무릇 종교란 '신이나 초자연적인 절대자 또는 힘에 대한 믿음을 통하여 인간 생활의 고뇌를 해결하고 삶의 궁극적인 의미를 추구하는 문화 체계'라 한다. 그러므로 많은 사람들이 종교생활을 하고 있다. 그리고 이를 '신앙생활'이라고도 한다. 종교의 궁극적 목적은 종교마다, 그리고 그것을 신앙하는 사람마다 각기 다르다. 그렇지만 종교의 목적이 '선(善)'을 추구하는 것임은 분명하다. 그래서 선한 행위를 하면 천당이나 극락에 가게 되는 것이고, 그렇지 못할 경우에는 지옥으로 가게 된다고 한다. 예외로, 천도교의 경우는 '지상천국 건설'을 추구한다.

그렇지만 제국주의 시기에는 종교라 하여 반드시 '선'을 추구하지는 않았다. 우리나라의 사례를 본다면, 일제강점기 때 일본 종교는 때로 침략의 첨병으로 활약하기도 하였다. 한말 일본의 불교와 기독교는 '조선 전도'라는 명분으로 포교를 시작하였지만 그 이면에서는 침략을 합리화하고 식민지배를 정당화하였다. 뿐만 아니라 일제강점기 민족운동을 어리석은 일로 치부하기도 하였다. 이로 볼 때 종교의 진정한 목적이 무엇인지 자문하지 않을 수 없다.

또 다른 면에서 종교는 민족과 결부되면서 새로운 모습을 보여주기도 하였다. 국가가 위기에 처했을 때는 종교가 민족운동의 최전선에서 활약하기도 하였다. 특히 우리나라의 경우 더욱 그러한 측면이

강하였다. 한말 일제의 침략이 본격화되면서 유교를 비롯하여 천도
교, 기독교, 대종교, 불교 등 대부분의 종교들이 민족운동의 전선에서
자기희생을 두려워하지 않았다. 이들 종교들은 여기에서 그치지 않
고 일제강점기 내내 민족운동을 주도하였다. 이를 '종교민족주의'라
고도 한다. 그러나 1930년대에 들어 일제의 식민지배가 한민족 말살
에 이르자 이에 굴복하는 경우도 없지 않았다. 그럼에도 불구하고
종교는 여전히 민족과 함께 삶을 공유하고 있다. 그런 점에서 이 책은
종교가 지니고 있는 목적이 무엇인가에 대해 다시 한번 생각해 볼
수 있는 계기가 될 수 있지 않을까 한다.

  이 책은 일제강점기 한국에서 활동하였던 여러 종교의 다양한 모
습을 살펴보고 있다. 식민지 기간 한국에서 활동한 종교는 한국 고유
의 종교뿐만 아니라 서양에서 들어온 종교, 일본에서 들어온 종교 등
다양한 층을 형성하고 있었다. 고유종교의 경우에는 유교를 비롯하
여 불교, 천도교, 대종교, 태을교 등이 있으며, 서양에서 들어온 종교
는 천주교와 기독교가 대표적이라 할 수 있다. 그리고 일본에서 들어
온 종교는 불교와 기독교였다. 그러나 일본에서 들어온 종교는 일반
적으로 알고 있는 종교와는 다른 모습을 보여주었다. 그렇기 때문에
해방이 된 이후 대부분의 일본 종교는 한국에서 그 자취를 찾기가
매우 어렵다.

  제1부는 일본 종교의 한국에서의 활동을 추적해보았다. 분석 시기
는 1910년대에 한정되어 아쉬운 점이 있지만 일제강점기 조선총독부
의 종교정책과 일본에서 들어온 불교 및 기독교의 활동과 역할을 살
펴보았다. 조선총독부의 종교정책은 종교를 공인종교(신도, 불교, 기
독교)와 유사종교(대종교, 천도교, 태을교 등)로 나누고 상황에 따라
때로는 탄압, 때로는 회유를 통해 적절히 통제하였다. 일본에서 들어
온 불교와 기독교는 조선총독부의 후원 아래 식민통치를 적극 지원

하는 동시에 이를 호도하였다. 제2부는 천도교의 민족운동에 대하여
살펴보았다. 천도교는 민족종교라는 명분으로 어느 종교보다 적극적
으로 민족운동에 참여하였다. 특히 3·1운동이 천도교, 기독교, 불교
의 연합전선으로 전개되었다는 것은 이미 주지의 사실이다. 이들 종
교는 중앙에서뿐만 아니라 지방에서도 3·1운동의 중심에 자리하고
있었다. 3·1운동 당시 수원과 평택에서 천도교의 역할을 분석하였
고, 일제강점기 최대의 민족운동단체라고 할 수 있는 신간회에서 천
도교의 역할이 어느 정도였는지 추적해보았다. 제3부는 일제강점기
유교의 동향과 민족종교의 활동을 엮어보았다. 유교는 조선 5백년의
통치이념을 제공하였지만 일제강점기에는 조선총독부의 철저한 통
제 아래 점차 관변화되었는데, 어떠한 과정을 통해 그렇게 되었는지
를 살펴보았다. 그리고 경기도 지역에서의 천도교 조직과 활동, 민족
종교의 비밀결사와 독립운동자금 모금운동, 태을교의 민족운동에 대
해 살펴보았다. 끝으로 보론을 추가하였다. 하나는 일제강점기와 해
방 이후 천도교 청년단체의 문화운동 흐름에 대한 추적이다. 그리고
다른 하나는 신복룡 교수가 주장한 3·1운동 당시 민족대표의 인식에
대해 반론한 글이다. 이 글은 얼마간 무례한 측면도 없지 않지만 신복
룡 교수의 논지에 나름대로 반론을 제시하고 있다. 다소 시간이 흘렀
지만 여전히 가슴 아프게 생각된다.

　이 책에 수록된 글은 지난 몇 해 동안 학술지 또는 학술발표를 통해
소개되었던 것들이다. 시간이 지나 다시 본다는 것이 두렵기도 했지
만 잘못된 것은 바로 잡았으며, 필요한 경우에는 첨삭으로 보완하였
다. 그럼에도 여전히 아쉬운 점은 남는다. 아마도 필자의 역량이 불
민한 탓이라고 할 수밖에 없다. 그렇다 하더라고 일제강점기 종교의
활동과 역할, 그리고 '종교민족운동'을 이해하는데 조금이라도 보탬
이 될 수 있다면 그것으로 큰 위안이 아닐까 한다.

한때 잡지의 편집 일을 맡았던 적이 있어 늘 별것 아닌 것으로 여기기도 했지만, 책을 만든다는 것은 예나 지금이나 어렵기는 마찬가지였다. 이 책이 세상에 나오기까지는 많은 시간이 필요하였다. 원고를 다시 찾아내고 정리하는데 1년, 그리고 편집과 교정을 하는데 또 1년을 묵혀야 했다. 더 이상 늦춘다면 아무래도 책으로 다시 태어난다는 것은 불가능하지 않았을까 한다. 그동안 편집과 교열을 꼼꼼히 봐준 도서출판 선인의 편집팀에게 먼저 감사의 인사를 표한다. 그리고 출판의 기회를 준 윤관백 사장님께도 감사를 드린다. 그리고 학자로서의 길을 갈 수 있도록 이끌어준 한성대 조규태 선생, 숭실대 황민호 선생, 경기대 조성운 선생에게도 감사의 인사를 전하고 싶다. 또 많은 가르침을 주신 경기대 조병로 교수님, 수원대 박환 교수님에게도 감사의 인사를 드린다. 그러나 무엇보다도 가족에게 고마움의 인사를 전하지 않을 수 없다. 아내인 김양주 선생, 역사를 공부하고 있는 딸 지윤, 아들 치헌, 그리고 부모님과 동생들, 함께하는 가족에게도 감사의 인사를 전한다.

2012년 12월 평택 서재에서

성주현

목차

제2부 천도교의 민족운동

제3부 식민지시기 유림과 민족종교의 활동

제1부

일제의 종교정책과
재조일본종교의 활동

제1장 일제의 종교정책과 종교규제법령

1. 머리말

일제는 조선을 식민지로 병합하는데 종교를 적극적으로 활용하였다. 일찍이 1894년 청일전쟁 당시부터 일본종교를 조선에 진출시키는가 하면 조선종교를 親日化하기 위해 회유와 통제를 병행하면서 종교를 제도권 안으로 끌어들였다. 1905년 을사늑약, 1907년 정미7조약으로 조선을 속국화한 일제는 조선의 종교를 침략과 지배에 대한 지지를 확보하는데 이용하기 위해 모든 수단을 동원하였다.

일제는 초기에 식민지 조선에 일본종교의 포교를 권장하였으나 무분별하게 포교가 전개되자 이를 통제할 필요성을 갖게 되었다. 외국선교사에게는 정교분리를 내세워 우대하는 듯한 기만정책을 보여주었지만 불교, 기독교, 유교에 대해서는 귀족, 양반, 유생, 종교가를 파견하여 회유하는 한편 천도교 등 민족종교와 무속에 대해서는 가혹하게 탄압하였다. 일제의 종교정책은 회유와 탄압을 반복하면서 일제에 협조적인가 아닌가, 이용가치가 있는가 없는가에 따라 자의

적으로 적용되었다.[1]

초대 통감 伊藤은 1906년 11월 17일 '宗敎의 宣布에 관한 規則'을
공포하여 종교를 통제하기 위한 발판을 마련하였다.[2] 통감부 시기
일본불교는 조선불교를 통합하려는 움직임이 있었으며, 천주교는 친
러배일적 태도에서 일제에 협조하는 자세로 전환되었다. 특히 안중
근의 伊藤狙擊事件 이후에는 종교분리론을 내세워 신자들의 항일운
동을 금지시켰다. 동학은 일진회를 회유하여 天道敎에서 侍天敎를
분립하였으며, 유교의 경우는 일제의 후원으로 大東學會·國是諭說

---

1) 유준기, 「1910년대 일제의 종교침략과 그 대응─유교와 기독교를 중심으로─」, 『건대
   사학』 10, 2003, 218~219쪽.
2) 『統監府法令資料集』 상, 대한민국국회도서관, 1972, 234~235쪽.
   '宗敎의 宣布에 關한 規則'은 다음과 같다.
   제1조 제국에 있어서의 神道 佛敎 其他 宗敎에 屬하는 敎宗派로서 布敎에 從事하랴
      할 時는 當該 官長 又는 此에 準할 者 韓國에 있어서의 管理者를 선정하여 이력서를
      添하고 左의 사항을 具하고 統監의 認可를 受함이 可함.
      1. 포교의 방법
      2. 포교자의 감독방법
   제2조 前條의 경우를 除한 外 제국신민으로서 종교의 선포에 종사하려 할 시는 종교의
      名稱 및 포교의 방법에 관한 사항을 具하고 이력서를 添하여 所轄 이사관을 經하여
      統監의 인가를 수함이 가함.
   제3조 종교의 用에 供하기 위하여 寺院 堂宇 會堂 說敎所 又는 講義所의 類를 설립하
      려 할 시는 교종파의 관리자 又는 前條의 포교자는 좌의 사항을 具하고 其 소재지
      관할의 이사관의 인가를 수함이 가함.
      1. 명칭 및 소재지
      2. 종교의 명칭
      3. 관리 및 유지방법
   제4조 교종파의 관리자 또는 제2조의 포교자 기타 제국신민으로서 한국 사원의 관리
      의 위촉에 應하려 할 시는 필요한 서류를 첨하여 其 사원 소재지의 所轄 이사관을
      경하여 통감의 인가를 수함이 가함.
   제5조 前各條의 인가사항을 변경하려 할 시에는 更히 인가를 수함이 가함.
   제6조 교종파의 관리자 또는 제2조의 포교자는 소속포교자의 氏名 및 자격을 所轄
      이사관에 屆出함이 가함. 其 포교자에 이동이 있었을 시 亦同함.
   부칙
   제7조 본칙은 明治 39년 12월 1일부터 此를 시행함.
   제8조 본칙 시행의 際 현재로 포교에 종사하거나 또는 제3조 혹은 제4조의 규정에
      해당하는 자는 본칙 시행 후 3개월 내 각조의 인가사항을 屆出함이 가함.

團을 조직하여 유림을 회유하는데 주력하였다.

　이러한 통감부의 종교정책은 1910년 조선을 강점한 후 총독부의 무단통치로 회유정책보다는 통제정책으로 전환되었다. 종교 전반에 대해서는 布敎規則,[3] 불교는 寺刹令,[4] 유교는 經學院規則,[5] 기독교는 私立學校規則,[6] 그리고 민족종교[7]와 무속[8]은 類似宗敎라 하여

---

[3] 포교규칙과 관련된 연구논문은 다음과 같다.
尹善子, 「1910년대 일제의 종교규제법령과 朝鮮天主敎會의 대응」, 『한국근현대사연구』 6, 한국근현대사연구회, 1997 ; 윤선자, 「1915년 〈포교규칙〉 공포 이후 종교기관 설립 현황」, 『한국기독교와 역사』 8, 한국기독교역사학회, 1998 ; 尹善子, 「朝鮮總督府의 宗敎政策과 天主敎會의 對應」, 國民大學校 大學院 博士學位論文, 1997 ; 尹善子, 「일제의 종교정책과 新宗敎」, 『한국근현대사연구』 13, 한국근현대사학회, 2000 ; 안유림, 「일제의 기독교 통제정책과 〈포교규칙〉」, 『한국기독교와 역사』 28, 2008 ; 朴相權, 「日帝의 宗敎政策과 韓國 宗敎」, 『崇山朴吉眞博士古稀紀念 韓國近代宗敎思想史』, 崇山朴吉眞博士古稀紀念事業會, 1984.

[4] 사찰령과 관련된 연구논문은 다음과 같다.
鄭珖鎬, 「日帝의 宗敎政策과 植民地佛敎」, 『韓國史學』 3, 한국정신문화연구원, 1980 ; 徐景洙, 「日帝의 佛敎政策－寺刹令을 中心으로－」, 『佛敎學報』 19, 동국대학교 불교문화연구소, 1982 ; 김창수, 「日帝下 佛敎界의 抗日民族運動」, 『가산이지관스님화갑기념논총 한국불교문화사상사』 하, 논총간행위원회, 1992 ; 金光植, 「1910年代 佛敎界의 進化論 受容과 寺刹令」, 『韓國近現代史論叢』, 吳世昌敎授華甲紀念論叢刊行委員會, 1995 ; 김순석, 「朝鮮總督府의 〈寺刹令〉공포와 30본사 체제의 성립」, 『韓國思想史學』 18, 韓國思想史學會, 2002 ; 鄭珖鎬, 「日帝의 韓國侵略이 佛敎界에 미친 影響」, 고려대학교 대학원 석사학위논문, 1968 ; 표창진, 「韓末日帝下 日本佛敎의 浸透와 조선佛敎界의 再編」, 한국외국어대학교 교육대학원 석사학위논문, 1998.

[5] 경학원과 관련된 연구논문은 다음과 같다.
이명화, 「조선總督府의 儒敎政策(1910~1920年代)」, 『한국독립운동사연구』 7, 한국독립운동사연구소, 1993 ; 劉準基, 「1910년대 전후 일제의 유림 친일화정책과 유림계의 대응」, 『韓國史硏究』 114, 韓國史硏究會, 2001 ; 柳美那, 「植民地期朝鮮における經學院」, 『朝鮮史硏究會論文集』 42, 朝鮮史硏究會, 2004 ; 류미나, 「식민지권력에의 '협력'과 좌절－經學院과 향교 및 문묘와의 관계를 중심으로－」, 『한국문화』 36, 서울大學校韓國文化硏究所, 2005 ; 류미나, 「전시체제기 조선총독부의 유림정책」, 『역사와 현실』 63, 한국역사연구회 2007 ; 정욱재, 「1910~1920年代 經學院의 人的 構成과 役割－司成과 講士를 중심으로－」, 『정신문화연구』 106, 한국학중앙연구원, 2007 ; 정욱재, 「日帝 協力 儒林 儒敎認識－1910년대~1920년대 경학원 관계자를 중심으로－」, 『韓國史學史學報』 16, 韓國史學史學報, 2007 ; 정일균, 「일제의 무단통치와 경학원」, 『사회와역사』 76, 한국사회사학회, 2007.

[6] 사립학교규칙과 관련된 연구논문은 다음과 같다.
尹善子, 「1910년대 일제의 종교규제법령과 朝鮮天主敎會의 대응」 ; 尹善子, 「朝鮮總督府의 宗敎政策과 天主敎會의 對應」 ; 金奎昌, 「조선語科始末과 日語敎育의 歷史的

保安法과 警察取締法 등의 법규를 각각 적용시켜 규제하였다.[9] 본고
에서는 이들 법령을 중심으로 일제의 종교정책과 각 종교에 적용한
규제법령에 대하여 살펴보고자 한다.

2. 일제의 종교정책과 포교규칙

조선을 식민지로 병합한 일제의 종교정책은 두 가지로 살펴볼 수
있다. 하나는 식민지 통치를 원활히 수행하기 위한 종교의 장려와
회유 및 통제와 탄압이었으며, 다른 하나는 일본 內地의 종교정책과
一視同仁의 동화정책의 연장이라 할 수 있다. 이는 '종교는 순수한
일제통치에 부응하는 교화기관으로서의 역할'만을 강조하고 있다.
이에 따라 종교의 본지는 '信仰케 하고, 戒愼케 하여, 窮辱을 免하며,
罪惡을 奪케 하는 것'이라 하고,[10] '新政下에서는 종교의 자유를 허용
하되 순수하게 교화의 목적으로 종교 활동만 하되 정치에 관여해서
는 안된다'고 하여 종교와 정치를 분리시켰다.[11] 여기서 더 나아가
종교와 교육까지도 철저하게 분리시키고자 하였다.[12]

배경(X)-私立學校攷(3)」, 『서울교대논문집』 11, 서울교육대학교, 1978.
[7] 韓基斗, 「19世紀 民族宗教運動研究: 東學·天道教·圓佛教를 中心으로」, 『국사관논
총』 49, 국사편찬위원회, 1993 ; 尹以欽, 「韓國民族宗教의 歷史的 實體」, 『韓國宗教』
23-梅山 金洪喆博士 華甲紀念特輯-, 圓光大學校 宗教問題研究所, 1998 ; 류성민,
「일제 강점기의 한국종교와 민족주의」, 『韓國宗教』 24, 圓光大學校 宗教問題研究所,
1999 ; 성주현, 「1920년대 초 태을교인의 민족운동」, 『한국민족운동사연구』 29, 한국민
족운동사학회, 2001.
[8] 무속과 관련된 연구논문은 다음과 같다.
최석영, 「일제의 구관(舊慣)조사와 식민정책」, 『比較民俗學』 第14輯, 比較民俗學會,
1997 ; 崔錫榮, 『일제의 동화이데올로기의 창출』, 書景文化史, 1997 ; 최석영, 『일제의
무속론과 식민지권력』, 서경문화사, 1999.
[9] 이에 대해서는 윤이흠, 『일제의 한국민족종교 말살책』, 모시는 사람들, 2007을 참조할 것.
[10] 『매일신보』, 1911년 2월 28일자.
[11] 『매일신보』, 1912년 11월 1일자.
[12] 종교와 교육의 분리에 대해서 『매일신보』는 1915년 4월 10일부터 16일까지 다섯 차례

이와 같은 식민지 조선에서 취한 일제의 종교정책은 일본의 정치와 종교의 분리를 원칙으로 하는 천황제 국가의 유지이며, 또한 천황제 지배의 공간적 확대라고 할 수 있다.[13] 이를 위해서는 먼저 일본의 종교정책을 살펴볼 필요가 있다.

일본의 종교정책은 천황제 국가의 국체를 확립하기 위한 수단이라 할 수 있다. 明治政府는 1872년 3월 神道 중심으로 유지해오던 종교정책을 바꾸어 神道·佛敎·民間宗敎를 포함하여 모든 宗敎家를 교도직에 임명할 수 있도록 하였으며, 또한 국민교화운동을 전개하기 위해 敎府省을 설치한 바 있다. 이는 일본이라는 家族國家의 번성에만 양심적으로 헌신하는 새로운 臣民으로서의 인격을 만들려는 것이었다.[14] 이를 위해 모든 종교를 동원하였다. 이어서 4월 18일 이른바 '三條의 敎則'[15]을 하달하였는데, 이 교칙은 천황제 국가에서 종교가 지향해야 할 목적을 규정하였다. 모든 종교는 오직 국가의 지배에 충실한 복종을 전제로 할 경우에만 존립할 수 있다는 원칙이다.[16]

이러한 인식에서 출발한 종교정책은 1875년 이른바 '信敎의 自由에 대한 口達'을 통해 "정부는 神佛 各宗에 대해 공히 信敎의 자유를 보호하고 그것을 창달하려는 이상, 신교에 따른 행정상의 불이익이나 방해란 없으며 오로지 완전하게 신교의 자유를 보장하는 것을 임무

에 걸쳐 「교육과 종교의 분리」라는 제목으로 사설을 싣고 있다.

13) 최석영, 『일제의 동화이데올로기의 창출』, 71쪽.

14) 박승길, 「일제 무단통치시대의 종교정책과 그 영향」, 『현대한국의 종교와 사회』, 한국사회사연구회, 1992, 19쪽.

15) '三條의 敎則'의 내용은 다음과 같다.
1조 敬天愛人을 근본으로 삼을 것
2조 天理人道를 밝혀 나갈 것
3조 皇上을 받들고 朝旨를 준수할 것.(井上順孝 外 共著, 『新宗敎硏究調査ハソブツク』, 雄山閣, 1987, 184쪽 ; 박승길, 「일제 무단통치시대의 종교정책과 그 영향」, 19~20쪽 재인용)

16) 박승길, 「일제 무단통치시대의 종교정책과 그 영향」, 20쪽.

로 한다. 종교의 자유를 얻고 행정상의 보호를 받는 이상 보다 더 朝旨가 뜻하는 바를 깨달아 오로지 정치에 방해가 되지 않도록 주의 해야 할 것이며, 힘써 인민을 선도하고 治化의 일익을 담당하는 것이 종교가의 정부에 대한 보답"[17]이라는 요지를 전달하였다. 종교의 활동은 교화에만 한정되며 정치에 방해가 되어서는 안된다는 것이다. 결국 종교는 정권에 의해서만, 정권의 필요성에 의해서만 보호받을 수 있으며, 정권에 종속되어야 한다는 국가본위의 종교관[18]을 의미 하였다. 이 국가본위의 종교관은 1889년 2월 11일에 공포한 메이지 (明治)헌법에서 '사회의 안녕과 질서를 방해하지 않고, 臣民으로서의 의무에 배치되지 않는 한'이라는 단서조항을 붙여 信敎의 自由를 인 정하였다. 이에 대해 伊藤博文은 다음과 같이 설명하였다.

> 무릇 종교란 국가의 機軸을 이루어 사람의 마음 속 깊이 침투하여 인심 을 국가로 귀일시켜야 할 것이다. 그러나 우리나라(日本: 필자주) 종교라는 것이 그 힘이 약하여 국가의 기축이 될만한 것이 없다. 우리나라에서 국가 의 기축이 될만한 것은 오로지 황실뿐이다.[19]

결국 이러한 내용을 통해서 볼 때 천황제 국가로서의 일제의 종교 정책은 天皇制 國家의 神聖性 理念의 絶大化를 위한 國家神道의 보 급과 그 통치기관화 조치, 政敎分離의 이름 아래 政權과 敎勸의 差別 化를 통한 政權의 종교에 대한 통제장치의 강화, 宗敎團體의 公認化 를 통한 國家公認宗敎의 법적 통제와 전국민의 國體에 대한 양심적 헌신 태도의 강화에 집중하는 사회적 기능부여, 天皇制 國家이념에

---

17) 村上重良, 『天皇制國家と宗敎』, 80~81쪽 ; 박승길, 「일제 무단통치시대의 종교정책과 그 영향」, 22쪽 재인용.
18) 박승길, 「일제 무단통치시대의 종교정책과 그 영향」, 22쪽.
19) 伊藤博文, 『修訂憲法敎本』(박승길, 「일제 무단통치시대의 종교정책과 그 영향」, 25쪽 재인용).

요구되는 개인의 인격 수양과 개별적인 문제해결의 수단으로서만 기
능하는 종교의 사회적 범주 설정으로 요약할 수 있다.[20]

　이러한 일제의 종교정책은 조선을 강점한 이후 식민지의 종교정책
에 그대로 확대되었다. 조선을 강점한 직후 '총독부가 조선에 있는
종교에 관하여 상세하게 조사하고 장차 이를 제한하기 위해 법령을
제정한다'는 傳聞이 나돌 정도였다.[21] 이에 대해 일제는 '信敎의 自由
를 보장할 뿐 아니라 宗敎制限은 虛說에 불과하다'고 밝히고 있지만
조선의 종교에 대해 조사할 용의가 있음도 아울러 언급하였다. 나아
가 일제는 강점 이듬해인 1911년 '宗敎宣布規則'을 곧 발표할 것을
시사하였다.[22] 이는 일제가 일본의 종교정책을 식민지 조선에도 그
대로 적용시키려는 의도임을 밝힌 것이다. 즉 '종교란 오직 국가의
중심이 되어 사람들의 마음을 국가로 귀일시켜 국가에 무조건적 복
종과 국가만을 의존하는 태도를 기르는 국가공인의 국민교도단체라
는 인식'을 조선에까지 확대 적용시키고자 한 것이었다. 결국 종교를
정치 및 교육으로부터 분리시키고 국가에서 통제하려는 움직임이라
고 할 수 있다.

　일제의 종교선포규칙은 더 나아가 종교를 '공인종교'와 '유사종교'
로 이분법적으로 구분하였다. 『매일신보』에 의하면 종교의 본지는
'國家의 法律命令을 極尊極奉'으로 표현하고 '大敎門이라 하여도 枝
枝派派가 散亂無統하면 有害無益에 불과함'이라 하여, 취체하는 법령
이 필요하다고 주장하였다.[23] 이는 일제가 神道를 비롯하여 기독교,

---

20) 박승길, 「일제 무단통치시대의 종교정책과 그 영향」, 33~34쪽.
21) 『매일신보』, 1915년 10월 14일자.
22) 『매일신보』, 1911년 1월 7일자. "朝鮮에서 現在하는 宗敎中에는 專히 人心을 善導함에
　努力하는 者 有하나 其中에는 宗敎의 名色으로써 人心을 攪亂하거나 不法의 金錢을
　貪하는 者 있음으로 當局에서 이에 對하여 當히 注意하더니 今回에 朝鮮에서 宗敎를
　宣布하는 者에 對하여는 耶蘇敎, 佛敎 및 朝鮮在來의 各種宗敎를 不問하고 整理取締
　에 關한 規則을 發布할 터이라."

불교, 천주교 등 공인된 종교를 제외하고는 모두 규제할 수 있음을 시사한 것이다. 이러한 규제방침은 1911년『總督府施政年報』에 그대로 밝히고 있다.

宗敎取締에 관해서는 명치 35년 통감부령 제45호로 日本人의 종교선포 수속절차를 정한 바 있다. 하지만 조선인 및 외국인의 종교에 관한 것은 하등의 법규도 없어서 그로 인해 布敎所가 함부로 설치되고 있어 그 폐해가 크다. 특히 天道敎・侍天敎・大倧敎・大同敎・太極敎・圓宗宗務院・孔子敎・大宗敎・大成宗敎 등의 宗이 있는데, 그 종류가 너무 많고 잡다할 뿐만 아니라 그 움직임도 정치와 종교를 서로 혼돈하여 순연히 종교라 인정하기 어려운 것이 많아 그 취체가 불가피하다.[24]

이러한 인식에서 비롯된 식민지 조선의 종교정책은 '信敎의 자유를 방해하지 아니하는 범위 내에서 현재 각 종교에 관하여 取締가 필요하다'고 하여 통제할 수 있음을 인정하고 宗敎制令을 심의하는 중이라고 밝히고 있다.[25] 더욱이 식민지 조선에서 종교정책이 천황제 국가의 국체에 대한 복종과 헌신을 유도할 수 있는 교화를 담당할 국가기구화가 주요방침이라면, 사회안정을 위하고 행정기구에 의한 종교단체의 통제가 필요하였다. 특히 1914년에 발발한 제1차 세계대전은 식민지 사회안정에 대한 필요를 더욱 강화시킬 수밖에 없었다.

결국 일제의 종교정책은 1911년『시정연보』에서 밝힌 종교와 유사종교의 구분을 명확히 하고, 공인종교에 대해서는 천황제 국가이념을 부정하지 않은 범위 내에서의 신교의 자유를, 그리고 유사종교에 대해서는 취체의 대상으로 삼았다. 이러한 종교정책은 1915년 8월 16일 총독부령 제83호로 공포되는 布敎規則[26]에서 보다 명확하게 나타나고

---

23) 『매일신보』, 1911년 2월 28일자.
24) 朝鮮總督府,『朝鮮總督府施政年報』, 1911, 77쪽.
25) 『매일신보』 1912년 6월 13일자.
26) 朝鮮總督府,『朝鮮法令便覽』上卷, 帝國地方行政學會 朝鮮本部, 1922, 22~24쪽 참조.

포교규칙의 내용은 다음과 같다.

제1조 本令에 宗敎라 稱함은 神道, 佛道 및 基督敎를 말함.

제2조 宗敎宣布에 從事코자 하는 者는 다음 事項을 갖추고 布敎者된 資格을 說明할 文書 및 履歷書를 添附하여 朝鮮總督에게 提出하여야 함. 단 布敎管理者를 설치한 敎派, 宗派 또는 朝鮮寺刹에 속한 者에 在하여는 제2호의 事項을 省略할 수 있음.
   1. 宗敎 및 그 敎派, 宗派의 名稱
   2. 敎義의 要領
   3. 布敎의 方法
   전항 각호의 사항을 變更할 때는 10일 내에 朝鮮總督에게 申告함이 可함.

제3조 신도 각 교파 또는 내지의 불도 각 종파에서 포교를 하고자 할 때는 그 교파 또는 종파의 관장은 포교관리자를 정하고 좌의 사항을 구비하여 조선총독의 인가를 받아야 함.
   1. 종교 및 그 교파, 종파의 명칭
   2. 교규 및 종제
   3. 포교의 방법
   4. 포교관리자의 권한
   5. 포교자 감독의 방법
   6. 포교관리사무소의 위치
   7. 포교관리자의 이름과 이력서
   전항 각호의 사항을 변경코자 할 때는 조선총독의 인가를 받아야 함.

제4조 조선총독은 포교의 방법, 포교관리자의 권한 및 포교자 감독의 방법 또는 포교관리자가 부적당하다고 인정될 때는 변경을 명령할 수도 있음.

제5조 포교관리자는 조선에 거주하는 자됨을 요함. 포교관리자는 매년 12월 31일 현재 소속 포교자 명부를 작성하여 익년 1월 31일까지 조선총독에게 신고하여야 함.

제6조 조선총독이 필요하다고 인정될 때는 제3조 이 외의 교파 또는 종파에 대하여 포교관리자를 둘 수도 있음. 전항에 의하여 포교관리자를 둘 때는 10일 내에 제3조 제1항의 사항을 조선총독에게 신고하여야 함. 이를 변경할 때도 같음.

제7조 전조의 포교관리자에 대하여는 제4조 및 제5조의 규정을 준용함. 제3조 이외의 교파 또는 종파에서 그 규약 등에 의하여 포교관리자를 둘 때는 제4조, 제5조 및 전조 제2항에 규정함을 준용함.

제8조 종교선포에 종사하는 자의 이름을 변경하며, 거주지를 이전하며, 또는 포교를 폐지할 때는 19일 내에 조선총독에게 신고하여야 함.

제9조 宗敎용으로 공급하는 교회당, 설교소 또는 강의소의 종류를 설립코자 하는 자는 좌의 사항을 구비하여 조선총독의 허가를 받아야 함.
   1. 설립에 필요한 사유
   2. 명칭 및 소재지
   3. 부지의 면적 및 건물의 평수, 그 소유자의 이름 및 도면
   4. 종교 및 교파, 종파의 명칭
   5. 포교담임자의 자격 및 선정방법
   6. 설립비 및 지변방법
   7. 관리 및 유지방법
   전항 제5호에 의하여 담임포교자를 선정할 때는 설립자 또는 포교관리자는 이름

있다.

포교규칙에 의하면 종교는 불교 · 신도 및 기독교로 제한하였으며, 필요에 따라서는 유사종교도 이에 준할 수 있다고 규정하였다. 이는 얼마든지 정책적으로 특정 민족종교도 종교로서의 지위를 부여할 수 있다는 점을 시사한 것이다. 또한 사실상 모든 종교의 포교행위는 총독의 철저한 감독과 감시 아래 가능하였으며, 심지어는 교회당의 폐쇄를 포함한 금지조치를 내릴 수 있고 포교에 관한 보고서를 제출하여야 했다. 이러한 포교규칙은 모든 종교의 행위를 행정기구를 통해 감시 감독하며 통제하려는 것이다. 그렇지만 총독부는 포교규칙의 제정을 의의를 다음과 같이 설명하고 있다.

本令은 결코 信敎의 自由에 하등의 제한을 가하려는 것이 아니다. 단지 포교상의 수속을 규정하려는데 지나지 않는다. … 本令을 시행한 결과 사실상 종교 선포에 종사해온 朝鮮人 및 外國人도 이에 처음으로 그 宣敎行爲를 공인받고, 한편으로는 신고 또는 허가 신청 등의 수속을 함에 이르렀고, 다른 한편으로는 一視同仁의 보호감독을 받게 되었다. 그래서 이러한

및 거주지를 구비하고 이력서를 첨부하여 10일 이내로 조선총독에게 신고하여야 함. 이를 변경할 때도 같음.

제10조 전조 제1항 제2호 내지 제7호의 사항을 변경코자 할 때는 그 사유를 갖추어 조선총독의 허가를 받아야 함.

제11조 宗敎用으로 공급되는 교회당, 설교소 또는 강의소 종류를 폐지한 날로부터 10일 내에 조선총독에게 신고하여야 함.

제12조 포교관리자 및 조선사찰의 본사주지는 각 소속사원, 교회당, 설교소 또는 강의소별로 매년 12월 31일 현재에 의하여 신도수 및 당해년에 재한 신도의 증감수를 익년 1월 31일까지 신고하여야 함. 전항의 포교관리자를 두지 않은 교파, 종파 및 조선사찰에 속하지 않은 교회당, 설교소 및 강의소는 각 포교담임자가 신고하여야 함.

제13조 포교관리자를 둔 교파, 종파에 속한 자 또는 조선의 사찰에 속한 자는 본령에 의하여 허가를 받아야 하며, 신고를 하고자 할 때는 포교관리자 또는 본사주지의 副書를 첨부하여야 함.

제14조 제9조 제1항 또는 제10조에 위반하는 자는 백 원 이하의 벌금 또는 과료에 처함.

제15조 조선총독은 필요가 있을 경우에 종교유사단체로 인정되는 것에 본령을 준용할 수도 있음. 전항에 의하여 본령을 준용할 단체는 이를 고시함.

포교자 일반에게 평등한 대우를 함을 환영하고 이것을 기화로 더욱 포교
의 효과가 현저해지도록 노력하는 경향이 나타나고 있다.[27]

즉 총독부가 포교규칙을 제정한 것은 '선교의 공인'과 '일시동인'이라
는 시혜적 차원이라고 호도하였다. 총독부는 布教規則을 일반에 홍보
하기 위해 그 당위성을 『매일신보』에 다섯 차례에 연재하였다.[28] 내
용의 핵심은 그동안 일본인에만 적용하였던 종교선포에 관한 규칙[29]
을 일본인을 포함하여 조선인 · 외국인에까지 적용범위를 확대하였
다.[30] 이것은 조선에서 종교를 통제하지 않으면 식민지 통치에 적지
않은 방해가 되므로 천황제 체제하의 종교정책을 조선에서도 그대로
적용시키려는 것이라 할 수 있다.

3. 사립학교규칙과 기독교

일제는 기독교에 대해서는 비교적 우호적이었다. 이는 일본에서도
기독교를 인정하고, 외교적으로 불필요한 마찰을 피하기 위한 것이
기도 하였다. 1906년 통감으로 온 伊藤은 자신과 절친한 미국 감리교
감독인 헤리스와 회담에서 '정치상의 일체의 사건은 제가 맡고 이제
부터 조선에서의 정신적 방면의 계몽교화에 관한 것은 간곡히 바라
건대, 귀하 등이 그것을 맡을 때 비로소 조선 인민들을 유도하는 사업
이 결실을 맺게 될 것'이라고 한 바 있다. 또한 평양의 감리교당 건축
성금으로 1만 원, 경성의 조선인 기독청년회에 매년 1만 원씩 후원금

---

27) 朝鮮總督府, 『朝鮮總督府施政年報』, 1915, 66~67쪽.
28) 『매일신보』 1915년, 8월 17~19일 및 8월 24일자.
29) 통감부 시기 일제는 在朝日本人을 대상으로 종교 포교행위를 규제하기 위해 1907년 '宗教의 宣布에 關한 規則'을 제정하였다.
30) 『매일신보』, 1915년 8월 19일자.

을 지원하기도 하였다.[31] 그리고 선교사를 우대하거나 회유하여 대
외선전에 이용하였는데, 일제의 조선 통치의 정당성을 찬양하도록
유도하였다.[32] 이와 같은 기독교에 대한 유화정책은 강점 초기까지
지속되었다.

　　조선에서 예수교가 의외로 만연하고 있고, 앞으로도 더욱 만연될 조짐
　이 있다는 것은 사실이다. 그렇다고 해서 예수교 선교사나 교도들이 조금
　이라도 움직이려는 기색이 보이면 관헌들이 이를 일제에 반항하는 거라고
　단정하려 한다는데, 이는 다소 그런 부분이 있을지 모르지만 그렇지 않은
　부분도 많을 것이라고 본다. 이는 우리 측이 하찮은 어떤 오해에서 생겨난
　추측일지도 모른다. 이 오해를 없애기 위해서는 그들과 의사소통을 꾀하
　는 방법 밖에 없다.[33]

　　즉 조선에는 기독교와 마찰은 있지만 그것은 일부분에 불과하며,
다만 정신적 계몽을 위해 적당한 선에서 대화가 필요하다고 인정하
였다.
　　그러나 강점 직후 비교적 우호적인 입장을 보이던 일제는 教育勅
語의 발표 및 교육정책과 맞물리면서 기독교에 대해 점차 비판적이
었다.[34] 朝鮮敎育令이 공포될 즈음인 1911년 4월 29일 기독교의 외국

---

31) 조선총독부,『조선통치와 기독교』, 1921, 6쪽 ; 김승태,『일제 강점기 종교정책사 자료
　　집』, 한국기독교역사연구소, 1996, 138쪽 ; 한석희(김승태 역),『일제의 종교침략사』,
　　기독교문사, 1990, 81쪽.
32) 한석희,『일제의 종교침략사』, 81쪽.
33) 조선행정편집총국 편,『조선통치비화』, 제국지방행정학회, 1937, 188쪽 ; 김승태,『일제
　　강점기 종교정책사 자료집』, 120쪽.
34) 1911년부터 1919년까지 일반 및 교회에서 운영하였던 사립학교는 다음과 같다.

구분		1911	1912	1913	1914	1915	1916	1917	1918	1919
학교수	일반	1,307	904	829	808	752	668	587	502	468
	종교	778	566	494	477	462	422	386	325	312
	계	2,085	1,470	1,323	1,285	1,214	1,090	973	827	780
종교학교 비율(%)		37.3	38.5	37.3	37.1	38.1	38.7	39.7	39.9	40.0

(『朝鮮總督府官報』, 1911~1919)

인선교사가 설립한 학교 교육에 대해 다음과 같이 비판하였다.

　耶蘇敎의 本義는 元來 우리 國體와 道德의 根本과는 서로 合一되는 것
이 아니라는 것을 고백하지 않을 수 없다. … 忠孝의 大義를 軸으로 하는
道德과 博愛 人道를 대본으로 하는 道德과는 그 根底에 차이가 있다. 人間
을 平等이라 하여 尊卑의 구별을 非理로 하는 敎義와 皇位를 神聖하다 하
여 君父를 尊敬하고 祖上을 禮拜하는 敎義와는 전혀 그 主義를 달리한다.
… 이 본래의 敎義의 精神에 착안하여 상당한 取締가 있기를 간절히 바라
마지 않는다.[35]

즉 기독교계의 학교는 일제가 요구하는 '忠良한 帝國臣民의 양성'
에 배치되므로 엄중히 취체할 필요가 있다는 것이다. 이러한 비판은
『매일신보』에서도 보여주었다. 즉 기독교계에서 설립한 학교에서 교
육을 담당하는 선교사와 교육내용, 더 나아가 학생들에게까지 경고
를 하였다.[36] 기독교계 학교의 교육목적은 기독교의 포교와 기독교
정신에 입각한 도덕적 인간의 양성이기 때문에 조선교육령 취지와 일
제의 동화정책에 따르지 않고 있음을 비판하였다.

　이와 같이 기독교계 학교의 교육에 비판적이던 총독부는 1911년
10월 20일 '私立學校規則'을 제정 공포하였다.[37] 사립학교규칙은 조
선교육령을 사립학교에도 적용하기 위한 것이었는데, 그 목적은 어
느 정도 치외법권을 누리고 있는 외국인 선교사가 운영하는 기독교
계 학교를 규제하는 것이라 할 수 있다.[38] 이와 관련하여 寺內 총독

35) 大野謙一, 『朝鮮敎育問題管見』, 조선교육회, 1936, 49~50쪽.
36) 『매일신보』, 1913년 3월 4일자.
　"大抵 基督敎主義로 學敎를 設立한 以上에는 不可不 傳道를 目的으로 德育을 是尙하
여 純良한 人民을 養成함이 즉 基督敎의 本旨라 할지어늘, 外國宣敎師 등은 其國體를
領解치 못하고 漫然히 自國의 風儀를 移하여 生徒를 訓育하는도다. 고로 국민성의
자각이 無한 생도는 종종 非國民의 言動을 행하니 어찌 可慨치 아니하리오."
37) 『조선총독부관보』 호외, 1911년 10월 20일자 ; 김승태, 『일제 강점기 종교정책사 자료
집』, 88~90쪽.

은 조선교육령 공포 이전인 1911년 7월 1일 各道長官會議에서 외국인
선교사가 운영하는 기독교계 학교의 불온한 교육상황을 지적하고 종
교와 교육의 분리를 지시한 바 있었다.[39]

사립학교규칙은 사립학교에 대한 人事權과 敎學權 등에 대한 통제
를 강화하기 위한 것이었다. 이는 민족적이고 정치적인 교육의 통제
가 목적이었지만 기독교계 학교도 통제대상에 포함되었다. 선교사들
이 운영하는 기독교계 학교를 통제대상에서 예외로 한다면 조선인
교육을 완전히 통제할 수 없기 때문이었다. 교육과 종교의 분리를
주장함으로써 기독교에 대한 압력을 강화하고 기독교계 학교에서 종
교교육과 종교의식을 금지시킴으로써 외국인 선교사들이 교육분야
에서 물러나게 하는 것이었다. 그럼으로써 기독교적 의식이 민족운
동에 미치는 영향을 억제하고자 하였다.[40]

1911년 제정된 사립학교규칙은 1915년 3월 24일 개정되었다.[41] 개
정사립학교규칙은 사립학교를 식민지 교육체제에 완전히 편입시키
는 것으로, 모든 학교에서 교수과목 중 종교교육을 제외할 것과 5년
내에 교사들에게 국어(일본어) 학습 의무화를 강요하고 있었다.[42] 즉
개정사립학교규칙은 앞서 언급하였던 종교교육과 종교의식을 금지
시킴으로써 선교사들로 하여금 교회에서 운영하던 학교 존립에 회의
를 갖게 하였다. 사립학교에서 종교교육과 종교의식을 행할 수 없다

---

38) 윤선자, 「조선총독부의 종교정책과 천주교회의 대응」, 35쪽.
39) 大野謙一, 『朝鮮敎育問題管見』, 31쪽. 총독부의 이러한 입장은 학무국장 關屋貞三郎
    도 주장하였다. 關屋은 1911년 8월 보통학교 교감 강습회에서 기독교계 학교는 직간접
    으로 외국인 선교사의 관리하에 있어 유지가 어려울 뿐 아니라 교육방법이 한국에
    적합하지 않음으로 이를 지도하여 총독부의 방침에 합치시켜야 한다고 역설하였다.
    (『朝鮮總督府官報』, 1911년 9월 14일자)
40) 문형모, 「일제의 식민교육과 종교교육의 갈등-식민교육과 미션계 학교교육의 관계
    를 중심으로-」, 『근대민족교육의 전개와 갈등』, 한국정신문화연구원, 1982, 155쪽.
41) 『朝鮮總督府官報』, 1915년 3월 24일자.
42) 「사립학교규칙 개정의 요지」, 『조선휘보』 1915년 4월호, 22~27쪽.

는 것은 총독부의 정교분리론에 근거하였지만 가장 타격을 받은 것은 기독교계 학교였다.[43]

그럼에도 불구하고 일제는 여전히 기독교계 학교의 교육 내용을 비판하였다. 『매일신보』에서 이와 관련하여 다섯 차례에 걸쳐 사설로 다루고 있다.[44] 이 사설에서는 결국 일제는 '基督教를 日本的으로 消化하고 學教經營을 日本人의 손에 移讓'하는 일제의 경우처럼 기독교계의 학교와 외국인 선교사에게 '基督教로 歐美人的 思想을 養成치 말고 我國體에 合致하는 基督教에 依하여 日本帝國民을 養成함에 在하다 하노니 外國宣教師는 果然 次를 實行코자 하는가'라고 의문을 제기하면서 일제식 동화교육, 일제의 국체에 적합한 교육을 실시하여 충량한 제국신민의 양성을 요구하였다.[45]

결국 일제는 외국인 선교사와 학교경영자로 하여금 하루빨리 조선의 현세를 인식하고 국체에 합치하고 교회를 개혁하여 일제적으로 동화되어야 할 것을 강조하고 있다.[46] 나아가 동일한 神을 믿는 基督의 子弟로 內地人 教徒와 朝鮮人 教徒가 互相融合하여 精神界에 貢獻을 이루기를 요구하고 있다.[47] 그리고 이를 위해서 기독교의 청년단체인 皇城基督教青年會의 명칭에서 '皇城'의 두 자를 제거하고 '朝鮮基督教中央青年會'로 변경하고 上海基督教青年會로부터 독립하여 東京의 日本基督教青年會와 동맹하면 조선인 일반에 막대한 행복이 있을 것이라고 하였다.[48]

43) 윤선자, 「조선총독부의 종교정책과 천주교회 대응」, 39쪽.
44) 『매일신보』, 1913년 3월 4일부터 8일까지 「기독교주의 학교」라는 제목으로 연재하고 있다.
45) 『매일신보』, 1913년 3월 5일자.
46) 『매일신보』, 1913년 3월 8일자.
47) 『매일신보』, 1911년 9월 15일자.
48) 『매일신보』, 1913년 1월 30일자.

4. 사찰령과 불교

일제의 조선 침략과정에서 불교에 대한 정책은 조선불교를 일제에 동조 또는 호감을 가지는 교단으로 회유하려는 입장이었다. 즉 "朝鮮佛敎家는 帝國을 위하여 東洋을 위하여 대대적으로 분투 노력치 못할지로다. 실로 諸位의 책임은 중차대하도다"[49]라고 하여, 여타 종교보다 불교를 친일화하는데 적극적이었다. 이러한 모습은 일제가 일본불교를 통해 조선의 정신적 문화적 침투를 도모하고 조선불교를 종속화시키려는 정책에서 비롯되었다.[50]

이와 같은 회유정책에 따라 일본불교의 조선포교는 조선 내에 친일세력을 확보하고 조선불교를 일본불교에 통합시키고자 하였다. 이를 위해 曹洞宗은 당시 조선불교를 대표하는 圓宗과 1910년 10월 6일 聯合盟約[51]을 맺었으나 한용운과 박한영의 반발[52]과 寺刹令 제정으

---

49) 「30본산주지회의 때 행한 내무국장의 훈유」, 『조선불교계』 제14호, 1919 ; 정광호, 『일본침략시기의 한일불교관계사』, 아름다운 세상, 2001, 138쪽.

50) 한석희, 『일제의 종교침략사』, 15쪽.

51) 『매일신보』, 1911년 4월 11일자. 盟約의 내용은 다음과 같다.
1. 朝鮮全體의 圓宗 寺院 衆은 曹洞宗과 完全 且 永久히 聯合同盟하여 佛敎를 擴張할 事,
1. 朝鮮 圓宗宗務院은 曹洞宗務院에 顧問을 依囑할 事,
1. 曹洞宗務院은 朝鮮 圓宗宗務院의 設立認可를 得하에 斡旋의 勞를 取할 事,
1. 朝鮮 圓宗宗務院은 曹洞宗의 布敎에 對하여 相當한 便利를 圖할 事,
1. 朝鮮 圓宗宗務院은 曹洞宗務院에서 布敎師 若干 員을 招聘하여 各 首寺에 配置하여 一般布敎 及 靑年僧侶의 敎育을 囑託하고 又는 曹洞宗務院이 必要로 因하여 布敎師를 派遣하는 時는 朝鮮 圓宗宗務院은 曹洞宗務院의 指定하는 地의 修寺나 或 寺院에 宿舍하여 一般布敎 及 靑年僧侶의 敎育에 從事케 할 事,
1. 本盟約은 雙方의 意가 不合하면 廢止變更 或 改正을 爲힐 事,
1. 本盟約은 其管轄處의 承諾을 得하는 日로 效力을 發生함.
明治 43년 10월 6일
朝鮮圓宗 代表者 李晦光, 曹洞宗宗務 代表者 弘津說三

52) 원종과 조동종의 맹약이 국내에 알려지자 조선 선종을 포함한 불교계에서는 조선불교를 일본 조동종에 팔아버린 것이라 하여 한용운, 박한영 등을 중심으로 맹렬히 반대하였다. 그리고 조동종은 맹약에 의하여 원종종무원 설립인가를 총독부에 신청하였으나 인가도 기각도 시키지 않고 유보시켰다. 이는 조선불교와 조동종의 연합인가는 진종, 정토종 등의 반발과 일본국내의 비판 때문이었다.(한석희, 『일제의 종교침략사』,

로 무산되었다.

일제가 사찰령을 제정한 것은 조선불교를 보다 효과적으로 통제하기 위한 것이었다. 조선불교는 전국 산지에 흩어져 있어 각 사찰의 운영을 파악하는데 적지 않은 어려움이 있었다.[53] 또한 원종 인가에 대한 국내의 반발 및 일본의 비판, 일본불교와의 본말사 관계 등도 조선불교를 통제하는데 적지 않은 문제였다. 이에 따라 조선불교를 통제하기 위해 1911년 6월 3일 제령 7호로 寺刹令을 제정하였다.[54] 이 사찰령은 조선불교를 보존하려는 것으로 보이지만 그 이면은 불교를 이용하여 민심을 유도하고 불교를 말살하려는 규제조항이었다.[55] 조선불교는 사찰의 병합, 이전, 폐지, 명칭의 변경, 소유한 각종 재산의 처분까지도 총독의 허가를 받아야 했고, 사찰의 종교활동도 지방장관의 허가를 받도록 통제하였다. 또한 주지가 사찰의 재산권을 포함하여 사실상의 행정적 대표자로 됨으로써 자율적으로 주지를 선출하였던 방법도 제한하였다. 뿐만 아니라 사찰의 재산권을 통제하기 위해 사찰령 제정에 앞서 '寺院財産管理規則'과 '古刹保存規則'

(66~67쪽)

[53] 윤이흠, 『일제의 한국민족종교 말살책』, 고려한림원, 1997, 37쪽.

[54] 『朝鮮總督府官報』, 1911년 6월 3일자. 寺刹令은 다음과 같다.

　　제1조 寺刹을 倂合 移轉 또는 廢止할 때는 朝鮮總督의 허가를 받아야 하고, 그 基址 또는 명칭을 변경할 때도 같음.

　　제2조 寺刹의 基址 및 伽藍은 地方長官의 許可를 얻지 않고는 傳法 布教 法要執行 및 僧尼止住의 목적 이외에 이를 사용치 못함.

　　제3조 寺刹의 本末關係 僧規 法式 기타 필요한 寺法은 各本寺에서 이를 制定하여 朝鮮總督의 허가를 받아야 함.

　　제4조 寺刹의 住持는 그 寺刹에 속하는 일제의 財産을 관리하고 寺務 法要執行 등의 책임을 지며 寺刹을 대표함.

　　제5조 寺刹에 속하는 財産은 土地 森林 佛像 建物 石物 文書 古書畵 기타 貴重品은 朝鮮總督의 허가 없이는 처분하지 못함.

　　제6조 전조의 규정에 위반하는 자는 2년 이하의 징역 또는 5백 원 이하의 벌금에 처함.

　　제7조 本令에 규정한 자 외에 寺刹에 관하여 필요한 사항은 조선총독이 이를 정함.

[55] 박상권, 「日帝의 宗敎政策과 韓國 宗敎」, 169쪽.

을 마련하였다. 이에 대한 필요성을 다음과 같이 밝혔다.

朝鮮人이 經營하는 寺院의 財産管理에 關하여 何等의 規則의 明文이 無한 故로 或은 不正한 行爲를 弄하여 寺院의 財産을 賣買 或은 讓渡하나 此를 取締함에 對하여 準據할 規則이 無함으로써 … 總督府에서는 日間 寺院財産管理規則을 發布하여 內地와 同樣으로 法人으로 하여 관리 …56)

今回에 古刹의 所有權者가 그 建築物 破損 및 其他 修補를 行키 不能하며 또 그 保存에 困難한 者에게 對하여 總督이 必要로 認하는 範圍內에서 相當한 保護를 與하여 歷史上 參考의 資料에 供케 함을 勿論이어니와 後世에 龜鑑을 作케 함을 計劃 …57)

여기서 알 수 있듯이 일제는 사찰령을 제정하기에 앞서 사찰의 재산권을 파악하고 통제할 목적을 이미 드러내고 있음을 알 수 있다.

일제는 사찰령 제정에 이어 7월 8일 조선총독부 부령 제84호로 '寺刹令施行規則'을 발령하여58) 전국의 사찰을 30본산으로 통폐합하고 주지를 총독의 관할 아래 두었다. 이 규칙에 의하면, 주지의 임기는 3년으로 하되 30본산은 총독이, 그 외의 사찰주지는 지방장관의 허가를 받도록 하였다. 주지는 취임 후 5개월 이내에 사찰에 관한 土地, 森林, 建物, 佛像, 石物, 古文書, 古書畵, 梵鐘, 佛器, 佛具 등 귀중품의 목록을 조선총독에게 제출토록 하였다.59) 그리고 사찰령시행규칙의 제2조 1항과 2항 및 제7호는 處務方法을 구체적으로 제시하였다.60)

---

56) 『매일신보』, 1911년 5월 23일자.
57) 『매일신보』, 1911년 1월 10일자.
58) 『매일신보』, 1911년 9월 7일자.
59) 『매일신보』, 1911년 7월 9일자.
60) 『매일신보』, 1911년 9월 10일자. 寺刹令 施行에 관한 處務方法의 件은 다음과 같다. 寺刹令에 의하여 住持의 就職 및 寺刹法의 認可 申請書와 寺有財産目錄書를 提出케 함에 대하여는 左의 各項에 의하여 처리하되 一, 各寺刹에 共히 現今適法의 住持가 無함으로써 9월 1일부터 3월 이내에 일제히 주지를 정하고 사찰령 시행규칙 제2조의 구분에 의하여 그 취직의 인가를 신청하게 할 事. 전항의 인가를 청하는 경우에는 寺法 認可 이전에 係함으로써 各寺 주지를 정하는 관례를 認함에 대하여는 특히 신중한

이처럼 寺刹令, 寺刹令施行規則, 寺刹令施行方法 등이 각각 발표
되자 각 사찰은 먼저 本末의 關係, 주지의 임면, 상속재산의 관리,
자격, 기타 宗務의 통일성을 위해 寺法을 마련하고 총독부에 신청하
였다. 당시 사찰령에 의해 임명된 사찰의 주지는 『관보』를 통해 발표
되었다. 이는 총독부가 사찰을 직접 통제하고 있음을 보여주는 것이
라 할 수 있다.

5. 경학원규정과 유교

일제는 불교에 이어 유교도 친일화를 통해 통제를 시도하였다. 일
제가 유교를 친일화하는데 적극적이었던 것은 유교가 조선사회의 정
치·사회·문화 등 모든 분야의 이데올로기일 뿐만 아니라 중앙 및
향촌사회도 실질적으로 지배하는 세력이었기 때문이다.[61] 일제는 유
교에 대해 비판적이었다. 유생들이 붕당을 조직하여 勢力相爭을 일
삼고 또 權門과 결탁하여 정권의 쟁탈에 열중하고 있다고 지적하면
서 유림의 각성을 촉구하였다.[62] 또 조선인의 언행과 생활양식에는

조사를 受할 事. 二, 道長官이 주지취직 신청서를 수리할 時는 左의 구분에 의하여
취급할 事.
(甲) 사찰령시행규칙 제2조 제1항의 사찰에 대하여는 주지의 선정방법이 由來의 관례
에 위배치 아니할지 그 여부, 당선자는 적임으로 認하는 지 그 여부를 조사하고 의견
을 付하여 조선총독부에 진달할 事.
(乙) 사찰령시행규칙 제2조 제2항의 사찰에 대하여는 전항에 준하여 조사를 受하여
支障이 無함으로 認할 時는 認可하고 若 認可를 與치 못할 者로 思慮하는 時는 具하여
조선총독부의 지도를 請할 事.
三, 寺法은 住持就職認可 後 各 本寺의 住持로 하여금 9월 1일부터 起算하고 5월
이내에 필히 인가를 請게 하도록 督勵할 事. 四, 住持는 그 취직 후 5월 이내에 사찰령시
행규칙 제7조에 정하는 사유재산목록서를 差出하고 그 후의 증감이동은 5일 이내에
신고할 규정에 대하여 그 기한을 誤치 아니하도록 豫先 注意할 事. 전항의 재산목록서
및 증감변동의 신고를 수리할 時는 상세 조사하고 若 未詳함으로 認하는 事가 有할
時는 道 또는 府郡의 官吏로 하여금 점검 조회케 한 연후에 進達의 수속을 爲할 事.
[61] 이명화, 「조선총독부의 유교정책(1910~1920년대)」, 『한국독립운동사연구』 9, 1993, 88쪽.
[62] 『매일신보』, 1911년 8월 8일자.

유교사상이 스며들어 있지만 中古 이래 유학이 부패하고 부진하였다고 하였다.[63] 이러한 시각에서 실시된 일제의 유교친일정책은 유생 관료의 친일화, 친일유교단체 조직 및 후원, 은사정책과 포상정책, 유학교육의 통제, 유림계의 분열, 제도적 개편 등으로 나타났다.[64]

유교의 통제는 통감부 시기부터 鄕校에 대한 경제적인 규제로 시작되었다.[65] 일제는 공유재산인 향교재산에 주목하여 1907년부터 각 도의 향교 소유지를 실측하였으며, 강점에 앞서 향교재산을 정확하게 파악할 목적으로 1910년 4월 23일 學部令 제2호로 '鄕校財産管理規程'을 공포하였다.[66] 이에 의하면, 향교의 재산은 관찰사의 지휘감독을 받아 府尹이나 郡守가 관리하도록 하였고, 향교의 수입은 향교 소재 군내의 공립학교 또는 관찰사가 지정한 학교의 경비로 사용할 것을 규정하였다.[67] 일제는 강점 이후에도 향교재산을 정리하였는데, 1916년에 다시 향교재산을 파악하여 官有財産化하였다.[68]

유교의 기본재산인 향교를 장악한 일제는 유교의 교육기관인 성균관과 서당을 통제하였다. 이를 위해 일제는 유교를 비판하는 한편 유교의 혁신을 강조하였다. 이에 따라 일제는 올바른 유학을 위해 經學院을 설립하여 유학을 진흥키로 하였다.[69] 성균관을 순수한 학사기관으로 만들기 위해 1911년 6월 15일 조선총독부 부령 제73호로 經學院規定을 제정 공포하였다.[70] 총독부의 명분상으로는 경학원 설

---

63) 『매일신보』, 1912년 3월 17일자.
64) 유준기, 「1910년대 일제의 종교침략과 그 대응-유교와 기독교를 중심으로-」, 223~225쪽.
65) 일제강점 향교에 대해서는 김명우, 「일제식민지시기 향교연구」, 중앙대학교 대학원 박사학위논문, 2008을 참고바람.
66) 『대한매일신보』, 1910년 4월 27일자.
67) 「鄕校財産管理規程」, 제1조 및 제3조.
68) 이명화, 「조선총독부의 유교정책(1910~1920년대)」, 105~106쪽.
69) 『매일신보』, 1912년 3월 17일자.
70) 『매일신보』, 1911년 6월 16일자.

치가 유학을 진흥시키기 위함이었지만 그 이면에는 동화정책을 달성하기 위한 목적이 숨겨져 있었다.

총독부는 경학원규정 제1조에서 "經學院은 조선총독의 감독에 속하여 경학을 講究하며 文廟를 祭祀하며 風敎德化를 裨補함을 목적으로 한다"고 밝혔다. 이어 8월 1일에 발표한 경학원 취지에서도 "경학을 講하고 문묘를 祀하여 교화를 補裨케 함에 재한지라. 此에 의하여 高德篤行의 耆宿을 우대함으로써 유림을 尊히 하고 석학을 중히 하는 미풍을 推奬코저 함에 止할 뿐 아니라 更進하여 彝倫의 扶持 및 인심의 계발에 資하는 바가 有케 하고자 함이니 그 책임이 중차대하다"라고 하였다.[71]

이를 통해 보면 경학원의 설립 목적은 경학, 문묘사업을 통해 교화를 보조하고 유림을 우대하며 미풍을 장려하는데 있다고 밝히고 있다. 하지만 그 본질은 유학의 정신을 이용하여 일제로의 '忠'을 강요하고 경학원을 중심으로 친일유림을 집단화하여 이들을 총독부의 통치에 필요한 교화와 선전의 도구로 삼고자 한데 있었다.[72] 이러한 총독부의 입장은 경학원 설치 이후 유림의 각성을 촉구하고 있는 다음의 글에서도 잘 드러난다.

今回 天皇陛下께옵서 朝鮮 儒學의 振興에 軫念하사 國幣 二十五萬圓을 下賜하시고 經學院을 設케 하사 … 更히 提學 及 儒生 等의 특히 주의할 바는 母國 敎育方針의 基礎되는 敎育勅語를 반드시 腦裏에 銘記할 事라. 日本帝國의 臣民된 者는 某人을 막론하고 敎育勅語를 服膺치 아니하는 者 無하니 敎育勅語는 儒敎와 抵觸치 아니 할 뿐 아니라 實로 到處에 施하여도 變치 아니 할지며, 且 敎育勅語는 單明하고 意義가 深長한 즉 儒生 等이 此를 奉讀하면 반드시 覺醒할 바 有하리오. 吾人은 提學 及 儒生 等이 敎育勅語를 능히 服膺하여 經學院으로 하여금 실로 유학을 復活케 함에 至

71) 「경학원에 대한 훈령」, 『매일신보』, 1911년 8월 2일자.
72) 이명화, 「조선총독부의 유교정책(1910~1920년대)」, 92쪽.

함을 切望하노라.[73]

경학원 설치의 취지는 '동화정책의 상징인 教育勅語가 유교가 추
구하는 문명과 별반 다르지 않음으로 이를 받들고 전국 유생들로 하
여금 복응케 하는 것'이라 할 수 있다. 즉 경학원 설립을 일제 천황의
성은으로 받아들이고,[74] 이를 따르지 않을 경우 '民族의 大不幸'이라
는 경고도 잊지 않았다.[75] 일제가 경학원 설립을 내세워 유교를 진흥
시킨다는 명분은 일제의 지배에 협력하지 않았던 조선인을 통치하기
위해 그동안 유생들이 조선에서 누리던 사회적 특권을 이용하여 일
반인으로 하여금 일제의 통치에 따르도록 하기 위한 것이다.[76] 이외
에도 유교의 전통적 가치를 부활시켜 일제의 통치에 이용하고자 하
였다.[77] '經學을 講究하여 風敎德化를 裨補함'을 목적으로 경학원을
설립한 총독부는 직원으로 大提學 1인, 副提學 2인, 祭酒 5인, 司成
약간인, 直員 약간인으로 조직코자 하였다.[78] 그리고 8월 1일에는
『매일신보』를 통해 '經學院에 對한 訓令'을 발표하였다.[79] 결국 경학

---

73) 『매일신보』, 1911년 8월 8일자.
74) 『매일신보』, 1911년 8월 5일자.
75) 『매일신보』, 1911년 6월 18일자.
76) 『매일신보』, 1913년 4월 8일자.
77) 『매일신보』, 1918년 10월 1일자.
78) 『매일신보』, 1911년 6월 16일자.
79) 『매일신보』, 1911년 8월 2일자. 그 내용은 다음과 같다.
  '今般에 經學院을 設立한 취지는 규정에 示한 바와 如히 經學을 講하며 文廟를 祀하여
  敎化를 裨補케 함에 在하여 此를 依하여 德이 邵하고 行爲가 篤한 者宿을 優待하며
  또 儒林을 尊하고 碩學을 重할 美風을 推奬케 함에 止할뿐 아니라 廢倫의 扶持와
  人心의 啓發에 資할 바가 有케 함이니 그 責任이 重且大하다 할 지라. 惟컨대 孔孟의
  道는 仁義忠孝를 爲主하여 實踐躬行을 尙하나 後世에 斯道를 唱하는 者는 往往히
  無爲徒食에 陷하고 空論橫講에 流하니 此는 但其餘弊에 不過하도다. 今에 我 聖上陛
  下께옵서는 國帑 二十五萬圓을 賜하시고 經學院의 基金에 充케 하옵시니 其 聖旨의
  優渥함은 實로 感激함을 不勝함이라. 其 職員及講士들은 徒然히 讀書를 貪하고 祭를
  祀함으로써 滿足히 思惟치 勿하고 宜히 精神을 淬勵하여 麟里鄕黨의 儀表가 되어
  其 弊風을 矯正하고 其良俗을 助長하여 一般敎化의 裨補를 努力함에 遺憾이 無케

원 직원으로 大提學 子爵 朴齊純, 副提學 子爵 李容稙 · 男爵 朴齊斌, 司成 金有濟 · 李人稙을 선임하고, 祭酒 2인, 講師 26인으로 구성하였다.[80] 이로써 유교는 총독부의 통제하에 들어가게 되었다.

일제는 유교의 고등교육기관인 성균관 폐지 외에도 각 지방에 산재되어 있는 書堂에 대해서도 규제하였다. 일제의 서당규제는 통감부 시기부터 실시되었다. 1908년 8월 26일 칙령 제62호로 私立學校令을 공포[81]하였고 이틀 뒤인 8월 28일 學部訓令 제63호로 '書堂管理에 관한 件'을 발표하여 통감부의 입장을 밝혔다. 그리고 1910년 강점 이후 1911년 8월 18일 정무총감이 각 道長官 앞으로 '書堂에 관한 주의 件'을 통첩하여 서당에 대한 온존책을 게시하였다.[82]

그러나 일제는 1911년 사립학교규칙과 1913년 '私設學術講習會에 관한 件'으로 사립학교와 사설학술강습회에 대하여 통제를 강화하였다. 이를 피하기 위해 개량서당의 설립이 증가되자 총독부는 1918년 2월 21일 '書堂規則'을 제정 공포하였다.[83] 그리고 다시 서당 통제를

할지어다.'

[80] 『매일신보』, 1911년 8월 2일자. 그러나 강사는 실제적으로 경성부와 각 도에 한 명씩 15명이 임명되었다. 경학원의 인적구성에 대해서는 정욱재, 「1910~1920년대 경학원의 인적구성과 역할-사성과 강사를 중심으로-」을 참조 바람.

[81] 『관보』, 1908년 9월 2일자.

[82] 일제의 서당통제정책은 '書堂規則'이 제정된 1929년을 중심으로 그 이전과 그 이후의 성격을 달리 파악하고 있다. 1930년 이전은 溫存策과 統制策을, 1930년 이후는 강력한 統制策을 실시하면서도 일제의 교육방침 수행에 이용하기 위한 活用策과 改編策을 병행하였다.(노영택, 『日帝下 民衆教育運動史』, 탐구당, 1992, 81쪽)

[83] 『매일신보』, 1918년 2월 23일 및 3월 9일자.
書堂規則은 다음과 같다.
제1조 書堂을 開設하려는 경우에는 다음의 事項을 구비하여 府尹, 郡守 또는 島司에게 屆出할 것.
　　1. 名稱 및 위치
　　2. 學童의 定數
　　3. 敎授用 書籍名
　　4. 유지방법
　　5. 開設者 및 교사의 성명 및 그의 이력
　　6. 한문 이외 특히 國語, 算術 등을 교수할 시는 그의 事項

강화하기 위해 1929년 6월 15일 서당규칙을 개정하였다. 일제가 서당을 존치시킨 것은 오랜 전통을 유지하고 각 里洞마다 산재해 있는 서당을 일시에 전폐시키기 어려우므로 개량이란 명목하에 민족교육을 약화시키기 위한 식민지 교육정책의 일단이었던 것이다.[84]

그러나 1930년대 들어 일제는 서당에 대한 통제를 보다 강화하였다. 1929년 개정된 서당규칙에 의하면, 서당 설립은 도지사 許可制로 하여 설립 자체를 어렵게 하였고 기존 서당은 점차적으로 폐쇄하였다. 또한 이른바 황민화정책에 따라 서당을 '部落學校' 또는 '簡易學校' 등으로 개편하였는데, 이를 통해 초등교육시설의 부족을 해결하는 동시에 식민지 교육정책을 위한 교육기관으로 이용하려고 하였다.[85]

6. 치안관련법과 민족종교[86] · 무속

일제는 통감부 시기부터 일본의 神道와 불교, 기독교만 공인된 종

---

7. 계절을 정하여 교수하려면 그 계절
前項 각호의 사항을 변경하려는 경우에는 부윤, 군수 또는 島司에게 굴출할 것.
단, 개설자, 교사의 변경 시는 이력서를 첨부할 것.
제2조 서당을 폐지할 때는 개설자가 지체없이 그를 부윤, 군수 또는 도사에게 굴출할 것.
제3조 서당의 명칭에는 학교에 유사한 문자를 사용할 수 없음. 서당은 명칭을 기표한 표찰을 보기 쉬운 장소에 게시할 것.
제4조 금고 이상의 형에 처해진 자 또는 性行不良한 자는 서당의 개설자 또는 교사가 될 수 없음.
제5조 다음의 경우에 있어서는 도장관은 성당의 폐쇄 또는 교사의 변경 기타 필요한 조치를 명할 수 있음.
  1. 법령의 규정에 위반된 경우
  2. 공안을 해치거나 또는 교육상 유해하다고 인정될 경우
제6조 서당은 특별한 규정이 있는 경우를 제하고는 부윤, 군수 또는 도사의 감독에 속함.

84) 노영택, 『日帝下 民衆教育運動史』, 81~83쪽.
85) 노영택, 『日帝下 民衆教育運動史』, 90쪽.
86) 한국에서 자생한 종교에 대해 다양한 명칭이 혼용되고 있다. 일제하에서는 이를 類似宗教, 해방 후에는 신흥종교, 신종교, 민족종교, 민중종교 등으로 표현한 것이 그 사례이다. 본고에서는 논지의 성격상 민족종교로 사용하고자 한다. 이에 대해서는 金洛必,

교로 인정하고 그 외의 종교에 대해서는 '類似宗敎'라 하여 규제하였다. 이는 총독부 설치 이후 공인종교는 學務局 宗敎課에서, 유사종교는 警務局에서 각각 관리한 것에서도 알 수 있다.

일제는 이미 통감부 시기부터 민족정신을 탄압하기 위해 '韓國의 安寧秩序를 維持'하기 위해 필요할 경우 병력을 사용할 수 있는 권한을 統監에게 위임하였으며, 1907년 勅令 제323호인 '한국주차헌병의 건'에서 일본헌병의 임무가 '治安維持'임을 명기하였다.[87] 통감부 시기에는 종교를 통제하기 위한 규제나 법령은 직접적으로 없었지만 정치성이 적지 않은 천도교, 태을교 등 증산교계의 민족종교 그리고 무속에 대해서는 처음부터 단속의 대상으로 취급하였다.[88] 즉 1907년 7월에 공포한 保安法[89]으로도 규제가 가능하였기 때문에 별도의 대책을 마련하지는 않았다.[90] 이 외에도 1906년에 제정한 保安規則

「민족종교 연구의 주요 쟁점」, 『韓國宗敎史硏究』 8, 한국종교사학회, 2000 ; 박환, 「민중종교의 현황과 활동」, 『일제하 경기도 지역 종교계의 민족문화운동』, 경기문화재단, 2000 ; 윤선자, 「일제의 종교정책과 신종교」를 참조 바람.

[87] 鈴木敬夫, 『법을 통한 조선식민지 지배에 관한 연구』, 고려대학교 민족문화연구소, 1989, 59~60쪽.

[88] 朝鮮總督府, 『施政三十年史』, 853쪽.

[89] 보안법의 주요내용은 다음과 같다.
제1조 내부대신은 안녕질서를 유지하기 위해 필요한 경우에는 결사의 해산을 명할 수 있다.
제2조 경찰관은 안녕질서를 유지하기 위해 필요한 경우에는 집회 또는 다중의 운동 또는 群集의 제한, 禁止 또는 해산을 명할 수 있다.
제4조 경찰관은 도로 기타 공개석상에서 문서 도서의 게시 및 分布, 낭독 및 언어, 形容 기타의 행위를 하여 안녕질서를 교란시킬 우려가 있다고 이정될 때에는 이를 금지하도록 명할 수 있다.
제5조 내부대신은 정치에 관한 불온한 움직임을 할 우려가 있다고 인정되는 자에 대해 그 거처로부터 퇴거를 명함과 동시에 1년 이내의 기간을 특정하여 일정한 지역 내에 犯入하는 것을 금지시킬 수 있다.
제6조 전2조에 의해 명령을 위반한 자는 40 이상의 태형 도는 10월 이하의 禁獄에 처한다.
제7조 정치에 관한 불온한 언동 또는 남을 선동, 교사 또는 사용하거나 타인의 행위에 간섭함으로써 치안을 방해하는 자는 50 이상의 태형, 10월 이하의 금옥 또는 2년 이하의 징역에 처한다.(鈴木敬夫, 『법을 통한 조선식민지 지배에 관한 연구』, 69쪽)

(통감부령 제10호),[91] 警察犯處罰令(통감부령 제44호) 등을 통해서도
민족의식을 고취시킨다든가 어떠한 반일운동, 단체를 탄압할 수 있
는 법적 근거를 마련하였다.

특히 보안법의 경우 첫째 안녕질서를 위한 결사·집회 또는 다수
의 운동 또는 군중의 제한·금지·해산, 둘째 안녕질서 유지를 위한
무기 및 폭발물 기타 위험한 물건 휴대금지, 셋째 공개된 장소에서
안녕질서를 해칠 우려가 있는 언동의 금지, 넷째 정치에 관한 불온한
동작을 행할 우려가 있는 자에 대한 거주 등의 제한, 다섯째 정치에
관한 불온한 언동을 행하여 치안을 방해하는 자의 처벌을 목적으로
하고 있다. 이 경우 보안법의 실질적 목적은 정치에 관한 반일적인
사상과 관련된 모든 행위나 언동 등을 처벌할 수 있도록 규정하였다.
따라서 '일본의 패망과 한민족의 부흥'을 내포하고 있는 민족종교를
탄압하는데 매우 효율적이었다. 또한 한민족의 반일운동이나 의식을
고취에 대한 치안법으로 입법된 집회취체[92] 역시 민족종교의 활동을

---

90) 박승길, 「일제의 무단통치시대의 종교정책과 그 영향」, 39쪽 ; 윤이흠, 『일제의 한국민
　　족종교 말살책-그 정책의 실상과 자료』, 고려한림원, 1997, 34쪽 ; 윤선자, 「일제의
　　종교정책과 신종교」, 31쪽 ; 최석영, 『일제의 무속론과 식민지 권력』, 87쪽.
91) 保安規則의 주요내용은 다음과 같다.
　　제1조 이사관은 일정한 住居 또는 生業을 갖지 아니하고 평상시 조잡하고 난폭한
　　　　언동을 일삼는 자에 대해 일정한 기간 내에 주거를 정하거나 또는 생업을 갖도록
　　　　명할 수 있다. 전항의 명령을 받은 자는 주거를 정하거나 또는 생업을 구했을 때에
　　　　는 이를 이사관에게 신고하여야 한다.
　　제3조 명분 여하에 관계없이 금품을 모집하거나 또는 단체 가입을 권유하려고 할
　　　　때에는 미리 그 목적과 방법을 적어 이사관의 인정을 받아야 한다.
　　제10조 정당한 이유없이 제1조를 위반한 자는 3개월 이하의 重禁錮에 처하거나 50원
　　　　이하의 벌금에 처한다.(鈴木敬夫, 『법을 통한 조선식민지 지배에 관한 연구』, 63쪽)
92) 集會取締의 내용은 다음과 같다.
　　당분간 內政에 관한 集會 또는 屋外에서의 多衆集會를 禁止한다. 단 屋外에서의 說敎
　　또는 학교 학생의 體育運動 등 集會로서 관할 경찰서의 허가를 받은 것은 이에서
　　제외한다. 본령을 위반하는 자는 拘留 또는 科料에 처한다. 본령은 發布日로부터
　　시행한다.(『改訂 朝鮮制裁法規』, 朝鮮圖書出版, 1939, 776쪽 ; 鈴木敬夫, 『법을 통한
　　조선식민지 지배에 관한 연구』, 86쪽 재인용)

제한하였다.[93]

이와 같은 반일의식이나 민족운동을 탄압하던 포괄적 정책은 1910년 병합 이후 구체화되었다. 이에 따라 종교단체에 대한 탄압도 본격적으로 추진되었다. 앞서 살펴보았듯이 1911년 『施政年報』에서 처음으로 치안부문에서 종교취체항을 설정하여 보다 구체적으로 종교를 통제할 방침을 밝혔다.[94] 이는 통감부 시기와는 달리 적극적으로 종교정책의 필요성을 시사한 것이다. 기독교·불교 등에 대해서는 포교에 관한 법적 규정을 만들고, 정치 세력화할 수 있는 종교단체 특히 천도교·태을교 등을 비롯한 민족종교에 대해서는 정치단체 또는 비밀결사체로 보고 이를 규제하려는 의도가 있음을 밝히고 있다.

결국 일제는 자신이 공인하는 종교에 대해서는 포교규칙으로 통제하고 그 이외의 종교, 즉 천도교·태을교 등 민족종교와 무속에 대해서는 통감부 시기에 마련한 보안법과 집회취체, 경찰범처벌규칙 등을 통해 여전히 규제하였다. 특히 1912년에 공포된 경찰범처벌규칙은 1908년 제정한 경찰범처벌령을 강화한 것으로 일제가 조선을 강점

---

93) 비록 태을교와 관련된 것은 아니지만 종교인에 적용한 사례를 보면 다음과 같다.
'보안법' 제7조 위반으로서
[注文] 피고인을 징역 1년에 처한다.
[理由] 피고는 승려의 신분으로서 排日思想을 품고 1907년 음력 7월경 露領浦鹽에서 전부터 알고 있는 폭도의 수괴인 李範允의 부하가 된 者이다. 1910년 음력 7월경 淸國 奉天省 安圖縣 白河西大岺 陽河에 거주하는 동지 車道善을 방문했다. 同人으로부터 조선독립을 기도하고 장래 기회가 있으면 그 목적을 수행하려는 뜻이 있음을 듣고 同人으로부터 朝鮮內地의 상황을 정찰하여 보고할 것을 의뢰받아 이것을 승낙하고 다음해 1911년 음력 4월경부터 人蔘行商으로 가장하여 함경남도 갑산군·삼수군 및 함경북도 길주군·단천군 등 각지를 돌아다니며 경찰 및 군비의 배치와 상황 기타 조선인 일반의 의향 등을 정찰했다. 그리고 이를 車道善에게 보고하고 그 후도 계속 같은해 12월 하순까지 前記 각 군을 돌아다니며 정찰함으로써 치안을 방해한 者이다. 一法을 생각할 때 피고의 소행은 보안법 제7조에 해당하므로 同法이 정한 징역을 선택하고 그 刑期範圍 내에서 처단한다. 따라서 주문과 같이 판결한다.(경성지방법원 1912년 7월 5일 판결, 『保安法의 史的 素描』, 30쪽 ; 鈴木敬夫, 『법을 통한 조선식민지 지배에 관한 연구』, 73쪽)
94) 주 24) 참조.

하는 동안 한민족을 탄압하는데 가장 철저했던 법률이었다.[95]

통감부 시기부터 종교통제정책을 시행하였음에도 불구하고 종교
인을 중심으로 1919년 3·1운동이 전국적으로 전개되자 일제는 종교
에 대한 탄압을 더욱 강화시켰다. 3·1운동 직후 총독부는 4월 15일
'정치에 관한 범죄처벌의 건'(이하 제령 7호)을 제정하여 민족종교의
활동은 더욱 위축되었다. 당시 일제는 3·1운동을 보안법에 적용하고
자 하였으나 그 내용이 불충분하여 민족운동을 진압하는데 적당하지
않자 제령 7호를 공포한 것이다.[96] 제령 7호는 '政治의 變革'을 꾀할
목적으로 다수 공동으로 안녕질서를 방해하거나 방해하려는 것을 규
제하기 위한 것이었다. 그 전문을 보면 다음과 같다.

> 제1조 政治의 變革을 目的으로 多數共同하여 安寧秩序를 妨害하거나
> 또는 妨害하려는 者는 10年 以下의 懲役 또는 禁錮에 處한다. 但
> 刑法 제2편 제2조의 規定(內亂罪의 項)에 該當하는 者는 本令에
> 적용하지 않는다. 前項의 行爲를 하게 할 目的으로써 煽動한 者
> 도 前項의 刑과 같다.
> 제2조 前條의 罪를 犯한 者가 發覺전에 自首하였을 때는 그 刑을 減輕
> 또는 免除한다.

---

[95] 鈴木敬夫, 『법을 통한 조선식민지 지배에 관한 연구』, 86쪽.
이 경찰범처벌규칙 중 민족종교를 규제할 수 있는 조항을 보면 다음과 같다.
· 일정한 주거 또는 생업 없이 이곳 저곳 배회하는 자
· 이유 없이 면회를 강요하고 또는 强談, 脅迫行爲를 하는 자
· 이익을 취할 목적으로 억지로 물품, 입장권을 강요하는 자
· 단체가입을 강요하는 자
· 불온한 연설을 하거나 또는 불온문서·도서·시가를 게시, 반포, 낭독하거나 큰
소리로 읊는 자
· 남을 유혹하는 유언비어 또는 허위보도를 하는 자
마구 길흉기도를 하고 또 저주를 하거나 부적 등을 주어 사람을 현혹시키는 행위를
한 자
· 병자에게 금압·기도·저주 또는 정신요법 등을 하거나 神符, 신수 등을 주어 의료
를 방해하는 자
[96] 鈴木敬夫, 『법을 통한 조선식민지 지배에 관한 연구』, 186쪽.

제3조 本令은 帝國 밖에서 제1조의 罪를 犯한 帝國臣民에게도 이를 適
用한다.[97]

제령 7호가 규제를 목적으로 하는 '정치의 변혁을 목적으로 하는
다수공동'은 독립운동단체뿐만 아니라 일제가 규정한 유사종교, 즉
민족종교도 포함되었다. 3·1운동 이후 보천교·인천교 등이 聖都運
動[98]을 비롯하여 국권회복운동을 전개하자 대부분 이 제령 7호를 적
용, 탄압한 것은 이를 증명하는 사례라 할 수 있다. 이 제령 7호는
治安維持法이 공포되기 전까지 민족종교를 탄압하는데 가장 유력한
것이었다.

한편 일제가 민족종교를 어떻게 인식하였는가를 살펴볼 필요가 있
다. 일제는 민족종교를 일관되게 부정적으로 인식하였다. 寺內 총독
은 '한국의 말기에 당하여 政綱의 弛廢, 사회의 不安, 그리고 時勢變
遷의 부산물로 발생한 것은 종교유사단체이다. … 그 設한 바 대부분
이 미신을 쫓아 아직 하나의 종교로서 인정을 얻은 지역에 달하는
것이 아니다. 지금 주된 것이 天道敎 侍天敎 靑林敎 普天敎 太乙敎
太極敎 大倧敎 檀君敎 大宗敎 觀聖敎 등이며, 어느 것이나 상당한 신
자를 안고 있다'라고 하여,[99] 조선에서 자생한 종교를 부패된 사회의
부산물로 인식하였다.[100] 이는 민족종교가 아직 종교로서 인정할 수

---

97) 『改訂 朝鮮制裁法規』完, 朝鮮圖書出版, 1939, 919쪽 ; 鈴木敬夫, 『법을 통한 조선식민
지 지배에 관한 연구』, 187쪽 재인용.
98) 聖都運動은 김연국의 상제교가 계룡산 신도안에 본부를 두면서 사회적으로 크게 알려
졌으며, 이후 차경석의 보천교 본부가 있던 전북 정읍군 입암면 대흥리, 이상룡의
수운교 본부가 있던 충남 대전군 탄동면 추목리 금병산, 전연운의 인천교 본부가
있던 함남 문천군 운림면 마간리, 그리고 충남 연기군 금남면 금천리 등이 성도운동과
관련이 있는 곳이다. 성도운동에 관해서는 村山智順, 『조선의 유사종교』, 國書刊行會,
1935, 872~875쪽 참조.
99) 朝鮮總督府, 『施政三十年史』, 87~88쪽.
100) 村山智順, 『조선의 유사종교』, 879~882쪽.

없는 미신의 상태이므로 단속해야 한다는 논리이다. 이러한 논리는 1930년대까지 그대로 이어졌다.

> 유사종교 단체의 횡행은 사회의 안녕질서를 문란케 하고, 인심을 광혹 시키며 銃後治安의 확보에 지장을 生할 뿐 아니라 교의의 이면에 민족의 식의 색채가 농후한 것이 많고, 그 중에는 不敬罪 또는 流言蜚語罪도 띤 것이 많으므로, 이의 團束强化徹底는 刻下의 急務라 믿는 바입니다. 各位 는 이들 敎團의 행동에 한층 엄밀한 視察을 가하고, 裏面의 동향에 주의하 여 治安에 妨害하는 것이 있으면 단호하게 嚴重處罰의 方針으로 나가 半 島思想사범의 防遏에 대하여 만의 하나 遺漏 없기를 기하고자 합니다.[101]

즉 조선에서 자생한 종교는 사회의 안녕질서 유지를 방해하고 또 그 이면에는 민족주의적 성격을 내포하고 있기 때문에 철저히 해야 한다는 것이다. 이러한 기조는 조선 강점 이래 '치안상 빈번하게 경계 를 요하는 대상적 존재'[102]로 파악한 것의 연장선이라 할 수 있다.

7. 맺음말

이상으로 일제의 종교정책과 그와 관련된 종교규제법령에 대하여 살펴보았다. 조선을 식민지로 병합한 일제의 종교정책은 두 가지로 살펴볼 수 있다. 하나는 식민지 통치를 원활히 수행하기 위한 종교의 장려와 회유 및 통제와 탄압이었으며, 다른 하나는 일본의 종교정책 과 一視同仁의 동화정책의 연장이라 할 수 있다. 이는 '종교는 순수한 일제통치에 부응하는 교화기관으로서의 역할'만을 강조하고 있다.
이러한 종교정책은 일본 내지의 종교정책의 원칙인 정치와 종교의

---

101) 「思想犯罪로 본 최근의 朝鮮在來의 類似宗敎」, 『思想彙報』 22, 1940, 17~18쪽.
102) 朝鮮總督府, 『施政三十年史』, 853쪽.

분리를 원칙으로 하는 천황제 국가의 유지이며, 또한 천황제 지배의 공간적 확대라고 할 수 있다. 일본 내지의 종교정책은 天皇制 國家의 神聖性 理念의 絶大化를 위한 國家神道의 보급과 그 통치기관화 조치, 政敎分離의 이름하에 政權과 敎勸의 差別化를 통한 政權의 종교에 대한 통제장치의 강화, 宗敎團體의 公認化를 통한 國家公認宗敎의 법적 통제와 전 국민의 國體에 대한 양심적 헌신 태도의 강화에 집중하는 사회적 기능부여, 天皇制 國家이념에 요구되는 개인의 인격 수양과 개별적인 문제해결의 수단으로서만 기능하는 종교의 사회적 범주 설정으로 요약할 수 있다.

결국 식민지 조선의 종교정책은 일본 내지 종교정책의 확대라고 할 수 있다. 즉 종교란 오직 국가의 중심이 되어 사람들의 마음을 국가로 귀일시켜 국가에 무조건적 복종과 국가만을 의존하는 태도를 기르는 국가공인의 국민교도단체라는 인식을 조선에까지 확대 적용시키고자 한 것이었다. 나아가 종교를 정치와 교육으로부터 분리하고 국가에서 통제하려는 움직임이라고 할 수 있다.

이에 따라 일제는 포교규칙을 제정, 공포하였으며, 종교를 신도·불교·기독교·천주교 등 공인종교와 천도교·대종교·무속 등을 유사종교라 하여 이중적으로 통제하였다. 뿐만 아니라 일제는 각 종교단체별로 그 특성을 파악하여 효율적으로 통제하기 위해 각각 규제법령을 제정하였다. 기독교의 사립학교규칙, 불교의 사찰령, 유교의 경학원규칙과 서당규칙, 향교재산관리규정 등이 그 실례라 할 수 있다. 그리고 민족종교와 무속에 대해서는 유사종교라 하여 '사이비종교'로 인식시켜 일반으로부터 괴리시키는 한편 보안법·보안규칙·경찰범처벌령·제령 7호 등을 적용하여 통제하였다. 그러나 일제의 종교정책의 본질은 식민지 통치정책의 목적인 一視同仁의 동화정책의 일환이라 할 수 있다.

제2장 1910년대 재조일본불교의 포교와 활동

1. 머리말

일본종교의 조선 진출은 초기에는 전쟁에 참가한 군인의 위무와
조선에 이주한 일본인에 대한 포교의 목적이었지만 통감부 설치 이
후 일제의 종교정책에 따라 1910년 이전에 이미 상당한 세력을 형성
하였다. 이러한 일본불교의 활동에 주목하여 그동안 일본불교에 대
한 연구 성과는 국내[1]뿐만 아니라 일본[2]에서도 적지 않게 이루어졌

---

1) 국내의 일본종교 선행연구는 다음과 같다. 국내의 연구 성과는 대체적으로 한말 또는
개항기에 집중되고 있다.
신순철, 「개항 이후 일본종교의 국내활동과 그에 대한 반응」, 『원광사학』 3, 원광대학
교 사학회, 1984 ; 최석영, 『일제의 동화이데올로기의 창출』, 서경, 1997 ; 정광호,
「메이지 불교의 내셔널리즘과 한국침략(2)」, 『일본침략시기의 한일불교관계사』, 아
름다운세상, 2001 ; 정광호, 「일본불교계와 식민통치」, 『일본침략시기의 한일불교관
계사』, 아름다운세상, 2001 ; 최병헌, 「일제의 침략과 불교－일본 曹洞宗과 武田範之와
圓宗－」, 『한국사연구』 114, 한국사연구회, 2001 ; 윤경로, 「통감부시기 일제의 기독교
정책과 '조선전도론'」, 『민족문화』 4, 한성대학교 민족문화연구소, 1989 ; 김광식, 「1910
년대 불교계의 조동종 맹약과 임제종 운동」, 『한국민족운동사연구』 12, 한국민족운동
사연구회, 1995 ; 서정민, 「일제의 식민지정책에 앞장 선 일본교회와 조선전도론」,
『한일연구』 10, 한국일본문제연구회, 1997 ; 명선, 「일본불교의 포교－정토진종대곡파

다. 하지만 이들 선행연구는 한말 또는 개항기를 전후하여 집중되고 있어 식민지 시기 일본불교의 활동을 파악하는데 일정한 한계가 없지 않다.

1910년대 일본불교는 이미 청일전쟁 시기에 진출한 정토진종 대곡파를 비롯하여 대부분의 일본불교가 조선에 진출 포교기지를 두었다. 1916년『회고시정5개년』에 의하면 "불교 각 종파도 내지인 및 조선인을 통하여 신도의 결집을 노력하는데, 현재 진종본원사파는 포교소 39개소 포교사 44인이요, 진종대곡파는 포교소가 40개소 포교사 41인이요, 정토종은 포교소 33개소 포교사 39인이요, 조동종은 포교소 31개소 포교사 33인이요, 일련종은 포교소 17개소 포교사 19인이요, 임제종 묘심사파는 포교소 5개소 포교사 5인이요, 眞宗山元派는 포교소 4개소 포교사 5인이요, 新義眞言宗智山派는 포교소 6개소, 포

의 한국포교를 중심으로-」,『백용성스님과 한국불교의 포교활동』, 대각사상연구원, 2003 ; 민경배, 「일본의 한국침략통치와 일본기독교회의 대한태도」,『한국학보』 23, 일지사, 1981 ; 정영희, 「한말 일본불교의 침투과정」,『죽당이현희교수화갑한국사학논총』, 동간행위원회, 1997 ; 표창진, 「한말 일제하 일본불교의 침투와 조선불교계의 재편」, 한국외국어대학교 교육대학원 석사학위논문, 1998 ; 강위조,『일본통치하 조선의 종교와 정치』, 성문사, 1976 ; 정광호, 「일제의 종교정책과 식민지전도」,『한국사학』 3, 한국정신문화연구원, 1980 ; 성주현, 「1910년대 일본불교의 조선포교활동」,『문명연지』 5-2, 한국문명학회, 2004.
2) 일본에서의 일본종교의 조선포교에 관한 연구는 대부분 불교에 한정되고 있는데 연구 성과는 다음과 같다.
木場明志, 「近代における日本佛教のアジア傳道」,『日本佛教②-アジアの中の日本佛教』, 日本佛教研究會, 1995 ; 崔部倉平, 「日本佛教と朝鮮侵略」,『조선사연구대회회록』 22, 조선사연구회 관서지부, 1968 ; 小島勝·遠藤一·高橋勝, 「近代における淨土宗開教使の海外布教」,『龍谷大學佛教文化研究紀要』 27, 용곡대학, 1989 ; 高橋勝, 「明治期における朝鮮開教と宗教政策」,『佛教史研究』 24, 용곡대 불교사연구회, 1988 ; 源弘之, 「近代朝鮮佛教の一斷面」,『龍谷教學』 19, 용곡교학회의, 1974 ; 源藤一, 「淨土眞宗本願寺派朝鮮開教への〈發端〉」,『용곡대학불교문화연구기요』 27, 1989 ; 姜藤遼, 「明治佛教の朝鮮布教」,『삼천리』 15, 삼천리사, 1978 ; 한석희(김승태 역),『일제의 종교침략사』, 기독교문사, 1990 ; 大谷榮一, 「戰前期に있어서 재가불교교단·국주회의 조선포교-교단간부들의 조선으로의 시선」,『동아시아의 종교성과 네트워크』, 제2회 한일종교연구포럼 국제학술대회, 2003.

교사 5인을 유하다"고[3] 할 정도로 일본불교의 활발한 활동을 확인할
수 있다. 본고에서는 그동안 식민지 시대를 연구함에 있어서 다루지
않았거나 소홀하였던 1910년대 조선에 진출한 일본불교 중 비교적
교세가 컸던 조동종·정토진종 대곡파와 본파·임제종·일련종·정
토종과 관련하여 살펴보고자 한다. 이어 이들 종파의 활동을 바탕으
로 일본불교의 성격을 규명해보고자 한다.

2. 조동종의 조선불교통합운동

조선을 강점한 일제는 헌병에 의한 무단정치를 실시하였다. 종전
의 헌병경찰제도를 그대로 유지하고 군대해산 이후 의병활동이나 애
국계몽활동을 막기 위해 사회 전반에 강압정책을 실시하였다. 조선
의 종교단체의 활동에 대한 강압도 예외가 아니었지만 일본종교의 포
교활동은 예외로 인정하였다. 더욱이 일제는 해외 식민지를 확보하고
海外布敎를 적극 권장함에 따라 자연스럽게 불교·기독교·신도 등
일본종교의 해외포교가 이루어졌다.[4] 뿐만 아니라 靑柳는 "식민정책
의 선구자로서 종교가를 파견하여야 한다는 서구의 식민정책을 모방
하여 일본도 조선포교에 나서야 한다"고 강조하였다.[5] 이러한 일제의
포교방침에 따라 일본의 불교는 각 종파별로 조선의 포교활동에 적극
나서게 되었다.

조동종은 1910년 8월 29일 일제가 조선을 강제로 합병하자 발빠르
게 이를 축하하는 勅書를 발표하는 한편 각 승려를 모아 축하식을
가졌다. 그리고 이 축하식에서는 "이왕가와 新府 민중의 경복 증진을

<hr>

[3] 『매일신보』, 1916년 1월 1일자.
[4] 최석영, 『일제의 동화이데올로기의 창출』, 58·71쪽.
[5] 靑柳南冥, 『朝鮮宗敎史』, 조선연구회, 1911, 152쪽.

위한 기도"도 아울러 가졌다.[6] 뿐만 아니라 일본불교에 대한 우호성
을 증진시키기 위해 종단에서 운영하고 있는 曹洞宗大學에 유학을
알선하였다. 선진화된 일본불교를 직접 체험하고 일본불교의 우월성
을 인식시켜 자연스럽게 일제에 동화될 수 있도록 위한 조치이기도
하였다.

이에 따라 조동종은 강점 이후 최초로 금강산 유점사의 李混惺,[7]
수원 용주사의 金晶海,[8] 강원도 건봉사의 李智光 등을 파견하였다.[9]
이들의 유학에 대해 당시 조선불교계를 대표하고 있던 李晦光은 "장
래 조선불교의 진흥이 귀생의 양 어깨에 부담함을 희망한다" 하여
조선불교의 장래가 일본에 유학하는 이들에게 기대하고 있음을 보여
주고 있다.[10] 특히 김정해는 한국 승려들의 帶妻에 대해 일본불교의
사례를 들어 옹호하는 한편 '일본식 불교를 적극 수용할 것'을 주장하
기도 하였다.[11] 이들은 1918년 여름에 귀국하였는데, 조선불교계에
서는 대대적인 환영회를 개최하였다. 그리고 이들은 총독부를 찾아가
내무부장을 비롯하여 관리들에게까지 인사를 하였다.[12]

---

6) 『매일신보』, 1910년 9월 9일자.
7) 이혼성은 귀국 후 『조선불교총보』의 주필, 중앙학점 요감, 30본산 연합사무소 재무부
   장, 양주군 봉영사와 여주군 신륵사 주지로 활동하였다. 1925년 일본에서 개최된 제2
   회 동아불교대회에 참가하였으며, 1927년 금강산 유점사 주지로 선출되기도 하였다.
   중일전쟁 이후 한동안 활동하지 않다가 해방 후 『조선불교』의 고문과 동국학원 이사
   장을 역임하였다. 2009년 민족문제연구소에서 발표한 친일인명사전에 수록되었다.
   (임혜봉, 『친일승려 108인』, 청년사, 2005, 119~128쪽)
8) 김정해는 1918년 귀국 후 불교중앙학림 학감, 1920년 양주군 보광사 주지, 1922년
   전등사 주지로 활동하였다. 다슬사 주지 최병술의 회고에 따르면 '친일 중놈'으로
   알려졌다. 1930년대 중반 황민화운동 전단계의 심전개발운동에 적극 참여하였으며
   특히 『불교시보』(1936. 2)에 기고한 「심전개발의 3대원칙에 취하야」라는 글에는 일본
   황실의 신정한 법통을 이어나가야 한다거나 역대 일본 천황의 선령을 믿고 숭상하자
   는 등 일본정신에 지극히 충실하자는 내용을 담고 있다(임혜봉, 『친일승려 108인』,
   110~119쪽.)
9) 『매일신보』, 1914년 8월 20일 및 8월 26일자.
10) 『매일신보』, 1914년 8월 31일자.
11) 『매일신보』, 1914년 7월 16일자.

한편 조동종은 자신의 종파에 조선불교를 통합시키고자 하였다. 조동종은 淨土宗보다 조선포교에는 늦었지만 武田範之[13)]를 통해 조선불교를 합병하고자 하였다. 武田은 조선불교 전체를 조동종과 통합하는 것만이 '新羅와 高麗時代의 靈光을 빛나게 하는 것'이라 하여, 한일불교의 통합을 적극 추진하였다.[14)] 이 시기 조선불교계에서도 李晦光을 중심으로 圓宗 宗務院을 설립하고 조선불교의 부흥을 위해 일본불교와의 연합을 모색하던 중이었다.[15)] 이러한 사정을 간파한 武田은 이회광과 함께 그 연합 대상의 종파 및 방법, 그리고 조건 등을 협의하였다. 그 결과 한국불교와 같은 선종 계통인 조동종과 통합하려는 방법을 강구하게 되었다. 이어 이회광은 1910년 9월, 72개 사찰의 위임장을 받아 일본으로 건너가 조동종의 관장인 石川素童과 교섭하였다. 이리하여 武田이 추진하였던 조선과 조동종과의 통합은 1910년 10월 6일 이회광과 조동종 종무대표 弘津說三이 다음과 같은 7개항의 盟約을 체결함으로 이루어졌다. 맹약의 내용은 다음과 같다.

---

12) 「휘보」, 『조선불교총보』 11호, 1918, 52~53쪽.(이경순, 「일제시대 불교유학생의 동향」, 『승가교육』 2, 대한불교조계종교육원, 1998, 256쪽 재인용)

13) 武田範之는 筑前 久留米藩에서 中上의 상층에 해당하는 신분인 澤之高의 아들로 태어나 福岡의 武田家의 양자로 입적하였다. 1883년 조동종 顯聖寺에서 승려가 되었으며 長岡의 조동종 專門支校에서 공부하였다. 武田은 '오직 宗敎와 植民만이 있다. 능히 皇國을 위하여 元勳을 세우자'라고 결심하고 1892년 여수에서 어업에 종사하다가 실패한 후 부산에서 일인 낭인들과 함께 건달로 생활하였다. 1894년 동학혁명이 일어나자 玄洋社 낭인들과 天佑俠을 조직하고 전봉준과 연합하고자 하였으나 실패하였다. 그 후 侍天敎의 고문과 一進會의 상담역으로 활동한 바 있으며, 이용구와 송병준 등과 제휴 한국합병을 추진하였다. 1901년 조동종 현성사 31대 주지로 임명되었으며, 1904년 조동종이 조선포교를 전개하자 한국포교사로 임명되어 활동하였다.(武田範之에 대해서는 최병헌, 「일제의 침략과 불교-일본 曹洞宗과 武田範之와 圓宗-, 100~106쪽 참조)

14) 武田範之, 『圓宗六諦論』, 1911(최병헌, 「일제의 침략과 불교-일본 曹洞宗과 武田範之와 圓宗-」, 101쪽 재인용).

15) 김광식, 「1910년대 불교계의 조동종 맹약과 임제종 운동」, 106~107쪽.

1. 朝鮮全體의 圓宗 寺院 衆은 曹洞宗과 完全 且 永久히 聯合同盟하여
   佛敎를 擴張할 事.
1. 朝鮮 圓宗宗務院은 曹洞宗宗務院에 顧問을 依囑할 事.
1. 曹洞宗宗務院은 朝鮮 圓宗宗務院의 設立認可를 得하에 斡旋의 勞를 取
   할 事.
1. 朝鮮 圓宗宗務院은 曹洞宗의 布敎에 對하여 相當한 便利를 圖할 事.
1. 朝鮮 圓宗宗務院은 曹洞宗務院에서 布敎師 若干 員을 招聘하여 各
   首寺에 配置하여 一般布敎 及 靑年僧侶의 敎育을 囑託하고 又는 曹
   洞宗務院이 必要로 因하여 布敎師를 派遣하는 時는 朝鮮 圓宗宗務
   院은 曹洞宗務院의 指定하는 地의 修寺나 或 寺院에 宿舍하여 一般
   布敎 及 靑年僧侶의 敎育에 從事케 할 事.
1. 本盟約은 雙方의 意가 不合하면 廢止變更 或 改正을 爲할 事.
1. 本盟約은 其管轄處의 承諾을 得하는 日로 效力을 發生함.

明治 43년 10월 6일
朝鮮圓宗 代表者 李晦光, 曹洞宗 宗務 代表者 弘津設三16)

이 맹약은 조선불교가 조선총독부로부터 원종 종무원으로 인가받
을 수 있도록 조동종이 적극 알선하고 그 대가로 조동종은 고문과
포교사를 파견하여 조선 사찰을 포교에 이용하려고 한 것이 주 내용
이라 할 수 있다.17)

조선불교 원종과 일본불교 조동종을 통합시키는데 중심적 역할을
하였던 武田은 맹약이 체결되기에 앞서 원종 종무원 고문을 사임하
였다. 맹약이 체결된 다음날인 10월 7일 일본 현성사에 돌아가 원종
과 조동종의 맹약의 당위성과 구체적 실행방법을 담은『圓宗六諦論』
을 저술하였다. 이 책은 '圓宗을 興隆시킴에는 여섯 가지의 중요한
원리가 있는 바, 조선의 원종과 일본의 불교 특히 禪宗과의 연합에는

---

16) 『매일신보』 1911년 4월 2일자 ; 이능화(이병주 역),『조선불교통사-근대편』, 혜안,
   2003, 82~83쪽.
17) 김광식,「1910년대 불교계의 조동종맹약과 임제종 운동」, 108쪽.

조동종이 가장 적합하다'는 내용을 담고 있다.[18] 이와 더불어 일본불
교 중 조동종, 임제종, 黃蘗宗, 淨土眞宗 등 4개 종파의 종지, 사찰과
승려의 수효, 파벌의 상황, 학교의 수효 등을 비교하면서 종지와 세력
면에서 조선의 원종이 의지할 수 있는 종파는 오직 조동종뿐이라고
주장하였다. 그리고 이 책의 결론은 '일본의 조동종과 한국의 石室派
가 단합하여 신라와 고려시대의 불교를 영광하자'는 것으로 끝을 맺
고 있다. 그러나 이러한 武田의 구상은 조선총독부에 의해 받아들여
지지 않음에 따라 실행되지는 못하였다. 이 구상은 비록 실현되지는
못하였지만 조선불교가 친일화하는데 적지 않은 영향을 미쳤다고 보
여진다.

　앞에서도 언급하였지만 조동종은 강점한 이후부터 포교에 적극적
이었는데, 이 시기 포교책임자는 甲中道圓과 北野元峰이었다. 甲中
은 강점을 전후하여 활동하였으며, 교세의 확장을 위해 강점 이듬해
인 1911년에 파견된 北野元峯은[19] 1915년 10월 18일 高田穎哉로 교체
될 때까지 활동하였다.[20] 北野는 1912년 6월 70세의 나이에도 불구하
고 개성에서 精神講話會를 개최할 정도로 적극적으로 활동하였으며,[21]
또한 이해 9월에는 개성에 임시포교소를 설치하고 乃木 대장의 추모
법회와 彼岸法會를 개최하였다.[22] 이들의 포교활동으로 조동종은 조
선 각 지역에 31개소의 포교소를 새로 설치하였는데 1910년대 현황을
살펴보면 〈표 1〉과 같다.

---

18) 최병헌, 「일제의 침략과 불교-일본 曹洞宗과 武田範之와 圓宗-」, 113~114쪽.
19) 『조선총독부관보』 제403호, 1911년 12월 29일자.
20) 『조선총독부관보』 제964호, 1915년 10월 20일자.
21) 『매일신보』, 1912년 6월 25일자.
22) 『매일신보』, 1912년 9월 25일자.

〈표 1〉 1910년대 개설된 조동종 포교소 현황

포교소명	인가일	소재지	비고
공주	1912. 5. 27	충남 공주군 남부면 반죽리 9통 10호	관보 530호
평양	1912. 6. 24	평남 평양부 서기통 30	관보 568호
철원	1912. 6. 27	강원도 철원군 궁전리	관보 568호
원산	1912. 7. 2	함남 원산부 원산 본정 3정목 251번지	관보 568호
진해포	1912. 7. 29	평남 진해포	관보 11호
진주	1912. 7. 30	경남 진주 욱정	관보 22호
總泉寺	1912. 9. 21	경남 부산부 부산진	관보 458호
목포	1912. 9. 24	전남 목포 영사관통 2번지	관보 460호
개성	1912. 11. 15	경기도 개성군 대화정	관보 101호
충주	1912. 11. 1	충북 충주군 남변면 이부동 4통 7호	관보 129호
光州	1913. 1. 15	전남 광주군 광주읍 북문 내	관보 150호
고성	1913. 12. 3	경남 고성군 동읍 남내동	관보 424호
함흥	1913. 12. 16	함남 함흥군 주남면 신창리 3통 1호	관보 453호
경산	1914. 12. 11	경북 경산군 경산면 삼남동	관보 714호
상주	1915. 3. 29	경북 상주군 상주면 남정리	관보 800호
통영	1915. 5. 1	경남 통영군 통영 길야정 무번지	관보 829호
신안주	1915. 6. 8	평남 안주군 신안주면 원흥리	관보 859호
평택	1915. 9. 28	경기도 진위군 병남면 평택리	관보 954호
나남	1916. 7. 15	함북 경성군 오촌면 나남초뢰정 108	관보 1203호
창녕	1916. 9. 20	경남 창녕군 읍내면 교하리	관보 1245호
안악	1917. 6. 1	황해도 안악군 읍내면 소천리 9,10	관보 1449호
청도	1917. 6. 21	경북 청도군 대성면 고수동 639	관보 1467호
대전	1917. 6. 27	충남 대전군 외남면 대사리	관보 1471호
김천	1917. 7. 31	경북 김천군 김천면 남산정 31	관보 1501호
담양	1917. 10. 18	전남 담양군 담양면 지침리 170	관보 1564호
영등포	1917. 11. 24	경기도 시흥군 영등포면 426	관보 1594호
철원	1918. 5. 7	강원도 철원군 철원면 관전리	관보 1726호
청진	1918. 9. 21	함북 청진부 부도정 7	관보 1842호
겸이포	1919. 5. 8	황해도 황주군 겸이포면 대정정 151	관보 2023호
감포	1919. 11. 19	경북 경주군 양북면 감포리 43-3	관보 2185호
신의주	1919. 12. 12	평북 신의주 진사정 4정목 1-5	관보 2205호

3. 정토진종 대곡파와 본파의 포교

정토진종은 大谷派(東本願寺)와 本派(西本願寺)가 각각 조선에서 포교활동을 하였다. 대곡파는 1877년 10월 奧村圓心과 平野惠粹이 부산에서 첫 포교를 한 후 서울 남산에 本願寺를 설립하였으며,[23] 본파는 이보다 늦은 청일전쟁 직후인 1895년 8월 中山唯然이 부산에서 포교[24]를 시작하여 1905년 개교총감부를 용산으로 이전하였다.[25]

대곡파는 1877년 조선포교 이래 1910년 8월 29일 일제가 조선을 강점하기 전까지 부산·원산·인천·경성·광주·목포·군산·진남포·평양·신의주·영산포·조치원·대전·진주·밀양·안주·청진·성진·수원·청주·구포·포항·용산·삼량진·절영도·함흥 등 26개의 포교소[26]를 개설할 정도로 조선포교에 역점을 두었다. 그렇지만 대곡파는 일제가 조선을 식민지로 확보하게 되자 포교활동에 보다 적극적이었다.

대곡파가 강점 이후 처음으로 포교한 곳은 개성이었다. 개성에서는 1910년 10월경 權正 일행의 포교활동으로 다수의 입교자를 획득하였다.[27] 이듬해 1911년 2월에는 서산대사가 衣鉢命藏한 고찰인 해남 大屯寺 주지 朴晴峰, 高月初와 대곡파 출장원 藤永璟什의 교섭으로 대둔사를 대곡파에 귀속시켰다.[28] 그리고 이해 5월에는 평북 진남포 廣梁灣에 포교소를 설치하였으며,[29] 1912년 6월 30일 대구 達成學校 교사

23) 한석희,『일제의 조선지배와 종교정책』, 기독교문사, 1990, 28쪽 ; 한석희,『日本の朝鮮支配と宗教政策』, 未來社, 1988, 27쪽.
24) 源弘之,「近代朝鮮佛教の一斷面」, 95쪽에서는 1898년(明治 31)에 조선에 처음 포교한 것으로 밝히고 있다.
25) 한석희,『일제의 조선지배와 종교정책』, 59·61쪽.
26)『朝鮮開教五十年誌』, 大谷派本願寺 朝鮮開教監督部, 소화 2년(1927), 21~135쪽 참조.
27)『매일신보』, 1910년 10월 8일자.
28)『매일신보』, 1911년 2월 28일자.
29)『매일신보』, 1911년 5월 12일자.

1동과 부지를 총독부로부터 대부받아 수리하여 사원을 신축할 정도로
활발하게 포교활동을 전개하였다.[30]

특히 대곡파는 1917년 일본 대곡파의 최고책임자인 法主 大谷光演
이 조선을 巡廻, 4일 동안 머물면서 남산 본원사에서 설교회를 비롯
하여 서대문감옥 교화회, 조선불교계 주요인사와의 교리문답 등을
갖고 포교활동을 격려하였다.[31] 이러한 포교활동으로 대곡파는 1910
년대에 새로 21개소의 포교소를 설치하였는데 그 현황은 〈표 2〉와
같다.

〈표 2〉 1910년대 설치된 정토진종 대곡파의 포교소 현황

포교소명	설치일	소재지	비고
공주포교소	1910. 12	충남 공주군 공주읍 금정	관보 1082호/50년지 104면
대구포교소	1911. 3	경북 대구부 대화정	관보 1055호/50년지 106면
광양만포교소	1911. 5. 1	평남 진남포 광양만	관보 207호/50년지 83면
삼천포포교소	1911. 7. 29	경남 사천군 문선면 삼천포	관보 290호

---

30) 『매일신보』, 1912년 7월 2일자.
31) 『매일신보』, 1917년 4월 25일자. 당시 『매일신보』에 실렸던 기사 내용은 다음과 같다.
"일본불교계에 가장 다수한 신도를 가진 종파로 백만 신도의 흠앙 추모를 받는 동본원
사의 法主 大谷光演 백작은 조선에 순석하기 위하여 금 25일 오전에 경성에 들어와서
4일간 유숙하며 남산 본원사에서 설교도 하며 서대문감옥에서 교화도 할 뿐 아니라
조선불교계에 있는 몇 사람도 만나보고 불교에 관한 문답이 있을 터인 고로 남산
본원사에서는 요사이 법주를 맞이할 준비에 분주한 모양이라. 법주 대곡 백작은 명치
8년 2월 27일의 태생이니 금년 43세라. 10세에 득도하고 명치 41년에 관장이 되었는
데, 동본원사 제23세의 법주이라. 재작년 공진회에 오셨던 한원궁 전하와 동서이요
귀족의 지위로도 백작이어니와 신도의 법주를 공경하며 숭배하는 분수는 실로 우리
의 생각 이상으로 사람이 아니라 부처같이 공경하여 그에 대한 위엄과 신망은 일본
천지에 실로 놀라온 바이니라. 원방의 신도는 법주의 얼굴 한 번 보는 것을 비상한
영광으로 알며 법주의 한 번 지휘하는 전국 신도의 두말없이 복종하는 바 되는 지위인
고로 이번에 조선에 순석하는데 대하여 조선에 있는 내지인의 진종 신도들은 비상한
기쁨과 영광으로 환영을 하더라. 법주는 항상 진종 동본원사파의 대본산되는 京都의
동본원사에 거주하는데, 본원사의 규모가 크며 제도가 굉장함은 한 번 보는 사람은
모두 놀라는 바이라. (하략)"

별원출창소	1911. 9. 9	경성부 중부 승동 32통 3호 李鴻儀家	관보 320호
춘천포교소	1912. 2. 12	강원도 춘천군 춘천면	관보 447호/50년지 103면
논산포교소	1912. 3. 14	충남 은진군 논산	관보 465호/50년지 109면
이리포교소	1912. 5	전북 익산군 익산면 구이리 144	관보 1477호/50년지 10면
진해포교소	1912. 12. 11	경남 진해	관보 117호
영암포교소	1913. 2	전남 영암군 영암읍 남문 내	50년지 110면
송정리포교소	1913. 10	전남 광주군 송정면 송정리	관보 1123호/50년지 112면
정읍포교소	1914. 12. 5	전북 정읍군 정읍면 수성리 112	관보 727호
김제포교소	1915. 7. 31	전북 김제군 김제면 사진리	관보 916호
신의주포교소	1915. 2. 1	평북 신의주 상반정 7-53	관보 758호
제주포교소	1915. 12. 25	전남 제주도 제주면 삼도리	관보 1123호
남평출장소	1915. 12. 25	전남 나주군 남평면 장기리	관보 1033호
전주포교소	1915. 12. 23	전북 전주군 팔달정 25	관보 1039호
평강포교소	1913	강원도 평강군 평강면 서변리	50년지 113면
회령포교소	1918. 3	함북 회령군 회령면 오동 31	관보 1798호

참고: 50년지는 『朝鮮開道五十年誌』

이 외에도 평남 용강에도 대곡파 포교소가 개교되었으나 언제 설치되었는지 확인할 수 없다. 그렇지만 1918년 3월 15일 포교담당자였던 渡邊深諦가 御手洗良知로 교체되었던 것으로 보아 포교소가 설치되었던 것으로 확인된다.[32] 그리고 충남 부여에도 포교소가 설립되었던 것으로 보인다.[33] 부여포교소는 1918년 12월 26일 '본원사 부여포교소'를 '대곡파 본원사 부여포교소'로 명칭을 변경한 바 있다.

한편 本派는 대곡파보다 조선포교는 늦었지만 1910년 조선이 식민지로 전락하자 다른 종파보다 가장 적극적으로 포교활동을 전개하였

---

[32] 『관보』 제1708호, 1918년 4월 19일자.
[33] 『관보』 제1922호, 1919년 1월 7일자.

다. 1915년 12월 말일 현재 본파의 신도는 37,078명으로 대곡파나 여
타 종파에 비하여 월등하게 신도수가 증가하였음을 보여주고 있다.[34]

　1895년 조선에 첫 포교를 한 본파는 일제가 조선을 강점하기 전까
지 부산·마산·용산·경성·평양·초량·대구·대전·통영·겸이포·
황주·진남포·인천·김천·성진·거제도·장승포·광주·영등포 등
19개의 포교소와 출장소를 설치한 바 있었다.[35]

　1910년 8월 일제의 조선 강점을 전후하여 본파는 조선포교의 활성
화를 위해 청년 승려 8명[36]을 파견, 전국을 순회하여 적지 않은 성과
를 보았다. 이에 따라 본파는 大聖敎會와 경성에 있던 일본인교회를
분리하여 대성교회를 經理院으로 이전시켰다. 뿐만 아니라 회원 중
敎士 자격이 있는 수십 명을 선발하여 일제의 조선 강점의 취지를
합리화시키기 위해 임시전도라는 이름으로 전국에 파견하기도 하였
다.[37]

　이밖에도 본파는 포교사업의 일환으로 교육기관을 설립하기도 하
였다. 1912년 들어 포교의 목적으로 사립학교 설립을 총독부에 청원
하고 승낙을 얻어 京城 新橋通 籂洞에 불교고등학원과 啓成學校를
1월 17일에 개교하였다. 불교고등학원은 중등교육기관으로 30명을,
계성학교는 초등교육기관으로 남학생 30명과 여학생 30명을 각각 모

---

34) 『관보』 제1260호, 1916년 10월 13일자. 1915년 12월 말 현재 일본불교 각 종파의 신도수
는 정토진종본파 37,078명, 정토진종대곡파 24,687명, 진종산원파 406명, 정토종 11,077
명, 진언종제호파 413명, 진언종각파연합 7,645명, 조동종 6,788명, 일련종 2,851명,
법화종 771명, 임제종 묘심파 1,136명, 진종불광사파 252명, 신의진언종풍산파 770명
으로 집계되었다.
35) 源弘之, 「近代朝鮮佛教の一斷面」, 95~98쪽. 그러나 이밖에도 정주(평북), 나남(함북),
원산(함남), 울산(경남), 장흥(전남), 신의주(평북), 의주(평북), 나주(전남), 사천(경남),
군산(전북) 등지에 포교소 내지 출장소가 설립되었던 것으로 나타나고 있다.
36) 이때 참가한 승려는 豊原龍淵, 斯波秋溪, 月輪賢隆, 楠原輝雄, 竹中性達, 岡崎隆讓,
華學黙震, 重藤円亮 등이었다.
37) 源弘之, 「近代朝鮮佛教の一斷面」, 99쪽.

집하였다.38) 이와 같은 포교활동으로 본파의 교세는 3, 4년간 크세 신장되었다. 뿐만 아니라 1914년 12월 일본 서본원사 전 주지 大谷光瑞가 조선을 순회한 바 있는데, 이때 講話會에서 '종교연구에만 몰두하는 폐해를 지적하고 이에 지나칠 경우 忠良한 臣民이 될 수 없다'고 언급한 바 있다.39) 이는 일본불교의 조선포교의 본질을 보여주고 있음을 알 수 있다. 이와 같은 포교활동으로 본파는 1910년대 32개소의 포교소 및 출장소를 크게 증설하였는데 다음과 같다.

· 진남포출장소: 1911년 8월 18일, 평남 진남포부40)
· 사리원출장소: 1911년 8월 26일, 황해도 봉산군 사리원41)
· 진해포교소: 1912년 2월 7일, 경남 마산부 진해면42)
· 강경포교소: 1912년 3월 7일, 충남 은진군 강경43)
· 여수포교소: 1912년 7월 3일, 전남 여수군 여수44)
· 목포출장소: 1912년 8월 1일45)
· 진주출장소: 1912년 12월 28일, 경남 진주군 진주읍46)
· 해주포교소: 1913년 5월 8일, 황해도 해주군 해주읍 동부 7일 2통 3호47)
· 고관포교소: 1913년 5월 17일, 경남 부산부 고관48)
· 김제포교소: 1913년 7월 29일, 전북 김제군 읍내49)
· 방어진포교소: 1913년 8월 23일, 경남 울산군 동면 방어진50)
· 대전출장소: 1913년 11월 28일, 충남 대전본정 2정목51)

38) 『매일신보』, 1912년 1월 14일자.
39) 『매일신보』, 1914년 12월 5일자.
40) 『관보』 제305호, 1911년 9월 2일자.
41) 『관보』 제308호, 1911년 9월 6일자.
42) 『관보』 제441호, 1912년 2월 19일자.
43) 『관보』 제465호, 1912년 3월 18일자.
44) 『관보』 제11호, 1912년 8월 12일자.
45) 『관보』 제452호, 1912년 10월 2일자.
46) 『관보』 제134호, 1913년 1월 14일자.
47) 『관보』 제238호, 1913년 5월 19일자.
48) 『관보』 제246호, 1913년 5월 28일자.
49) 『관보』 제313호, 1913년 8월 15일자.
50) 『관보』 제331호, 1913년 9월 5일자.

· 벌교포포교소: 1913년 12월 24일, 전남 보성군 고하면 벌교포[52]
· 선천출장소: 1914년 1월 20일, 평북 선천군 읍내면 교남리[53]
· 순천포교소: 1914년 2월 13일, 전남 순천군 소안면 남내리[54]
· 고성포교소: 1914년 2월 18일, 명남 고성군 동읍면 남내동[55]
· 송정리포교소: 1914년 7월 2일, 전남 광주군 송정면 송정리[56]
· 경주포교소: 1914년 11월 19일, 경북 경주군 부내면 서부리[57]
· 영천포교소: 1915년 5월 21일, 경북 영천군 영천면 문외동[58]
· 청진포교소: 1915년 6월 10일, 함북 청진부 조일정 18[59]
· 대저포교소: 1915년 8월 6일, 경남 김해군 대저면 출두리 89[60]
· 대성교회 종로분회: 1915년 9월 1일, 경기도 경성부 종로 4정목 166[61]
· 경산포교소: 1916년 9월 30일, 경남 경산군 경산면 중방동 331[62]
· 충주포교소: 1916년 10월 8일, 충북 충주군 읍내면 충주읍[63]
· 절영도포교소: 1917년 2월 27일, 경남 부산부 영선동 207[64]
· 이리포교소: 1917년 6월 19일, 전북 익산군 익산면 이리 행정 957[65]
· 김해포교소: 1917년 9월 10일, 경남 김해군 좌부면 부원동 71[66]
· 本誓寺포교소: 1917년 9월 12일, 경기도 경성부 원정 2-61[67]
· 대성교회 계동분회: 1917년 10월 3일, 경기도 경성부 계동 72[68]

51) 『관보』 제411호, 1913년 12월 11일자.
52) 『관보』 제453호, 1914년 2월 4일자.
53) 『관보』 제460호, 1914년 2월 13일자.
54) 『관보』 제479호, 1914년 3월 7일자.
55) 『관보』 제479호, 1914년 3월 7일자.
56) 『관보』 제585호, 1914년 7월 14일자. 송정리포교소는 『관보』 제1719호(1918년 5월 2일자)에 의하면 1918년 4월 29일 설립 인가를 받은 것으로 기록하고 있다.
57) 『관보』 제700호, 1914년 12월 2일자.
58) 『관보』 제850호, 1915년 6월 4일자.
59) 『관보』 제875호, 1915년 7월 3일자.
60) 『관부』 제911호, 1915년 8월 16일자
61) 『관보』 제932호, 1915년 9월 10일자.
62) 『관보』 제1252호, 1916년 10월 4일자.
63) 『관보』 제1266호, 1916년 10월 21일자.
64) 『관보』 제1371호, 1917년 3월 2일자.
65) 『관보』 제1464호, 1917년 6월 21일자.
66) 『관보』 제1534호, 1917년 9월 3일자.
67) 『관보』 제1536호, 1917년 9월 15일자.
68) 『관보』 제1552호, 1917년 10월 6일자.

· 수원포교소: 1918년 3월 18일, 경기도 수원군 수원면 산루리 425[69]
· 부여포교소: 1918년 3월 18일, 충남 부여군 부여면 관북리[70]
· 금산포교소: 1919년 11월 4일, 황해도 은율군 북부면[71]

이처럼 본파의 경우 포교소가 크게 증가하였지만, 1910년대에 벌교포포교소, 대성교회 分屬社(경기도 양주), 대성교회 이천분교회, 대성교회 여주분회, 대성교회 창의문분회(경기도 고양) 등이 유지 및 운영의 어려움으로 폐지되거나 인접한 포교소에 통합되기도 하였다.[72] 한편 『매일신보』에 의하면 본파의 경우 지방 포교소의 활동이 가끔 소개되고 있다. 해주포교소는 신도의 증가로 기존 포교소가 협소하여 2,500원을 들여 포교소를 크게 확장한 바 있으며,[73] 의주포교소는 佛敎婦人會를 조직하여 매월 月例會를 꾸준히 개최할 정도로 종교활동이 활성화되었다.[74]

4. 임제종의 포교와 선당 건립

임제종은 일본불교 중 가장 늦은 1907년경 경성에 포교소를 설치하면서 포교에 주력하였다. 임제종은 일제가 조선을 강점하자 조선에서 교세를 확대하기 위해 전 鎌倉 圓覺寺 管長 釋宗을 두 차례에 걸쳐 조선에 파견하였다.

1911년 10월 16일 조선을 첫 방문한 석종은 먼저 조선총독부 明石 경무총장을 비롯하여 上田 조선주둔군사령관, 경성일보사와 매일신

---

69) 『관보』 제1685호, 1918년 3월 22일자.
70) 『관보』 제1685호, 1918년 3월 22일자.
71) 『관보』 제2172호, 1919년 1월 7일자.
72) 『관보』 제1029호, 1916년 1월 12일 및 『관보』 제1035호, 1916년 1월 19일 및 『관보』 제1044호, 1916년 1월 29일자.
73) 『매일신보』, 1914년 6월 13일자.
74) 『매일신보』, 1916년 5월 2일자.

보사를 차례로 방문하고 친분을 과시하였다. 그는 11월 초까지 조선
에 머물면서 인천과 평양 등지를 순회, 포교활동을 하였으며, 경찰관
과 승려들에게 강연회를 개최하였다.[75] 특히 1911년 11월 2일 각황사
에서 가진 강연회는 조선인 승려 17명, 일본인 승려 6명, 청강생 80여
명이 참가하였다.[76]

釋宗의 두 번째 조선포교활동은 1917년 9월 초로 중국 봉천과 북경으
로 옛 불경을 구하러 가는 중간경유지로서 활동이었다. 두 번째 포교활
동에서 釋宗은 임제종 포교소가 있는 부산, 대구, 경성, 평양 등지를
순회하였다.[77] 순회 도중 愛國婦人會와 龍山鐵道俱樂部, 總督府俱樂
部와 순회지역 유지들에게 강연회를 가졌다. 특히 9월 16일은 일본선
계의 거장으로 알려진 白隱이 참석한 가운데 장사동 묘심사 경성별
원에서 임제종의 종교의식인 臨濟錄提唱을 거행하였다.[78] 당시 釋宗
의 강연내용은『매일신보』에 소개될 정도로 중요하게 다루었다.[79]

임제종의 활동은 대체로 1915년부터『매일신보』에 소개되고 있는
데, 이는 조선포교의 책임자로 내정된 後藤瑞巖의 영향력이 컸던 것
으로 보인다. 後藤은 1914년 5월 14일 古川大航의 후임으로 조선포교
관리자로 선임되었다.[80] 이에 앞선 古川은 1911년 3월 3일 圓山太嶺
의 후임으로 활동하였다.[81] 임제종의 종교의식은 매 일요일 오전과
오후 두 차례씩 後藤瑞巖의 집전으로 臨濟錄提唱을 가졌다.[82] 또한

---

75)『매일신보』, 1911년 10월 17일, 10월 19일, 10월 22일자.
76)『매일신보』, 1911년 11월 5일자.
77)『매일신보』, 1917년 9월 7일자.
78)『매일신보』, 1917년 9월 15일자.
79) 釋宗의 강연내용은『매일신보』1917년 9월 22일부터 9월 30일까지 8회에 걸쳐 연재
    되었다.
80)『관보』제537호, 1914년 5월 16일자.
81)『관보』제152호, 1911년 3월 6일자.
82)『매일신보』, 1915년 2월 14일, 2월 21일, 2월 28일자.

후등은 1915년 4월 일본 동경과 임제종의 본산 京都 花園 묘심사를 각각 시찰한 바 있는데, 이때 조선에 돌아오면서 鎌倉時代부터 전래되어 온 靈佛인 지장보살을 가지고 와서 영불개안식을 갖기도 하였다.[83]

1910년대 임제종은 기존의 경성 외에 평양[84] · 부산[85] · 대구[86] · 보령[87] 등 4곳에 각각 포교소를 개설하였다. 1910년대 임제종의 포교는 타 불교종파보다 활발하지는 못하였지만 중요한 것은 '조선 불도의 부활을 도모한다'는 명분으로 1915년 11월 수표정에 새로운 禪堂의 건립을 계획한 바 있다.[88] 그 취지서에 의하면 "今에 半島는 我皇國에 新附以來로 五星霜을 皇恩에 洽霑하여 萬般의 施設이 漸次就緒

83) 『매일신보』, 1915년 5월 23일자.
84) 『관보』 제342호, 1911년 10월 16일자. 임제종 평양포교소는 1911년 10월 2일 평남 평양부 평양학정에 설립되었다.
85) 『관보』 제554호, 1912년 7월 2일자. 부산포교소는 1912년 6월 11일 경남 부산부 부산보수정 1정목 153번지에 설립되었다.
86) 『관보』 제601호, 1914년 8월 3일자.
87) 『관보』 제1934호, 1919년 1월 21일자. 보령포교소는 1월 16일에 인가되었으며, 충남 보령군 대천면 대천리 189-6에 설립되었다.
88) 『매일신보』, 1915년 11월 11일자. 이때의 취지문은 다음과 같다.
"夫大法의 流通은 人을 俟ᄒᆞ야 得할지라. 宗越가 如何히 幽遠ᄒᆞ다ᄒᆞ나 若其人을 不得하면 마침내 破器만 不如하며 특히 吾祖師門下에 然한지라. 是故로 吾門은 古來로 특히 選佛道場을 設하고 釋迦文佛의 聖制를 攀하야 一箇兩箇 眞正한 種草를 打出하여 永久히 照世의 燈明을 作케 한지라. 按하건데 本半島國의 佛法은 其流를 我臨濟宗에 汲하여 當年 敎化의 普及隆昌은 實로 靈界의 權威이라. 然이나 李朝五百年間 排佛毁釋한 結果로 今에 至하여는 寺明이 頹敗하며 眞風이 滅絶하여 祖庭의 荒寥其極에 達하니 可히 悼戚할 바이라. 然則 此를 如何히 하면 可하뇨. 惟夫 其人을 得함에 在할지라. 然이나 其人이 輩出이 亦自機關을 要하는지라. 今에 半島는 我皇國에 新附以來로 五星霜을 皇恩에 洽霑하여 萬般의 施設이 漸次就緒하고 百物이 革觀하고 且 今日 又 御大典의 盛儀에 値할 御陵威는 自此로 愈益增輝하여 半島의 進運을 亦期待할지라. 然而 斯問佛法을 엇지 弛癈에 一任함이 可하리오. 況且 一樹之蔭에 捿息하는 吾輩리요. 忍俊不禁과 撤力不德을 不顧하고 此 今辰에 當하여 玆에 選佛道場 建立의 志를 發하엿으니 是는 敢히 名聞을 一世에 求함이 아니라 但 半島의 佛者로 點請하여써 '皇風永扇 帝道遐昌 佛日增輝 法輪常轉'을 願할 뿐이라. 願컨데 有緣無緣은 篤志지 淨財를 喜捨하여 野衲의 微志를 成就케 하기를 至懇至禱ᄒᆞ노라."

하고 百物이 革觀하고 또 今日 又 御大典의 盛儀에 值할 御陵威는 自此로 愈益增輝하여 半島의 進運을 亦期待할지라"고 하여, 조선이 일본 천황의 감응으로 점차 발전하고 있음을 강조하였다. 이어서 大典禪堂建立會를 구성하고 건립기부금을 모집하였다.[89] 건립회 회칙[90]에 의하면 기부금 모금액은 1만 원, 모금기간은 1915년 11월 10일부터 1918년 11월 9일까지 4년간으로 하고 있다. 이 선당은 모금기간을 마치기 전인 1918년 6월 9일 상량식을 가졌다.[91] 이 선당의 건립으로 임제종은 조선에서 중요한 포교기지를 마련하였다고 보여진다.

5. 일련종과 정토종의 포교

일련종은 1881년 渡邊日蓮이 부산에서 첫 포교를 시작, 원산과 인천에 頂妙寺와 妙覺寺를 각각 설립하였다. 특히 일련종은 조선에서 교세의 확장을 위해 左野를 통해 조선승려들의 도성출입금지를 해제, 조선불교계에 적지 않은 영향을 주기도 하였다.

일련종도 강점 이후 여타 일본불교의 종파와 마찬가지로 조선 포교를 적극 전개하였다. 우선 일련종은 일본인과 조선인 신도 중 여성을 중심으로 日韓婦人會를 조직하였다. 강점 직후 조직된 이 부인회

---

89) 『매일신보』, 1915년 12월 3일자.
90) 회칙은 다음과 같다.
　"제1조 本會는 大典紀念禪堂建立으로 目的함, 제2조 本會는 本會의 趣旨를 贊成하는 有志로부터 寄贈하는 淨財로서 其費用에 充함, 제3조 本會의 淨財收受豫定額은 金一萬圓으로 함, 제4조 淨財收受期間은 大正 4년 11월 10일부터 同 7년 11월 9일까지로 함, 제5조 本會에 淨財를 寄贈코자 하는 有志는 拾錢 以上을 隨意로 함. 但物件을 寄贈함도 無妨, 제6조 寄贈金은 豫定額에 達할 時까지 此를 朝鮮銀行에 預置하고 委員이 이를 保管함, 제7조 事務를 處理하기 爲하여 本會에 左記 委員을 置함. 一 庶務係 若干名, 會計係 若干名, 제8조 本會의 目的을 達成하기 爲하여 本會 贊助員 顧問 若干名을 委囑함, 제9조 本會는 大典紀念禪堂建立會라 稱하고 경성 장사동 묘심사출장소 내에 置함."
91) 『매일신보』, 1918년 6월 11일자.

는 10월 16일 제1회 모임을 가졌는데, 조선 부인의 입회 권유에 진력
하였을 뿐 아니라 앞으로는 재조일본인 부인과 조선인 부인의 연합
으로 완전한 日蓮宗婦人會 조직을 기도하였다.[92]

1910년대 일련종이 새로 개설한 포교소 및 출장소는 목포[93]·진
해[94]·대전[95]·영산포[96]·연안[97]·사리원[98]·신의주[99]·光州[100] 정
주[101]·마산[102]·성진[103]·나남[104]·겸이포[105]·출장(안국동)[106]·
함흥[107]·영등포[108]·개성[109] 등 17개소에 이르렀다. 그러나 이들 중

---

92) 『매일신보』, 1910년 10월 13일자.
93) 『관보』 제458호, 1912년 10월 9일자. 목포포교소는 9월 20일 전남 목포부 동해안 3정목 24번지에 설립되었다.
94) 『관보』 제117호, 1912년 12월 19일자. 진해포교소는 12월 11일에 인가되었다.
95) 『관보』 제157호, 1913년 2월 10일자. 대전포교소는 1월 28일 인가되었으며 충남 회덕군 대전 부도정에 설립되었다.
96) 『관보』 제306호, 1913년 8월 7일자. 영산포포교소는 7월 18일에 인가되었다.
97) 『관보』 제397호, 1913년 11월 25일자. 연안포교소는 11월 11일 인가되었으며 황해도 연안군 연안읍에 설치되었다.
98) 『관보』 제534호, 1914년 5월 13일자. 사리원포교소는 5월 5일에 인가되었으며, 황해도 봉산군 사원면 사리원3리에 설립되었다. 한편 『관보』 제1271호(1916년 10월 27일자)에 의하면 사리원포교소가 10월 24일 인가되어 봉산군 사원면 사리원 동로자 12에 설립되었다고 하고 있다.
99) 『관보』 제649호, 1914년 9월 30일자. 신의주포교소는 9월 8일 인가되었으며, 평북 신의주부 앵정2정목 21번호에 설립되었다.
100) 『관보』 제872호, 1915년 6월 30일자. 광주포교소는 6월 1일 인가되었으며, 전남 광주군 광주면 동문통에 설립되었다.
101) 『관보』 제938호, 1915년 9월 17일자. 정주포교소는 8월 28일 인가되었으며, 평북 정주군 읍부면 성외동에 설립되었다.
102) 『관보』 제1180호, 1916년 7월 10일자. 마산포교소는 7월 5일 인가되었으며, 경남 마산부 통정 4정목 25-2-1번지에 설립되었다.
103) 『관보』 제1336호, 1917년 1월 20일자. 성진포교소는 1월 17일 인가되었으며, 함북 성진군 학성면 성진봉동 73에 설립되었다.
104) 『관보』 제1410호, 1917년 4월 19일자. 나남포교소는 4월 16일 인가되었으며, 함북 경성군 오촌면 나남초뢰정 134-1에 설립되었다.
105) 『관보』 제1478호, 1917년 7월 7일자. 겸이포교소는 7월 5일 인가되었으며, 황해도 황주군 송림면 겸이포리 8, 7에 설립되었다.
106) 『관보』 제1512호, 1917년 8월 17일자. 출장포교소는 8월 14일 인가되었으며, 경기도 경성부 안국동 64에 설립되었다.

진해포교소는 설립된 지 약 4년 6개월 후인 1916년 10월 18일 폐지되었다.[110]

한편 1897년 三隅田持門이 부산에 첫 포교를 한 정토종은 이듬해 경성에 개교원을 설립하면서 조선포교의 기초를 마련하였다. 일제가 조선을 강점하자 정토종은 바로 조선포교에 착수하였다. 1910년 9월 중순 강점을 기회로 하여 일본의 대학강사 中島觀秀가 僧正 山崎共秀와 高山龍善에게 청하여 조선에 있는 開道師와 합동으로 전국을 순회하였다. 9월 18일부터 시작된 순회는 부산을 비롯하여 마산·대구·개성·진남포·평양·新幕·인천·군산·강계·대전·수원·경성·울산·황주·안주 등지에서 포교활동을 하였다.[111] 이때 순회포교활동을 하였던 中鳥道는 11월 7일 黃土峴 정토종교회에서 기념전도회를 개최하고 강연회를 갖기도 하였다.[112] 이밖에도 정토종 평양포교소는 일본어 보급을 위해 國語學校를 개설한 바 있으며, 少年會를 유치원으로 확장하고 운영하고 있다.[113]

강점 이전까지 京城을 비롯하여 25개소에 교회소[114]를 설립하였던 정토종은 1910년대에는 목포 등 17개 지역에 교회소와 출장소를 개설

---

107) 『관보』 제1559호, 1917년 10월 5일자. 함흥포교소는 10월 10일에 인가되었으며, 함남 함흥군 함흥면 동양리 258번지에 설립되었다.

108) 『관보』 제1911호, 1918년 12월 20일자. 영등포교소는 12월 17일에 인가되었으며, 경기도 시흥군 영등포면 영등포리 447에 설립되었다.

109) 『관보』 제1955호, 1919년 2월 15일자. 개성포교소는 2월 12일에 인가되었으며, 경기도 개성군 송도면 대화정 223에 설립되었다.

110) 『관보』 제1412호, 1917년 4월 21일자.

111) 『매일신보』, 1910년 9월 18일자.

112) 『매일신보』, 1910년 11월 8일자.

113) 『매일신보』, 1913년 8월 29일자.

114) 정토종이 1897년 조선에 포교한 이후 1910년 합병 이전까지 교회소를 설립한 곳은 京城, 진남포, 전주, 鏡城(함북), 대동, 개성, 평양, 청주, 여수, 인천, 원산, 황주, 신의주, 대전, 대구, 부산, 울산, 수원, 군산, 마산, 진해, 용산, 서흥, 해주, 나남 등 25개 지역이다.

하였다. 교회소는 9개 지역으로 목포는 1911년 5월 3일 목포부 무안통 5정목 16번지,[115] 정토종교회소는 5월 13일 경성부 중부 황토현,[116] 방어진은 1912년 9월 11일,[117] 겸이포는 1915년 9월 29일 황주군 송림면 용복리 신흥동,[118] 웅기는 1917년 2월 26일 함남 경흥군 웅기면 웅기동,[119] 밀양은 6월 7일 밀양군 부내면 내일동 90,[120] 청진은 6월 22일 청진부 수정 18,[121] 영동은 10월 2일 영동군 영동면 계산리 174,[122] 조치원은 1919년 4월 19일 연기군 조치원면 조치원리 185[123]에 각각 개설되었다.

그리고 京城에 북부 순화동(후에 동부 숭삼동으로 이전)·서부 적선방(후에 동부 적선동으로 이전)·통의동·안국동·교북동 등 5개의 출장포교소[124]와 지방에 논산군 두마면·강화군 하도면[125] 등 2개의 출장포교소를 설립하였다. 또한 평남 진남포부 三和寺에는 설교소를 설립하였다.[126] 그러나 이와 같은 포교활동으로 교회소 등을 확장하였지만 진남포, 평양, 군산, 진해 등지의 교회소는 폐지되기도 하였다. 특이한 점은 울릉도에도 교회소를 설립하였다는 점이다. 울릉도 교회소는 일본불교 중 유일하게 포교된 곳으로 남면 도동 139번지에

115) 『관보』 제210호, 1911년 5월 15일자.
116) 『관보』 제219호, 1911년 5월 25일자.
117) 『관보』 제452호, 1912년 10월 2일자.
118) 『관보』 제958호, 1915년 10월 13일자.
119) 『관보』 제1371호, 1917년 3월 2일자.
120) 『관보』 제1455호, 1917년 6월 11일자.
121) 『관보』 제1469호, 1917년 6월 27일자.
122) 『관보』 제1551호, 1917년 10월 5일자.
123) 『관보』 제2009호, 1919년 4월 23일자.
124) 『관보』 제261호, 1911년 7월 13일 ; 『관보』 제313호, 1913년 8월 5일 ; 『관보』 제700호, 1914년 12월 2일 ; 『관보』 제152호, 1917년 8월 17일 ; 『관보』 제1534호, 1917년 9월 3일자 및 『매일신보』, 1911년 7월 7일자.
125) 『관보』 제1842호, 1918년 9월 26일 ; 『관보』 제1852호, 1918년 10월 9일자.
126) 『관보』 제874호, 1915년 7월 2일자.

설치되었으며 森下孝道가 포교책임자로 활동하였다.[127]

이상에서 살펴보았듯이 1910년대 일본불교의 주요 종파 포교소의 설치는 조동종은 31개소, 대곡파는 21개소, 본파는 32개소, 임제종은 4개소, 정토종은 17개소 등 105개소가 새로 설치되었다. 여기에 분석 대상에서 제외한 진언종 제호파, 진언종 각파연합, 법화종, 진종 불공 사파, 신의진언종 풍산파, 황벽종, 진종 산원파, 신의진언종 지산파 등을 포함한다면 훨씬 많은 수의 포교소가 설립되었을 것으로 보인 다. 1910년대 일본불교의 포교현황은 〈표 3〉과 같다. 〈표 3〉에 의하면 1910년대 하반기로 갈수록 일본인과 조선인의 신도가 증가하고 있음 을 알 수 있다.

〈표 3〉 1910년대 후반 일본불교의 현황

년도	포교소수	포교자수	신도수
1915	190	231	150,484
1916	209	282	184,913
1917	234	319	208,213
1918	259	355	213,966
1919	266	377	
1920	281	396	297,836

(출처: 『朝鮮總督府官報』)

이상에서 살펴본 조동종, 대곡파, 본파, 임제종, 정토종을 포함하여 1910년대 일본불교 각 종파가 조선에 설치한 포교소의 현황을 지역별 로 살펴보면 〈표 4〉와 같다.

---

[127] 『관보』 제1145호, 1916년 5월 30일자.

〈표 4〉 1910년대 일본불교 각 종파의 조선에 설치한 포교소 현황

지역	포교된 일본불교	지역	포교된 일본불교
진남포	대곡파, 본파, 정토종, 조동종, 각파연합	목포	정토종, 본파, 일련종, 조동종, 지산파, 대곡파
방어진	정토종, 본파,	안동	산원파
상주	산원파, 조동종,	칠곡	산원파
京城	정토종, 제호파, 임제종, 본파, 대곡파, 조동종, 법화종	평양	임제종, 조동종, 산원파, 정토종, 일련종, 본파, 대곡파, 각파연합, 대객사파
동래	지산파, 대곡파, 각파연합	용산	정토종
사리원	본파, 일련종	부산	대곡파, 임제종, 지산파, 조동종, 본파, 법화종
황주	정토종, 본파	마산	본파, 일련종, 정토종, 풍산파
춘천	대곡파	금산	지산파
논산	대곡파, 고야파, 정토종, 각파연합	강경	대곡파, 본파
공주	조동종, 정토종, 대곡파	사천	대곡파, 본파
통영	지산파, 정토종, 조동종, 본파	철원	조동종
원산	조동종, 본파, 정토종, 대곡파	여수	본파, 정토종, 지산파
진해포 (평북)	조동종	진주	조동종, 본파, 대곡파,
대전	정토종, 제호파, 임제종, 본파, 대곡파, 조동종, 법화종	진해	일련종, 고야파, 풍산파, 본파, 조동종, 대곡파, 정토종, 각파연합
충주	조동종, 본파	온양	고야파
광주	조동종, 본파, 일련종, 지산파, 대곡파	개성	조동종, 정토종, 대곡파, 일련종, 각파연합
해주	본파, 정토종	함흥	고야파, 조동종, 대곡파, 일련종
영산포	일련종, 조동종, 대곡파,	김제	본파, 대곡파
홍주	조동종	나남	본파, 정토종, 각파연합, 일련종
예산	고야파	인천	일련종, 본파, 정토종, 대곡파, 제호파
고성	조동종, 본파,	재령	고야파, 각파연합
벌교포	본파, 불광사파	선천	본파, 고야파, 각파연합
순천	본파, 대곡파	대구	임제종, 조동종, 본파, 지산파, 정토종, 각파연합
연안	일련종,	하동	풍산파,
신의주	일련종, 대곡파, 본파, 각파연합, 조동종	경주	본파, 조동종

정읍	대곡파	나주	지산파, 조동종, 일련종, 대곡파, 본파
밀양	고야파, 지산파, 대곡파, 각파연합, 정토종	청진	본파, 대곡파, 각파연합, 정토종, 조동종
안주	조동종, 대곡파	영천	본파
김해	본파, 정토종	군산	본파, 정토종
정주	일련종, 본파, 정토종	평택	조동종
겸이포	정토종, 일련종, 조동종	용천	조동종
김천	본파, 지산파, 조동종	鏡城	본파, 정토종, 조동종
전주	정토종, 본파, 조동종, 대곡파,	대동	정토종
이리	일련종, 각파연합, 본파, 대곡파	서흥	정토종
청주	정토종, 대곡파	영등포	본파, 각파연합, 조동종, 일련종
연안	일련종	조치원	대곡파, 각파연합, 정토종
수원	대곡파, 정토종, 각파연합, 일련종, 본파	장흥	본파
장승포	본파	의주	본파
포항	대곡파, 동곡사파, 지산파	북청	각파연합
영동	지산파, 정토종	칠곡	불광사파
경산	조동종, 본파	송정리	대곡파, 본파
용강 (광량만)	대곡파	성진	대곡파, 일련종
울산	정토종, 각파연합	울릉도	정토종
원산	각파연합	옥구	각파연합
창녕	조동종	부여	조동종, 본파
웅기	정토종	안악	조동종
청도	조동종	담양	조동종
강진	불광사파	회령	각파연합, 대곡파
통천	각파연합	강화	정토종
보령	임제종	평강	대곡파
영암	대곡파	은률	본파

범례: 본파-정토진종 본원사파, 대곡파-정토진종 대곡파, 불광사파, 정토종 불광
     사파, 각파연합-진언종 각파연합, 지산파-신의진언종 지산파, 풍산파-신의
     진언종 풍산파, 산원파-정토진종 산원파, 제호파-진언종 제호파, 고야파-진
     언종 고야파, 진언종 대각사파
출처: 『朝鮮總督府官報』, 『매일신보』.

6. 재조일본불교의 성격

개항 이후 조선에 가장 먼저 진출한 일본종교는 일본불교였다. 일제가 조선을 식민지화하는데 불교를 앞세워 진출하려는 종교정책은 개항 초기부터 기획 추진되었다.[128] 1877년 부산의 개항과 함께 일본정부의 요청에 따라 淨土眞宗 大谷派가 '護國과 護法의 일치'를 표방[129]하면서 포교를 시작하였고, 그 뒤를 이어 1881년 日蓮宗이 포교를 하였다. 1894년 청일전쟁이 일어나자 일본불교 각 종파는 앞을 다투어 일본군 從軍僧을 파견하여 군인을 위무하는 한편 조선인을 선무하는 활동을 전개하였다. 이에 따라 일본불교의 조선 포교는 진출 초기부터 정치적 군사적 성격을 지니게 되었다.

이후 1904년 러일전쟁을 계기로 일본불교의 조선 진출은 더욱 강화되었다. 그리하여 일찍이 조선에 진출하였던 대곡파 외에도 眞言宗, 曹洞宗, 臨濟宗 등 대부분의 일본불교가 조선에 진출, 포교활동을 시작하였다. 이에 따라 일본불교는 경쟁적으로 조선 포교를 모색하는 가운데 종파별로 그 효과를 높이기 위하여 새롭게 사찰이나 布敎所를 설립하는 것보다 기존의 조선 사찰을 장악하고 조선승려를 포섭하는 것이 유리하다고 판단함에 따라 조선불교를 포섭하려는데 적극적인 노력을 기울였다.

---

128) 『朝鮮開敎五十年誌』, 大谷派本願寺朝鮮開敎監督部, 1928, 19쪽.

129) 大谷派의 조선포교의 근본적인 신념은 첫 조선포교 책임자였던 奧村円心이 1898년 10월 대곡파 본산에 제출한 보고서에 잘 나타나고 있다.
"國과 法(불교)은 가죽과 털 같으며, 일본과 한국은 입술과 이와 같아 이들 둘은 서로 기다려 완전하게 구비된다. 깊이 생각하건데, 동방의 형세는 다달이 점점 그릇되어, 이제야 한국의 상태를 말하기에 숨기지 않는다. 이번 가을에 우리 왕법의 본이 되는 忠君愛國의 가르침으로 그 나라 국민을 誘導啓發하는 것은 실로 우리 가르침의 본지로서 국가에 보답하고 법을 수호하는 소이인데, 하물며 우리나라의 문물풍교가 금일처럼 풍성하게 된 것이 옛날 그 나라의 유도계발에 의한 것임에 있어서리오."(한석희(김승태 역), 『일제의 종교침략사』, 27쪽)

뿐만 아니라 조선 전시기에 걸쳐 정치·사회적 제약을 감수할 수밖에 없었던 조선불교는 조선에 진출한 일본불교의 정치적 영향력에 크게 감화되었으며, 이로 인하여 조선불교의 중흥은 일본불교를 통하여 가능하다는 인식을 갖기도 하였다. 더욱이 1895년 일본승려 左野前勵의 요구에 의한 조선승려의 도성출입금지 해제는 조선불교가 일본불교에 대한 인식을 보다 긍정적으로 인식하도록 하였다.

또한 일제는 종교의 선교화를 통해 친일화를 유도하기도 하였다. 그 방법으로 교육사업과 의료 등을 포함한 사회복지사업을 활용하고자 하였다. 이에 따라 일본불교는 교육기관을 건립하거나 유학생을 일본으로 파견하였다. 이를 통해 일본불교는 단순히 포교라는 목적 외에 일제의 침략 및 식민정책에 편승하여 친일세력의 양성 및 동화정책의 동조자로서 적극 활동하였다. 이러한 불교의 성격은 1910년대에도 그대로 이어지고 있다.

첫째, 종교를 통한 종교의 지배이다. 조동종은 앞서 살펴본 바와 같이 오랜 역사를 가지고 있는 한국불교를 흡수 통합하여 일본불교의 위상을 높이고자 하였다. 강점 직후 한국불교 원종과 맺은 맹약은 비록 성공하지는 못하였지만 실제적으로는 조선불교를 일본불교의 한 종파인 조동종에 예속시키는 결과를 가져왔다. 이러한 점은 일본이 조선을 강점한 것과 마찬가지로 종교를 통해 조선을 지배하고자 하는 것의 연장선이라고 할 수 있다. 그리고 임제종은 조선불교가 조선 5백 년간 排佛毁釋하여 지금에 이르렀으므로 선당 건립을 통해 조선불교의 귀속을 도모하고자 하였다. 그리고 조선불교의 부흥이라는 명목으로 각 종파의 선당을 건립하고 있다. 즉 '조선의 불법이 임제종에 미쳤으므로 교화의 보급 융창은 실로 영계의 권위'라 하여 임제종의 발전이 조선불교의 부흥이라고 한 것도 이러한 의미를 내포하고 있다.

둘째, 교육 또는 유학을 통한 친일화의 경도이다. 일본불교의 교육 활동은 단순한 교육으로만 그치는 것이 아니라 일본불교의 교리를 통해 친일적인 사고를 배양하는 것이라 할 수 있다. 이에 따라 조선에 진출한 일본불교는 교육기관을 설립하고 교리 외에도 일본어를 가르쳤다. 이는 일본불교를 올바르게 이해시키기 위해서도 반드시 필요한 교육이라 할 수 있다. 앞서 보았듯이 본파의 경우 초등교육기관으로 계성학교, 중등교육기관으로 불교고등학원을 각각 설립하여 일본식 교육 내지 일본불교의 호국정신과 호법정신을 이식시켜 친일화를 유도하였다.

이밖에도 일본불교의 각 종파는 전국을 순회하면서 강화회 또는 교화회를 통한 친일화도 적극 시도하고 있다. 즉 일제의 조선 강점을 '이왕가와 민중의 경복증진'이라 하여 불만을 무마하고 있다. 또한 일본에 유학생을 파견하여 친일화를 유도하기도 하였다. 당시 불교유학생의 파견은 조선불교의 진흥을 위한 인재양성의 교육열에서 비롯되었지만 그 이면은 한국인으로서의 자주성을 말살하고 일제의 지배에 순응하는 국민을 만들기 위한 하나의 방편이기도 하였다.[130] 유학생 파견은 조동종이 가장 적극적이었는데, 용주사의 김정해가 조동종대학에 유학하면서 일본식 불교를 적극 수용하자고 주장한 것도 이러한 맥락의 하나라고 할 수 있다. 1910년대 일본에 파견된 불교유학생은 20여 명을 넘어서고 있으며, 3·1운동 이후 급격히 늘어나고 있다.[131]

셋째, 일본불교 승려의 식민통치기관과의 접촉이다. 이는 일본불교가 식민통치와 밀접한 관계가 있음을 보여주고 있다. 조선의 포교를 위해 조선에 건너온 일본불교의 승려들은 무엇보다 먼저 조선총

130) 이경순, 「일제시대 불교유학생의 동향-일본유학생을 중심으로」, 256쪽.
131) 이경순, 「일제시대 불교유학생의 동향-일본유학생을 중심으로」, 261쪽.

독부·경성일보사·매일신보사·조선군사령부 등 식민정책에 직접
적인 영향을 미치는 기관들을 방문하고 있으며, 이들 기관들로부터
식민지배의 당위성을 전하도록 하고 있다. 일련종의 釋宗은 조선총
독부의 明石 경무총감과 上田 조선군주둔사령관 등을 비롯하여 경성
일보사와 매일신보사를 매번 방문하고 있다. 이는 조선총독부의 식
민정책을 적극적으로 협력하거나 종파 운영에 총독부의 후원을 받고
있음을 보여주고 있다.

넷째, 일본군과 일본왕가의 위무이다. 이는 일본불교의 군사적 성
격을 보여주고 있다. 일본불교는 군인위무사업으로 군인오락장·군
인휴게소·英靈安置所·부대위문 등을 포교사업의 하나로 활용하고
있다.132) 1910년대 일본불교 중 본파는 두 차례의 陸軍追弔會,133) 대
곡파도 한 차례의 陸海軍兵沒者 追慕讀經會134)를 각각 개최, 군인위
무사업을 실행하고 있다.

또한 명치 일왕이 병중에 있거나 사망하였을 때 일본불교 연합으
로 쾌유를 바라는 奉悼會와 御追慕法會 등을 개최하기도 한다.135)
특히 대곡파 남산 본원사에서 개최하는 奉弔會에는 조선인협회 신도
2백여 명이 참석할 정도였다.136)

다섯째, 일본불교의 연합포교이다. 이들 각 종파는 원칙적으로는
개별적으로 포교활동을 전개하였지만 때에 따라서는 연합으로 포교
활동을 전개한 사례도 없지 않았다. 조선총독부가 1915년 시정5주년

---

132) 木場明志,「近代における日本佛敎のアジア傳道」, 219쪽.
133) 『매일신보』, 1911년 3월 10일 및 1912년 3월 12일자.
134) 『매일신보』, 1914년 3월 12일자.
135) 『매일신보』, 1912년 8월 1일, 8월 3일, 8월 6일자. 日王家의 병중 쾌유를 기원하는
   각종 법회나 행사, 明治 日王 사망에 대한 각종 종교단체의 추모회는 성주현,「日帝의
   同化政策과 宗敎界 動向」,『식민지 조선과『매일신보』-1910년대』, 수요역사연구회,
   2003을 참조할 것.
136) 『매일신보』, 1912년 8월 4일자.

기념으로 朝鮮物産共進會를 개최하자[137] 일본불교계에서는 연합으
로 포교활동을 하였다. 총독부의 기관지인『매일신보』도 정신적 문
명은 종교가, 물질적 문화는 공진회가 대표하므로 '共進會로써 物質
의 文明을 誘導하고 宗敎로써 精神文明을 誘導하되 共進會 중에 宗
敎가 有하고 宗敎之中에 共進會가 有하여 精神與物質이 合爲一體'라
하여 공진회 현장에서 종교의 포교활동을 적극 권유하고 있다.[138] 또
한 김정해는 일본 대정박람회의 사례를 들면서 공진회에 불교전도관
을 설치하여 포교사업으로 활용하자고 제안하고 있다. 뿐만 아니라
차원 높은 강연과 강좌, 신앙담을 활용하여 국민정신을 통일할 것도
주장하였다.[139]

　1915년 9월 11일부터 경복궁 내에서 공진회가 개회하자 일본불교
계는 본파 본원사, 남산 본원사(대곡파), 조동종 별원, 호국사, 임제
사, 일한사, 개교원, 묘심사, 光雲寺 등 8종 9개사가 참여하여 各宗聯
合會를 구성하고 광화문 서쪽 전도관을 건립, 포교활동을 대대적으
로 전개하였다. 또한 공진회 포교활동은 일본 진종대학에서 15명의
교수를 파견할 정도로 중요하게 인식하였다.[140]

　한편 〈표 4〉에 의하면 1910년대 일본불교의 포교소가 설치된 지역
은 두 가지 특징을 보이고 있다.

　첫째는 일본불교가 포교소를 설치한 곳은 농촌보다는 도시중심으
로 이루어지고 있다. 이러한 모습은 개항 이래 이주한 일본인이 도시
를 중심으로 생활 근거지를 마련하였기 때문이다. 1910년대 조선에
형성된 일본인의 주요 거주지는 부산·원산·경성·인천·목포·진

---

137) 조선물산공진회에 대해서는 박성진, 「일제 초기 조선물산공진회연구」, 『식민지 조선
　　과 매일신보』, 수요역사연구회, 2003을 참조할 것.
138) 『매일신보』, 1915년 11월 15일자.
139) 『매일신보』, 1915년 2월 11일자.
140) 『매일신보』, 1915년 7월 16일자.

남포·군산·마산·평양·대구·신의주 등인데, 이들 지역에는 대부분 4개 이상의 일본불교 종파가 포교소를 설치하고 있다. 이처럼 일본인 사회에 포교소가 집중적으로 설치된 것은 일차적으로 일본인을 대상으로 포교를 하였기 때문이며 이와 더불어 포교소는 조선사회에 일제 침략의 정당성을 보급하고 정신적 교화를 선도하는데 일조하였다.[141]

둘째는 일본군 주둔지에 일본불교 포교소가 집중되고 있다. 1910년대 일본군이 주둔한 지역은 용산(경성)을 비롯하여 회령·나남·함흥·평양·대전·대구·마산·진해 등으로, 이들 지역 역시 다양한 종파가 포교소를 설치하였다. 이들 지역은 일본인 사회로서 뿐만 아니라 일본불교가 조선에 포교된 계기가 청일전쟁 또는 러일전쟁에 파견된 종군승과 밀접하였듯이 軍의 사기진작 및 위무와 관련지어 생각해볼 수 있다.

7. 맺음말

이상으로 1910년대 조선에 포교된 일본불교의 포교과정을 살펴보았다. 앞서 살펴보았듯이 일본불교의 각 종파는 1910년 8월 일제가 조선을 강점하자 포교의 활동영역을 크게 확대하고 있음을 보여주고 있다. 특히 일본불교는 포교의 방안으로 이미 식산진흥을 장려하여 물질적 개발에 힘쓸 것, 僧俗을 불문하고 지방 저명인사에게 일본시찰을 적극 장려할 것, 학교를 설립하여 청년을 개발할 것 등으로 정리한 바 있었다.[142] 이러한 기준에 따라 1910년대 일본불교는 충실하게

---

[141] 정혜경, 「『매일신보』에 비친 1910년대 在朝日本人」, 『식민지 조선과 『매일신보』-1910년대』, 수요역사연구회, 2003, 143쪽.

[142] 『朝鮮開道五十年誌』, 본원사 대곡파 조선개교감독부, 72쪽.

포교활동을 전개하였다.

첫째, 1910년대 일본불교의 교세는 한말 또는 개항기에 비하여 현저하게 증가하였음을 보여주고 있다. 1910년 113개의 포교소, 95명의 포교자수, 61,649명의 신도수에서 1920년에 이르면 포교소의 경우 두 배가 넘는 281개소, 포교자수는 네 배에 가까운 396명, 신도수는 네 배가 조금 넘는 297,836명으로 증가하고 있다. 이와 같은 일본불교의 교세가 크게 확장되고 있다는 것은 친일화 유도에 보다 충실하였다고 보여진다.

둘째, 일본불교의 성격은 일제의 식민정책에 충실하고 있음을 보여주고 있다. 우선 일본불교는 한말 조선진출을 '호국과 호법'을 위한 것이라고 밝혔듯이 조선에 온 포교책임자나 종파의 대표가 총독부를 비롯하여 조선군사령부, 매일신보사, 경성일보사 등을 내방하여 식민정책을 듣거나 자문하고 있다. 그리고 이를 포교활동과 관련하여 조선인에게 이식시키고 있다. 이밖에도 일본어와 일본불교의 보급을 위한 교육사업이나 유학의 적극적인 알선 등을 통해 일제에 대한 감정 순화를 유도하고 있다.

셋째, 일본불교의 포교지는 도시 중심으로 이루어지고 있으며, 점차 농촌으로 확대되고 있다. 이는 일본인 거주지역과 밀접한 관계를 가지고 있다. 일본불교가 초기에는 일본인을 대상으로 포교하였지만 1905년 11월 '종교의 선포에 관한 규칙'이 제정되면서 사실상 조선인도 포교의 대상이 되었다. 그리고 일본불교가 초기 개항장을 중심으로 한 일본인거류지에서 점차 도시로, 그리고 농촌 지역으로 포교영역을 넓혀갔다. 특히 일본군 주둔지나 병참기지에도 일본불교 각 종파가 있어 이들의 정신적인 위무를 담당하였다.

제3장 1910년대 재조일본조합교회의
포교와 활동

1. 머리말

일반적으로 종교는 인간의 정신문화 양식의 하나로 인간의 여러 가지 문제 중에서도 가장 기본적인 것에 관하여 경험을 초월한 존재나 원리와 연결지어 의미를 부여하고, 또 그 힘을 빌려 통상의 방법으로는 해결이 불가능한 인간의 불안·죽음의 문제, 심각한 고민 등을 해결하려는 것이다. 따라서 종교가 오랜 역사를 가지고 있으며, 오늘날에도 인간의 내적 생활에 크게 영향을 끼치고 있다. 그렇지만 종교는 시대적 상황에 따라 그 본질을 일탈하여 침략 또는 지배의 전위적 역할을 담당하기도 한다. 한말 일제는 한국을 강점하는 과정에서 종교를 최대한 활용하였다. 이는 종교가 인간의 정신세계와 밀접한 관계를 가지고 있어, 침략과 지배에 대한 지지를 확보하기 위해서는 종교를 정치적으로 이용할 가치가 있기 때문이다.

일제는 한말부터 조선을 합병하기 위해 광산·철도·전선이권 등 경제적 침탈을 비롯하여 韓日協定書를 통한 외교권 침탈, 주차군 주둔, 군대해산, 사법권 침탈 등 치밀하게 준비하였으며 마침내 1910년 이른바 庚戌條約을 체결하고 조선을 식민지화하였다. 이러한 일련의 시기에 일제는 1905년 11월 17일 乙巳條約으로 統監府를 설치하고 天皇制 국가의 신성성과 절대성 이념을 바탕으로 한 일본정신, 즉 皇道를 식민지에 연장시키기 위해 부단한 노력을 하였다. 이 과정에서 일제는 일본정신으로 무장된 종교를 그 첨병으로 내세웠다. 특히 일본불교를 대표하는 정토진종은 일본정부의 요청에 따라 '護國과 護法의 일치'를 표방하면서 조선포교를 시작하였으며,[1] 기독교의 경우 일본조합교회를 내세워 조선 기독교 세력의 친일화를 유도하거나 '조선전도론'을 명분과 논리를 내세워 정신적 동화정책에 적극 참여하였다.[2]

일제는 정치와 종교를 엄격하게 분리하여, 종교는 정신적 방면에서의 국민계몽과 교화를 담당하는 것에 국한시켜 이른바 종교의 社會化[3]를 달성코자 하였다. 이에 따라 일제는 종교의 사회화 기능에 충실할 경우 재정지원을 통해 종교단체를 지원한다는 방침을 밝힌 바 있는데,[4] 일본조합교회[5]는 미션에서 독립하여 일본적 교회라 밝

---

[1] 『朝鮮開敎五十年誌』, 大谷派本願寺 朝鮮開敎監督部編, 1927, 19쪽 및 최병헌, 「일제의 침략과 불교」, 『한국사연구』 114, 한국사연구회, 2000, 94쪽. 1910년대 일본불교의 활동에 대해서는 성주현, 「1910년대 일본불교의 조선포교활동」, 『문명연지』 5-2, 한국문명학회, 2004를 참조 바람.

[2] 윤경로, 「통감부시기 일제의 기독교정책과 '조선전도론'」, 『민족문화』 4, 한성대학교 민족문화연구소, 1989, 112~113쪽 및 한석희(김승태 역), 『일제의 종교침략사』, 기독교문사, 1990, 83쪽.

[3] 여기서 언급하고 있는 '종교의 사회화'란 사회의 요구에 부응하는 교화적 기능을 수행하는 것을 의미한다. 이에 대해 寺內 總督은 "사회교화의 촉진을 위해서는 종교 본래의 기능을 보류해 두는 것이 필요하다고 생각한다. 바로 이것이 종교의 사회화이다." 라고 주장하고 있다.(『朝鮮總督府年報』, 1911~1912, 213쪽)

[4] 金翼漢, 「1910년대 전후 山縣, 伊藤系의 對韓政策 기조와 종교정책」, 『韓國史硏究』 114, 한국사연구회, 2001, 49~51쪽.

[5] 渡瀬常吉은 『조선교화의 급무』에서 일본조합교회를 다음과 같이 정의하고 있다. "일본조합교회는 애국적 정신과 자주적 정신, 거기에 더해진 기독교에 의하여 일본제

히면서, 이에 대한 실천적 과제로 일제의 조선침략에 상응하여 식민
지 침탈의 정신적 첨병의 역할을 유도하였다.[6]

　일본조합교회는 1890년 첫 해외포교를 주장한 이래, 조선을 포교
대상의 전략적 기지로 인식하였다.[7] 당시 일본기독교는 일본의 대륙
진출을 긍정적으로 인식하고 나아가 이를 고취시키기 위해 기독교의
협력을 강조하였다. 島貫兵太夫는 '일본은 동양의 맹주이며 선도자
이므로 동양을 지도해야 하며 그 책임이 기독교에게 있다'고 하면서
조선전도론을 처음으로 제기하였다.[8] 이후 청일전쟁과 러일전쟁 개
전을 앞두고 조선전도론은 더욱 고조되었으며 1903년 10월 조선포교
를 결의하고 러일전쟁이 한창 중인 1904년 7월 1일 京城敎會를 설립
하면서 본격적인 포교가 시작되었다.[9] 이렇게 포교된 조합교회는
1914년에 이르러 42개 교회가 설립될 정도로 교세가 급성장하였다.[10]

국 앞길을 밝히고 그 덕정의 근본을 배양하며, 그리하여 구미와 어깨를 나란히 하려는 큰 희망을 가진 유지의 심혈이 응집하여 성립된 것이다. 개인으로서도 국가로서도 기독교의 대정신을 활용하지 않으면 하늘에 대하여 세계에 대하여 도저히 설 수 없다는 것을 간파하여 궐기한 단체다."(渡瀬常吉, 『朝鮮敎化의 急務』, 警醒社書店, 1913 ; 김승태, 『일제강점기 종교정책사 자료집』, 한국기독교역사연구소, 1996, 61쪽)
6)　한석희(김승태 역), 『일제의 종교침략사』, 75~76쪽.
7)　1910년대를 전후하여 일본교회(특히 조합교회)는 한국 선교를 시작하였는데 이는 일본의 한국 침략과 병합과 그 궤를 같이하는 것이었다. 이러한 조합교회에 관한 연구 성과는 다음과 같다.
松尾尊兌, 「日本組合基督敎의 朝鮮傳道」, 『思想』1968. 7, 岩波書店 ; 徐正敏, 「일제의 식민지정책에 앞장선 일본교회와 '조선전도론'－일본조합교회의 식민지전도와 그 내부반론을 중심으로－」, 『韓日硏究』10, 韓國日本問題硏究會, 1997 ; 양현혜, 「일본 기독교의 조선 전도」, 『한국기독교와 역사』5, 한국기독교역사연구소, 1996 ; 洪致模, 「日本組合敎會와 조선총독부의 宗敎政策」, 『한국교회사학회지』4, 한국교회사학회, 1990 ; 서정민, 『일본기독교의 한국인식－기독교회와 민족국가관계론 연구－』, 한울, 2000 ; 윤경로, 「통감부시기 일제의 기독교정책과 '조선전도론'」 ; 윤경로, 「일제의 초기기독교정책과 한인기독교계의 대응」, 『한국사연구』114, 한국사연구회, 2001 ; 한석희(김승태 역), 『일제의 종교침략사』 ; 서정민, 『한일기독교관계사연구』, 대한기독교서회, 2000 ; 서정민, 『일본기독교의 한국인식』, 한울아케데미, 2000.
8)　『복음신보』1892년 10월 14일자 ; 양현혜, 「일본기독교의 조선전도」, 186쪽 재인용.
9)　松尾尊兌, 「日本組合基督敎의 朝鮮傳道」, 950쪽.
10)　『매일신보』, 1914년 7월 12일자.

그런데 조합교회의 포교활동은 단순한 종교적 자원에서 벗어나 일제의 조선 식민지를 합리화하고, 일본과 조선의 同化를 핵심으로 하였다. 즉 한국병합은 '한일 양국민의 행복을 완전하게 하는 유일한 길'이며, 동화를 촉진하는 것이 기독교인의 사명이라고 하였다.[11] 이러한 배경을 가진 조합교회의 조선포교는 1910년대 어느 정도 성공하였다고 할 수 있다. 그러나 이와 같은 일본조합교회의 활동에 대해 미주한인사회에서는 '적그리스도'라 하여 비난하기도 하였다.[12]

본고에서는 1910년대에 한하여 식민지 조선에서 나름대로 전도에 성공하였던 일본조합교회의 동향에 대해 고찰하고자 한다. 이를 위해서 먼저 조합교회 조선포교의 핵심인물인 海老名彈正과 渡瀨常吉에 대해 살펴보고자 한다. 海老名과 渡瀨의 기독교 인식은 곧 식민지 조선의 조합교회의 본질이기도 하기 때문이다. 이어 1910년대 식민지 조선에서 조합교회의 다양한 활동을 추적하고 그 성격을 살펴보고자 한다. 1910년대 조합교회의 주요 움직임은 첫째, 자유기독교운동의 조합교회 흡수, 둘째, 내지시찰과 日鮮基督敎의 합동시도, 셋째, 설교회와 전도회 등을 포함한 다양한 전도활동, 넷째, 평양을 중심으로 한 지방의 순회강연, 다섯째, 친일적 교육활동, 여섯째, 조선조합교회 대회 등으로 나누어 볼 수 있다. 그리고 이를 위한 기본사료로는 그동안 활용하지 않았던 『매일신보』를 활용하고자 한다.

---

11) 『基督敎世界』, 1910년 9월 1일자 ; 양현혜, 「일본 기독교의 조선 전도」, 191쪽.
12) 『신한민보』, 1919년 6월 12일자.

2. 海老名彈正과 渡瀬常吉, 그들의 기독교 인식

1) 海老名彈正과 그의 기독교 인식

海老名彈正은 일본조합교회를 이끌어간 중심인물의 하나로 그에 대한 평가는 다양하다. '재래의 일본윤리와 기독교의 양립을 시도하고, 神道的 기독교라고 부를 수 있는 일종의 윤리설'을 조직한 기독교인이었는가 하면, '철저한 사대주의와 시대편승주의의 전술, 그리고 당당한 외모와 웅변이라는 무기를 가진 천성의 선동가', '철저한 國家主義者'라고 평가되고 있다. 그리고 海老名 스스로 "나는 순교자로써 죽기보다 애국자로서 살고 싶다"고 밝힌 것처럼 국가를 종교보다 상위에 둔 인물이다.[13)]

막부체제 말기인 1856년 福岡縣 筑後 柳川藩安中에서 하급무사의 장남으로 태어난 海老名은 어려서부터 무사도와 유교적 가정교육을 받으며 성장했으며, 훗날 기독교에 입교한 후에도 어려서 받은 교육은 그의 생활과 종교 속에 그대로 남아 있었다. 明治維新으로 막부체제가 무너지자 무사로써 충성의 대상을 상실한 海老名은 "폐번과 성곽의 소실, 그리고 젊은 영주의 죽음은 나에게는 커다란 슬픔일 뿐 아니라 일종의 정신적 죽음"이라 할 정도로 삶의 목표를 잃었다.[14)] 이러한 상황에서 海老名은 기독교를 통하여 자기상실을 회복할 수 있었다.

海老名이 기독교에 입교하게 된 계기는 熊本洋學校에서 신교육을 받으면서부터였다. 熊本洋學校는 橫井小楠의 학풍을 이어 설립한 근대적 교육기관으로 철저한 일본정신 위에 서양의 과학을 배운다는 목

---

13) 渡瀬常吉, 『海老名彈正先生』, 龍吟社, 1938, 18쪽 ; 한상일, 『제국의 시선』, 새물결, 2004, 57~58쪽.
14) 渡瀬常吉, 『海老名彈正先生』, 13쪽 ; 한상일, 『제국의 시선』, 59~60쪽.

적에서 설립되었다. 橫井의 和魂洋材사상이 지배하고 있던 熊本의 지배층은 선교사를 통한 서구문명의 수용을 거부하였다. 이들은 선교사나 학자가 아닌 일본의 무사와 같은 정신을 가진 인물을 찾았는데, 그가 바로 '르로이 제인스'였다. '국가와 기독교에 대한 확실한 신념과 개성의 소유자'였던 제인스가 洋學校에서 실시한 교육은 군대와도 같이 엄격하고 규칙적이었으며, 소수정예의 인재양성을 지향하였다.[15]

그러나 학교 설립 당시 강조되었던 기독교정신에 대한 배척이 점차 해체됨에 따라 제인스는 기독교교육을 실시하였다. 당시 제인스는 기독교의 신학적 논리나 영혼구제가 아닌 기독교정신을 바탕으로 한 서구문명의 강점과 청교도적 생활태도를 중점으로 가르쳤다. 그는 오직 교육과 종교를 통해서만 자아와 개체의 확립이 가능하고, 자아의 확립을 통해서 비로소 강한 국가가 성립할 수 있다는 것이다.

제인스의 이러한 철저한 국권주의적 교육은 橫井의 학풍과 접목되면서 훗날 일본사회 각계에서 국권확장을 위하여 활발하게 활동한 많은 인재를 양성하였다. 이 시기 '충성의 대상'을 잃고 방황하던 海老名은 제인스로부터 크게 감명을 받고 기독교를 쉽게 수용하였다. '기독교야말로 일본을 통합하고 나아가 일본의 국익을 극대화할 수 있는 가장 바람직한 길'이라는 믿음을 갖게 되었다.[16] 그는 기독교를 오직 부국강병을 이룰 수 있는 수단으로만 인식하였다. 이러한 인식 하에서 海老名은 양학교 재학시절 35명의 학생들과 기독교에 헌신할 것을 선언한 바 있었다.[17]

---

[15] 한상일, 『제국의 시선』, 60~61쪽.

[16] 한상일, 『제국의 시선』, 63쪽.

[17] 土肥昭夫, 「海老名彈正 – 思想と行動」, 『同志社の思想家たち』, 同志社大學出版協會, 1965, 88쪽 ; 한상일, 『제국의 시선』, 63쪽. 당시 선언에는 "황국에 흩어져 있는 많은 인민의 몽매함을 깨우치는 것과 이를 위해 보국의 뜻을 품은 자는 쇄국시대 이래 기독교에 대한 잘못된 인식을 바로 잡고 나아가 나라와 인민을 구할 수 있다는 기독교의 공명정대성을 증명할 사명이 있다"는 내용을 담고 있다.

양학교를 졸업한 海老名은 同志社대학에 입학하여 신학을 전공하면서, 방학이면 고향인 安中에서 전도활동을 활발히 전개하였다. 대학을 졸업한 후 海老名은 목사 안수를 받고 安中敎會에서 목회활동을 시작하였다. 이 시기 그는 막부 말기 개국통상과 식산흥업을 통한 구국강병을 주장한 橫井의 딸과 결혼하였는데, 이 결혼을 통하여 海老名은 橫井의 국권주의 사상의 법통을 이어가는 한 사람이 되었다. 海老名은 정력적으로 목회활동을 하였으며 組合敎會의 전도부 日本基督敎傳道會社 사장과 神戶敎會를 거쳐 本鄕敎會를 재건하였다. 그 후 1929년부터 10년간 同志社大學 총장을 역임하고 1937년 죽을 때까지 本鄕敎會에서 명예목사로 활동하였다.[18]

海老名은 기독교인임에도 불구하고 성서에 기록되어 있는 예수의 처녀잉태설, 여러 가지 기적들, 그리고 부활이나 삼위일체론과 같은 기독교의 핵심사상을 부정하였을 뿐만 아니라 代贖主로서의 그리스도의 존재자체를 수용하지 않았다.[19] 이에 비해 그는 기독교의 다양성을 주장하였는데, 기독교의 魂은 민족성을 파괴하는 것이 아니라 오히려 민족성을 원만히 발휘한다고 인식하였다. 나아가 그는 그리스도의 신을 인격신으로 규정하고 인간의 구제를 인격의 완성으로 인식하였기 때문에 일본적 기독교와 종래 일본의 신관과 인간관과의 관계를 적극적으로 발전시켰다.

海老名은 그가 살아온 전통과 유교, 불교, 그리고 재래종교인 신도를 중요시하였다. 그 결과 기독교와 동일한 신도의 일신교적 경향을 주장함으로써 일본 天皇의 '우월성과 절대성'을 주장하였다. 신도의 일신교적 경향과 정통성, 그리고 황실의 신성을 인정하는 海老名의

---

18) 한상일, 『제국의 시선』, 66~68쪽.
19) 土肥昭夫, 「海老名彈正の神學思想」, 『雄本ベント硏究』, みすず書房, 1965, 290~361쪽 ; 한상일, 『제국의 시선』, 63쪽.

기독교관이 삼위일체인 하나님을 통한 개인의 영혼구제가 아니라, '일본'이라는 국가의 발전과 번영에 목표를 두고 있다는 것은 당연한 귀결이었다.[20]

무사도와 유교, 그리고 신도적 배경을 가진 그는 일본의 전통적인 윤리로서 충군애국과 기독교 윤리로서 사랑을 교묘하게 절충하여 기독교인으로써의 충군애국을 합리화하고 강조하였다. 海老名은 박애라는 기독교의 본질적 가치와 일본의 정신적 전통인 충군애국을 일원적으로 파악하고, 나아가 박애의 실현은 국가에 의해서 이루어질 수 있다고 보았다. 따라서 海老名은 기독교의 박애는 곧 충군이고 애국이며, 이것의 구체적 실천은 국력강화이고 이를 위해서는 전쟁도 정당화할 수 있다는 것이었다. 결국 기독교의 사명은 선량한 의지인 애국심을 고취하는 것이고, 애국심을 가짐으로써 비로소 국민의 정치적 정신이 각성된다고 주장하였다.[21]

이러한 인식에 따라 海老名은 일본 국력의 해외침략과 아시아의 지배를 적극적으로 지지하였고 기독교가 여기에 동참할 것을 촉구하였다. 그는 청일전쟁과 러일전쟁을 '正義를 위한 戰爭', '神國建設을 위한 聖戰'으로 인식하였고, 일본을 중심으로 한 동양민족의 대융합과 일본의 대륙진출은 '지상에 神國을 건설하는 것'이라고 하였다.[22]

海老名은 대륙진출의 관문인 조선에 대해서도 일찍부터 일본의 조선침략을 강조했고 합병을 주장하였다. 그에 의하면 일본이 조선을 합병하는 것이 그리스도의 사랑의 실천이고, 조선과 일본의 두 국민이 하나로 융합하는 것이 그리스도의 정신이었다. 그러므로 일본은

---

[20] 한상일, 『제국의 시선』, 70~76쪽.
[21] 海老名彈正, 「基督敎徒의 使命」, 『六合雜誌』, 1915. 2, 79~87쪽 ; 한상일, 『제국의 시선』, 76~81쪽.
[22] 渡瀬常吉, 「戰爭의 美」, 『신인』 5~8, 1904. 8, 17~22쪽 ; 한상일, 『제국의 시선』, 83쪽 ; 윤경로, 「통감부시기 일제의 기독교 정책과 '조선전도론'」, 106쪽.

기독교적 사랑을 실천하기 위하여 조선합병을 완성해야만 하고, 이를 위하여 일본기독교는 적극적으로 조선전도에 참여해야 한다고 주장하였다.[23] 1907년 헤이그밀사사건으로 조선 독립문제가 일본 국내외적 이슈로 부상하자, 海老名을 위시한 일본조합교회는 보다 직설적으로 조선합병을 주장하고 나섰다.

> 한국이라는 것은 예로부터 우리나라에 여러 가지 문제를 안겨다준 성가신 나라이다. 한때 정한론이 비등하여 국내에서 많은 피를 흘렸고, 일청전쟁과 일러전쟁도 한국 때문에 일어난 것으로서 우리나라에게는 커다란 부담이 아닐 수 없다. 그 외에 작은 일들을 나열하자면 하나 둘이 아니다. 참으로 성가신 존재가 아닐 수 없다. 그러나 일본은 동양의 맹주인 이상, 어떠한 커다란 부담을 지더라도 스스로 믿고 있는 것을 관철하지 않으면 안된다. 만일 일본이 없다면 동양의 천지는 암흑과 다름이 없을 것이다. 일본은 일본의 위치를 자각하고 있기 때문에, 그 위치에 상응하는 행동을 함에 있어서 우리는 어떠한 박해나 어려움이나 부담도 두려워할 필요가 없다. 일러전쟁 후 한국은 우리의 보호국이 되었으나 문제는 전혀 해결되지 않았다.[24]

海老名은 조선에서 해결되지 않은 여러 가지 문제를 근본적으로 해결하기 위해서는 조선합병이 불가피하다고 하였다. 그리고 조선합병을 다만 정부에게만 맡길 것이 아니라 일본조합교회가 전도라는 형식을 통해서 보다 적극적으로 참여해야 할 과제라고 하였다. 즉 일본조합교회가 조선 전도를 위해 다시 한걸음 전진한다면 국가를 위하여 크게 경하할 합병을 성사시킬 수 있다는 것이었다. 그리고 조선합병은 '일본기독교의 전도사상에서 하나의 아름다운 꽃으로 영원히 기록할 사건'이라고 평가하였다.[25]

---

23) 松尾尊兊, 「日本組合基督敎の朝鮮傳道」, 951쪽.
24) 海老名彈正, 「韓國に於ける基督敎徒の傳道」, 『六合雜誌』 1909. 5, 291쪽 ; 한상일, 『제국의 시선』, 85쪽.

1910년 일제가 조선을 강점하자 海老名은 "조선은 예속상태에서 해방되어 훌륭한 국민이 되었고, 일본인 또한 섬나라 근성에서 벗어나 위대한 국민이 되었다"고 강조하고 한일합병을 환영하였다. 그리고 일본기독교가 지향해야 할 조선인 전도의 기본목표를 "조선인을 제국의 忠良한 臣民"으로 만드는 것이라고 하였다. 海老名은 "조선은 실로 일본의 시금석이다. 우리가 조선을 잘 동화시킨다면 일본인은 세계적으로 발전할 수 있다는 것이 명백하지만, 만일 이를 동화시키지 못하고 오히려 반항심을 증가시킨다면 일본의 앞날은 심히 어렵다"라고 강조하면서 일본의 동화사업에 기독교인의 적극적인 동참을 촉구하였다. 그러므로 조선에 기독교의 전도는 일본의 대륙정책을 실현하기 위한 하나의 수단이었고, 일본기독교의 역할은 조선인을 일본의 충량한 신민으로 동화시키는 식민지 교화정책을 담당하는 것이었다. 결국 그는 천황제 절대국가의 제국주의적 침략사상을 기독교라는 옷을 입혀 확산시켰던 것이다.

2) 渡瀨常吉과 그의 朝鮮傳道論

강점 이후 조선에서 활동한 대표적인 조합교회의 인물은 渡瀨常吉이다. 渡瀨常吉은 海老名 문하의 한 사람으로서 1899년부터 1906년까지 8년간 일본해외교육의 위탁을 받아 경성학당[26] 학장으로 근무하면서 조선에서 일어교육 보급에 종사한 이력을 가지고 있다. 경성학당은 조선 정부와 마찰을 피하면서 일제 진출의 발판을 마련하는 한편 조선을 완전히 지배하기 위한 군비증강의 시간벌기를 한다는, 일본 정부의 침략정책의 전체적인 틀에서 1896년 4월에 설립되었다.[27]

---

[25] 松尾尊兌, 「日本組合基督敎の朝鮮傳道」, 291~295쪽.
[26] 경성학당에 대해서는 한용진, 「경성학당(京城學堂)에 관한 연구」, 『한국교육사학』 26-2, 한국교육사학회, 2004를 참조 바람.

당시 神戸敎會 담임목사로 있으면서 8년간 경성학당 책임자로 지낸 渡瀬常吉의 경력은 이후 그의 활동에 적지 않은 영향을 미쳤다.

일본으로 돌아온 渡瀬常吉은 1908년 10월부터 일본조합교회의 최고기관인 常議員, 다음해는 理事로 선정되었으며, 기관지『기독교세계』의 편집위원을 겸임하는 등 요직을 맡았다.[28] 1920년대 중반은 靜岡과 名古屋에서 전도활동을 하였고, 만주사변이 발발하자 1934년 만주로 건너가 新京敎會를 창설하였다. 1936년 東京으로 돌아와 조합교회 목사를 은퇴하고, 1940년 興亞神學院을 설립하여 1942년 東亞神學校, 日本東部神學校로 확장시켰다. 1944년 조선프로테스탄트 제교파 합동을 꾀하는 총독부를 돕겠다고 조선에 왔다가 이 해 10월 뇌일혈로 죽었다.[29]

同志社大學에서 신학을 전공한 渡瀬常吉은 경성학장 책임자로써 조선에 있었던 경험을 통해 조선에서 기독교가 차지하는 역량에 관심을 가지고 있었으며, 이러한 인식에서 조선을 식민지화하려면 조선기독교가 적지 않은 걸림돌이 된다고 보았다. 이에 따라 그는 '朝鮮傳道論'을 제기하면서 조선인에 대한 직접 전도의 필요성을 강조하였다.

이미 조선에서는 영국과 미국계 선교사가 전도하고 있다. 그 전도는 계속 성과를 내고 있다고 한다. 때문에 새삼스럽게 일본인이 조선에 전도할 필요가 없다고 하는 의견을 가진 이도 있을 것이다. 그러나 나는 그렇게 생각하지 않는다. 조선전도는 반드시 일본인의 손으로 해야 한다. 만일 일본인이 전도하지 않으면 기독교계로 보아도 불행한 일이고, 조선과 일본관계로 볼 때 더욱 큰 불행한 일이며, 동양에서 일본이 수행해야 할 天職으로 볼 때도 더없이 불행한 일이라고 믿는다. … 한 가지 더 일본인의 역할이 필요한 것은 영국이나 미국계 전도사들만 조선에서 전도하고 일본

27) 韓晳義·飯沼二郎,『日本帝國主義下의 朝鮮傳道』, 日本基督敎敎團出版部, 1985, 73쪽.
28) 松尾尊恩,「日本組合基督敎의 朝鮮傳道」, 951~952쪽.
29) 한석희(김승태 역),『일제의 종교침략사』, 119~120쪽.

인 전도자가 전혀 관계하지 않는다면 政治 經濟 法律 文學 敎育 등에 있어
서 직접 일본의 기도감화를 받으면서 이것들과 밀접한 관계를 가지고 있
는 종교만은 외국인에게서 받는 결과가 되고 만다. 그러면 분야 상호 간의
관계가 차단될 뿐만 아니라 일본에서는 매일 진보 발전하고 있는 종교사
상과 일본인의 참된 신념에 접촉할 기회를 잃고 마는 것으로 진정 가엾기
짝이 없는 일이다. 이런 측면에서 볼 때에도 조선인에 대한 전도를 일본인
에게 기대하는 이가 있는 것은 두말할 나위가 없는 것이다.[30]

즉 조선전도는 조합교회가 수행해야 할 '천직'으로 그렇지 않으면
동양 전체가 불행하게 된다는 것이다. 또한 그렇지 못할 경우 조선의
모든 분야에서 진보 발전할 수가 없으므로 정신적 감화를 위해서라
도 조선전도는 조합교회가 담당해야 한다는 당위성을 내포하고 있
다. 이밖에도 조선전도론은 조선 식민지화는 비록 군인 또는 정치인
의 몫이지만, 식민지 조선인의 마음과 정신의 慰撫는 종교인만이 할
수 있다고 하여 식민동화의 몫을 당연히 종교사, 즉 조합교회가 담당
해야 한다고 밝히고 있다.[31] 나아가 渡瀨常吉은 조선전도를 '일본제
국의 대사업'이며, 이는 '정치가와 군인과 암묵적 제휴'를 통해서 그
목적을 달성할 수 있다고 하고 있다. 이러한 면에서 그의 조선전도론
은 전형적인 식민지 동화정책의 하나였다고 할 수 있다.[32]

또한 渡瀨常吉은 강점 이후 조합교회 조선전도부 책임자로 있으면
서 제국의 시설과 연계하여 日鮮一體의 사명을 수행하는 것은 조합
교회의 가장 커다란 사명이라는 것을 확실히 하고 있다. 이러한 관점

30) 渡瀨常吉, 「敎界時論－朝鮮傳道論」, 『基督敎世界』, 1907. 8. 15 ; 서정민, 「일제의 식민지
   정책에 앞장선 일본교회와 조선전도론」, 23쪽.
31) 주 30) 참조. "한 나라를 요리하고 이것을 지배하고 그 질서를 유지하는 것은 본래
   정치나 군인의 임무이다. 그러나 그러한 정치적 군사적 성공을 더욱 효과있게 하기
   위해서는 … 정치나 군인이 할 수 없는 人心의 懷柔의 道, 溫柔慰撫의 道가 필요한
   것이다. 이는 오직 종교가만이 할 수 있다. 바로 이렇게 될 때 비로소 정치가도 군인도
   함께 공훈을 보존하고 그 시설의 영원함을 거둘 것이다."
32) 윤경로, 「통감부시기 일제의 기독교정책과 '조선전도론'」, 109쪽.

에서 조합교회의 조선전도의 목적을 다음과 같이 밝히고 있다.

　　우리 조국과 함께 조선이 하나님의 보호 아래 영광을 향해 전진하고
행복을 누릴 것을 기도하는 것은 지당한 것이지만, 우리는 기독교도로서
한층 더 이를 자각하지 않으면 안될 것이다. 우리는 사람을 다 같은 인류
로 취급하지만 우리 스스로가 朝鮮敎化의 대임을 담당한 것은 조선 同胞
가 우리 帝國의 臣民으로써 天皇陛下의 一視同仁의 아래 살고 있다는 것
을 잊을 수 없기 때문이다. …우리는 하나님의 성령과 보다 깨끗한 사랑으
로써 日本과 朝鮮이 一體가 되도록 해야 하는 것이다. 우리의 傳道의 동기
는 단지 그들의 영혼을 죄악에서 구하는 것만이 아니다.[33)]

　　渡瀨常吉은『조선교화의 급무』라는 소책자를 간행하는 등 적극적
인 선전·강연 활동에 나섰다.『조선교화의 급무』에서 그는 다시 한
번 조선합병을 '국가를 걸고 싸운 대분투의 결과'이고 '일등국이 되는
명예의 보장'이라고 주장했다. 그리고 조선민족을 설복하는 기초는
종교이며, 종교는 단지 신앙 보급뿐만 아니라 조선인의 '반항심'을 굴
복시켜 '일본 국민된 자각'을 갖게 할 임무도 갖는다고 하였다. 그 임
무를 실행하고 있는 것이 조합교회의 조선전도였다.[34)]

　　결국 渡瀨常吉의 기독교의 인식 역시 일제의 조선 침략 행위를 종
교라는 이름으로 정당화하고 '조선인의 일본화', 즉 동화를 최대의 목
표로 삼고 있음을 보여주고 있다. 이러한 점에서 조합교회는 동화를
목적으로 조선인 포교를 하였다고 할 수 있을 것이다.

---

33) 渡瀨常吉,「朝鮮敎化の理想」,『新人』15-10, 1914. 10, 32쪽 ; 한상일,『제국의 시선』,
　　114~115쪽.
34) 渡瀨常吉,『朝鮮敎化의 急務』; 김승태,『일제강점기 종교정책사 자료집』참조.

3. 1910년대 재조일본조합교회의 동향과 활동

1) 自由耶蘇敎運動과 조합교회

1910년 식민지 이후 조선총독부의 종교정책은 종교마다 그 양상을 달리하고 있지만 기본적으로는 회유와 통제였다.[35] 이에 비해 일본 종교에 대해서는 교세를 확장하는데 직간접적으로 지원 내지 후원하였다. 이는 총독부의 동화정책을 수행하는데도 적절한 필요성과 맞아떨어졌기 때문이다.

조합교회와 총독부는 긴밀한 관계이다. … 하지만 총독부와의 관계는 조합교회가 총독부에서 받은 연 6천 원의 기밀비에서 가장 웅변적으로 시위되고 있다. 조합교회가 총독부를 통해 받은 돈은 사실상 이보다 많았다. 1912년부터 5년간 10만 원, 1917년부터 3년간 20만 원의 전도자금이 책정되었는데, 당시 조합교회 연간 예산이 1만여 원에 불과했던 것을 생각하면 이 금액의 크기에 놀랐다. 이런 금액 모금은 결국 財界에게 손을 벌리게 하였는데, 大隈重信 候爵·寺內正毅 伯爵·澁澤榮一 男爵 등의 계정에 의해 조선전도의 계획에 찬성하는 열성있는 협조와 東京·神戶·大阪의 有志의 찬성을 얻어 충당할 수 있었다. 이 모금액을 寺內 총독이 조합교회에 전달하였다.[36]

이처럼 조합교회는 총독부의 적극적인 후원과 정략적 선교로 1910년대 교세가 급신장하였다.[37] 이러한 급신장은 조선에서 미국계 선

---

35) 이에 대해서는 성주현, 「일제의 종교정책과 종교규제법령」, 『민충환교수화갑기념논총』, 2004를 참조할 것.

36) 渡瀬常吉, 『朝鮮敎化成績報告書』, 1917, 8~13쪽 ; 柏木義円, 「組合敎會時弊論」, 『上毛敎月報』, 1931. 5 ; 서정민, 『한일 기독교관계사 연구』, 183쪽.

37) 〈표〉 1910년대 조합교회 교세증가 현황

연도	교회수	교인수	세례자	목회자
1911	15	554	120	6
1912	35	1,758	246	10

교사들의 독선적인 행태에 반기를 들고 전개하였던 반선교사운동, 즉 自由基督教運動과도 관련성을 가지고 있다. 자유기독교운동이 독립적인 교단을 지속적으로 운영하지 못하고 결국 조합교회에 합류한 것도 하나의 원인이었다.[38]

1910년대 초기 자유기독교운동을 이끌던 인물들은 崔鳳煥, 林基盤, 崔重珍, 姜根明, 金永祚, 韓晋錫, 李源兢 등이었다. 최봉환과 임기반은 강점 직후 삼남지역을 중심으로 포교를 계획하였는가 하면[39] 이를 위해 임기반은 평양에 있던 교당을 정리하였다.[40] 이어 최봉환은 인제지역의 교인과 경성지역의 교인들을 연합할 목적으로 교회재건을 도모하였다.[41] 태인을 중심으로 활동하던 최중진은 서북지역의 기독자유교를 시찰하는가 하면,[42] 寺內 총독에게 자유기독교 포교활동을 자유롭게 할 수 있도록 해달라는 건백서를 제출하였다.[43] 이어 교세를 확장하기 위해 교회취지서 1만여 매와 전도지 10만 매를 인쇄하여 관서지역과 만주로 포교에 나서기도 하였다.[44] 이때 임기반도

1913	45	3,635	300	13
1914	50	4,591	340	20
1915	67	6,224	455	40
1916	132	11,283	1,894	70
1917	146	12,488	3,575	56
1918	149	13,631	874	59
1919	150	14,387	375	84
1920	143	14,951	784	80

교세현황은 사료마다 다소의 차이가 있으나 여기서는 서정민, 「일제의 식민지정책에 앞장선 일본교회와 '조선전도론'」을 인용하였다.

38) 서정민, 『한일기독교관계사 연구』, 180쪽.
39) 『매일신보』, 1910년 9월 6일자.
40) 『매일신보』, 1910년 9월 16일자.
41) 『매일신보』, 1910년 9월 20일자.
42) 『매일신보』, 1910년 9월 16일자.
43) 『매일신보』, 1910년 10월 14일자.
44) 『매일신보』, 1910년 11월 1일자.

동행하였으나 만주에서 돌아오지 않았고 이밖에 강근명과 김영조는 평양에서 교당을 신축하였다.[45]

대동자유교를 설립한 최봉환과 조선기독교를 설립한 高義駿[46]은 서로 합병하였다가 다시 분리되었는데, 이는 최봉환은 순수한 기독교의 확장을, 고희준은 유불선과 합동하고자 하는 이질적인 목적 때문이었다.[47]

이처럼 개별적으로 소규모의 교단을 운영하던 자유기독교운동 지도자들은 渡瀨常吉의 전도 전략에 말려들어 조합교회로 합류하였다. 渡瀨常吉은 '조선전도론'에서 "우리가 일본 본토 전도에 있어 서양선교사에게 모든 것을 다 맡길 수 없다고 생각한다면 그 똑같은 이유에서 새 영토(필자주 – 식민지 조선)에 대한 전도에 있어서도 같은 생각이어야 한다. 특히 우리가 일본인 전도자를 필요로 하는 이유는 그 일이 鮮日 양국인의 융합에 있어 절대적인 필요성이 있기 때문이다"라고 밝히고 있듯이[48] 서양전교사의 전도를 경계하고 이를 교묘하게 이용하였던 것이다. 이에 따라 조합교회는 강계의 車鶴仁, 경성의 金寅權·金麟·權奎鉉, 태인의 최중진을 유인하여 조합교회로 끌어들였던 것이다.[49]

---

45) 『매일신보』, 1910년 9월 20일자.
46) 高義駿은 조합교회가 설립한 京城學堂에서 1900년 부교사로 활동하면서 『教育新報』를 발행하기도 했다(『제국신문』, 1900년 10월 23일자).
47) 『매일신보』, 1911년 5월 24일자.
48) 渡瀨常吉, 「時論-韓國合倂과 傳道」, 『基督教世界』, 1919년 9월 8일 ; 서정민, 「일제의 식민지 정책에 앞장선 일본 사회와 '조선전도론'」, 24쪽.
49) 『한국독립운동사』 자료IV, "日本人 牧師들은 所謂 組合教會를 京城에 設立하고 長老會나 監理會의 教役者와 信者를 向하야 基督教는 同一하다난 名으로써 誘引하야 江界에 車鶴仁 京城에 金寅權 金麟 權奎鉉들과 全羅道에 崔重軫 等을 彼教會로 引導하엿스며 京城에서 靑年會事件으로 分爭이 生한 後에 新門內教會의 教友 五, 六十人을 朴炳哲이가 拐誘하야 城西 組合教會로 引導하며 또 全羅道와 平安道地方에서도 如斯한 行爲가 잇스며 無識한 敎人이 잇스면 誘引하다가 不聽從하면 威脅도 하니 이것이 엇지 傳道의 方針이리오 加之彼의 誘引한 敎人을 또 聖經的으로 引導하미 可하으로 一次被誘한 敎人이 其의 詐僞的 行爲를 覺하고 回頭하라 하되 또한 無端히 已前敎會

결국 자유기독교운동은 처음에는 긍정적인 동기와 의도에서 서양
선교사로부터 조선기독교의 독립을 시도하였지만 홀로 서기를 하지
못하고 조합교회의 정략적 전도에 의해 조합교회로 경도되었다. 당시
'서양선교사'와 '일본기독교', 그리고 '한국기독교'라는 삼각구도에서
'반선교사'는 '친일'이라는 역학구도를 보여주고 있다.

2) 日本視察과 日鮮基督敎 합동추진

조선총독부는 식민정책을 원만히 추진하기 위해 기독교를 적절히
활용하였다. 우선 합병 이듬해 1911년 6월 閼屋 학무과장은 메소지스
트파 감리교회 선교사회의에서 조선인 교육방침으로 '조선인이 일본
제국 신민이 된 이상 가장 필요한 것이 국어의 학습'이라 하여 일본어
보급에 적극 참여해 줄 것을 당부하는가 하면 '일본제국의 일원으로
필요한 사상과 지식의 보급, 일본제국의 선량한 신민이 될 수 있도록
선교사 제군이 조선인 교화에 진력해 줄 것'을 거듭 강조하고 있다.[50]
이는 비록 메소지스트파에 대한 것이지만 일본에서 진출한 기독교를
식민정책에 최대한 활용하고자 한 것으로 볼 수 있다. 105인사건의
수사책임자였던 國友尙謙은 "조선인을 통제하는 방책은 첫째 討伐,
둘째 威壓, 셋째 慰撫"라고 밝힌 바 있는데, 그의 위무책의 하나가
日本視察이었으며, 불교 내지시찰단을 모방한 기독교 내지시찰단이
었다.[51]

강점 이전부터 조선전도론을 내세웠던 조합교회는 일본의 조선강
점을 계기로 이 해 10월 정기총회 신도대회의 결의에 따라 조선전도

에서 退函을 羞恥로 思하고 彼此敎會에 都是 出席치 못하야 仍히 墮落한 者가 十의
七, 八人이니 是난 陰害的으로 長老, 監理 兩敎會를 撲滅하에 不過함이 分明하며"
50) 『매일신보』, 1911년 6월 25일자.
51) 한석희(김승태 역), 『일제의 종교침략사』, 82쪽.

부실행위원회를 설치하였고 이듬해 6월 渡瀬常吉, 海老名彈正, 長田 時行을 경성으로 파견하였다. 조선에 온 渡瀬常吉은 우선 조선총독 부를 방문하고, 7월 16일 漢陽敎會를 설립하였다.[52] 이어 그는 총독 부의 후원으로 기독교 일본시찰단을 조직하여 조선기독교와 일본기 독교 간의 갈등을 해소하고자 하였다. 일본시찰단은 단장 渡瀬常吉 을 비롯하여 조선 각 교파 목사 및 청년회 간부 30여 명으로 구성하였 으며, 7월 30일 경성을 출발하여 일본의 大阪, 奈良, 東京, 日光, 神戶, 京都 등지를 관광하고 8월 12일 돌아왔다.[53] 조합교회의 일본시찰은 이듬해 1914년에도 기독교의 발전과 교세확장을 도모하기 위해 조직 되었는데, 金允五 · 金麟 등 50여 명이 참가하였다.[54] 이 일본시찰단 의 결과로 日鮮기독교의 통합 내지 합동이 제기되기도 하였다.[55]

조선기독교와 일본기독교의 합병기도는 조선 측 중앙기독청년회 와 일본 측 경성기독청년회를 중심으로 논의되었다. 1916년 중앙기 독청년회에서 尹致昊가 총무로 선임됨에 따라 이전부터 논의되어오 던 조선과 일본기독교 합병문제를 이제는 시기가 무르익었다고 보고 '和親合同으로서의 急務'라 하여 새롭게 진행하였다. 이에 따라 조선 측에서는 尹致昊 · 李商在 · 프락만을, 일본 측에서는 丹羽淸次郎 · 松 本正寬 · 渡邊暢을 각각 교섭위원으로 선정하여 양측 청년회의 합병 을 시도하였다.[56]

---

52) 松尾尊兌, 「日本組合基督敎の朝鮮傳道」, 955~956쪽.
53) 『매일신보』, 1911년 7월 25자 및 8월 12일자. 당시 기독교 내지시찰단에 대해서는 성주현, 「日帝의 同化政策과 宗敎界 動向」, 『식민지 조선과 매일신보』, 신서원, 2003, 193~196쪽 참조.
54) 『매일신보』, 1914년 6월 9일자.
55) 『매일신보』, 1913년 1월 30일자. 「기독교청년회」(사설), 당시 한일기독교의 통합은 경성종로기독교청년회의 혁신운동의 일환으로 전개되었다. 또한 『매일신보』 1913년 6월 1일자 사설 「기독교의 합동」을 통해 조선과 일본의 기독교의 합동을 모색하고자 하는 것을 알 수 있다.(정혜경, 「『매일신보』에 비친 1910년대 在朝日本人」, 『식민지 조선과 매일신보』, 신서원, 2003, 145~146쪽 참조)

그런데 기독교의 합동은 이보다 앞선 1913년 조선조합교회 제1회 대회에서 이미 논의되었던 적이 있었다. 日鮮一體와 일선융화를 내세우는 조합교회는 제1회 조합교회대회를 성황리에 개회하고 대회의 성격을 '일선일체의 이상을 실현한 현상'이라고 의미를 부여하였다.[57] 이러한 점에서 조합교회는 조선과 일본기독교의 합동을 제기하였던 것이다.

기독교의 합동은 설만 무성한 가운데 비록 성공하지는 못하였지만 적지 않은 친일기독교인을 양성하였다.[58] 이 역시 조합교회가 조선 전도의 목표로 하고 있는 동화를 위한 하나의 수단이었다고 할 수 있다.

3) 다양한 전도활동

1910년대 조합교회의 활동 중 가장 활발하게 전개된 것은 대규모의 설교회 또는 전도회였다. 1910년대 조합교회의 첫 설교회는 1911년 11월 12일 개최되었다. 이날 설교회는 일본인 조합교회인 남대문 尙洞 京城敎會에서 조선인 조합교회인 한양교회의 주최로 渡瀨常吉의 '基督敎의 光明에 浴하는 人類의 將來'라는 연제로 열렸다.[59] 총독부 기관지『매일신보』는 조합교회의 크고 작은 설교회 활동에 대해서는 여타 종교단체에 비하여 월등하게, 그리고 자세하게 소개하고 있다.

---

56) 『매일신보』, 1916년 4월 16일자.
57) 渡瀨常吉, 『조선교화의 급무』; 김승태, 『일제강점기 종교정책사 자료집』, 60쪽.
58) 조합교회에 입교하여 친일활동을 적극적으로 한 인물로는 柳一宣, 鮮宇筍, 羅一鳳, 洪秉琔 등이 있다. 이 중 유일선과 선우순은 국민협회를 설립, 참정권운동을 전개한 민원순과 함께 상해임시정부에서 처단해야 할 '七可殺'의 두 번째인 '賣國賊'에 포함되었다.(『독립신문』 1920년 2월 5일자) 선우순과 나일봉은 평양 조합교회 성장의 핵심인 물로 관서지역의 대표적인 친일단체인 '大東同志會'를 설립하였다.(한석희(김승태 역), 『일제의 종교침략사』, 89~90쪽)
59) 『매일신보』, 1911년 11월 12일자.

1910년대 경성에는 漢陽敎會·漢城敎會·京西敎會 3개의 조합교회
가 있었으며, 설교에는 渡瀨常吉을 비롯하여 宮川經揮·牧野虎次·
小崎弘道·澤村重雄·原田助·西尾幸太郎·高木貞衛·由村·加藤
直士·松本雅太郎·井口彌〇男·路無文治 등 일본인과 柳一宣·洪
秉璇·李鍾韶·千仁會·康錫祐·全省吾·權圭鎭 등 조선인이 참여하
고 있다. 조선인으로 조합교회에서 활동한 바 있는 유일선은 경성학
당에 입학하여 渡瀨常吉과 사제관계를 맺은 관계로 조합교회에 입교,
전도사로 활동하던 중 1913년 7월 '조선인민의 종교사상을 발전할 목
적으로 신학을 연구'하기 위해 同志社大學에 입학하였다.[60] 홍병선
은 1899년 경성학당에 입학, 역시 渡瀨常吉과 사제관계를 맺었다. 이
를 계기로 1902년 조합교회에 입교하고 전도사로 활동하던 중 1908년
일본에 유학, 동지사대학에서 신학을 전공하였다. 1911년 귀국하여
渡瀨常吉이 설립한 한양교회에서 목회활동을 하였다. 강석우는 경성
출신으로 1903년 경성학당을 졸업하고 권업모범장 목포출장소에서
근무하던 중 1911년 조합교회에 입교, 전도사로 활동하던 중 역시 일
본 동지사대학에 유학, 신학을 전공하였다. 이후 귀국하여 한양교회
에서 목회자로 활동하였다.[61]

이들 柳一宣, 홍병선, 강석우는 모두 경성학당과 동지사대학에서

---

[60] 『매일신보』, 1913년 7월 26일자. 유일선은 귀국 후 數理學校 '精理舍'를 설립하고 휘문
고등보통학교장, 숙명여학교 주임, 조합교회 조선전도부 부주임 등으로 활동하였다.
이후 유일선은 1930년대 心田開發運動이 전개되자 다시 고기가 물을 만났듯이 참가하
여 총독부 등에 자주 출입하고 강사로써 동분서주하였다. 그러나 그는 1937년 4월
심장마비로 죽었다. 한편 渡瀨常吉은 柳一宣의 조문에 다음과 같은 내용을 실었다.
"1921년 그대가 두 어깨에 나의 짐을 맡고부터 나는 쓸모없이 되어 금일에 이르렀지만,
그대는 종횡으로 그 위대한 재주를 떨쳤다. … 半島도 다시 각성하여 그대를 알 날이
올 것이다. 日本도 그대가 난 날을 기념하는 날이 올 것이다. 毁譽褒貶은 물론 그대가
이미 일소에 붙인 것이 사실이지만 다만 神만이 알아주실 것이다."(한석희(김승태
역), 『일제의 종교침략사』, 91쪽 및 118쪽)
[61] 『韓民族獨立運動史資料集』 17, 국사편찬위원회, 1994, 8쪽.

수학하였다. 경성학당은 渡瀨常吉이 학당장으로 있으면서 이들과 사
제관계를 맺었으며, 이를 계기로 조합교회에 입교한 후 渡瀨常吉의
추천으로 동지사대학에서 신학을 전공하여 선후배 관계까지 맺게 되
었다. 동지사대학은 조합교회와 밀접한 관계를 가지고 있다. 渡瀨常
吉은 조합교회와 동지사대학은 '끊을래야 끊을 수 없는 관계'라고 하
였다. 이는 동지사대학을 설립한 新島는 일본조합교회를 이끌던 핵
심인물이었기 때문이다.[62] 1910년대 경성의 조합교회의 설교 활동을
정리하면 〈표 1〉, 〈표 2〉와 같다.

〈표 1〉 1910년대 조합교회 강연 또는 설교현황

일시	장소	강사	제목	비고
1911. 11. 12	상동 경성교회	渡瀨常吉	기독교의 광명에 浴하는 인류의 장래	한양기독교회
1911. 11. 19	상동 경성교회	渡瀨常吉	융흥의 도는 何處에 在하뇨	한양교회
1911. 11. 26	상동 경성교회	渡瀨常吉	신앙한 승리의 월계관	한양기독교회
1911. 12. 10	상동 경성교회	柳一宣	此 世界는 絕對的 活世界라	한양교회
1912. 1. 14	상동 경성교회	柳一宣	患難의 裏面	
1912. 2. 4	상동 경성교회	유일선	神人合一의 根底	
		洪秉璇	進化論上으로 見한 基督敎	
1912. 2. 11	상동 경성교회	渡瀨常吉	實踐躬行의 源泉	
1912. 2. 25	상동 경성교회	渡瀨常吉	天父의 恩惠와 人의 努力	
1912. 3. 24	상동 경성교회	渡瀨常吉	기독교와 실제생활	
1912. 3. 31	상동 경성교회	渡瀨常吉	悔改의 결심과 潛意識	
1912. 6. 12~14	前 韓美興産會社	宮川經揮 牧野虎次	愛敵의 生活/靈性의 開拓, 天父의 恩寵/祈禱의 大情神, 希望의 生活/基督에 顯現한 神	한양교회
1913. 4. 13~19	한양교회	小岐弘道	活基督	일본조합교회장
		渡瀨常吉	天上의 幸福과 地上의 幸福	
		澤村重雄	正義의 冠冕安心의 要訣	

---

62) 渡瀨常吉,『朝鮮敎化의 急務』; 김승태,『일제강점기 종교정책사 자료집』, 63~64쪽.

		澤村	新希望과 新生涯	
		小岐	天父의 恩惠	
		澤村	人生의 靈能	
		小岐	信仰生活의 幸福	
		澤村	歸人의 天職	
		小岐	婦人의 美德	
1913. 4. 27	한양교회	渡瀬常吉	精神界의 優越權	
		유일선	最大感化	
		홍병선	靑年男女의 厄	
1913. 5. 4	한양교회	渡瀬常吉	虛心者福也/進步乎 退步乎	
1913. 5. 11	한양교회	渡瀬常吉	心情의 滿足/生涯의 轉機	
1913. 5. 18	한양교회	渡瀬常吉	柔和의 德/聖○의 力	
1913. 5. 25	한양교회	渡瀬常吉	正義와 矜血	
		유일선	신앙과 行爲	
1913. 6. 1	한양교회	渡瀬常吉	人間 最高의 幸福/永遠의 眞理	
1913. 6. 4~8	한양교회	原田助	宗敎의 要素/기독교의 중심/가정에 대하여	신학박사, 同志社大學長
		西尾幸太郎	生活과 宗敎/부인의 천직/同情의 源泉/勝利의 福音/基督信者의 價値	조합교회 간사
		高木貞衛	神의 恩寵과 感激의 情神/靈性	조합교회 이사
1913. 6. 22	한성교회	홍병선	眞慰安	
		渡瀬常吉	天地의 良心	
1913. 6. 29	한양교회	渡瀬常吉	신앙과 생활	
		유일선	崇高의 人格	
	한성교회	홍병선	신앙/可情한 古豫言者	
1913. 7. 6	한양교회	유일선	時代의 自覺	
		由村	一人의 力	
	한성교회	홍병선	우리의 길이 어디뇨	
		李鍾韶	十字架의 聖道	
1013. 7. 27	한양교회	千仁會	道德의 一致	
		渡瀬常吉	實生活과 宗敎	
1913. 8. 10	한성교회	홍병선	活과 死/敎會의 義務	
1913. 8. 17	한양교회	천인회	平和의 福音	

	한성교회	홍병선	社會人心의 傾向	
		康錫祐	基督者의 努力	
1913. 8. 24	한성교회	홍병선	禍와 福	
		渡瀬常吉	전도설교	
	한양교회	渡瀬常吉	良心의 光明	
		강석우	基督者의 耳目	
1913. 9. 7	한성교회	홍병선	人格論	
		천인회	樂觀的 生活	
	한양교회	渡瀬常吉	基督의 구원	
		全省吾	(未定)	
1913. 9. 20~22	경성교회	加藤直士	근대사상과 기독교/基督者 生活의 榮光/基督에 在한 新婦人	일본조합교회『기독교세계』주간
1913. 9. 28	한성교회	홍병선	信者의 活動性	
		천인회	신앙의 勝利	
1913. 10. 5	한양교회	松本雅太郎	基督에게 來하라	
		李丙植	(미정)	
1913. 10. 12	한성교회	천인회	生命의 義路	
		이종소	誕生의 原則	
1913. 10. 19	한성교회	이종소	唯一無二의 最大力	
		천인회	(미정)	
1913. 10. 26	한성교회	홍병선	耶蘇의 歎息/天父의 喜悅	
1913. 11. 2	한성교회	松本雅太郎	神國의 發展	
		전성오	處世上으로 視察한 愛의 眞價	
1913. 7. 13	한양교회	渡瀬常吉	波濤中에 立한 예수	
		유일선	人間最高의 義務	
	한성교회	홍병선	義人의 悔改	
		미상	進就의 本○神	
1915. 10. 31	염정동예배당	井口彌○男	公義는 國을 興케하고 罪는 諸百姓의 羞恥가 된다	
1915. 12. 5	城西教會	유일선	인생과 자연	
1915. 12. 12	성서교회	權圭鎭	日光의 實	
1916. 9. 8	경성교회	路無文治	教의 力/基督教의 證者	

<표 2> 1917년대 조합교회 설교자 현황

일자	교회명	설교자	일자	교회명	설교자
1916. 12. 17	성서교회	蔡圭興, 渡瀨常吉	1917. 4. 8	광남교회	강재용, 南蒙元
1917. 3. 4	광남교회	유일선, 姜在鎔		성서교회	박병철, 김영기
	성서교회	金貞植, 유일선		한양교회	조운용, 金明昊,
	한양교회	권규진, 鄭肇永		한성교회	김인권, 洪聖淳
	한성교회	金寅權, 林敬夏	1917. 4. 15	광남교회	김정식, 申起榮
1917. 3. 10	광남교회	김정식, 劉寅相		성서교회	박병철, 김영기
	성서교회	朴炳哲, 김정식		한양교회	유일선, 권규진
	한양교회	유일선, 渡瀨常吉		한성교회	김인권, 李鍾九
	한성교회	渡瀨常吉, 김인식	1917. 5. 13	광남교회	山本忠美, 김정식
1917. 3. 18	광남교회	강재용, 渡瀨常吉		성서교회	김영기, 山本忠美
	성서교회	渡瀨常吉, 金泳基		한양교회	유일선, 渡瀨常吉
	한양교회	山本忠美, 김정식		한성교회	김인권, 이종구
	한성교회	김정식, 山本忠美	1917. 6.3	광남교회	김정식, 趙九鏞
1917. 4.1	광남교회	趙允鏞, 강재용		성서교회	米澤尙吉, 김영기
	성서교회	김정식, 박병철		한양교회	유일선, 南○元
	한양교회	권규진, 山本忠美	1917. 6. 10	한성교회	유일선, 김인권
	한성교회	山本忠美, 김인권		광남교회	山本忠美, 강재용

조합교회의 전도활동은 매우 활발하였다. 『매일신보』에 의하면 우선 1913년 4월 일본기독교 靈界의 원로이며 일본조합교회장 小崎弘道와 澤村重雄 등 양 목사가 경성을 비롯하여 평양, 진남포 등 평남지역을 순회하면서 강연회를 겸한 전도대회를 가졌다.[63] 이어 이 해 5월에는 高橋卯三郎이 滿鮮 순회전도의 일환으로 부산, 평양, 진남포, 의주 등지에서 '道德을 根底하는 宗敎', '信仰의 三生活', '人生과 宗敎', '有神論者와 所見的 精神治療' 등의 내용으로 전도활동을 하였다.[64]

---

63) 『매일신보』, 1913년 4월 13일자 ; 4월 15일 ; 4월 20일자.
64) 『매일신보』, 1913년 5월 27일자 ; 5월 28일자.

그러나 무엇보다도 조합교회의 전도활동 중 가장 핵심적인 것은 海老名의 순회전도활동이다. 海老名은 1910년대에 모두 세 차례에 걸쳐 순회전도를 하였다. 첫 번째는 1914년 6월 24일부터 7월 12일까지, 두 번째는 1915년 5월 26일부터 6월 10일까지, 세 번째는 1917년 5월 25일부터 5월 30일까지였다. 순회전도기간 중 몇 가지 흥미로운 것은, 첫 순회전도에서 海老名은 渡邊 고등법원장, 李商在, 李元兢, 유일선, 崎一 목사 등과 함께 懇話會를 갖고 포교사항에 대해 설명하기도 하였다.[65] 두 번째 순회전도에서는 山縣 정무총감을 방문하고 교의를 전하는 한편 총독부의 시정을 청취하고 친일파 인사인 조중응을 만났다는 점이다. 특히 두 번째 순회전도에서는 식민지 조선에 대한 인식을 "실로 인생에 대한 유익한 언론이 많을 뿐만 아니라 세상 明路를 得케 하는 감각을 人人에게 與하기 足함"이라고 밝히기도 하였다.[66]

이러한 海老名의 전도활동은 총독부 식민지정책을 '전도'라는 이름으로 호도하고 있음을 보여주고 있다. 海老名의 세 차례에 걸친 순회전도활동을 정리하면 〈표 3〉과 같다.

〈표 3〉 1910년대 海老名의 순회전도활동

차례	일자	주요활동	비고
1차	1914. 6. 25	일선조합교회 환영회	경성교회
	1914. 6. 27	서기통 조합교회에서 대설교회	평양
	1914. 6. 28	평남교육회 주최 강연회	평양 歌舞座
	1914. 6. 29	진남포 체류	
	1914. 7. 2	애국부인회 및 조선교육회 강연회	
	1914. 7. 3	연합유지 대환영회, 간화회	
	1914. 7. 4	일본 측 조합교회에서 수일간 전도포교	경성교회

[65] 『매일신보』, 1914년 7월 5일자.
[66] 『매일신보』, 1915년 5월 30일자.

	1914. 7. 8	조선인 측 조합교회에서 전도설교	광남교회
	1914. 7. 11	내선 조합교회 측에서 위로연	명월관
	1914. 7. 10	내선 조합교회 측에서 대친목회	경회루
	1914. 7. 11	한양교회, 한성교회, 성서교회, 광남교회 합동 대설교회	광남교회
2차	1915. 5. 29~6.1	매일 오전 10시와 오후 8시 두 차례 설교	경성교회
	1915. 5. 27	윤치호 초청연, 일선 목사, 阿陪 매일신보 사장, 山縣 서울프레스 사장 등 초청	안순환 별장
	1915. 5. 30	마포교당에서 설교, 실업가 崔思永 초청 오찬, 오후 한양교회에서 대설교회	
	1915. 5. 28	山縣 정무총참 초청 오찬회, 山本·渡瀨 참석	경성호텔
	1915. 5. 30	조선인 측 귀족 및 목사 합동초대회	
	1915. 6. 3	山本, 渡瀨와 함께 매일신보사 내방	
	1915. 6. 7	조선인 유지 30여 명 海老名 초대 환영회, 기성 구락부에서 '정신계 각성' 제목으로 강연, 안동현 으로 출발	
3차	1917. 5. 25~30	조합기독교대회에서 매일 세 차례 설교	

이 외에도 시정 5주년을 기념하여 개최한 共進會에서 종교관이 개설되자 조합교회도 일본기독교, 미이교회 등과 연합하여 京都 조합교회의 木村清松을 불러 대전도회를 가졌다.[67]

4) 평양의 지방순회활동

조합교회의 지방순회강연은 주로 평양에서 전개되었다. 평양은 1910년대 경성, 부산, 인천에 이어 재조일본인이 네 번째로 많은 도시였다. 평양의 중요성에 대해 渡瀨常吉은 다음과 같이 밝히고 있다.

조선에서는 평양이 기독교의 중심지이다. 특히 장로파의 근거지로 감리교회도 상당한 힘이 있다. 이곳에 우리 미미한 조합교회가 음연히 한 적국의 모습을 하고 있는 것은 쉬운 노력이 아니다. 이것은 高橋鷹藏군은

67) 『매일신보』, 1915년 7월 16일자.

말할 것도 없지만, 전 순회전도사 鮮宇筍, 전 기성교회 주임전도사였던 羅一鳳 등의 노력의 결과라고 말하지 않을 수 없다.[68]

평양은 '조선기독교의 성지'라고 불리울 정도로 기독교 교세가 강한 곳이다. 이러한 평양을 조합교회가 전도의 전략지로 선정한 것은 이곳을 장악함으로써 일본기독교의 우월성을 보여주기 위한 것으로 보인다. 이러한 관계로 평양의 경우 조합교회뿐만 아니라 神道, 佛敎 등 일본종교 활동이 가장 활발하게 움직임을 보여주고 있다. 평양의 조합교회는 평양교회와 箕城敎會 두 개가 설립되었는데, 이 중 기성교회는 渡瀨常吉이 1911년 7월 경성 漢陽敎會에 이어 설립하였다.

이와 같은 평양에서 대규모 전도활동을 가진 것은 1913년 4월과 6월, 두 차례였다. 이 해는 조선조합교회 대회가 처음으로 개최된 때이기도 하다. 이러한 점에서 본다면 평양전도활동은 전략적 전도로 풀이할 수 있다. 4월 19일부터 4일간 개최된 제1회 집중전도회는 일본조합교회 회장 小崎弘道와 동 교회 목사 澤村重雄, 그리고 渡瀨常吉의 전도강연으로 전개되었다. 그리고 이들은 진남포로 옮겨 대강연회를 개최하였다.[69] 이어 6월 11일부터 3일 동안 가진 제2회 집중전도회는[70] 일본조합교회 간사 高木貞衛와 이사 西尾幸太郎과 교육시찰 차로 내려왔던 동지사대학장 原田助 박사의 특별강연으로 진행되었다.[71] 당시 전도를 맡았던 西尾幸太郎은 동지사대학 출신으로 京都 平安敎會 목사로 10년간 활동하였으며, 高木貞衛는 大阪 출신 사업가로 조선전도단을 조직하여 경성, 인천 등지에서 집중전도회를 가진 바 있었다. 그리고 특별강연을 한 原田助는 만주와 조선의 學事

[68] 한석희(김승태 역), 『일제의 종교침략사』, 90쪽.
[69] 『매일신보』, 1913년 4월 15일자 ; 4월 20일 ; 6월 14일자.
[70] 『매일신보』, 1913년 6월 8일자.
[71] 『매일신보』, 1913년 5월 31일자.

를 시찰하기 위해 평양에 머무르고 있었다. 제2회 집중전도회는 '가
정신앙과 여성'에 관한 내용을 주로 다루고 있는데, 전도회 상황은
다음과 같다.

> 6월 11일 오후 8시 반부터 平壤瑞氣通敎會 강연, 高木/活動의 本源, 西
> 尾/家敎生活은 何者, 原田/人生의 危機, 12일 오후 2시부터는 부인회를 개
> 최하고 부인에 관한 문제로 西尾 高木 양씨 강연, 同日 오후 8시 반부터
> 고목/경모할만한 인격, 서미/唯一한 善者, 원전/人格主義는 何者로 각각
> 강연, 13일 오후 8시 반부터 鮮人을 위하여 고목/勉勵者得之, 서미/基督者
> 의 自覺, 원전/福音의 福音이란 제목으로 강연[72]

당시 가정신앙과 여성을 중점적으로 다룬 것은 내선융화의 실천은
가정, 그리고 여성들의 역할이 중요하였기 때문이다.

이듬해 1914년 2월에도 경성조합교회 山本 목사와 일본 福岡조합
교회 中村 목사, 동경 부근에서 선교활동을 하였던 베트레가 평양에
서 전도활동을 하였다.[73] 이밖에도 개성에서 崔重珍의 알선으로 渡
瀨常吉, 柳一宣 등이 내선동화 및 식산흥업을 내용으로 하는 전도회
를 가졌으며,[74] 金麟이 주도되어 원산에 조합교회를 설립하였다.[75]

평양의 일본종교 활동 중 흥미로운 것은 조합교회 등 기독교와 불
교, 신도가 管주도로 연합활동을 전개하였다는 점이다. 이들 종교단
체는 敎友會라는 이름으로 本田 평양부윤의 집에서 간담회를 개최하
고 포교활동의 어려움을 토로하고 그 방안을 마련하고자 하였다.[76]
특히 이들 종교단체는 평양부와 연합통속강연회를 개최하기도 하였
다.[77] 이는 조합교회를 비롯하여 조선에 진출한 일본종교들은 총독

---

72) 『매일신보』, 1913년 6월 14일자.
73) 『매일신보』, 1914년 2월 17일자 ; 2월 22일자.
74) 『매일신보』, 1917년 3월 11일자.
75) 『매일신보』, 1917년 3월 13일자.
76) 『매일신보』, 1912년 9월 25일 및 1913년 1월 14일자.

부과 밀접한 관계를 가지고 있으며, 결국 식민정책에 다양한 방법으로 참여하고 있음을 알 수 있다.

5) 친일적 교육활동

조합교회는 전도활동과 순회강연 외에도 다양한 교육활동도 활발하게 전개하였다. 그렇지만 조합교회의 교육활동은 원초적으로 동화를 목적으로 하고 있었다. 조합교회의 대표적인 교육기관은 초기에는 京城學堂이었으나, 1910년대에는 漢陽神學會, 主日學校, 日本語教授 등을 통해 교육활동을 하였다. 경성학당은 1896년 4월에 설립되어 주로 일본어를 교육하였는데,[78] 1906년 6월 관립 한성 제2일어학교로 변경되었다.[79] 한양신학회는 조합교회 조선전도주임 渡瀨常吉이 설립한 한양교회 내에 두었으며, 기독교 신학과 이와 관련된 제 학과를 가르쳤다.[80] 일본어교수는 조합교회 산하의 京城基督教青年會에서 운영하였는데, 매일 오전 9시부터 오후 3시까지,[81] 입학금과 월사금은 각각 50전, 그리고 교과목은 會話, 文法, 讀本으로 교수하였다.[82] 그리고 주일학교는 1913년 11월 한양교회에서 개교하였는데, 1백여 명을 수용하였다.[83] 그런데 1910년대에는 京城學舍 또는 京城學堂이 설립 운영된 사례가 보이는데, 이들 교육기관은 재조일본인에서 운

---

77) 『매일신보』, 1912년 10월 22일자. 당시 연합통속강연회에서는 修養과 威化力/金光教師 加藤愛治, 新時代 國民의 覺悟/조합교 목사 高橋鷹藏, 國民의 自覺/監獄教 강사 津村淸證, 至誠一貫/평양부윤 本田常吉, 질병과 정신수양/慈惠院長 左分利良, 故 乃木大將과 旅順의 開城/내무부장 篠田治策 등이다.
78) 샹투생, 「京城의 二十年間 變遷」, 『開闢』48호, 1924. 6, 68쪽.
79) 『官報』, 광무 10년 6월 21일자.
80) 『매일신보』, 1912년 12월 5일자.
81) 수업시간은 일정하지 않았는데, 오전 9시부터 오후 3시, 오전 9시부터 11시, 오전 9시부터 12시까지 등으로 그때그때 달랐다.
82) 『매일신보』, 1912년 3월 26일 ; 5월 31일 ; 6월 30일 ; 9월 8일자.
83) 『매일신보』, 1913년 11월 18일자.

영하였던 것으로 추정되지만, 조합교회와 전혀 무관하지는 않은 것으로 보인다. 경성학사는 일어교육기관으로 3학기로 운영되었다. 학기마다 약간의 차이는 있지만 讀方, 會話, 講述을 기본으로 하고 산술, 지리, 역사, 법제, 경제 등을 추가하여 가르쳤다.[84]

조합교회는 필요에 따라 강습소를 운영하였다. 한양교회는 '기독교의 恩波를 각 방면 형제에게 보급하고 다른 한편으로는 실지상 처세술을 전수'하기 위해 강습소를 설립하여 일본어, 수확, 통기, 신학, 풍금 등의 과목을 개설하였는데 전문가로 하여금 이를 담당하도록 하고 있다.[85] 한양교회는 修養會를 통해 일본어, 日本史要, 世界史要, 新約神學一般 등의 과목을 개설하고 강습회를 하였다.[86] 그리고 경성교회에서도 일본조합교회 기관지『기독교세계』주간인 加藤直士를 초빙하여 '近代思想과 基督敎', '基督者 生活의 榮光', '基督에 대한 新婦人' 등을 주제로 하는 강연회를 가진 바 있었다.[87] 평양 기성교회에서도 성서강습회를 개설하고 신학, 羅馬書, 야소전, 교회사, 조합교회의 특색 등을 교과목으로 高橋, 栗原 목사와 동지시대학에서 신학을 전공한 강석우가 각각 담당하였다. 그리고 교과목 외에 本田 평양부윤, 大谷 평양법원판사, 田中 평양고등보통학교장, 渡部 평양여자고등보통학교장, 李崎燦 등의 강연을 갖기도 하였다.[88] 뿐만 아니라 조합교회에서는 일본어야학강습회를 개최하기도 하였는데 대표적인 곳이 중화조합교회였다. 중화조합교회의 경우 전도사 李暎植, 중화병원 의사 李俊淳, 교육가 李鈔燦·禹丙兆 등이 일본어 보급을 위해 조합교회에서 야학강습회를 개설하였다. 당시 강습생은 30여 명이었

---

84)『매일신보』, 1911년 9월 14일자.
85)『매일신보』, 1913년 10월 8일자.
86)『매일신보』, 1916년 7월 18일자.
87)『매일신보』, 1913년 9월 20일자.
88)『매일신보』, 1916년 2월 8일자.

으며 중화군청, 중화경찰서, 보통학교, 금융조합에서 각각 후원하였다.[89)]

그밖에도 교세확장을 위해 각종 강연회를 개최하였는데, 경성 한양교회는 매주 토요일 학술강연회를 개최하였으며,[90)] 평남지역에서는 小崎弘道가 기독교청년회에서 강연회를 가지기도 하였다.[91)]

이처럼 전도활동과 순회강연활동으로 교세가 확장됨에 따라 조합교회 조선전도부는 기관지로 『기독교회월보』를 발행하였다. 이 월보는 국한문혼용으로 도덕상 신성한 논문과 각 교회의 활동을 소개하고 있다.[92)] 뿐만 아니라 교회 간의 효율적인 연락과 사업확장을 위해 일본조합교회 조선사업소를 광남교회 내에 신축하기로 하고 음악회를 개최하기도 하였다.[93)]

6) 조선조합교회대회

1910년대 조합교회의 최대 움직임 중의 하나는 조선조합교회대회였다. 1910년대는 1913년과 1917년에 걸쳐 두 차례 개최되었다.

제1차 대회는 1913년 8월 1일부터 5일간 경성 및 지방교회 대의원 43명을 비롯하여 250여 명이 참가한 가운데 진행되었다. 첫날인 1일에는 東京조합교회 綱島佳吉과 檜垣直石 경기도지사의 강연과 축사로 개회식을 가졌다. 渡瀨常吉은 이날 개회식을 일본조합교회가 '日鮮一體의 이상을 실현한 현상'으로 평가할 정도로 중대한 의미를 두었다. 2일째인 2일은 渡瀨常吉 등 목사의 강연회 외에 渡邊 고등법원

---

89) 『매일신보』, 1917년 7월 15일 ; 11월 11일 ; 11월 21일자.
90) 『매일신보』, 1919년 6월 22일 및 7월 20일자.
91) 『매일신보』, 1913년 4월 15일자.
92) 『매일신보』, 1915년 1월 16일자.
93) 『매일신보』, 1916년 7월 18일자.

장의 '전도자와 학식', 弓削幸太郎 총독부 학무과장의 '교육방침 및
그 실제', 今村武志 사무관의 '식산산업과 지방시설', 齋藤音作 산림과
장의 '산림경영', 藤田嗣章 총독부 의원 원장의 '공사위생' 등의 특별
강연이 이어졌다. 3일째인 3일에는 조선인과 일본인 합동으로 연합
대예배를 가진 후 綱島의 '기독교의 동포주의'라는 설교가 이어졌으
며, 마지막 날인 5일에는 日鮮聯合大親睦會를 경회루에서 갖고 일선
동화의 의지를 다졌다.[94] 이를 계기로『매일신보』에서는「기독교회
합동」이라는 사설을 통해 조선 측과 일본 측 기독교의 합동설을 제기
하기도 하였다.[95]

제2차 대회는 1917년 5월 24일부터 6월 2일까지 전국 137개 조합교
회의 대표자와 일본조합교회 海老名, 米澤尚吉이 참가한 가운데 광
남교회에서 개최되었다.[96] 대회 첫날인 5월 24일 개회식에서는 渡瀨
常吉과 총독부 關玉 학부과장의 강연이 있은 후 조합교회 대표 渡瀨
常吉, 柳一宣, 김정식, 車學淵, 최중진 등이 총독부를 방문하였다.[97]
2일째인 25일에는 參事會를 개최하고 전년도의 각 교회 활동보고에
이어 일반교역자회를 열고 參拜, 聖餐, 婚禮, 葬式 등에 관한 내용과
직원 선정방법 등 중요한 사항을 결정하였고, 3일째인 26일에는 小田
省吾의 강연과 일반회원의 시내관광으로 이어졌다.[98] 4일째인 27일
에는 연합예배와 성찬식에 이어 海老名과 米澤尚吉의 주도로 전도대
회를 가졌는데, 이날 전도대회는 '血說의 설교에 감화되어 일반청중
이 여몽여각한 듯 환희작약'하였다고 평가하였다.[99]

---

94) 渡瀨常吉,『朝鮮敎化の急務』; 김승태,『일제강점기 종교정책사 자료집』, 59~60쪽 ;
『매일신보』, 1913년 8월 7일자.
95)『매일신보』, 1913년 8월 2일자.
96)『매일신보』, 1917년 5월 23일자.
97)『매일신보』, 1917년 5월 25일자.
98)『매일신보』, 1917년 5월 27일자.
99)『매일신보』, 1917년 5월 29일자.

5일째인 28일에는 米澤尙吉이 '愛의 能力이 春和와 如하여 眞理의
種은 ○此 發生한다'는 주제를 영국 조합교회의 역사와 현재 교세가
크게 발전한 시찰담을 내용으로 강연을 하였으며,[100] 6일째인 29일에
는 특별히 부인대회와 교역자회를 개최하였다. 海老名은 부인대회에
서 '지구 동서를 물론하고 기독교 부인의 활발한 능력으로 현금 사회
를 지배한 바인데, 조선부인도 기독교주의하에 금일 여차히 활발한
참여를 축하'하는 내용으로, 米澤尙吉은 교역자회에서 미국에 있는
조합교회의 근일 확장된 상황과 '일반신자의 言과 行이 초목의 花와
實과 如한다'는 주제로 각각 강연을 가졌다.[101] 마지막인 30일에는
米澤尙吉은 '基督은 上帝의 暎神', 海老名은 '일본조합교회의 역사'와
'인생의 노고를 정벌한 십자가상의 和平된 정신'이라는 제목으로 각
각 강연회를 끝으로 대회를 마쳤다.[102]

　1910년대 조합교회에서 전력을 투구하여 두 차례의 대회를 개최한
것은 표면적으로는 조합교회 교세의 확장을 보여주기 위한 것이지만
그 본질에는 조합교회가 조선전도론에서 밝히고 있는 '조선인의 일
본인화'가 현상적으로 실현되었음을 대외적으로 알리기 위한 방책의
하나였던 것이다.

4. 맺음말

　일제는 1910년 조선을 강점하면서 '완전히, 그리고 영구히 지배할
것'을 천명하면서 一視同仁·內鮮融和를 표방하여 조선을 통치하고
자 하였다. 이것은 '조선의 일본화' 내지 '조선인의 일본화'를 통해 조

---

100) 『매일신보』, 1917년 5월 30일자.
101) 『매일신보』, 1917년 5월 31일자.
102) 『매일신보』, 1917년 6월 2일자.

선을 영구히 지배하는 것이 목표였다. 이러한 일제의 식민정책에 적극 동조하고 앞장섰던 것은 조선에 진출한 일본종교였다. 앞서 살펴본 바와 같이 조선에 진출한 일본조합기독교는 대표적인 종교중의 하나였다. 조합교회는 渡瀬常吉이 "애국적 정신과 자주적 정신, 거기에 더해진 기독교에 의하여 일본제국 앞길을 밝히고 그 덕정의 근본을 배양하며, 그리하여 구미와 어깨를 나란히 하려는 큰 희망을 가진 유지의 심혈이 응집하여 성립된 것이 그것이다. 개인으로서도 국가로서도 기독교의 대정신을 활용하지 않으면 하늘에 대하여 세계에 대하여 도저히 설 수 없다는 것을 간파하여 궐기한 단체"라고 밝힌 바와 같이, 일반적인 종교의 범위를 넘어서 침략의 도구로 그 모습을 보여주고 있다.

이러한 입장을 가장 극명하게 보여준 인물이 海老名彈正과 渡瀬常吉이었다. 海老名彈正은 기독교의 박애는 곧 충군＝애국이며, 이것의 구체적인 실천이 국력강화이고, 이를 위해서는 전쟁도 정당화할 수 있다고 보고 있다. 이는 결국 조합교회가 지향해야 할 목적이 '충량한 제국신민'으로 만드는 길이라고 하였다. 渡瀬常吉 역시 조선전도론을 내세워 '제국과 연계하여 日鮮一體의 사명을 실행하는 것'이 조합교회의 사명이라고 밝히고 있다. 이러한 점에서 이들, 나아가 조합교회의 식민지 조선에 대한 인식은 조선침략행위를 종교라는 이름으로 정당화하였으며, '조선인의 일본인화'하는 同化를 최대의 목표로 삼고 있다. 결국 일제의 식민정책은 조합교회에서 본 바와 같이 동화정책이었으며, 이를 위해 조선총독부는 조합교회, 나아가 일본종교를 지원하였던 것이다.

그리고 조합교회는 이를 위해 다양한 활동, 즉 서양선교사에 대한 반발로 전개하였던 자유기독교 활동의 회유, 기독교인의 내지시찰과 日鮮기독교의 합동시도, 설교회와 전도회 등을 포함한 다양한 포교활동, 지방의 순회강연, 일본어 강화를 통한 친일적 교육활동, 조선조합교회 대회 등을 전개하였다. 그러나 이들 조합교회의 활동은 조합교회의 목적, 즉 동화를 기저에 두고 달성하기 위한 하나의 방편이었다고 할 수 있을 것이다.

제2부
천도교의 민족운동

제4장 수원지역의 3·1운동과 천도교인의 역할

1. 머리말

1919년 3월 1일의 만세시위가 천도교·기독교·불교 등 종교계의 주도적 역할로 전개된 것은 이미 알려진 사실이다. 3월 1일부터 5월까지 전국적으로 전개되었던 만세시위는 일제의 강압적 탄압으로 '독립'이라는 소기의 성과를 거두지는 못했다. 그렇지만 '임시정부'가 각 지역에서 조직되었고, 이 임시정부의 통합으로 비록 국외이지만 중국 상해에 통합임시정부가 수립되었다. 그러나 임시정부가 수립되기 전까지 국내에서는 일제의 잔혹한 만세시위의 탄압에 수많은 희생을 감내해야만 했다.

수안·맹산·단천을 비롯하여 수원군 제암리 역시 30여 명이라는 적지 않은 희생자를 내었다. 제암리를 포함하고 있는 수원의 3·1운동은 일본인 순사 2명의 처단과 우정면·장안면사무소와 화수리주재소 방화에 대해 일본군의 철저한 보복을 받을 만큼 전국에서 치열한 만세시위를 전개하였던 곳이다. 이에 대해 이정은은 첫째 대표적인 공세적 만세시위운동, 둘째 일제의 집중된 비인도적 탄압 만행, 셋째 일제의 국제적 여론을 호도하기 위한 사실왜곡으로 평가하고 있다.[1]

일찍이 수원지역의 3·1운동은 학계의 주목을 받아 선행연구가 적지 않다.[2] 홍석창의 경우 기독교적인 시각에서 서술되어 지극히 단편적이고 전체적인 이해가 부족하며, 김선진과 성주현의 경우 천도교 측의 시각에서 접근하였다. 그럼에도 불구하고 아직 천주교·기독교 등 종교조직을 통한 3·1운동 전개과정에 대해서는 제대로 밝혀지지 않은 상황이다.

본고에서는 수원지역의 만세시위와 이 과정에서 천도교 조직 또는 천도교인의 역할을 중심으로 살펴보고자 한다. 첫째, 수원지역의 3·1운동이 여타 지역보다 조직적이고 계획적인 만세운동을 전개할 수 있었던 종교적 배경을 다루고자 한다. 이를 위해 수원지역의 천도교 포교와 3·1운동이 일어나기 전까지의 조직상황을 살펴보고자 한다. 둘째, 수원지역의 3·1만세시위 전개과정에서 천도교인이 주도 또는 참여하였던 만세시위를 살펴보고자 한다. 이들 지역에서 어떻게 3·1만

---

1) 이정은, 「화성군 장안면·우정면 3·1운동」, 『한국독립운동사연구』 9, 독립기념관 한국독립운동사연구소, 1995, 67쪽.

2) 조병창, 「수원지방을 중심으로 한 3·1운동 소고」, 단국대학교 석사학위논문, 1971 ; 노천호, 「수원지방 3·1운동연구」, 단국대학교 교육대학원 석사학위논문, 1978 ; 이정은, 「화성군 우정면·장안면 3·1운동」 ; 이덕주, 「3·1운동과 제암리사건」, 『한국기독교회사연구』 7, 1997 ; 조규태, 「천도교의 민족문화운동」, 『일제하 경기도지역 종교계의 민족문화운동』, 2001 ; 홍석창, 『수원지방 3·1운동사』, 왕도출판사, 1981 ; 홍석창, 『수원지방교회사자료집』, 감리교본부 교육국, 1987 ; 홍석창, 『감리교회와 독립운동』, 에이맥, 1988 ; 김선진, 『일제의 학살만행을 고발한다』, 미래출판사, 1983 ; 성주현, 「제암리의 3·1운동」, 『신인간』 통권480호, 1990 ; 조성운, 「일제하 수원지역 천도교의 성장과 민족운동」, 『경기사론』 4·5집, 2001 ; 성주현, 「수원지역의 3·1운동과 제암리학살사건에 대한 재조명」, 『수원문화사연구』 4, 수원문화사연구회, 2001 ; 박환, 「경기도 화성 송산지역의 3·1운동」, 『정신문화연구』 89, 한국정신문화연구원, 2002 ; 이동근, 「수원 3·1운동에서 천도교의 역할―우정·장안면을 중심으로」, 『경기사학』 7, 경기사학회, 2003 ; 이동근, 「1910년대 수원지역의 사회경제적 상황과 3·1운동의 전개과정」, 『수원문화사연구』 6, 수원문화사연구회, 2004 ; 김형목 외, 『수원지역 여성과 3·1운동』, 경기도, 2008.

세시위를 계획하고 있으며 어떠한 경로를 통하여 전개하였는가는 매우 중요하기 때문이다. 즉, 우정면과 장안면의 만세시위는 양 면사무소와 화수리주재소를 습격하여 방화하고 일본인 순사 1명을 살해하는 공격적 만세시위로 발전하였으며, 이것은 곧 일제의 계획된 보복만행으로 이어졌기 때문이다. 셋째로는 만세운동의 준비와 전개과정에서 천도교인이 어떠한 역할을 담당하였는지를 살펴보고, 넷째는 이로 인한 일제의 보복만행이 어떻게 진행되었는지 살펴보고자 한다. 일제의 보복만행은 80호 燒失家戶, 5명 사망, 5명 부상, 280여 명의 검거인원 그리고 제암리학살사건으로 이어져 어느 지역보다도 큰 피해를 입었다. 다섯째는 제암리학살사건과 관련하여 당시의 상황과 남겨진 기록을 통해 보다 정확한 진상에 접근해 보고자 한다.

2. 만세운동의 사회적 배경: 천도교를 중심으로

수원지역의 3·1운동을 이해하기 위해서는 이 지역의 사회적 배경, 즉 종교적 상황을 살펴볼 필요가 있다. 이는 3·1운동의 주도적 역할과 제암리사건에서 희생된 사람들이 모두 종교적 배경을 바탕으로 하고 있기 때문이다. 이들은 대부분이 천도교와 기독교를 신앙하고 있는데 이는 여타 지역과의 다른 특성을 보여주고 있다.

수원지역에 동학이 포교된 것은 동학혁명 이전이었으나 그 시기가 언제인지는 명확하지 않다. 동학이 처음 포교된 것은 1861년 후반이었다. 水雲 崔濟愚는 1860년 4월 5일 동학을 창도하였으나 1년 뒤인 1861년 경주를 중심으로 포교를 시작했다. 이후 교세가 크게 일어나 1862년 12월 흥해에서 接을 조직하고 接主를 임명한 바 있는데, 金周瑞를 대구·청도와 경기도 일대의 접주로 임명한 것으로 보아[3] 이 무렵 경기도 지역에까지 동학이 포교되었음을 알 수 있다. 다만, 이

시기는 대체로 경기 남부지역으로 추정된다.

그렇지만 수원지역에 동학이 본격적으로 전래된 것은 이보다 20여
년 후인 1880년경이었다.[4] 이 시기는 국내외의 정세가 급박하게 전개
되었던 때로, 내적으로는 동학의 중심지가 영남지역을 벗어나 강원
도 영서지역으로 옮겨졌으며, 특히 1880년과 1881년 동학의 경전인
『동경대전』과『용담유사』가 간행될 정도로 교단의 조직이 안정되었
다.[5] 그리고 외적으로는 1880년 고종이 개화정책을 본격적으로 추진
하면서 개화파 인사들이 중앙정계에 진출하기 시작하였으며, 1882년
미국과 수교를 함으로써 이후 서양 열국과의 외교수립을 갖게 되었
다. 이러한 내외적 상황은 동학이 그동안의 영남과 충청을 벗어나
경기도와 호남지역까지 포교할 수 있는 좋은 계기가 되었다.

수원지역에 동학을 전래한 주요인물은 徐仁周[6]와 安敎善[7]이다.
특히 안교선은 호남 출신으로 1883년 최시형이 경주에서『동경대전』

---

3) 姜洙,『崔先生文集道源記書』, 1879(『東學思想資料集』壹, 亞細亞文化史, 1979, 179~180
   쪽) ; 李敦化,『天道敎創建史』제1편, 천도교중앙종리원, 1933, 42쪽.
4) 趙成雲,「일제하 수원지역 천도교의 성장과 민족운동」, 183~184쪽.
5) 姜洙,『최선생문집도원기서』, 278쪽 ; 이돈화,『천도교창건사』, 30~31쪽 ; 오지영,『東
   學史』, 영창서관, 1940, 59~60쪽.
6) 서인주는 수원 출신으로 1883년 3월 김연국·손병희·손천민·박인호 등과 함께 최시
   형을 방문할 정도로 교단의 핵심인물이었다. 그는 원래 승려 출신으로 30여 년간
   불도를 닦았으나 동학의 '布德天下 廣濟蒼生'의 이념에 공감하여 동학에 입도하였으
   며, 서병학과 함께 동학의 의식과 제도를 마련하는데 큰 역할을 하였다. 또한 신체와
   용모가 매우 작고 특이하였으나 재주가 많아 당시 사람들이 異人 또는 眞人이라 불렀
   다. 1885년 9월에는 상주 왕실촌에 머무르고 있던 최시형과 그의 가족에게 생활비를
   지원해 주었으며, 최시형은 1889년 서인주가 金甲島에 유배되었을 때 그의 석방을 위해
   기도를 하는 한편 5백 금을 주고 그를 석방시켜 주었다.(오지영,『동학사』, 60쪽 ;
   이돈화,『천도교창건사』, 31쪽 ; 黃玹(김종익 역),『梧下記聞』首筆, 역사비평사, 1994,
   73쪽 ; 오상준,「본교역사」,『천도교회월보』23, 1912. 6, 17쪽 ; 然然子,「본교역사(번
   역)」,『천도교회월보』29, 1912. 12, 63쪽)
7) 안교선은 호남인으로 1870년대 후반에 입교한 것으로 보인다. 1879년 최시형이 강원도
   인제 방시학의 집에 修單所를 설치할 때 安敎常이 書有司, 安敎一이 監有司, 安敎伯이
   册子有司, 安敎綱이 輪通有司로 각각 참여한 바 있다. 안교선은 이들과 형제 또는
   친인척으로 보인다.(강수,『최선생문집도원기서』, 275~276쪽)

을 간행할 때 윤상오와 같이 有司로 참여하였다.[8] 그는 1884년 2월경
수원을 비롯한 경기지역에 동학을 포교하는데 주도적 역할을 하였으
며, 이 시기에 安承寬과 金鼎鉉(金乃鉉)이 그에게 입도하였다.[9] 이들
은 수원지역 동학 포교의 선도적인 역할을 하였다. 이후 1890년 徐丙
學·張晩秀·李圭植·金永根·羅天綱·申奎植이 六任으로, 안승관은
京湖大接主, 金鼎鉉은 京湖大接司로, 林炳昇·白蘭洙·羅天綱·申龍
九·羅正完·李敏道는 각각 접주로 임명되었다. 그리고 이들의 활동
으로 수원지역의 동학교인은 수만 명에 달할 정도로 교세가 크게 확
장되었다.[10] 이로써 수원지역의 동학은 비약적 발전을 보게 되었으
며,[11] 대접주·대접사·접주·육임 등 교단조직을 갖추게 되었다.

이러한 교세를 바탕으로 수원지역의 동학은 1892년과 1893년 수운
최제우의 억울한 죽음을 풀어주고 신앙의 자유를 얻기 위한 敎祖伸
寃運動에도 적극 참여하였다. 1893년 3월 10일 충북 보은군 장내리에
서 斥倭洋倡義運動을 전개하자 신용구와 이민도의 주선으로 수천 명
이 참가하였다.[12] 그러나 관변 측 기록인「聚語」에는 수원과 용인의
동학교인 300여 명,[13] 수원접이라는 자들과 그 밖의 무리들 1천여
명,[14] 수원접 840여 명[15] 등으로 나타나고 있다. 교단 측과 관변 측의
기록이 상당한 차이를 보이고 있으나 수원지역의 동학교인이 보은
교조신원운동에 참여한 것은 대략 청주영장이 보고한 840여 명으로

---

8) 『東經大全』癸未版, 跋文.
9) 「水原郡宗理院沿革」, 『天道敎會月報』191호, 1926. 1, 29쪽 ; 이병헌, 「수원교회낙성식」,
  『天道敎會月報』292호, 1936. 12, 36쪽.
10) 「수원군종리원연혁」, 29쪽.
11) 조성운, 「일제하 수원지역 천도교의 성장과 민족운동」, 184~185쪽.
12) 「수원군종리원연혁」, 29쪽.
13) 「聚語」, 『東學亂記錄』上, 국사편찬위원회, 1971, 118쪽.
14) 「聚語」, 118쪽.
15) 「聚語」, 124쪽.

보인다.[16]

이후 수원지역의 동학은 1894년 동학혁명에도 적극 참여하고 있다. 수원지역의 동학은 1894년 9월 18일 반외세의 봉기령에 따라 즉각 기포하였으며,[17] 일본군이 이들 동학지도자를 체포하려 하자 동학군은 잠시 후퇴하였다가 다시 전열을 정비하여 계속 활동하였다.[18] 이처럼 수원이 크게 위협받자 정부는 일본군을 긴급히 증파하여 줄 것을 요청하였고 일본군이 즉시 투입되었다.[19] 이러한 수원지역의 동학군의 활동에 대해 오지영의 『東學史』에는 다음과 같이 기록하고 있다.

> 安承寬·金昇(鼎)鉉 등은 5천 군을 거느리고 수원부를 점령하고 南軍이 오기를 기다리고 있던 바 官兵과 日兵을 만나 여러 날 싸우다가 마침내 패하였고[20]

이로 미루어 보아 기호대접주 안승관과 기호대접사 김정현 등이 지휘한 수원지역의 동학 조직은 5천여 명의 막강한 병력을 갖추고 있었으며, 수원부를 점령할 정도로 기세를 올렸음을 알 수 있다. 그러나 수원지역의 동학군을 지휘한 안승관과 김정현은 피체되어 서울로 압송되어 南筏峴에서 효수되었고[21] 수원성에서 체포된 金元八도 효수되었다.[22] 남양지역의 동학군은 白樂烈과 金興烈의 지휘하에 수원

---

16) 최홍규, 「경기지역의 동학과 동학농민군 활동」, 『경기사학』 창간호, 1997, 89~90쪽.
17) 「東學黨의 景況 및 征討에 관한 華城留守의 書翰」, 『駐韓日本公使館記錄』 1, 국사편찬위원회, 159~191쪽.
18) 「水原府 匪徒討伐을 위한 日本出兵과 朝鮮官軍의 협조에 관한 諸書翰」, 『주한일본공사관기록』 1, 141~143쪽.
19) 「수원으로의 군대파견의 건」, 『주한일본공사관기록』 3, 362~363쪽.
20) 오지영, 『동학사』, 152쪽.
21) 「갑오실기」, 『東學亂記錄』 상, 38쪽 ; 오지영, 『동학사』, 156쪽.
22) 「수원군종리원연혁」, 29쪽.

의 高錫柱·김정현 휘하에서 활동하였다.[23]

동학혁명 이후 한동안 동학 세력이 쇠퇴하였으나 수원지역은 안성 출신의 金漢式,[24] 남양지역은 백낙렬[25]의 노력으로 점차 회복되었 다. 이러한 노력으로 수촌리의 백낙렬은 삼괴지역,[26] 김성열은 팔탄 면 고주리, 李秉夔은 팔탄면 노하리의 포교책임자로 활동하였다.[27] 1910년에는 수촌리를 비롯하여 독정리·어은리·장안리·화산리· 이화리·덕목리·고주리·매향리 등 8개의 전교실을 설치할 정도로 교세가 회복되었다.[28] 특히 남양교구는 1909년 8월 전국에서 성미납 부 성적이 우수하여 1등에, 수원교구는 2등에 선정될 정도였다.[29]

1910년대 들어 전국에 교리강습소를 설립, 근대교육활동을 실시하 자 수원지역에는 栗北面 佛井里에 309강습소, 貢鄕面 堤巖洞에 310강 습소,[30] 鴨丁面 沙基村에 제446강습소,[31] 수원군내에 544강습소[32] ·634강습소,[33] 陰德面 北洞에 733강습소,[34] 장안면 장안리에 734강 습소[35] 등 7개의 강습소를 설립 운영하였다.

이러한 천도교의 조직은 훗날 수원지역 3·1운동의 기반이 되었다. 특히, 천도교는 일제의 강점이 시작된 1910년부터 독립운동을 준비하 였다. 이를 위해 손병희는 지방의 중진 교역자를 중앙으로 불러 49일

---

23) 『天道敎百年略史』上卷, 천도교중앙총부, 1981, 252쪽.

24) 「수원군종리원연혁」, 29쪽.

25) 김승학, 『韓國獨立史』, 독립문화사, 1966, 655쪽.

26) 삼괴지역은 우정면과 장안면을 통칭하는 말이다.

27) 조성운, 「일제하 수원지역 천도교의 성장과 민족운동」, 191쪽.

28) 金善鎭, 『일제의 학살만행을 고발한다』, 21~31쪽.

29) 「중앙총부휘보」, 『천도교회월보』8호, 1911. 3, 48쪽.

30) 「중앙총부휘보」, 『천도교회월보』23호, 1914. 6, 46쪽.

31) 「중앙총부휘보」, 『천도교회월보』28호, 1912. 11, 44쪽.

32) 「중앙총부휘보」, 『천도교회월보』12호, 1911. 7, 65쪽.

33) 「중앙총부휘보」, 『천도교회월보』29호, 1912. 12, 49쪽.

34) 「중앙총부휘보」, 『천도교회월보』83호, 1917. 6, 43쪽.

35) 「중앙총부휘보」, 『천도교회월보』68호, 1916. 3, 37~38쪽.

간 정신적 수양을 시키는 한편 민족의식을 함양시켰다. 수원지역에
서는 이종석·鄭道永·金正淡·李圭植·李敏道·韓世敎·金興烈·
金昌植 등이 참여하였다.36) 이들은 3·1운동 당시 앞장서서 교인들
을 지도하였다. 그밖에도 3·1운동이 일어나기 직전 중앙대교당 건축
비를 명목으로 독립운동자금을 모금할 때 남양지역에서는 백낙렬을
비롯하여 솔선해서 자금을 갹출하였다.37)

3. 수원지역의 3·1운동과 천도교

수원지역의 3·1운동은 서울보다 보름 정도 늦은 3월 중순부터 격
렬하게 전개되어 4월 중순까지 이어졌다. 먼저 수원지역의 3·1운동
을 살펴보면 3월 16일 수원면 서장대와 연무대의 만세시위, 3월 21일
의 동탄면 구오산리의 만세시위, 3월 23일 수원면 서호의 만세시위,
3월 25일 수원면 청년학생 및 노동자의 만세시위, 3월 28일 만세시위
와 29일 수원기생조합의 만세시위, 3월 25일 성호면 천도교인과 보통

---

36) 「수원군종리원연혁」, 29쪽 ; 조기주, 『동학의 원류』, 보성사, 1979, 369~373쪽.
37) 김선진, 『일제의 학살만행을 고발한다』, 68~69쪽. 이때 갹출한 내용은 다음과 같다.

성명	지역	갹출내역	비고
백낙렬	수촌리	논 3,000평 밭 2,000평	
백낙소	수촌리	논 1,500평 밭 1,000평	백낙렬의 동생
기봉규	사금말	논 3,000평 밭 7,000평, 가옥	
김흥렬	고주리	논 3,000평 밭 3,000평	
최진협	한각리	논 1,500평 밭 1,000평	
최진승	한각리	논 1,000평 밭 6,500평	
박시정	이화리	산 3,000평 소 1두	
박용석	노진리	논 1,000평 밭 2,000평	
박운선	노진리	논 1,000평 밭 2,000평	
우준팔	거묵골	논 450평 밭 1,000평	
우의현	거묵골	논 1,500평	
문경화	거묵골	논 2,000평	
우경팔	거묵골	논 1,500평	

학교 졸업자의 만세시위, 3월 29일 성호면 오산 장날의 만세시위, 3월 26일의 송산면 만세시위, 3월 29일 송산면 사강리 장날의 만세시위, 동일 양감면의 횃불시위, 동일 태장면과 안용면의 만세시위, 3월 31일 향남면 팔탄면의 발안 장날 만세시위, 4월 3일 우정면 장안면의 만세시위 등 20여 차례 만세운동이 전개되었다.[38] 이 중 천도교인이 주도하거나 참여하였던 만세운동은 우정면, 장안면, 향남면, 팔탄면, 동탄면, 성호면 등지에서 전개되었다. 이를 구체적으로 살펴보면 다음과 같다.

수원지역 3·1운동의 특성은 초기에는 천도교와 기독교가 중심이 되어 전개하였으나 점차 시간이 지남에 따라 천도교가 운동의 중심으로 자리잡고 있다.[39] 즉, 초기에는 감리교 신자인 김세환이 경기 남부와 충청 일부를 책임지면서 운동을 독려하였고, 이와 동시에 천도교에서는 서울에서 李炳憲[40]이 북수동 수원교구에 내려와 만세운동을 논의하면서 본격적으로 전개되었다.

수원교구에 내려온 이병헌은 서울에서의 상황을 설명하고 수원에서도 교인을 모두 동원, 대대적인 만세운동을 전개하기로 하였다. 3월 16일 시내의 만세시위에 참가한 후, 이날 밤 북수리 수원교구에서 이

---

38) 수원지역의 3·1운동에 관해서는 『수원시사』 상, 수원시사편찬위원회, 1996, 336~348쪽 참조.

39) 조성운, 「일제하 수원지역 천도교의 성장과 민족운동」, 194쪽.

40) 이병헌은 경기도 평택 출신으로 1913년 수원교구장을 역임한 李敏道의 장남으로 수원교구에서 傳敎師·講道員·典制員·金融員 등을 역임하고 1919년 3·1운동이 일어나기 직전 손병희의 부름을 받고 보성전문학교에 입학한 후 3·1운동에 직접 참여하였다. 2월 27일 보성사에서 독립선언서의 인쇄가 끝나자 申肅·印鍾益과 함께 李鍾一의 집으로 운반하였으며, 3월 1일 당일에는 손병희를 따라 민족대표 33인 모여 있던 태화관에서 李奎甲과 같이 탑골공원과의 연락책으로 활동하였고 남대문 만세시위를 주도한 바 있었다. 이로 인하여 이병헌은 종로경찰서로부터 검거령이 내렸으며 일단 이를 피해 수원교구로 피신하였다.(성주현, 「신앙보국의 화신 이병헌」, 『신인간』 575호, 1998. 7, 81쪽 ; 이병헌, 『3·1運動秘史』, 시사시보사출판국, 1959, 64~67쪽 ; 이병헌, 「水原事件」, 『新天地』 통권 2호, 1946. 3, 72쪽)

병헌과 교구장 金仁泰, 理文員 安政玉, 典制員 金正淡, 講道員 羅天綱, 巡廻敎師 李星九·安鍾麟, 傳敎師 洪鍾珏·安鍾煥 등 주요교역자들이 모여 만세시위와 독립운동비 모금의 구체적인 계획을 마련하였다.[41] 이에 앞서 수원교구의 교인들은 4월 5일 천도교의 교조인 의암 손병희가 독립운동의 주모자로 일경에 피체되었다는 소식을 듣고 상경하여 구출하려는 비밀계획을 세우기도 하였다.[42]

수원교구에서 만세시위를 준비한다는 소식을 정탐한 일제 측의 소방대원과 일본인은 소방용 갈고리와 괭이 등으로 교구에 난입하여 교인을 마구 구타하였다. 이 사건으로 金正淡·金正模·安鍾煥·安鍾麟·洪鍾珏·金相根·李炳憲 등이 중경상을 입었다.[43] 이후 수원지역 천도교인의 3·1운동은 수원의 외곽인 남양지역을 중심으로 전개되었다.

남양지역에 처음으로 천도교인이 만세운동을 전개한 곳은 동탄면 구오산리였다. 구오산리 만세운동은 朴斗秉[44]·金在天[45]·金鎭聲[46] 등이 만세운동을 계획, 인근 촌락의 유지, 기독교인과 연락을 취하면서 이동식으로 만세운동을 전개하였다. 이들은 오산 장날을 이용하여 밤늦게까지 횃불을 들고 조직적으로 만세운동을 한 뒤 천도교전교실 앞에서 해산하였다. 이로 인해 천도교 간부와 교인들이 용인수비대에 끌려가 고문을 당했으며 전교실은 폐쇄되었다.[47]

두 번째의 만세운동은 성호면 오산면에서 전개되었다. 서울과 수

---

41) 이병헌, 『3·1운동비사』, 868쪽.
42) 金正明, 『朝鮮獨立運動 Ⅰ―民族主義運動篇』, 原書房, 1967, 349쪽.
43) 이병헌, 『3·1운동비사』, 868쪽.
44) 박두병은 수원교구 동탄면전교사로 활동하였다.(『천도교회월보』 191호, 31쪽)
45) 김재천은 수원교구 동탄면전교사로 활동하였다.(『천도교회월보』 191호, 31쪽)
46) 김진성은 수원교구 건립 당시 10원을 의연하였다.(『천도교회월보』 64호, 37~38쪽)
47) 이병헌, 『3·1운동비사』, 872쪽 ; 최홍규, 「수원지방의 3·1운동과 1920년대 민족운동」, 『경기사학』 6, 경기사학회, 2002, 271쪽.

원에서 만세운동이 전개되었다는 소식을 들은 오산주민들은 천도교인과 3월 14일 시위를 전개하려 했으나 일제의 경계와 준비의 미흡으로 연기되었다.[48] 그러나 이때 준비하였던 만세운동은 열흘 정도 후인 3월 25일 천도교인과 보통학교 졸업생을 중심으로 전개되었다. 이들은 일본인이 경영하는 금융조합과 일본인 가옥을 파괴하였다.[49] 이어 3월 29일 장날을 기해 유진홍·이성구·김정윤·안낙순·모영철 등의 주도로 만세운동을 전개하고 관공서를 습격하였다.[50]

세 번째로 만세운동이 전개된 곳은 발안리였다. 발안리의 만세운동은 3월 31일[51] 장날을 이용하여 전개되었다. 안정옥과 김흥렬, 팔탄면 가재리의 유학자 李正根이 중심이 된 이날 시위는 천도교인과 기독교인, 이정근의 제자들, 그리고 장날에 모인 주민 등 1천여 명이 참여한 가운데 만세를 불렀으며 일경은 이를 제지하고 해산시키려 하였다. 그러나 만세를 부르던 군중들이 이에 저항하고 계속 시위를 하자 일경은 시위행렬을 향해 발포, 2~3명이 희생되고 해산하였다.[52]

네 번째로 만세운동을 전개한 곳은 수원지역에서 가장 격렬하였던 4월 3일의 우정면과 장안면이다. 이날 수촌리의 백낙렬은 李鳳九·鄭淳榮·洪秀光 등과 같이 집집마다 돌면서 교인과 주민들과 함께 장안면사무소와 우정면사무소를 습격하고 방화하였다. 이어 화수리주

---

48) 『한민족독립운동사』 3, 국회도서관, 1977, 362쪽.

49) 『한국독립운동사』 2, 국사편찬위원회, 1968, 263쪽.

50) 이용락, 『3·1운동실록』, 금정, 1994, 375~377쪽. 이성구는 수원교구에서 교구장으로 활동한 바 있다. 안낙순과 김정윤은 1915년 수원교구 건립의연금으로 15원과 1원을 각각 납부하였다. 그리고 모영철은 모영찬, 유진홍은 유진철의 오기로 보이나 이에 대해서는 좀더 확인해보기로 한다.

51) 발안리의 만세시위 일자에 대해서는 여러 가지 논란이 제기되고 있다. 『탄운 이정근의 사전기』에는 3월 30일, 일본 측 정보기록에는 3월 31일, 김선진의 증언록 『일제의 학살만행을 고발한다』에는 4월 5일로 각각 기록하고 있다. 본고에서는 일제 측의 정보기록인 3월 31일로 인용하고자 한다.

52) 이병헌, 『3·1운동비사』, 870쪽.

재소를 포위 역시 방화하였으며, 주재소 안에서 총격을 하던 川端豊太郎 순사를 폭행하여 마침내 참살하였다.[53]

그밖에 음덕면과 마도면, 비봉면에서도 천도교인과 기독교인이 연합하여 만세시위를 전개하기도 하였다.[54] 특히 朴夏遠[55]과 丁大成이[56] 일시 구금되었다가 석방되었다.

4. 3 · 1운동과 천도교인의 역할

1) 만세운동의 준비과정

수원지역 천도교인의 만세시위는 수원읍내와 우정면, 장안면, 향남면, 팔탄면, 동탄면, 성호면 등 주로 수원군의 동부지역에서 집중적으로 전개되었다. 이와 관련하여 만세운동의 준비과정을 수원읍내와 향남면과 팔탄면, 우정면과 장안면을 중심으로 살펴보고자 한다.

수원지역 천도교인의 만세시위 준비과정은 수원교구의 모의단계, 그리고 이의 연장선상에서 전개되었던 남양교구의 만세시위 계획으로 이어지고 있다.

먼저 수원교구의 모의단계는 서울에서 독립선언서 제작과 만세시위에 참여한 바 있는 이병헌이 수원교구로 내려오자 본격적으로 준비하였다. 이병헌은 3월 16일 수원교구 관내의 교역자, 즉 김인태·안정옥·김정담·나천강·이성구·안종린·홍종각·안종환 등을 수원교구로 모이도록 한 후 서울에서의 만세시위의 정황을 전달하는 한편 수원에서의 만세시위와 독립운동 자금의 모금계획을 논의하였

---

53) 『독립운동사』 2, 국사편찬위원회, 1983, 681~687쪽.

54) 이병헌, 『3 · 1운동비사』, 872쪽.

55) 박하원은 수원교구에서 설립한 교리강습소를 수료하였다.(『천도교회월보』 12호, 65쪽)

56) 정대성은 교직을 맡은 적은 없으나 1924년 수운탄신100주년기념사업으로 1원을 의연했다.(『대신사백년기념사업회원명부』)

다.57) 그러나 이날 계획을 논의하던 중 수원소방대와 일본인이 합세하여 교구실을 난입, 폭력으로 참석자 대부분이 중경상을 입었다. 즉 만세시위 모의단계에서 일본 측에 발각됨에 따라 수원교구의 만세시위는 활발하게 전개되지 못하였다.

둘째, 남양교구의 만세시위 계획은 장안면의 백낙렬, 팔탄면의 김성열을 중심으로 추진되었다. 이들은 서울의 만세시위에 참여하고 돌아와 비밀리에 독립운동 준비에 착수하였다. 당시 남양교구 순회 전교사인 백낙렬58)은 남양교구 관내 각 전교실을 돌며 거묵골전교실의 이종근59)·우영규60)·우종열,61) 기림골전교실의 김현조62)·김익배,63) 장안리전교실의 조교순64)·김인태,65) 덕다리전교실의 김창식,66) 우정면 사기말전교실의 김영보, 고온리전교실의 백낙온,67) 덕목리전교실의 한세교,68) 안곡동전교실의 박용석·박운석,69) 팔탄면 고주리 전교실의 김흥렬70)을 만나 만세시위를 협의하였다.71) 그리고 김흥렬은 제암리의 안종환72)·안정옥73)과 연락을 취하고 역시 만세시위를

---

57) 이병헌, 『3·1운동비사』, 868쪽.
58) 백낙렬은 남양교구 금융원과 전제원을 역임하였다.
59) 이종근은 남양교구 관내 거묵동전교실 건립 발기와 남양교구 전제원을 역임하였다.
60) 우영규는 신포덕포장과 남양교구 교구장, 금융원을 역임하였다.
61) 우종열은 남양교구 교리강습소를 수료하고 공선원을 역임하였다.
62) 김현조는 남양교구 전교사, 순회교사를 역임하였다.
63) 김익배는 남양교구 교리강습소를 수료하고 전교사로 활동 중이었다.
64) 조교순은 남양교구 전교사로 활동 중이었다.
65) 김인태는 남양교구 교리강습소를 수료하고 교구장을 역임하였다.
66) 김창식은 제7회 특별기도에 참여하였다.
67) 백낙온은 남양교구 교구장을 역임하였다.
68) 한세교는 남양교구 교구장, 강도원을 역임하였다.
69) 박용석과 박운석은 천도교중앙대교당 건립기금으로 논 1,000평과 밭 2,000평을 각각 의연하였다.
70) 김흥렬은 동학혁명에 참가한 바 있으며, 남양교구 전교사로 활동 중이었다.
71) 김선진, 『일제의 학살만행을 고발한다』, 32쪽.

협의하였다. 이밖에도 백낙렬은 우정면 주곡리의 차희식, 김흥렬은 팔탄면 가재리의 이정근과도 연락을 취하였다.

이와 같이 백낙렬을 중심으로 만세시위를 준비하고 있던 남양교구는 3월 16일 수원교구에서 활동하고 있던 안종환과 안종린을 수원교구 만세시위 계획회의에 참여토록 하였다. 이날 회의에 참석하였던 이들은 이병헌과 함께 부상을 입고 돌아왔지만 지방교구 자체의 부담으로 독립운동을 전개하라는 지시에 따라 김흥렬은 향남면과 팔탄면, 백낙렬은 우정면과 장안면을 각각 책임지고 추진하기로 하였다.[74] 그리고 함께 온 이병헌은 제암리 김학교의 집에 숨어 지내면서 남양교구의 만세시위계획을 지휘하였다.[75]

2) 구장회의의 주도

구장회의와 관련해서는 우정면과 장안면에서만 보이고 있다. 3월 초부터 만세시위를 준비하던 백낙렬·김대식 등 우정면과 장안면의 각 마을 구장은 구체적인 계획과 주민을 조직적으로 동원하기 위해 3월 27일 區長會議를 개최하였다. 특히 이 구장회의는 다른 지역에서 나타나는 종교조직이나 청년·학생조직을 통해 만세운동이 전개되었던 것과는 다른 특징을 보이고 있다.

3월 27일에 개최된 구장회의에는 수촌리의 백낙렬, 어은리의 이시우, 독정리의 최건환, 장안리의 김준식, 덕다리의 김대식, 사랑리의 우시현, 사곡리의 김찬규, 금의리의 이호덕, 석포리의 차병한, 노진리의 김제윤의 아들 등 10명이 참석하였고[76] 만세시위에 관하여 논의

---

72) 안종환은 수원교구 교리강습소를 수료하고 수원교구 전교사를 역임하였다.
73) 안정옥은 수원교구 강도원, 공선원을 역임하였다.
74) 김선진, 『일제의 학살만행을 고발한다』, 33쪽.
75) 이병헌, 「수원사건」, 81쪽.

하였다. 이날 회의에서 '보를 쌓는 일'로 개최되었지만 당시 김현묵 면장은 신문조서에서 "차병한이 일동에 대해 수일 전에 발안리에서 소요가 있었을 때 일본인 아이가 게다(일본 나막신)로 구타하는 것을 보고 분개를 견딜 수 없었으니 만세를 부르자고 말했다"고 밝히고 있듯이[77] 시위 준비를 위한 회의였거나 차병한의 발언 이후 결과적으로 만세시위를 협의하였던 것으로 보인다. 이러한 점은 만세 당일 주민들의 동원에서도 잘 나타나고 있다.

구장들의 이러한 움직임은 주민을 만세시위에 동원하는데 있어서 매우 중요하였다. 당시 만세운동에 참여하였다가 검찰에서 신문조서를 받은 주민들은 한결같이 구장들이 만세시위 당일 날 강제적으로 주민을 동원하였음을 밝히고 있다. 백낙렬이 구장으로 있는 수촌리의 경우 '수촌리의 구장 백낙렬이 와서 독립만세를 부르니 나오라'[78] 또는 사환 이원준을 통해 주민들을 강제적으로 동원하였음을 밝히고 있다.[79] 석포리의 경우도 구장 차병한이 주민을 동원하는가 하면 또한 사환을 시켜 주민을 동원하였다. 이러한 점으로 보아 이날 모임은 적어도 만세시위에 대한 1차적인 모임의 성격을 가지고 있다고 할 수 있다.

3월 27일 1차 구장회의에 이어 만세시위가 있던 4월 3일 12시 독정리 최건환의 집에서 2차 회의를 가졌다. 이날 회의는 1차 회의보다 구체적으로 행동방침을 정하였다. 당시 만세시위의 증인으로 신문조서를 받은 韓冕會와 朴福龍이 이를 뒷받침하고 있다.

4월 3일 조선독립만세를 부르고 뒤에 협력하여 장안, 우정의 두 면사무

---

76) 『한민족독립운동사자료집』 20(3·1운동 X), 국사편찬위원회, 1994, 80쪽.
77) 『한민족독립운동사자료집』 19(3·1운동 IX), 국사편찬위원회, 1994, 348쪽.
78) 『한민족독립운동사자료집』 19, 235~236쪽.
79) 『한민족독립운동사자료집』 20, 195쪽.

소를 파괴하고, 그곳에 비치된 장부와 서류를 불태우고 또 화수리 경찰관 주재소에 방화하고 그곳의 일본인 순사 川端豊太郎을 살해할 것.[80]

　독정리의 소사가 와서 그 구장 최건환의 명령이라고 하면서 오늘 장안 우정 각 면사무소 및 순사주재소에 다수 몰려가 때려부수기로 되었으니… 장안리 각 호를 돌면서 오늘 장안, 우정 두 면사무소 및 화수리주재소를 때려 부수고, 또 일본인 감독순사를 죽일 것이니…[81]

수촌리와 독정리의 경우처럼 백낙렬과 최중환이 본인이 직접 또는 사환을 시켜 주민을 동원한 것은 구장회의가 만세시위를 구체적으로 계획하였음을 보여주고 있다. 그리고 백낙렬과 차병한이 우정면과 장안면의 만세운동의 주도자로 지목되고 있는데 이는 이들이 구장회 의를 주도하였음을 보여준다.

3) 순사보 매수와 쌍봉산 모의[82]

구장회의를 통해 구체적으로 만세시위의 방향을 정한 후 화수리주 재소의 오인영[83]을 매수하고 쌍봉산에서 행동반을 조직하였다. 3월 29일 오후 5시경 수촌리의 차한걸과 이순모는 오인영이 하숙하고 있 는 화수리 김영춘의 집을 찾아 그를 불러낸 다음 만세시위계획을 설 명하고 협조를 부탁하였다. 다음날 30일 오후 4시 차한걸과 이순모, 오인영을 비롯하여 우정면 석천리의 김재식, 매향리의 백남표, 화산

---

80) 『한민족독립운동사자료집』 20, 86쪽.
81) 『한민족독립운동사자료집』 20, 87쪽.
82) 이와 관련하여서는 다소 의심스러운 부분도 없지 않다. 당시 신문조서를 받던 순사보 오인영이 코를 킁킁거리며 불안해하고 있어 수사를 하던 井上龜雄 순사에게 의심을 받았다. 그러나 본고에서는 당시의 정황을 전달하기 위해 경찰과 검찰 진술내용을 활용하고자 한다.
83) 오인영은 화수리주재소 순사보로 당시 25세였으며 토지조사국의 필생, 면의 고용원으로 있다가 1913년 4월 19일 순사보로 임용되어 1917년 12월 17일 화수리주재소로 발령되어 근무하고 있었다.(『한민족독립운동사자료집』 19, 242쪽)

리의 기봉규, 조암리의 김문명, 장안면 장안리의 최학성, 독정리의
우영규와 홍순근, 수촌리의 백낙렬 등 11명은 만세시위 당일 전개할
일을 분장하고 효율적으로 처리하기 위해 일본인 순사 살해반과 주
재소 및 면사무소 방화반 등을 조직하였다. 즉 일본인 순사 살해반에
는 차한걸·이순모·김재식·우영규, 주재소 및 면사무소 방화반에
는 오인영·김문명·백낙렬84)·최성학·홍순근·백남표·기봉규 등
을 각각 선정하였다.85)

　그리고 그 실행방법으로 첫째 주민들로 하여금 한국독립만세를 부
를 수 있도록 선동할 것, 둘째 주재소 및 면사무소를 포위할 것, 셋째
돌을 던지고 곤봉으로 문을 파괴할 것, 넷째 방화반의 방화, 다섯째
일본인 순사 타살 등으로 일련의 순서를 정하였다. 이러한 만세시위
의 사전조직화에 대해 오인영은 비밀에 부치기로 하고 만세시위가
성공한 후 4월 15일 5백 원을 받기로 하는 증서를 받았다.86) 그리고
수금에는 김인태·최영석·김현조·우영규·기봉규 등이 참여하였
다.87) 쌍봉산 모의에 참가한 천도교인으로는 기봉규88)·우영규·백
남표89)·백낙렬·김현조·김인태 등이 있다.

84) 그러나 오인영은 4월 15일 수원경찰서에서 尾澤龜太郎 순사의 신문조서에서는 백낙렬
　　로 증언하고 있다.(위의 책, 245~246쪽)
85) 『한민족독립운동사자료집』 19, 343쪽 및 『한민족독립운동사자료집』 20, 129쪽.
86) 『한민족독립운동사자료집』 19, 245~246쪽. 증서의 내용을 오인영이 다음과 같이 밝히
　　고 있다.
　　일금 5백 원정
　　위 금액을 양력 4월 15일에 꼭 지급하기로 이에 서명 날인함.
　　대정 8년 3월 30일.
　　車漢傑 李順模 金在肅(植) 崔承(成)學 白樂烈 洪順根 白南杓 奇鳳圭 禹暎圭 金文明 吳麟
　　永 귀하.
87) 『한민족독립운동사자료집』 19, 231쪽.
88) 기봉규는 수원교구 교리강습소를 수료하고 전교사로 활동하였다.
89) 백남표는 남양교구 전교사로 활동하였다.(『천도교회월보』 62호, 44쪽)

4) 주민의 동원 및 만세시위의 주도

수원지역 3·1운동의 특징 중 하나는 조직적인 주민동원이라 할수 있다. 주민동원은 이미 구장회의를 통해 어느 정도 계획은 되었으나 실제적으로는 종교조직을 통해 이루어졌다고 볼 수 있다. 그중에서도 교세와 종교조직의 분포가 가장 컸던 천도교가 주민을 동원하는데 주도적인 역할을 하였다.[90] 4월 3일 우정면과 장안면 만세운동에서 천도교인과 관련하여 교인과 주민동원을 살펴보면 다음과 같다.

장안면 수촌리의 백낙렬은 이날 이른 아침 자신의 집에서 李鳳九·鄭淳榮·洪秀光 등과 같이 만세시위가 성공적으로 이루어지기를 기원하고, 사환 李元俊과 함께 집집마다 돌면서 교인과 주민들을 동원하기 시작하였다.[91] 그리고 이봉구는 수촌리전교실에서 제작한 '조선독립만세, 수원군 장안면 수촌리'라고 쓴 깃발을 들고 앞장섰다. 독정리에서는 전교사 李鍾根[92]·우종열·우영규 등이, 덕다리에서는 김창식이, 장안리에서는 조교순·김인태·양순서 등이, 기림골에서는 남양교구장 김현조와 전교사 김익배 등이 교인과 주민을 동원하였다.[93] 우정면의 경우 김창식과 김익배가 사곡리로 직접 나아가 김연성과 함께 주민들을 화산리 사기말로, 백낙온은 고온리 주민을 동원하면서 매향리 낭깨, 석천리 주민을 동원하였으며, 한세교와 박운석·박용석은 이화리 뱅곡·만곡·뱅속, 석천리 유촌동 주민을, 김영보와 최일순·최영순·최완순 등은 화산리 배미·장포·한말 주민을 각각 사기말로 동원하였다.[94]

---

[90] 조성운, 「일제하 수원지역 천도교의 성장과 민족운동」, 196쪽.
[91] 『한민족독립운동사자료집』 20, 4·58쪽.
[92] 이종근은 남양교구 전제원으로 활동하였다.(『천도교회월보』 97호, 55쪽)
[93] 김선진, 『일제의 학살만행을 고발한다』, 35~36쪽.
[94] 김선진, 『일제의 학살만행을 고발한다』, 39쪽.

그밖에 주곡리에서 동원된 주민들은 백낙렬의 지휘로 장안면사무소와 우정면사무소, 화수리주재소를 습격하여 각종 서류와 기물을 파손하고 방화하였다. 이 과정에서 화수리주재소 川端 순사가 시위행렬에 참살당하였으며 시위행렬 중에는 2명의 사망했고 3명이 중경상을 입었다.[95]

주민의 동원은 당시 4월 15일 수원경찰서에 송치 신문조서를 받은 수촌리의 차인범,[96] 김흥삼,[97] 김덕삼,[98] 이학서,[99] 백익순,[100] 김종학,[101] 백남훈,[102] 김교철[103] 등은 구장으로 있는 백낙렬 또는 그의 사환 이원준의 권유와 강압적 동원으로 만세운동에 참여하였다고 밝히고 있다. 이러한 점이 우정면과 장안면의 만세운동의 주모자로 백낙렬과 천도교인을 지목하고 있다.[104] 수원경찰서에서는 이외에도 우영규, 기봉규, 백남표, 이원준, 차인환, 김정표, 이봉구 등을 주민을 동원하여 우정면과 장안면사무소와 화수리주재소 방화 및 川端 순사의 살해범을 엄정 수사할 것을 시달하고 있다.[105]

한편 백낙렬은 만세시위가 끝난 후 일제의 보복을 대비하여 주민을 대피시키는데도 앞장서고 있다. 그는 '이제 수비대가 온다. 오면 총으로 사살한다. 어떻게 당할지 모른다. 그렇다면 남산에 웅거하자'라고 하며 사강리 남산으로 집결시키기도 했다.[106]

95) 『독립운동사』 2, 681~687쪽.
96) 『한민족독립운동사자료집』 19, 235~236·290쪽.
97) 『한민족독립운동사자료집』 19, 249·298쪽.
98) 『한민족독립운동사자료집』 19, 252·300쪽.
99) 『한민족독립운동사자료집』 19, 253·301~302쪽.
100) 『한민족독립운동사자료집』 19, 254쪽.
101) 『한민족독립운동사자료집』 19, 255쪽.
102) 『한민족독립운동사자료집』 20, 130쪽.
103) 『한민족독립운동사자료집』 20, 54쪽.
104) 『한민족독립운동사자료집』 19, 232~233·236·253~254쪽.
105) 『한민족독립운동사자료집』 19, 19, 281~282쪽.
106) 『한민족독립운동사자료집』 20, 78~80쪽.

5) 기독교 및 유림과의 연대

수원지역 3·1운동에서 천도교인들은 중앙에서와 마찬가지로 기독교, 유림과 연대를 통해 만세운동을 조직적으로 전개하거나 역시 주민을 동원하는데도 적극적으로 역할을 하였다. 우선 백낙렬과 김성열은 기독교의 안종후와 같이 서울의 만세시위에 참여하고 돌아와 비밀리에 만세운동을 준비하였다.[107] 그리고 김흥렬은 팔탄면 유학자 이정근과 연락을 취하면서 만세운동을 준비하였다. 이들을 중심으로 우정면, 장안면, 향남면, 팔탄면 만세운동을 주도하였다. 한말의 한학자인 이정근은 을사늑약 이후 궁내부 주사직을 버리고 낙향하여 팔탄면, 향남면, 우정면, 장안면, 정남면, 봉담면, 남양면 등 7개 면에 서당을 설립하고 후학을 양성하고 있었다.[108] 그가 운영하였던 서당은 만세운동을 준비하거나 전개하는데 중요한 거점이 되었다. 특히 3월 31일 발안만세운동에서 제자들을 조직적으로 동원하였으며 자신도 희생되었다. 유림과의 연대는 중앙에서 기독교, 불교와의 연대와는 다른 양상을 보여주고 있다.

기독교와의 연대는 신문조서나 증인청취서에서도 잘 나타나고 있다. 장안면 금의리 李海鎭 이장이 천도교인과 기독교인이 만세운동의 주모자라고 밝히고 있듯이[109] 우정면, 장안면, 향남면, 팔탄면의 만세운동은 종교 간의 연대를 통해 전개되었다. 특히 제암리학살사건에서 보듯이 희생자 대부분이 천도교인과 기독교인인 것도 이를 뒷받침하고 있다.

이밖에도 동탄면에서는 기독교인과의 연대를, 성호면에서는 보통

---

[107] 김선진, 『일제의 학살만행을 고발한다』, 32쪽.
[108] 조병창, 「수원지방을 중심으로 한 3·1운동 소고」, 38쪽 ; 조성운, 「일제하 수원지역 천도교의 성장과 민족운동」, 195쪽.
[109] 『한국독립운동사자료집』 19, 232쪽.

학교 졸업생과의 연대를 하고 있음을 확인할 수 있다.

5. 맺음말

이상으로 본고에서는 수원지역의 3·1운동에서 천도교를 중심으로 한 종교적 배경과 만세시위 전개과정, 천도교인의 역할에 대하여 살펴보았다. 이를 다음과 같이 정리하면서 결론을 맺고자 한다.

첫째, 수원지역의 3·1운동은 대체로 종교단체의 활동이 다른 지역보다 두드러지게 나타나고 있다. 이러한 점은 3·1운동의 핵심적 세력이 천도교와 기독교의 종교단체에서 추진되었기 때문으로 풀이되지만 우정면과 장안면의 지역적 특성도 적지 않다고 본다. 천도교의 경우 1860년 4월 5일 동학이 창도된 이후 1861년에 이미 경기도 남부지역에 포교가 되었으며, 1880년대에는 수원지역에 포교될 정도로 널리 알려졌다. 이러한 동학은 1894년 동학혁명의 기본 조직으로 활동하였으며 1905년 동학이 천도교로 이름을 재정립한 후에는 근대적 조직인 교구로 전환 교육운동을 비롯하여 다양한 활동을 전개하였다. 이들은 동학혁명과 개화운동을 거치면서 종교활동과 민족운동의 주체로 성장하였다. 특히, 우정면과 장안면의 천도교 지도자인 백낙렬과 김흥렬은 반일외세의 동학혁명에 참여한 바 있으며, 3·1운동 민족대표 손병희의 지도를 받으면서 항일민족의식을 배양하였을 뿐만 아니라 3·1운동이 일어나자 앞장서서 만세운동을 준비하고 주도하였다.

둘째, 수원지역의 3·1운동은 전주민이 참여하는 계획적이고 민중적인 성격을 지니고 있다. 앞서 살펴본 바와 같이 천도교인은 서울과 수원에서 만세시위가 일어나자 즉시 이에 호응하였다. 특히 서울에서 만세시위에 참여하였던 백낙렬과 김흥렬은 고향으로 돌아와 전주민이 참여하는 만세시위를 전개하기로 하고, 이를 위해 구장회의와 면사무소와 주재소 방화반, 순사 살해반을 편성하는 등 매우 주도면밀하게 계획하였다. 그리고 전주민을 동원하여 단순히 만세시위로 그치지 않고 주재소와 면사무소 방화, 순사 참살 등 적극적이고 공세적인 만세시위로 발전하게 하였다. 또한 면단위 만세운동에서 1천 명 또는 2천 명의 동원은 적지 않은 의미를 지닌다고 할 수 있다.

제5장 평택지역의 3·1운동과 천도교

1. 머리말

3·1운동은 1919년 3월 1일 민족대표 33인의 태화관 선언, 그리고 탑골공원에서 학생과 시민들의 만세시위로 시작되었다. 또한 이날 평북 의주와 선천, 평남의 평양, 황해도의 해주, 함남의 원산 등 지방에서도 동시에 만세시위를 전개함으로써 전국적인 규모로 발전하였다. 전국적으로 남녀노소, 신분고하를 막론하고 만세운동에 참여하여 3·1운동은 5월까지 이어졌다. 평택지역[1]도 3월 9일 첫 만세시위를 시작으로 4월 중순까지 관내 10여 면에서 무려 5,800여 명이 참가하였다. 이는 평택지역의 만세운동이 격렬하게, 그리고 광범위하게 일어났음을 의미한다. 그리고 평택지역의 3·1운동은 수원으로부터 영향을 받는 한편 안성에 영향을 주었다.

---

[1] 평택은 현재의 지명이다. 1919년 3월 당시에는 진위군이었다. 당시의 기록에는 진위가 대부분이지만 『매일신보』의 기사에는 평택이 종종 나오고 있다. 그러나 이때의 평택도 진위군에 속하였다. 본고에서는 편의상 진위를 대신해서 평택이라 한다.

이러한 평택지역의 3·1운동에 대해 연구 성과가 꾸준히 진행되어 왔다.[2) 본고에서는 기존의 연구 성과를 토대로 하여 평택지역 3·1운 동에서 천도교의 역할이 어느 정도 있었는지 살펴보고자 한다. 이는 3·1운동이 어느 한 세력에 의해서만 전개된 것이 아니라 종교, 학생, 농민, 자영업 등 다양한 조직과 세력을 가지고 전개되었기 때문이다. 따라서 평택지역 3·1운동의 특성을 알아보기 위해서도 필요한 작업 이라고 본다.

다양한 세력 중 천도교에 한정하여 살펴보고자 하는 것이 본고의 연구 목적이라고 할 수 있다. 이에 따라 첫째는 평택지역의 천도교의 조직과 세력을 동학과 관련하여 살펴보고자 한다. 이는 천도교를 통 한 평택지역 3·1운동의 배경을 확인할 수 있기 때문이다. 둘째는 평 택지역의 3·1운동을 시간적으로 재구성해보고자 한다. 기존에는 대 부분 지역적, 공간적으로 분석하고 있지만 평택지역 3·1운동이 시공 간을 통해 어떻게 전개되었는지 재구성해 볼 필요가 있기 때문이다. 그리고 마지막으로는 평택지역 3·1운동에서 천도교의 역할이 어느 정도였는지를 추적해보고자 한다. 다만 평택지역은 북한지역이나 경 기도 수원처럼 천도교의 활동이 활발하지 못하였기 때문에 앞으로 좀 더 많은 고찰이 필요하다고 본다.

2. 3·1운동의 사회적 배경: 동학·천도교를 중심으로

평택지역의 3·1운동을 이해하기 위해서는 평택의 사회적 배경을 살펴볼 필요가 있다. 사회경제적 배경에는 한말과 1910년대 평택지

---

2) 김방, 「평택지방의 3·1독립만세운동」, 평택항일독립운동사 학술세미나 발표문, 평택 문화원·(사)민세안재홍선생기념사업회, 2008 ; 평택시, 『평택3·1독립운동사』, 1977 ; 평택문화원, 『평택항일독립운동사』, 2007.

역의 전반적인 흐름을 살펴보아야 하지만,3) 본고에서는 논제와 관련
하여 천도교를 중심으로 살펴보고자 한다. 이는 평택지역 3·1운동이
종교적으로 볼 때 다른 종교도 없지 않겠지만 무엇보다도 천도교와
밀접한 관련을 가지고 있기 때문이다.

평택지역에 동학이 포교된 것은 동학혁명 이전이었으나 언제 전래
되었는지 명확하지는 않다. 동학이 처음 포교된 것은 1861년 후반 이
후부터였지만 이후 1862년 교세가 크게 일어나 경주를 벗어나 충청도
와 경기도 일부지역에까지 교세가 확장되었다. 이에 따라 수운 최제
우는 이 해 12월 흥해에서 接을 조직하고 接主를 임명한 바 있다.
接所와 접주는 다음과 같다.

慶州에 李乃謙 白士吉 姜元甫, 盈德에 吳明哲, 寧海에 朴夏善, 大邱 淸
道 兼 京畿에 金周瑞, 淸河에 李敏淳, 延日에 金伊瑞, 安東에 李武中, 丹陽
에 閔士燁, 英陽에 黃在民, 新寧에 河致旭, 固城에 成漢瑞, 蔚山에 徐君孝,
長鬐에 崔義仲 諸人이러라.4)

즉 경기지역에 김주서가 접주로 임명될 정도로 동학의 접 조직이
형성되었던 것이다. 이에 비해『천도교백년약사』에 의하면 경기지역
접주로 李昌善이 임명되었다고 기록하고 있다.5) 이 두 기록에서 경
기지역의 동학 접주가 김주서와 이창선으로 각각 차이를 보이고 있
지만, 적어도 1862년 동학교단에서 접소를 설치하고 접주가 임명되었
다는 것을 보면 경기도 일대에도 동학이 전래되었음을 확인할 수 있

---

3) 평택의 한말과 1910년대는 다양한 흐름이 존재하였다. 특히 경부선 평택역이 들어서
고 일본인 마을이 형성되면서 한국인과 일본인의 민족적 감정이 적지 않았다. 더욱이
평택지역 서남부는 일본인 농장도 있어 수탈의 상징이 되기도 하였다. 이 외에도 한말
의 의병운동, 교육운동, 국채보상운동 등과 1910년 일제강점 이후 사회적 동향 등에
대한 본격적인 분석이 필요하다. 이에 대해서는 다음 기회에 고찰하고자 한다.
4) 이돈화,『천도교창건사』, 천도교중앙종리원, 1934, 42쪽.
5)『천도교백년약사』(상), 천도교중앙총부출판부, 1981, 96쪽.

다. 그렇지만 이 시기는 대체로 경기 남부지역으로 추정되며, 평택지역도 여기에 포함될 것으로 본다. 이러한 점에서 볼 때 평택지역은 미세하지만 이미 1860년대 동학이 전래되었다고 할 수 있다.

그러나 평택지역에 동학이 본격적으로 전래된 것은 이보다 20여 년 후인 1880년대 전후였다.[6] 1880년대는 동학교단뿐만 아니라 국내외의 정세가 급변하던 시기였다. 1880년 고종이 개화정책을 본격적으로 추진하면서 개화파 인사들이 중앙정계로 진출하였고, 1882년에는 한국과 미국이 수교함으로써 이후 서양 열강과 새로운 외교관계를 수립하게 되었다. 동학교단도 초기의 위기상황에서 벗어나 점차 안정되어가는 모습을 보이고 있었다. 1871년 영해교조신원운동으로 한때 교단 존립의 극한 상태에 이르기도 하였지만 1873년 태백산 적조암 기도를 계기로 동학의 포교가 점차 강원도 지역에서 경기도, 충청도 지역으로 확산되었다. 또한 이를 기반으로 하여 1880년과 1881년에 동학의 핵심 경전인 『동경대전』과 『용담유사』를 각각 간행하였다. 동학 경전의 간행은 동학 창도 이후 끊임없이 지속되었던 관의 탄압에서도 동학교단이 새로운 차원에서 포교를 할 수 있는 계기가 되었다. 이러한 상황은 경기도 지방에서도 예외가 아니었다.

평택지역에서 현재 자료상 첫 동학교인으로 확인되는 인물은 李敏道이다. 이민도는 진위군 현덕면 권관리에서 1850년에 태어나 29세 때인 1879년 동학에 입도하였다. 이후 이민도의 활동에 대한 기록은 확인할 수 없으나 주로 평택 서남부지역과 수원지역을 중심으로 포교활동을 한 것으로 보인다. 왜냐하면 이민도의 출신지인 현덕면과 인근지역인 고덕면 등 평택 서남부지역의 동학교인들이 수원지역과 연계하거나 1905년 교구가 설립된 이후에도 수원교구에서 활동하고

---

6) 조성운, 「일제하 수원지역 천도교의 성장과 민족운동」, 『경기사론』 4, 2001, 183~184쪽.

있기 때문이다. 그렇지만 이민도의 포교영역은 수원 평택 외에도 廣
州에까지 이르고 있다.[7)

평택지역 동학 포교의 또 다른 중요한 인물은 金來鉉[8)이다. 김래
현은 가선대부, 상호군, 관상감제조 등을 역임[9)한 명문거족 출신이
었지만[10) 1884년 2월경 호남 출신 安敎善[11)의 권유로 동학에 입도하
였으며,[12) 동학혁명 당시 수원에서 기포하였다가 安承寬과 함께 10월
1일 새벽 남벌현에서 처형되었다.[13) 김래현의 포교로 평택지역에서
는 민공익과 민재명 부자, 한홍유와 한칠성 부자, 김명수와 김화덕
부자 등이 동학에 입교도하였다.[14) 이민도와 김래현의 포교활동으로
평택지역의 동학세력은 점차 조직화되었다. 1890년에 이르러 평택지
역 동학세력은 수원지역과 연합하여 조직적으로 발전하였는데, 그
조직은 다음과 같다.

徐丙學 張晚秀 李圭植 金永根 羅天綱 申奎植 제씨가 六任이 되고, 安承

---

7) 광주의 대표적 인물인 韓順會가 1907년 1월 14일 이민도를 전교인으로 동학에 입도하
　였다. 이후 한순회는 광주를 중심으로 교세를 확장하였으며, 3·1운동, 신간회운동,
　멸왜기도운동 등에 적극 참여하였다.(『한순회관 내 연원록』, 1942)
8) 김래현은 기록에 따라 金鼎鉉, 金乃鉉 등으로 기록되기도 하였다.
9) 『용호한록』에 의하면, 김정현(김래현)은 嘉善大夫, 上護軍, 觀象監提調 등으로 활동한
　기록이 보인다. 『용호한록』의 김래현과 동학의 김래현이 동일인물인지 단언하기는 어
　렵지만 활동한 시기로 보아 동일한 인물로 추정된다.(『용호한록』 3, 제15책 및 제22책
　참조)
10) 「피난록」, 『동학농민혁명국역총서』 4, 동학농민혁명참여자명예회복심의위원회, 2008,
　　301쪽.
11) 안교선은 호남 출신으로 아산에 거주하였다. 1883년 최시형이 경주에서 『동경대전』
　　을 간행할 때 윤상오와 같이 有司로 참여하였다. 또한 1884년 2월경 수원을 비롯한
　　경기지역에 동학을 포교하는 데 주도적 역할을 하였으며, 동학혁명 당시에는 아산
　　접주로 활약하다가 남벌현에서 성재식, 최재호와 함께 처형되었다.
12) 「수원종리원연혁」, 『천도교회월보』 191호, 1926. 1, 29쪽.
13) 『갑오실기』, 갑오년 10월 초1일조.
14) 「순무선봉진등록」, 『동학농민혁명국역총서』 2, 동학농민혁명참여자명예회복심의위
　　원회, 2007, 23·48~50·188~190쪽.

寬은 畿湖大接主로, 金鼎鉉(김래현 – 필자주)은 畿湖大接司 되어 該 接主
林炳昇 白蘭洙 羅天綱 申龍九 羅正完 李敏道 외 제씨의 알선으로 각지에
신도가 수만에 달하다.[15]

평택지역에서 가장 먼저 동학에 입도한 이민도는 접주로 임명되었
다. 이는 평택지역의 동학조직이 수원지역의 동학조직과 밀접한 관
계를 가지고 있으며, 경우에 따라서는 수원지역 동학조직에 포함되
어 활동하기도 하였다. 나아가 수원을 중심으로 평택, 안성, 용인, 광
주 등 경기 남부지역과 충남 내포지역의 아산까지 같은 연원으로써
연대를 하였다. 이러한 점은 연원관계로 볼 때 지리적으로 또는 인맥
으로 수원이 중심이었기 때문이다. 이러한 상황은 1893년 3월 전개한
보은 척왜양창의운동에서도 보이고 있다.

김래현과 이민도의 포교활동으로 평택과 수원 등지에서 교세를 확
장한 경기지역 동학은 1892년과 1893년 수운 최제우의 억울한 죽음을
풀어주고 신앙의 자유를 획득하고자 하는 교조신원운동에도 적극적
으로 참여하였다. 특히 초기의 이 교조신원운동은 수원의 서병학과
서인주를 중심으로 전개되었다. 1892년 10월 20일경 동학교인들은 우
선 공주에서 충청감사를 상대로 수운 최제우의 억울한 죽음을 씻어달
라는 탄원서를 제출하였다.[16] 이 교조신원운동은 경기지역에서 벗어
나 공주에서 전개되었지만 서병학과 서인주의 연원관계에 있는 수원,
그리고 평택지역의 동학교인들이 참여하였음은 자명한 것이었다. 또
한 이들 지역의 동학교인들은 이듬해 1893년 초 광화문에서 전개한
교조신원운동에도 참여하였다. 광화문에서 전개한 교조신원운동은
김광호 · 박인호 · 손병희 등 동학교단 지도부가 중심이 되었지만, 그

---

15) 「수원군종리원연혁」, 29쪽.
16) 『천도교교회사초고』, 포덕 33년조.

지원세력은 서병학 등 경기남부지역의 동학교인들이었기 때문이다.

공주와 광화문의 교조신원운동에도 불구하고 신앙의 자유를 획득하지 못한 동학교단은 1893년 3월 충북 보은 장내리에서 척왜양창의운동을 전개하였다. 보은 척왜양창의운동에는 각지의 동학교인 3만여 명이 집결하였는데, 평택지역 동학교인도 수원교인과 함께 참여하였다. 어윤중의 『취어』에 의하면,

> 각각 깃발마다 칭호가 있는데, 큰 깃발은 "왜와 서양을 물리치기 위해 창의하였다(斥倭洋倡義)"라고 하였으며, 다섯 가지 색깔의 깃발을 각각 다섯 방위에 세웠으며, 깃발의 모양은 작습니다. 중앙에 세운 깃발에는 충의(忠義), 선의(善義), 상공(尙功), 청의(淸義), 수의(水義), 광의(廣義), 홍경(洪慶), 청의(靑義), 광의(光義), 경의(慶義), 함의(咸義), 죽의(竹義), 진의(振義), 옥의(沃義), 무경(茂慶), 용의(龍義), 양의(楊義), 황풍(黃豊), 금의(金義), 충암(忠岩), 강경(江慶)이라고 썼고, 그 나머지 작은 깃발은 헤아릴 수가 없습니다.[17]

이라고 하였는데, 이들 깃발의 명칭은 각 접의 지역 이름과 창의의 뜻을 표명한 것이었다. 접별로 참여하였음을 밝히고 있다. 이에 따르면, '水義'는 수원접에서 창의한 것을, '振義'는 진위접에서 창의한 것을 의미한다고 할 수 있다. 뿐만 아니라 「수원군종리원연혁」에 의하면, "포덕 34년(1893년 – 필자주) 癸巳 2月에 海月神師 명으로 申龍九, 李敏道 外 諸氏의 주선으로 보은 장내에 수천 인이 往參하다"[18]라고 하여, 신용구와 이민도의 주도로 수원과 평택의 동학교인들이 보은 척왜양창의운동에 참여하였음을 밝히고 있다.

그런데 평택지역의 동학교인이 얼마나 참여하였는지는 확인이 되지 않고 있다. 다만 수원과 기타 경기남부지역에서 참여한 상황으로

---

17) 「취어」, 『동학농민혁명국역총서』 1, 22쪽.
18) 「수원군종리원연혁」, 29쪽.

그 규모를 짐작할 수 있을 것으로 본다. 『취어』에 의하면, "3월 26일 술시 쯤에 수원과 용인 등의 지역에서 300여 명이 추후에 도착하였고", "수원접에 속한다는 사람은 겉으로는 1,000여 명이라고 하지만, 사실은 600~700명에 불과하였는데"라고 밝히고 있고, 해산할 때는 "수원접이 840명"이라고 하였다. 그리고 평택과 인근 지역인 안성접은 300명, 죽산접은 400명 정도가 참석하였다.[19] 이로 볼 때 평택지역 동학교인은 수원접의 1,000여 명 중에서 300~400명 정도가 진위접, 즉 평택지역 동학교인으로 추정된다.

이처럼 교조신원운동과 척왜양창의운동에 참여하였던 평택지역의 동학은 1894년 동학혁명에도 적극 참여하였다. 그러나 평택지역에서 기포한 것은 확인되지 않고 있다. 다만 여러 기록을 살펴볼 때 평택지역에서 기포하거나 평택의 동학조직이 동학혁명에 참여한 것은 분명해 보인다. 우선 평택과 연원을 같이하고 있는 수원의 동학 동향을 살펴보자.

수원의 동학조직은 1894년 9월 18일 반외세의 기포령에 따라 즉각 기포하였고,[20] 일본군이 수원의 동학지도자를 체포하려 하자 동학군은 잠시 후퇴하였다가 다시 전열을 정비하여 계속 활동하였다.[21] 이처럼 수원이 크게 위협받자 정부는 동학군을 토벌하기 위해 일본군을 긴급히 증파하여 줄 것을 요청하였고, 이에 일본군이 즉시 투입되었다.[22] 또한 수원지역 동학군의 활동에 대해 오지영의 『東學史』에는 다음과 같이 기록하고 있다.

19) 「취어」, 36 · 46쪽.
20) 「東學黨의 景況 및 征討에 관한 華城留守의 書輸」, 『駐韓日本公使館記錄』 1, 국사편찬위원회, 159~191쪽.
21) 「水原府 匪徒討伐을 위한 日本出兵과 朝鮮官軍의 협조에 관한 諸書輸」, 『주한일본공사관기록』 1, 141~143쪽.
22) 「수원으로의 군대파견의 건」, 『주한일본공사관기록』 3, 362~363쪽.

安承寬·金昇(鼎)鉉 등은 5천 군을 거느리고 수원부를 점령하고 南軍이 오기를 기다리고 있던 바, 官兵과 日兵을 만나 여러 날 싸우다가 마침내 패하였고[23]

즉 기호대접주 안승관과 기호대접사 김래현 등이 지휘한 수원지역의 동학조직은 5,000여 명에 이르는 병력을 갖추고 있었으며, 수원부를 점령할 정도로 기세를 올렸음을 알 수 있다. 수원의 동학조직은 앞서도 언급하였듯이 평택과 연원관계가 동일하였기 때문에 보은 척왜양창의운동에서와 마찬가지로 평택지역의 동학조직도 수원기포에 적극 참여하였을 것이다. 수원유수도 평택 소사에 동학군 1만여 명이 있다고 보고하는 한편 동학군의 공격에 대해 경계를 늦추지 않았다.[24] 또한 정산군 출신 金永培는 2월 20일 서울을 출발하여 소사평에 이르렀는데, 이곳에서 동학군과 함께 10여 일을 머물다가 금구 원평으로 내려간 바 있다.[25] 이와 같은 상황으로 보아 평택지역에서도 동학군의 활동이 있었을 것으로 본다.

그밖에도 1894년 10월 16일 진위현령의 보고를 보면 다음과 같다.

(토벌군) 주력부대가 화부에 와서 주둔한 것은 곧 은혜와 위엄으로 하여 비류(동학군 – 필자주)를 온당하게 평정하는 일이다. 본읍의 경내에 이러한 무리들의 행적이 요즘은 과연 어떠한지 모르겠다. 만약 알아듣게 타일러 귀화하게 하되 한결같이 곧바로 무기를 거두어 드리지 않는다면 본읍에서 각별히 섬멸하고 토벌하되 거괴를 부대로 잡아들이고 위협에 못 이겨 따른 자는 해당 지역에 편안하게 살게 하되 만일 읍의 세력으로 감당하기 어려울 것 같으면 즉시 보고하면 병사를 나누어 보내 토벌할 것이다.[26]

---

23) 오지영, 『동학사』, 152쪽.
24) 『주한일본공사관기록』 1, 134쪽.
25) 「양호초토등록」, 『동학농민혁명국역총서』 1, 동학농민혁명참여자명예회복심의위원회, 2007, 108쪽.
26) 「순무선봉진등록」, 22쪽.

이는 평택지역에서도 동학군의 활동이 적지 않았음을 시사해주고
있다. 또한 김래현의 연비로 동학혁명에 참여하였던 閔在明, 韓七成,
金化德 등은 귀화하여 목숨을 구하기도 하였다.[27]

『주한일본공사관기록』에서도 평택지역의 동학지도자로 金鏞喜와
金瀅植을 지목하고 있는데, 이들은 9월 23일(양) 천안에서 일본인 6명
을 살해하는 데 관여한 것으로 보인다.[28] 뿐만 아니라 張敎鎭[29]·鄭
東柱[30]·金芝鉉[31]·盧秉奎·李承曄·李圭成·李麟秀 高文在·安領
植·張仁秀·朴仁勳[32] 등은 동학혁명 이전 또는 동학혁명 시기에 동
학에 입도한 인물들로, 이들 역시 동학혁명에 참여하였을 것으로 추

---

27) 「순무선봉진등록」, 188~190쪽.
28) 『주한일본공사관기록』1, 122쪽. 그 내용은 다음과 같다.
  "이달 23일 오후 5시 30분 천안군 수접리에 도착하였는데, 동학당 당원처럼 보이는
  사람 3명이 저희들이 휴식하고 있는 곳에 찾아와 필담으로 '감히 묻노니 너희들은
  무엇 때문에 여기 왔느냐'고 써보였습니다. 저희들이 입을 다물고 대답하지 않자,
  그들은 얼마 있다가 사라졌습니다. 같은 날 밤 오후 8시경 동학도들이 총을 쏘고
  높은 소리를 내어 당원을 모아 저희들의 휴게소에서 대략 1町쯤 떨어진 곳에 모두
  600명가량이 군집하여 저희들을 포위하려는 형세를 취하였습니다. 군수가 이를 전해
  듣고 吏房(이방은 助役임)과 그 외 2, 3명의 두령을 타이르길, 일본인은 군수에게
  용무가 있어 찾아온 사람들이며 당신들과는 상관없는 일이니 속히 해산하라고 명령
  했습니다. 그러나 그들은 다음날 24일 오전 2시경까지 때로는 발포하기도 하고 때로
  는 고성을 지르며 허세를 부리는 듯하였습니다. 벌써부터 이 지방에서는 동학당이
  다시 일어나 극심하게 휘젓고 돌아다니는 것이 사실입니다. 동학도 가운데 두령이
  된 사람 중에 金瀅植·金鏞喜 두 사람은 稷山·平澤·木川·천안 등 여러 곳을 총괄하
  고 있습니다. 金鏞喜·金九燮은 현재 목천에 살고, 安致西는 溫陽이라는 곳에 살고,
  洪承業은 천안에 살고 있습니다. 그들은 걸핏하면 사람 죽이기를 좋아하는 사람들이
  라고 합니다. 천안 군민 중 10명 가운데 8, 9명은 동학당에 가담하고 있고 더욱더
  성대해지는 경향이 있는 것은 사실인 것 같습니다. 그러므로 이 점 참고하시도록
  上申드립니다."
29) 『동학관련판결문』, 정부기록보존소, 1994, 270쪽. 장교진은 평택에서 동학혁명 당시
  활동하였으며, 이후 광무 4년 토지사건으로 김교억으로부터 소송을 당하였다.
30) 『천도교회월보』227호, 32쪽. 정동주는 진위군 청북면 율리 출신으로 1892년 8월 4일
  동학에 입도하였다.
31) 『천도교회월보』79호, 37쪽. 김지현은 1892년 10월 5일 동학에 입교하였으며, 진위교구
  교구장, 전제원 등을 역임하고 46세에 죽었다.
32) 『한순회관내 연원록』, 1936.

정된다.[33]

동학혁명 이후 한동안 평택지역 동학조직은 명맥을 유지하기 어려울 정도로 쇠퇴하였으나 안성 출신의 金漢式[34]과 이민도 등의 노력으로 점차 회복되었다. 이러한 노력으로 1906년 천도교중앙총부와 지방교구가 설치되는 등 근대조직으로 전환될 때 평택지역은 수원교구에 소속되었으며, 고덕면과 현덕면에는 수원교구 소속의 면전교실이, 그 외 지역은 진위교구가 각각 설립되었다. 이후 1910년대 고덕면전교실은 朴元秉·元世鳳·陳鍾萬·金永學·金演健·金有卿·林承八 등이, 현덕면전교실은 李敏道·孫壽漢·吳起泳·李儒像·朴利嬅·張容俊·崔貞來·林景漢·崔利來·金化景·李炳憲·崔宗煥·李麟秀 등이 전교사와 종리사로 활동하였다.[35] 그리고 1910년대 진위교구 임원의 동향은 다음과 같다.

· 교구장 朴昌勳 사임하고 張建厚를 선임하다.(『천도교회월보』 2호, 57~58쪽)
· 순회교사 1인과 전교사 11인을 선임하다.(『천도교회월보』 4호, 52쪽)
· 교구장에 李圭成을 선임하다.(『천도교회월보』 8호, 44쪽)
· 공선원에 韓相容을 선임하다.(『천도교회월보』 8호, 45쪽)
· 순회교사 3인과 전교사 3인을 선임하다.(『천도교회월보』 8호, 46쪽)
· 전제원에 韓相容을 선임하다.(『천도교회월보』 9호, 54쪽)
· 전교사 10인(부인 2명)을 선임하다.(『천도교회월보』 11호, 67쪽)
· 교구장 李圭成 의면하고 金芝鉉 선임하다.(『천도교회월보』 21호, 45쪽)
· 전교사 1인과 순회교사 3인을 선임하다.(『천도교회월보』 22호, 46쪽)
· 공선원에 盧秉奎를 선임하다.(『천도교회월보』 22호, 46쪽)
· 전교사 4인을 선임하다.(『천도교회월보』 23호, 45쪽)
· 서기에 柳年茂를 선임하다.(『천도교회월보』 26호, 42쪽)

---

33) 동학혁명 당시 동학에 입도하여 혁명대열에 참여한 사례가 적지 않다. 가장 대표적인 경우가 태안 출신의 조석헌과 문장준을 들 수 있다.
34) 「수원군종리원연혁」, 29쪽.
35) 「수원군종리원연혁」, 31~32쪽.

- 교구장에 張台鎭이 선임되고 金芝鉉이 의면하다.(『천도교회월보』 34호, 42쪽)
- 전교사 5인을 선임하다.(『천도교회월보』 36호, 39쪽)
- 전교사 1인과 순회교사 1인을 선임하다.(『천도교회월보』 43호, 36쪽)
- 교구장 張台鎭 의면하고 盧秉奎 선임하다.(『천도교회월보』 44호, 35쪽 및 『천도교회월보』 46호, 34쪽)
- 공선원에 張錫準을 선임하다.(『천도교회월보』 46호, 34쪽)
- 교구장에 朴昌勳을 선임, 노병규 해임하고 전교사 2명을 선임하다.(『천도교회월보』 48호, 41·45·46쪽)
- 공선원에 盧秉奎, 금융원에 張錫準을 선임하다.(『천도교회월보』 50호, 37~38쪽)
- 전제원에 金芝鉉 선임하다.(『천도교회월보』 52호, 40쪽)
- 전교사에 高文在 朴台熙를 선임하다.(『천도교회월보』 83호, 42쪽)

또한 1910년대 들어 천도교 교리의 보급과 근대적 교육을 위해 전국에 교리강습소를 설립한 바 있는데, 평택지역에는 진위교구에서 제539 강습소를 설치하였다.[36]

이러한 동학과 천도교의 조직은 훗날 평택지역 3·1운동을 전개하는데 일정한 기반이 되었다. 특히, 천도교는 일제의 강점이 시작된 1910년부터 독립운동을 준비하였다. 이를 위해 손병희는 지방의 중진 교역자를 중앙으로 불러 49일간의 특별기도를 통해 정신적 무장과 민족의식을 함양시켰다. 평택지역에서는 李敏道가 참여하였다.[37] 당시 특별기도에 참여한 인물들은 3·1운동 당시 각 지역에서 3·1운동에 적극 참여하거나 주도하였는데, 이민도도 앞장서서 3·1운동 당시 교인들을 지도하였다.

---

[36] 『천도교회월보』 29호, 49쪽.
[37] 「수원군종리원연혁」, 29쪽 ; 조기주, 『동학의 원류』, 보성사, 1979, 369~373쪽.

3. 평택지역 3 · 1운동의 전개

앞절에서는 평택지역에서 3 · 1운동이 일어나기 전까지 동학과 천도교의 포교와 조직, 그리고 인물에 대하여 살펴보았다. 본절에서는 평택지역의 3 · 1운동의 전개과정에 대하여 살펴보고자 한다.

평택지역의 3 · 1운동은 서울보다 10여 일 늦은 3월 9일 첫 만세시위를 시작으로 5월 10일까지 약 2개월 동안 전개되었다. 기존연구에 따르면 5,800여 명이 참가하였을 정도로 치열하게 전개되었다.[38] 본고에서는 평택지역 만세운동의 전개과정을 편의상 시간의 추이에 따라 재구성해 보고자 한다.

천도교 · 기독교 · 불교 등 종교단체와 학생들을 중심으로 준비 중이던 3 · 1운동은 고종의 국장이 중요한 계기가 되었다. 망국의 설움과 고종의 죽음은 서울뿐만 아니라 지방의 만세운동을 확장하는 데 중요한 기폭제가 되었다.[39] 지방에서는 고종의 국장에 맞추어 철시를 하거나 망곡식을 가졌다. 평택에서는 柳昌根 · 李成烈 · 南相殷 · 辛廷薰 · 李日薰 · 金文煥 · 崔華燮 · 閔載衡 등 20여 명이 3일간 휴업하였으며, 趙載熙 · 金鳳南 · 鄭謙秀 · 柳彰河 · 李完根 · 韓奎東 등 유생들은 碑前山에서 망곡식을 가졌다. 그리고 시민 일반은 半旗를 게양하고 奉悼의 뜻을 표하였다.[40]

이러한 분위기에서 평택지역에서 처음으로 만세시위가 전개된 곳은 현덕면이었다. 현덕면에서는 3월 9일 밤 각 마을마다 일제히 산에 올라가 불을 놓고 만세를 불렀다.[41] 현덕면에는 鷄頭峰을 비롯하여 옥녀봉 · 고등산 등이 있는데, 이들 산 정상에서 만세시위가 전개되었

38) 김방, 「평택지방의 3 · 1독립만세운동」, 5쪽.
39) 이정은, 『3 · 1독립운동의 지방시위에 관한 연구』, 국학자료원, 2009, 129~134쪽.
40) 『매일신보』, 1919년 3월 9일자.
41) 이병헌, 『3 · 1운동비사』, 시사시보사출판국, 1959, 879쪽.

던 것이다. 3월 10일에는 현덕면 계두봉 등의 만세운동에 영향을 받은 오성면에서도 주민들이 평야와 산에 올라 만세시위를 하였다. 그리고 이날 청북면에서도 토진리 오봉산과 마루산 정상에서 신포의 주민들이 만세를 불렀다.[42]

계두봉에서 만세시위를 전개한 지 3일째인 3월 11일에는 李道相·睦俊相·沈憲燮·韓泳洙·安鍾喆·安忠洙 등의 주도로 평택읍내에서 대대적으로 전개되었다.[43] 이도상은 서울과 각 지역에서 만세운동이 전개되었다는 소식을 3월 5일경에 듣고[44] 만세운동을 주도하기로 결심한 후 3월 10일 밤 동생 李德相을 찾아가 가사를 맡겼다.[45] 다음날 11일 오후 5시쯤 이도상은 평택역 앞에서 장날에 모인 군중을 향해 만세를 선창한 후 군중을 선동하였고, 이 자리에 함께 있던 목준상·심헌섭·한영수·민응환 등이 이에 동조하여 군중들의 만세시위를 주도하였다.[46] 진위경찰서는 순사 수명과 보병 수명을 급파하여 이도상 등 주모자 13명을 인치하고 군중을 해산하였다.[47] 이날 함께

---

[42] 이병헌, 『3·1운동비사』, 890쪽.

[43] 『매일신보』, 1919년 3월 13일자 ; 「독립운동에 관한 건」(제13보), 고제6763호, 1919년 3월 12일자 ; 김정명, 『조선독립운동』Ⅰ(민족주의운동편), 原書房, 1967, 352쪽 ; 강덕상, 『3·1운동』(1), みすず書房, 1967, 305쪽.

[44] 이도상이 만세운동에 대한 소식을 처음 알게 된 것은 3월 7일이었을 것으로 보인다. 왜냐하면 당시 총독부 기관지 『매일신보』에서 만세시위를 처음으로 보도한 것은 3월 7일자였다. 이날 신문에는 서울을 비롯하여 평양, 진남포, 안주, 중화, 강서, 성천, 선천, 의주, 황주, 곡산, 수안, 사리원, 원산, 함흥 등 15개 지역에서 전개된 만세운동을 간단하게나마 보도하였다. 평택에서 신문 이외에 이들 지역에서 전개된 만세운동 소식을 접한다는 것은 사실상 불가능할 것으로 본다.

[45] 이도상은 동생을 찾아가 "이 기회에 조선독립을 꾀하기 위하여 명일이 평택 장날이므로 그곳에 가서 동지와 함께 조선독립을 제창하여 만세를 외칠 작정이다. 그렇게 하면 곧 체포될 것이므로 다시는 집에 못 올 것이니, 늙은 어머니를 봉양하여 달라'고 하였다.

[46] 「이도상 등 4인의 판결문」, 『독립운동사자료집』5(3·1운동 재판기록), 독립운동사편찬위원회, 1983, 405~406쪽.

[47] 『매일신보』, 1919년 3월 13일자 ; 이병헌, 『3·1운동비사』, 830쪽 ; 이용락, 『3·1운동실록』, 금정, 1994, 413~415쪽. 이용락의 『3·1운동실록』에서는 安鍾珏, 安忠洙가 주도한 것으로 기록하고 있다. 이외에도 安鳳洙, 安鍾岳 등도 만세운동에 참여하였다. 그리고

검거되었던 안종철·안충수 등은 방환되고 이도상·목준상·심헌섭·한영수·민응환 등 5명은 보안법 위반으로 경성지방법원 검사국으로 압송되었다.[48]

이후 보름 정도 진정되었던 평택의 만세운동은 3월 31일[49] 북면 야막리와 봉남리에서 전개되었다. 야막리는 천도교 진위교구가 있는 곳으로 교인들이 많았다. 이곳의 천도교인들은 朴昌勳의 주도로 북면 면사무소가 있는 봉남리 천도교인들과 합세하여 5백여 명의 시위대를 형성한 후 오후 4시경 면사무소로 달려가 면장을 끌어내고 만세를 불렀다.[50] 또한 이날 만세시위에서는 朴成伯·崔九弘·柳東煥·全榮祿·金鳳熙 등이 미리 만든 태극기로 시위대를 선동하였고, 이들의 주도로 북면사무소와 봉남리 경찰서주재소 앞에서 만세를 부른 후 각 마을을 행진하였다.[51]

이어 4월 1일에는 평택지역에서 가장 규모가 크고 치열하게 만세운동이 전개되었다. 일제 측 기록에 의하면 당시의 상황은 다음과 같다.

1일 밤 평택 부근의 폭민 10團이 그 인원 3천 명이 평택으로 몰려오자

이병헌의 『3·1운동비사』에서는 安鍾喆이 추가로 확인되고 있다.
[48] 『매일신보』, 1919년 3월 25일자 ; 이병헌, 『3·1운동비사』, 880쪽.
[49] 북면의 만세운동은 이용락은 3월 11일, 이병헌은 3월 21일, 일제 측 기록은 3월 31일로 각각 기록되었다. 그런데 북면 만세운동은 이들 날짜에 각각 전개된 것이 아니라 3월 31일에 전개된 것으로 보인다. 일제 측에 의하면 3월 21일 경기도지역에서의 만세운동은 연천군 두일리에서만 전개되었다. 적어도 4,5백여 명이 모여 면사무소를 습격하고 주재소에서 만세운동을 전개하였다면 일제 측 기록에 누락되었을 가능성은 거의 희박하다. 이용락과 이병헌의 기록은 후일 증언이나 다른 기록을 보고 정리한 것으로 보아 날짜가 잘못 기록된 것으로 추정된다. 또한 『매일신보』 1919년 4월 3일자 기사에 의하면, 이병헌의 기록과 『매일신보』의 기사가 거의 동일하다. 이와 같은 상황을 종합해 볼 때 북면의 만세운동은 3월 31일로 확인된다.
[50] 『매일신보』, 1919년 4월 3일자 ; 이용락, 『3·1운동실록』, 415쪽 ; 이병헌, 『3·1운동비사』, 880쪽.
[51] 「박성백 등 5인의 판결문」 ; 『독립운동사자료집』 5(3·1운동 재판기록), 406~407쪽.

해산을 명령하였음에도 불구하고 폭행을 감행하고 완강히 저항하자 이를 막기 위해 보병과 협력하여 발포로 해산시켰는데, 폭민 사망 1명, 부상자 4명이 났다.[52]

4월 1일의 만세시위는 이날 밤 9시 50분쯤 병남면 평택역 서쪽 약 10정보 떨어진 곳에서 시작된 만세시위를 신호로 각 지역의 산 정상에서 전개하였다. 서면과 부용면에서는 시위대가 평택으로 이동하다가 안성천교 부근에서 만세시위를 전개하였고, 송탄면과 고덕면에서도 만세시위를 시도하였다. 이처럼 평택읍내를 비롯하여 각지에서 만세시위가 산발적으로 전개되자 진위경찰서는 시위대를 향해 총격을 가하면서 해산을 시켰다. 12시경에서야 만세시위가 진정되었는데, 이 과정에서 4명이 희생되었고, 부상자가 10여 명에 달하였다.[53] 또한 일제 경찰은 야간출입을 금지시켰고, 일본인 상점은 다음날부터 철시하였다.[54] 고덕면에서는 율포리 주민 5백여 명이 만세시위를 하였다.[55]

이날 만세시위에 호응하여 청북면에서는 안육만과 김원근이 이날 밤 백봉리 행길에서 "이 마을에서는 왜 독립만세를 부르지 않는가. 빨리 나와서 만세를 부르라"고 선동하였으며, 이에 호응하여 최만화 · 안희문 · 황순태 · 정수만 · 홍기성 등 주민들과 만세시위를 전개하였다.[56] 또한 북면 은산리에서는 정경순과 최선유의 주도로 주민 30여 명을 모아 뒷산에서 만세를 부른 후 봉남리 경찰주재소로 몰려

---

52) 「극비 독립운동에 관한 건」(제35보), 고제9808호, 1919년 4월 2일자 ; 김정명, 『조선독립운동』Ⅰ, 489쪽 ; 강덕상, 『3 · 1운동』(1), 344쪽.

53) 이병헌, 『3 · 1운동비사』, 880~881쪽 ; 이용락, 『3 · 1운동실록』, 415~416쪽. 이용락의 『3 · 1운동실록』에는 고덕면에서 9명, 평택읍에서 5명, 송탄면에서 4명이 죽었고, 부상자가 60~70명이었다.

54) 『매일신보』, 1919년 4월 5일자.

55) 『한국민족운동사료』(3 · 1운동편 기2), 국회도서관, 1977, 372쪽.

56) 「최만화 등 6인의 판결문」, 『독립운동사자료집』 5(3 · 1운동 재판기록), 408~409쪽.

가 만세시위를 계속하였다.[57]

일제는 이날의 평택 만세시위를 안성의 양성과 원곡만세시위, 수원군 장안면과 우정면 면사무소 습격시위 등과 함께 '가장 광포한 것'으로 인식하였다.[58] 즉 4월 1일의 만세운동은 연인원 3천여 명이 평택지역에서 동시다발적으로 전개하였던 가장 규모가 컸던 만세운동이었다. 이날의 만세시위에 대해 민세 안재홍은 "遠近 數百里 높고 낮은 峰과 峰, 넓고도 아득한 平原과 河川地帶까지 점점이 피어오르는 화톳불과 천지도 들썩거릴 듯한 독립만세의 웅성궂은 아우성"이라고 회고하였다.[59]

다음날 4월 2일에는 서탄면과 송탄면, 안중면, 북면 등에서 만세운동이 전개되었다. 서탄면에서는 尹箕善의 주도로 전개되었다. 당시 면장이었던 윤기선은 4월 3일 새벽 면서기 韓聖洙에게 관내 각 구장으로 하여금 오전 10시에 마을 주민을 인솔하여 면사무소로 집결하도록 명령하였다. 12시경 구장과 주민 4백여 명이 면사무소에 모이자 윤기선은 "세계의 대세로 보면 조선은 독립할 시기에 이르렀다. … 내가 적에게 잡혀가는 일이 있으면 면민 전체에 벌을 주는 일이니, 계속 투쟁하라"고 독려하면서 만세시위를 주도하였다. 이어 尹敎永은 미리 준비하였던 격문을 돌렸으며, 尹大善은 윤기선에 이어 "왜노를 우리나라에서 추방하자"고 주민들을 선동 만세운동을 독려하였다.[60]

한편 송탄면에서는 이날 오후 10시 독곡리를 비롯하여 5백여 명이 각 마을마다 봉화를 올리고 만세운동을 전개하였고, 이를 진압하던 일경은 拔劍發砲하여 2명이 사망하고, 약간의 부상자가 있었다.[61] 그

---

57) 「정경순 등 2인의 판결문」, 『독립운동사자료집』 5(3·1운동 재판기록), 407~408쪽.
58) 「조선3·1독립소요사건」, 『독립운동사자료집』 6, 독립운동사편찬위원회, 1973, 928~929쪽.
59) 안재홍, 「3·1정신과 국민정신-군인정신의 수립문제」, 『민세안재홍선집』 2, 1983, 413쪽.
60) 「윤기선 등 4인의 판결문」.

리고 오성면에서도 안중리 주민들이 독립만세를 부른 후 해산하였
다.[62] 또한 이날 북면에서도 만세시위가 있었다고 하지만 분명한 활
동은 확인이 되지 않고 있다.[63]

이어 4월 3일 오성면에서 金容成·孔在祿·李思弼 등은 주민들과
함께 봉오산에 봉화를 올리며 만세시위를 하였다.[64] 이날 평택 관내
각 지역에서도 만세시위가 있었다고 일제 측에서는 보고하고 있으나
구체적으로 확인은 되지 않고 있다.[65] 이 보고에 의하면, 만세시위의
진압과정에서 경관과 충돌하여 서로 간에 약간의 사상자가 있었다.
이처럼 평택읍내에서 만세시위가 전개되자 일본인 상점은 철시를 하
였고 자위방침을 도모하였다. 또한 군청당국에서는 4월 3일부터 적
극적으로 이들을 진정시키는 한편 개점을 유도하였다.[66]

이후 한동안 잠잠하던 만세시위는 4월 9일 고덕면과 10일 서탄면
에서 전개되었다. 9일과 10일의 만세시위는 만세시위에 참여하였던
인물들을 조사하는 경찰에 대한 반감에서 비롯되었다. 4월 들어 만세
시위가 격렬해지자 평택지역의 일부 유지들은 자위단을 조직하였다.[67]

61) 『한민족독립운동사료』(3·1운동운동편 기1), 국회도서관, 1977, 373쪽 및 강덕상, 『3·1
　　운동』(1), 353쪽.
62) 강덕상, 『3·1운동』(1), 353쪽.
63) 김정명, 『조선독립운동』Ⅰ, 531쪽.
64) 「김용성 등 3인의 판결문」, 『독립운동사자료집』5(3·1운동 재판기록), 409~410쪽.
65) 김정명, 『조선독립운동』Ⅰ, 494쪽.
66) 『매일신보』, 1919년 4월 14일자.
67) 『매일신보』, 1919년 4월 14일자. 그러나 평택의 자위단은 언제, 어떤 형태로 만들어졌
　　는지 명확하지는 않지만 당시 비슷한 시기에 만들어진 평북 정주군의 自制團의 규약
　　은 다음과 같다.
　　"제1조 본단은 정주군 定州自制團이라 칭함. 제2조 본단은 輕擧妄動에 인하여 국민의
　　품위를 傷케 할 事를 無케 하기로써 목적함. 제3조 본단에 단장 1명, 각 부단장 1명
　　及 간사 약간을 置할 사. 제4조 본단은 소요 주모 又는 선동자의 침입을 예방하며
　　彼等의 유혹과 협박에 인하여 부화뇌동하는 폐가 無케 하여써 일반야민의 安堵樂業
　　을 期케 할 사. 제5조 본 단원은 誰某라도 불온한 행위가 有하거나 又는 유언허설을
　　做出하여 양민을 誣惑케 하는 자를 발견할 시는 卽速키 단장에게 보고할 사. 단장은
　　前項의 보고를 접수한 시는 直히 경찰관헌에게 고발할 사. 제6조 본단의 사무소는

평택자위단은 경찰과 함께 만세시위의 주모자를 체포하기 위해 현장에 출장하기도 하였다. 4월 9일 고덕면에서는 자위단원 8명과 병정 8명이 만세시위 선동자를 검거하기 위해 현장을 조사하고 돌아갈 즈음 오후 8시경, 주민들이 거세게 항의하고 만세시위를 전개하였다. 이를 해산시키기 위해 병정이 쏜 총에 6, 7명이 죽고 10여 명이 부상당하였다.[68] 이어 10일 서탄면 금암리에서는 앞서 4월 2일에 있었던 만세시위 참여자를 현장조사 중이던 경찰관에 대한 실력행사로 대응하였다. 주민 40여 명이 경찰관을 포위하고 돌을 던졌다. 이어 주민들이 주재소를 습격하려고 하자 주재소 경찰관은 총을 쏘면서 주민들을 해산시켰다. 이로 인해 1명이 사망하고 12명이 부상당하였다.[69] 이밖에도 이날 북면 사리와 수월암리에서도 주민들이 만세를 부른 후 해산하였다.[70]

이처럼 3월 말과 4월 초에 평택지역 각지에서 만세운동이 격렬하게 전개되면서 면사무소와 주재소가 습격을 당하자 9일경 제79연대 소속의 육군보병대위 成瀨淸 중대장 등 1개 중대를 파견하여 평택에 수비대를 설치하였다. 이 수비대는 9일 고덕면과 10일 서탄면 만세시위를 진압하는 데 앞장섰다. 이로 인해 서탄면에서는 1명, 고덕면에서는 6, 7명이 희생되었고, 수십 명이 부상당하였다. 또한 4월 15일에는 총독부 工藤莊平 총무과장을 보내 민심의 동향을 파악하기도 하였다.[71] 그러나 이에 비해 헌병대는 경찰관주재소가 주민들의 습격

정주군 정주면사무소에 置할 사. 제7조 본단원은 관청의 계시 又는 명령사항은 절대로 복종할 사. 제8조 금후 본단에 가입코자 하는 者 有한 시는 본단의 役員會議의 결정에 의하여 가입케 함을 得함."(『매일신보』, 1919년 4월 18일자)

68) 『매일신보』, 1919년 4월 14일자 ; 이병헌, 『3·1운동비사』, 881쪽.

69) 김정명, 『조선독립운동』Ⅰ, 552쪽 및 강덕상, 『3·1운동』(1), 368쪽 ; 『매일신보』, 1919년 4월 14일자 ; 이병헌, 『3·1운동비사』, 881쪽 ; 『신한민보』, 1919년 6월 3일자.

70) 이병헌, 『3·1운동비사』, 881쪽.

71) 『매일신보』, 1919년 4월 19일자.

대상이 되자 4월 15일에 이르러 栢峯里, 鳳南里, 安仲里, 西井里에 있던 주재소를 철수시켰다.[72]

이밖에도 5월 10일 평택지역 서해안 일대에서 수천 명의 군중이 만세를 부르고 주재소를 습격하였다[73]는 보도가 있으나 확인이 되지 않고 있다. 뿐만 아니라 만세시위가 전개되는 상황에서도 독립단이 조직되어 군자금을 모금하였다. 고덕면 사는 황준재와 서울의 황인재는 임정의 특파원으로 군자금을 모금하다가 4월 15일 일경에 검거된 바 있다.[74]

3월 9일 현덕면 계두봉과 옥녀봉에서 시작된 평택지역 만세운동은 4월 중순경에 이르러 대체로 진정되었다. 그러나 일제 측의 보고에 의하면, 음력 8월에 다시 만세운동을 전개할 것이라는 유언비어가 돌 정도로 여전히 일제의 식민지배에 대해 저항적이었다.[75]

4. 평택지역의 3·1운동과 천도교

평택지역의 3·1운동은 다양한 세력들이 만세운동에 참여하였지만 아직 구체적으로 밝혀지지는 않았다. 이에 대해서는 좀 더 심층적인 분석이 뒤따라야 하겠지만[76] 다만 본고에서는 그 세력의 하나인 천도교와 관련하여 살펴보고자 한다.

3·1운동을 전후하여 평택지역에는 천도교 조직으로 진위교구와

---

72) 김정명, 『조선독립운동』 I , 629쪽 ; 강덕상, 『3·1운동』(1), 377쪽 ; 「조선3·1독립소요사건」, 『독립운동사자료집』 6, 629쪽.

73) 『신한민보』, 1919년 6월 24일자.

74) 『신한민보』, 1919년 6월 30일자. 그러나 이에 대해서는 좀더 확인해 볼 필요가 있다고 본다.

75) 김정명, 『조선독립운동』 I , 90쪽.

76) 이에 대해 김방의 「평택지방 3·1독립만세운동」에서 시도를 하였지만 소략하게 다루고 있어 좀 더 심층적으로 분석할 필요가 있다고 본다.

수원교구 현덕면전교실과 고덕면전교실, 청북면전교실로 한 개의 교구와 3개의 전교실이 있었다. 즉 평택지역의 동북부는 진위교구, 서남부는 수원교구의 관할이었다. 연원관계를 본다면 진위교구는 경기도 광주교구의 한순회 관내였으며, 현덕면전교실과 고덕면전교실, 청북면전교실은 수원교구의 이종석 관내였다. 지역적으로 볼 때는 동북부와 서남부로 양분되어 있었지만, 넓은 의미에서는 춘암 박인호 관내로, 후일 천도교 구파의 세력이었다. 이들은 비록 연원은 달리하였지만 '구파'라는 하나의 세력으로 비교적 긴밀한 연대를 가지고 있었다.[77]

평택지역의 3·1운동은 군청 소재지인 북면을 비롯하여 평택역이 있는 병남면, 서남부지역의 현덕면·부용면·청북면·오성면, 그리고 동북부지역의 서탄면·송탄면 등 대부분의 지역에서 전개되었다. 이처럼 각 지역에서 만세운동이 전개될 수 있었던 것은 나름대로 긴밀한 연락관계가 있었기 때문에 가능하였다. 여기에는 천도교의 역할이 적지 않았을 것으로 추정된다. 천도교는 평택의 서남부와 동북부를 연결하는 네트워크를 가지고 있었다.

우선 평택지역 첫 만세시위를 전개하였던 계두봉과 옥녀봉 등 면내의 산상 봉화시위는 천도교인이 주도하였다. 현덕면은 일찍이 동학에 입도한 이민도와 3·1운동 당시 손병희의 비서로 활동하였던 이병헌이 출생한 지역으로 천도교의 교세가 비교적 활발하였던 곳이다. 이민도와 이병헌은 부자관계였다. 이민도는 앞서 언급하였듯이

---

77) 이러한 사례는 신간회 지회활동에서 살펴볼 수 있다. 경기도의 경우 신간회의 지회는 수원, 광주, 인천, 개성, 안성 등지에 설립되었고, 이후 경기도 신간회 지회 연합활동을 전개할 때 수원과 광주가 중추적인 역할을 담당하였다. 이는 수원지회와 광주지회의 조직과 활동이 천도교 세력의 영향을 많이 받았기 때문이다. 이에 대해서는 성주현, 「1920년대 경기지역의 천도교와 청년동맹」, 『경기사학』 4, 경기사학회, 2000을 참조할 것.

평택지역에서 가장 이른 1879년에 입도하였으며, 이 지역에서 포교활동을 하였다. 그는 1893년 보은 척왜양창의운동에 참여한 바 있으며, 1906년 수원교구를 설립하는데도 적지 않은 역할을 하였다. 수원교구 현덕면 전교사로 활동하던 이민도는 1913년 수원교구장에 선임되었고, 재임 때인 1913년 봄에 성내 북수리에 瓦家 40여 칸의 교당을 마련하는 등 수원교구 발전에도 기여하였다.[78]

이병헌[79] 역시 현덕면 전교사로 활동하였고, 1916년부터 3·1운동이 일어나기 직전인 1919년 1월까지 수원교구에서 理文員, 金融員, 典制員 등으로 활동하고 천도교에서 경영하는 보성전문학교에 입학하기 위해 상경, 손병희의 개인비서로 활동하면서 3·1운동에 관여하였다. 특히 이병헌은 민족대표들이 모여 있던 태화관과 탑골공원의 연락관계를 긴밀하게 연결하는 한편 서울 시내의 만세운동에 참여하였다.[80] 이후 일제의 검거를 피해 수원교구와 평택지역에 피신해 있으면서, 이들 지역의 만세운동을 드러나지 않게 후원하였다.[81]

3월 9일 계두봉과 옥녀봉 등 현덕면의 산상 봉화시위를 주도하였던 천도교인들이 3월 중순 들어 다시 만세운동을 준비하자 22일 권관리의 이민도를 비롯하여 李承燁·崔利來·崔赫來·張容俊·李麟秀·崔宗煥·李敏益·崔貞來·崔虞燮 등을 진위경찰서에서 예비검속하여 엄중한 신문을 당하였다.[82] 이들 중 최이래, 최정래, 최종환, 장용준 등은 수원교구 현덕면 전교사를, 이인수는 현덕면전교실 종리사로 활동하였던 인물이었다.[83] 이인수는 1911년, 이민익은 1889년에

---

78) 「수원군종리원연혁」, 30~31쪽.
79) 이병헌에 대해서는 성주현, 「이병헌의 생애와 민족운동」, 『수원학연구』 창간호, 수원박물관, 2011을 참조할 것.
80) 이병헌, 『3·1운동비사』, 64~67쪽.
81) 이병헌의 수원지역 3·1운동에 관해서는 성주현, 「수원지역 3·1운동과 천도교의 역할」, 『수원지역 민족운동의 역사적 위상』, 수원문화원, 2003을 참조할 것.
82) 이병헌, 『3·1운동비사』, 880쪽.

천도교에 입교하였다.[84] 이들의 예비검속으로 현덕면의 만세운동은
더 이상 전개되지 못하였다.

　진위교구가 있던 북면은 천도교인의 주도로 만세운동이 가장 격렬
하게 전개되었던 곳 중의 하나였다. 북면의 만세운동은 3월 31일 야
막리 천도교인과 봉남리 천도교인들이 주축이 되었다. 특히 야막리
는 진위교구가 있었으며, 봉남리는 천도교인 가장 많은 곳이었다. 이
병헌과 이용락의 기록을 살펴보면 다음과 같다.

　　북면(현 진위면) 야막리는 천도교구가 있었고 교인이 많이 있는 곳인데,
　3월 21일(3월 31일－필자주) 봉남리와 합세한 5백여 명이 태극기를 들고
　면사무소를 습격한 후 면장을 앞세우고 만세를 부를 때 경찰과 수비대가
　자동차로 달려와 해산을 시키고 주모자 朴昌勳을 체포하였다.[85]

　　그 후 15일 동안은 군내가 잠잠하다가 3월 11일(3월 31일－필자주)은
　다시 북면 봉남리에서 천도교인을 중심으로 의거가 맹렬하였고[86]

　그리고 이날의 만세운동을 『매일신보』에서도 다음과 같이 보도하
고 있다.

　　진위군 북면 봉남리는 천도교의 근거지라 할 만한 곳인데, 과연 31일
　5백 명의 일대가 면사무소로 몰려가서 면장을 끌고 가서 자못 위험하기
　때문에 수비경찰관의 일대가 자동차를 몰아 현장에 급행하였다더라.[87]

　즉 3월 31일의 북면 만세시위는 박창훈의 주도로 천도교인이 대다

83) 「수원군종리원연혁」, 31~32쪽.
84) 『한순회관내 연원록』, 1942.
85) 이병헌, 『3·1운동비사』, 880쪽.
86) 이용락, 『3·1운동실록』, 415쪽.
87) 『매일신보』, 1919년 4월 3일자.

수였던 것이다. 박창훈은 1906년 진위교구를 설립할 때 중심인물이
었고, 초대 교구장을 맡아 1년 동안 교구 발전을 위해 노력하였다.[88]
이후 1914년 다시 교구장에 선임되어 3·1운동 당시까지 활동하였
다.[89] 당시 교구장이었던 박창훈은 손병희의 만세운동에 적극 찬성
하였으며, 이를 교구 차원에서 만세운동을 하기로 계획하였던 것이
다. 이와 관련하여 북면 만세운동에 참여한 바 있는 박규영의 후손
박종구[90]의 증언을 정리한 내용을 살펴보자.

　　야막리의 천도교인들은 3·1운동 때에도 적극 가담하였다. 박종구 씨는
야막리 주동자 박창훈은 몰랐지만 자신의 조부와 부친이 만세운동에 적극
참여하였던 것은 기억하였다. 만세운동에 참여하면서 박해도 많이 받았
다. 일제는 농촌지역 만세운동의 거점이었던 천도교당과 교회를 박해하는
한편 천도교인들이 집단적으로 거주하는 마을을 집중적으로 탄압하였다.
당시 박종구 씨는 6살 밖에 불과했지만 일본 헌병들이 들이닥쳐 집집마다
뒤지고 마구잡이로 잡아갔던 광경은 기억하였다. 잡혀간 사람들은 모진
고문을 당했다. 조부와 부친도 오산경찰서 헌병대에 잡혀가서 고문을 당
했다. 천도교인들은 만세운동을 주도한데다 위험인물이라고 해서 일반사
람보다 고문이 심하게 당했다고 한다. … 만세시위 광경을 목격한 것이 없
냐는 필자의 질문에 박종구 씨는 서탄면 주민들이 사리에서 봉남리로 나
가는 큰 길을 가득 메우고 만세를 불렀던 광경을 이야기하였다. 어린 눈에
도 길 이쪽에서 길 저쪽까지 시위 군중으로 꽉 들어찬 광경이 수백 명은
되어보였다고 하였다. 한참 만세를 부르고 있는데 하북리 방면에서 헌병
들이 총을 들고 나타났다. 그래도 사람들은 굽히지 않고 만세를 불렀는데,
나중에는 총소리에 놀라 흩어져 도망가느라 아비규환이었다고 한다.[91]

88) 『천도교회월보』, 2호, 57쪽.
89) 『천도교회월보』, 48호, 41쪽.
90) 증언 당시(2006년) 박종구 씨는 92세였다. 박종구의 집안은 야막리에서 4대 이상 거주
　　하였으며 천도교인이었다. 천도교를 믿기 시작한 것은 조부 박창순 때부터였다. 그
　　후로 부친 박규영도 천도교를 믿으면서 가문의 신앙이 되었다.(김해규, 『평택의 마을
　　과 지명이야기』 III, 연세기획, 2008, 104쪽 참조)
91) 김해규, 『평택의 마을과 지명이야기』 III, 104쪽.

이 증언을 정리하면, 야막리 천도교인들이 만세시위를 전개하면서 진위면사무소가 있는 봉남리로 가기 위해 하북리 방향으로 진출하고자 하였다. 3 · 1운동 당시 진위교구는 박종구의 집 남쪽에 있었고, 마을은 약 30호 정도였는데 대부분이 천도교인이었다. 그리고 천도교 종교의식[92]에는 봉남리를 비롯하여 서탄면과 수원의 양감면 교인들도 참석하였다. 또한 이날 태극기를 제작하여 배포하고 만세시위를 주도한 박성백, 최구홍, 유동환, 전영록, 김봉희 등도 천도교인으로 추정된다.

천도교인들은 예비검속을 당해 만세운동에 참여하지 못한 사례가 없지 않았는데, 앞서 살펴본 바와 같이 현덕면 천도교인들이 예비검속을 당하였다. 뿐만 아니라 고덕면 천도교인들도 예비검속을 당하였다. 고덕면 두릉리 사는 林承八 · 高文在 · 李承基 · 金有卿 등은 평택지역에서 만세운동이 한참 진행 중인 3월 23일경 진위경찰서의 호출을 받고 안재홍과 이병헌과의 연락관계를 추궁당하였다. 특히 고문재는 독립운동자금 8백 원을 이병헌에게 준 사실이 발각되기도 하였다. 그러나 이는 서울 중앙대교당 건축비라고 하여 무사할 수 있었다.[93] 예비검속을 당하였던 임승팔은 수원교구 고덕면전교사를, 김유경은 고덕면전교실 종리사와 수원교구 금융원으로 활동한 바 있다.[94] 그리고 고문재는 1917년 진위교구 전교사로 선임되어 활동한 바 있다.[95]

한편 천도교가 3 · 1운동을 주도함에 따라 중앙총부는 은행에 예치해두었던 자금이 일제에 의해 동결되자 4월 5일 천일기념을 기해 각

---

92) 천도교의 종교의식은 '侍日'이라고 한다. 매주 일요일 오전 11시에 각 지역의 교인들이 교당에 모여 예식을 한다.
93) 이병헌, 『3 · 1운동비사』, 880쪽.
94) 「수원군종리원연혁」, 31~32쪽.
95) 『천도교회월보』 83호, 42쪽.

교구로부터 특성금을 모금하였다. 이 특성금은 천도교의 운영자금뿐
만 아니라 독립운동자금으로 활용하기 위한 것이었다.[96] 이때 진위
교구에서도 적극적으로 참여하였다.

당시 중앙총부 책임자 鄭廣朝는 창도일인 4월 5일 천일기념에 앞
서 교회운영자금을 명분으로 각 지방교구에 특성금을 납부하도록 하
였다. 이에 진위교구는 4월 4일 박창훈 교구장 명의로 盧秉奎가 교인
들로부터 갹출한 1백 원을 중앙총부에 납부하였다.[97] 이 특성금은
1년에 두 차례씩 교인들이 식사를 준비하면서 매끼마다 식구수대로
다섯 주먹 정도 모았다가 매년 6월과 12월을 기준으로 납부하였다.
그러나 3·1운동 직후에는 만세운동의 준비과정에서 적지 않은 자금
이 지출되었으며, 만세운동 직후에는 일제의 통제로 은행에 있던 교
회운영자금을 인출하지 못하도록 하였기 때문에 예년보다 일찍 납부
하였던 것이다. 당시 자금은 교회운영자금뿐만 아니라 독립운동자금
으로도 사용되었을 것으로 추정된다.

이상에서 살펴보았듯이 평택지역에서 천도교를 중심으로 만세운
동을 전개한 곳은 서남부의 현덕면, 동북부의 북면이었다. 그리고 예
비검속으로 만세운동을 직접 전개하지는 못하였지만 고덕면도 천도
교 세력이 적지 않았던 곳이다. 4월 1일 고덕면 율포리에서 전개된
만세운동은 그 주도자가 누구인지 분명하게 밝혀지지는 않았지만 천
도교인의 역할이 없지 않았을 것으로 보인다. 이들 지역은 대체로
농촌으로, 일제강점기 도시보다는 농촌에 천도교인이 많았다는 사실
을 그대로 보여주고 있다. 따라서 만세운동 역시 도시보다는 농촌의
경우 천도교 조직을 통해 전개되는 경우가 적지 않았는데, 평택지역

---

[96] 이에 대해서는 국사편찬위원회, 「3·1운동과 천도교 성미」, 『한민족독립운동사자료집』
9권과 10권을 참조할 것.
[97] 「3·1운동과 천도교 성미」, 『한민족독립운동사자료집』 10.

의 만세운동 역시 천도교 조직이 그 중심이 되었음을 알 수 있다.

5. 맺음말

이상으로 평택지역의 3·1운동과 천도교와 관련성을 살펴보았다. 평택지역 3·1운동은 서울보다 10여 일 늦은 3월 9일부터 시작하여 4월 중순까지 약 한 달간 지속적으로, 그리고 전체 면에서 전개되었다. 일제의 한 기록에 의하면 수원, 수안, 안성과 마찬가지로 '가장 광포한 시위' 중의 하나였다. 이러한 평택지역 3·1운동에서 천도교의 역할을 다음과 같이 정리할 수 있다고 본다.

첫째, 평택지역 3·1운동을 전개하는 데, 천도교의 조직과 역할이 적지 않았다는 점이다. 그동안 평택지역 3·1운동을 주도한 계층은 초기의 경우 지역사회의 지식인·학생·청년들이었으며, 3월 말과 4월 초 만세운동은 중소상인·자영업자·농민들을 중심으로 한 지역단위의 자체조직이었음은 이미 밝혀져 있다. 그러나 본고에서 살펴보았듯이 평택지역 3·1운동은 천도교인의 역할이 적지 않았다고 할 수 있다. 3월 9일 서남부의 현덕면 계두봉과 옥녀봉 만세시위를 비롯하여 동북부의 북면 만세시위는 천도교인의 주도로 전개되었던 것이다. 또한 천도교인이 적지 않았던 고덕면 만세시위도 천도교인의 참여가 없지 않았을 것으로 본다.

둘째, 평택지역 3·1운동에 있어서 천도교인이 주도한 만세시위는 주로 농촌지역에 한정되어있고, 직업별로는 대다수가 농민층이었다. 이는 천도교인의 생활기반이 평택역을 중심으로 새롭게 형성된 읍내가 아니라 여전히 농촌을 중심으로 하고 있음을 알 수 있다. 이는 1924년 진위교구 교인들의 거주지 상황에서도 확인된다. 고덕면 18명, 현덕면 29명, 포승면 4명, 청북면 12명, 북면 26명, 송탄면 5명, 서탄면

4명, 오성면 10명, 서면 2명 등 110여 명이다.[98] 이는 3·1운동 이후의 현황이지만 3·1운동 당시와 크게 다르지 않을 것으로 본다. 이러한 점에서 볼 때 천도교인들은 읍내나 도회지보다는 주로 농촌에서, 그리고 직업적으로 본다면 농민들이었다.

셋째, 평택지역 3·1운동의 전개과정에서 일정한 역할을 담당하였던 천도교 세력은 1879년부터 형성되었다고 할 수 있다. 즉 비교적 이른 시기에 동학이 포교되었으며, 이를 기반으로 1893년에 전개되었던 교조신원운동, 1894년의 동학혁명에 참여하였다. 이들 세력은 1906년 동학이 천도교로 전환되어 근대적 종교의 틀을 갖추고 지방교구를 설립할 때 평택지역에서는 진위교구와 수원교구로 분리되었다. 동북부지역은 진위교구, 서남부지역은 수원교구가 관할하였다. 그러나 같은 박인호(후일 구파) 계열이라는 동질성으로 인해 진위교구와 수원교구는 긴밀한 관계를 유지하였다. 이러한 관계는 3·1운동을 전개하는 데 있어서도 잘 발휘되었다. 뿐만 아니라 천도교의 조직은 평택지역 3·1운동을 전역으로 확산시키는 데도 일정한 기여를 하였다고 할 수 있다.

---

[98] 『대신사백년기념회회원명부』, 1924. 여기에 수록된 교인 명단은 특성금 1원을 납부한 교인에 한하여 등재되었다. 때문에 모든 교인이 등재된 것은 아니었다.

제6장 1920년대 천도교의 협동전선론과 신간회

1. 머리말

일제강점기 민족운동세력은 다양하게 분화되었다. 일제는 1910년 조선을 병합함으로써 식민지 체제의 안정과 그 효율화를 위해 조선 총독부를 설치하고 '內鮮融和 · 內鮮一致' 등을 주장하면서 직접지배 체제를 구축하였다.[1] 이러한 일제의 지배에 직면하여 민족운동은 새 로운 방략을 모색하지 않을 수 없었다. 즉 국내에서는 실력양성운동, 국외에서는 무장투쟁운동이 대두하게 되었다. 이러한 민족운동의 역 량으로 기독교 · 불교 · 천도교 등 종교단체를 중심으로 하여 민족연 합전선을 형성, 3 · 1운동을 전개하였다. 그러나 1917년 2월 러시아혁 명을 계기로 국내에 사회주의가 보급되어 민족운동세력은 크게 민족 주의 세력과 사회주의 세력으로 분화되었다. 이후 민족운동은 이들 두 세력의 통합과 대립이라는 과정을 거듭하였다.

---

[1] 이에 대해서는 수요역사연구회, 『식민지조선과 매일신보−1910년대』, 신서원, 2003 및 『일제의 식민지 지배정책과 매일신보−1910년대』, 2005, 두리미디어 참조.

1920년대 들어 이들 민족운동 세력은 민족운동의 역량을 높이기 위해 諸세력의 통합 필요성을 제기하기도 하였고, 이에 대해 반대하기도 하였다. 이러한 과정에서 민족주의와 사회주의 양대 세력의 일부에서는 신간회를 조직하였으나 여전히 일부에서는 갈등을 내포하고 있었다.

이와 같은 민족통일선전의 결성과 분열 및 그 포괄범위를 둘러싼 논의에서 가장 논란이 되는 대상은 천도교 세력이었다. 그리고 민족운동의 전환기 때마다 그 중심에 있어서 '戰線'이 갈리는 경계선에 위치한 민족운동세력으로서의 천도교 세력은 나름대로의 운동노선에 입각하여 민족통일전선의 모색과 결성에 적극 참여하기도 하였고, 그렇지 않은 경우 독자적으로 민족운동을 전개하였다.

1920년대 천도교 세력은 크게 천도교 신파와 구파, 그리고 혁신파로 분화되었다. 이들의 세력은 각각 朝鮮農民社, 新幹會, 高麗革命黨을 중심으로 항일민족통일전선을 형성하였다. 이들 가운데 천도교와 신간회와의 관련에 대해서 연구 성과가 없는 것은 아니지만[2] 아직은 미흡한 점이 없지 않다. 그리고 신간회에 대한 연구[3]는 대부분이 밝혀지고 있지만 창립 과정과 지회조직 과정에서 중요한 위치를 차지하고 있는 천도교 세력에 대해서는 제대로 이루어지지 못하였다.

본고에서는 1920년대 중반기 전개되었던 민족통일전선의 핵심체인 신간회를 중심으로 천도교 세력의 참여과정과 지회조직을 살펴보고자 한다. 이와 관련하여 첫째로 3·1운동 이후 제기되었던 천도교

---

2) 천도교 세력과 신간회에 관한 선행연구로는 조규태, 「천도교청년동맹의 조직과 활동」, 『충북사학』 9, 충북대학교 사학회, 1997 ; 성주현, 「1920년대 경기도지역 천도교와 청년동맹」, 『경기사학』 5, 경기사학회, 2001 ; 조성운, 「일제하 수원지역 천도교의 성장과 민족운동」, 『경기사론』 4·5, 경기대학교 사학회, 2001 등이 있다.

3) 신간회의 연구 성과에 대해서는 이균영, 『신간회연구』, 역사비평사, 1996을 참조할 것.

의 민족운동의 인식을 살펴보고자 한다. 이는 1920년대 중반 전개되는 2차 분화 이후 천도교 신파와 구파의 민족운동 인식과 밀접한 관계를 맺고 있기 때문이다. 둘째로는 1927년 2월 창립하는 신간회에 구파의 참여과정과 인물, 셋째로는 천도교 구파 세력의 신간회 지회 조직과 참여과정을 추적하고자 한다. 넷째로는 신파에서도 비록 소수지만 신간회에 참여하고 있는데 이들의 참여과정도 아울러 살펴보고자 한다.

2. '민족운동대단결론'의 대두

3·1운동 이후 1920년대 들어 국내 민족운동은 다양한 모습으로 나타났다. 1920년대 초반에는 부르주아 민족주의자들이 중심이 되어 민족운동을 주도해 갔다. 이들은 '先實力養成論'을 제기하고 문화운동을 전개해 갔다. 이들은 靑年運動, 新敎育運動, 物産奬勵運動 등을 통해 문화적·경제적으로 실력을 양성하고자 했다. 청년운동은 人格修養과 風俗改良, 實業奬勵 등을 목적으로 하고, 강연회·토론회·야학·강습회·운동회 등을 전개하였다. 신교육운동은 보통학교·고등보통학교·민립대학 등 학교설립운동을 중심으로 전개되었으나 총독부의 학교설립요건 강화, 모금운동의 부진 등으로 인해 큰 성과를 거두지 못했다. 그리고 일본자본과 상품에 대항하기 위해 1923년부터 전개된 물산장려운동은 토산품애용이라는 측면에서 일정한 성과를 거두었지만 민족자본은 생산력을 갖추지 못하여 민중의 수요를 댈 수 없었고 또 새로운 회사나 공장도 설립하지 못했다.

또한 1920년대에는 사회주의사상이 민족해방운동의 새로운 이념적 지주로서 급격하게 수용되었다. 사회주의 이념의 수용의 바탕이 된 것은 제국주의국가들의 냉대에 따른 외교운동의 좌절, 러시아혁

명 이후 전세계적 혁명운동의 고양, 부르주아 민족주의운동의 개량
화와 대중운동의 고양 등이었다. 이로써 국내의 일부 지식층은 이
사상을 식민지의 민족문제와 계급문제를 동시에 해결할 수 있는 이
념으로 여기고 적극 수용하였다. 초기 사회주의사상은 서울 청년
회·화요회·북풍회·무산자동맹회 등 사상단체를 중심으로 수용되
기 시작하여 조선노동공제회와 조선노동연맹회 등 노동운동단체, 청
년회, 언론기관 등으로 확산되어 갔다. 사회주의운동을 통해 1924년
에는 조선노동총동맹과 조선청년동맹 등 전국적 대중운동단체가 결
성되었고, 1925년 4월에는 김재봉을 책임비서로 하는 조선공산당과
고려공산청년회가 비밀리에 조직되었다. 이후 조선공산당은 거듭되
는 탄압을 받아 해체를 거듭하면서도 4차에 걸쳐 재건되었고, 노동
자·농민단체를 지도하는 등 계급투쟁을 전개하였다.

　이러한 분화된 상황에서 민족운동세력들은 독자적인 운동의 한계
를 인식하고 새로운 민족협동전선을 추구하였다. 특히 사회주의 계
열은 코민테른과 국외의 上海派, 이루크추크파와 다양한 경로를 통
해 관계를 맺으면서 국외에서 당건설과 민족통일전선 수립을 위한
논쟁에 주목하였으나 별다른 성과를 얻지는 못하였다. 그러던 중
1924년 3월 코민테른 집행위원회 산하 원동부에서 「조선문제」라는
보고서를 코민테른 집행위원회에 제출하였는데, 이 보고서에는 민족
협동전선과 관련하여 다음과 같이 제시하고 있다.

　　공산주의운동은 모든 민족주의 조직과는 독립적이어야 하고 그것은 정
　치적으로 뿐만 아니라 조직적으로 자주적이어야 한다. … 통일적 당으로
　조선 국내의 민족주의 그룹들을 통합하는 문제는 간단한 조직적 문제는
　아니다. 그것은 즉각적으로 정치적으로 준비되어야 한다. 일정한 프롤레
　타리아와 반프롤레타리아 대중조직 사이에서 그것은 아마 이미 조직적 과
　제로서, 좌파연합의 형성으로서 공식화되었을지도 모른다. 그러나 天道敎

와 같은 순수한 민족주의적 대중조직 속에서 그것의 정치적 준비가 우선 착수되어야 한다. 그것은 실제로 적절한 슬로건과 경제적, 법률적, 문화적 성격의 요구를 가지고 민족혁명적 해방운동의 통일을 위하여, 그리고 또 한 그것으로 조직적 집회를 만들고 준비하기 위하여, 여러 민족주의 대중 조직에서 활동하는 조선공산주의자의 가장 중요한 과제의 하나이다. 이러한 연관 속에서 그들은 물론 수년 동안 진행되어온 자연적 분리의 과정과 적극적인 운동과 그것의 지도의 반동적이고 동요하는 요소에 심사숙고해야 한다. 공산주의자들은 이러한 과정에서 효과적으로 조장해야 한다.[4]

이 보고서에 의하면 당시 사회주의 계열은 '민족주의적 대중조직인 천도교'와의 민족통일전선을 구체적으로 제시하고 있다. 이러한 배경은 천도교가 민족주의적 성향과 3·1운동에서 보여준 역량 등 민족운동의 중심세력에 있었기 때문이다. 이는 일제강점기 사회주의 또는 공산주의 계열에서 천도교를 늘 민족통일전선의 주요 대상으로 선정한 이유이기도 하다.[5]

이러한 시기 천도교 내에서도 '民族大團結'이 제기되었다. 이미 3·1운동을 준비하면서 민족협동전선을 경험한 바 있는 천도교는 나름대로 이를 구상한 것이다. 즉 "금일에 있어 우리가 일반으로 着目할 일은 한갓 말뿐을 크게 하거나 行뿐을 높게 하지 말고 … 형제의 수와 수가 전체로 엉기고 전체로 자활할 도를 講하는 것"[6]이라 하여 협동 내지 단결을 제기하였다. 나아가 金起田은 "다수인 그것도 규모 있는 단결을 얻은 후가 아니면 하등의 조직 있는 세력이 되지 못할지며, 규모 있는 단결을 얻고자 하면 먼저 그것을 짓기에 족한 자각과 시련을 가져야 할 것"[7]이라고 하여 민족단결의 자각이 필요하다고

4) 전명혁, 「1920년대 코민테른의 민족통일전선과 서울파 사회주의 그룹」, 『한국사학보』 11, 고려사학회, 2001, 216쪽.
5) 성주현, 「1930년대 천도교의 반일민족통일전선에 관한 연구」, 『한국민족운동사연구』 25, 한국민족운동사학회, 2000 참조.
6) 金起田, 「봄날의 雨路를 밟으면서」, 『開闢』 22, 1922. 4, 48쪽.

하였다.

　3·1운동 직후 전개되었던 교단의 1차 분화[8]가 어느 정도 진정이 되자 천도교는 "絶對의 約束을 가지고 새로이 來會하는 主義的 團結"을 제기하면서 '民族的 中心勢力'이 될 만한 정치세력을 결성하자고 하였다.[9] 이종린은 일제의 문화정치하의 민족운동이 분화된 상태에서 '민족대단결'만이 민족해방을 실현할 수 있다고 인식하고 천도교를 중심으로 민족협동전선을 계획하였다. 이종린은 1925년 말 천도교가 신구로 분화하자 '大抵主義'를 제시하였다. 그의 大抵主義는 "우리의 모든 主義는 基源을 人乃天이라는 活泉에서 발하여 가지고 境遇境遇 안고 돌며 時代時代를 흘러가서 畢竟은 同歸一體라는 큰 바다가 되고야마는 主義"라고 하여 모든 주의를 통합할 수 있음을 보여주고 있다.[10] 이는 천도교 분화와 관련지어 밝히고 있지만 당시 민족운동세력이 분화한 상황에서도 이를 적용할 수 있었다고 보여진다. 즉 그의 민족협동전선을 '大抵主義'에서 기본으로 하여 모든 주의나 사상을 바다와 같이 큰 틀에서 이해하고 있는 것이다.

　이에 따라 이종린은 1924년 4월 노농총동맹 창립총회를 개최할 즈음 서울에 올라온 사회주의 그룹인 火曜系의 핵심인물 姜達永에게 "주의고 뭐고 할 것 없이 현황으로서는 대중의 大同團結만이 가장 필요한 일이니, 어떤 방법으로라도 大同團結의 방법이 없겠느냐" 하면서 민족대단결을 제안하였다.[11] 당시 이종린이 강달영에게 민족대단결을 제안한 것은 그가 1910년대 천도교를 신앙한 바 있고,[12] 천도

7) 起田, 「먼저 有識有産者側으로부터 反省하라」, 『개벽』 24호, 1922. 6, 5쪽.
8) 천도교의 분화와 관련해서는 이용창, 「1920년대 천도교의 분규와 민족주의운동」, 중앙대학교 대학원 석사학위논문, 1993 및 「천도교청년회의 활동과 교단분규」, 『천도교청년회80년사』, 천도교청년회중앙본부, 2000을 참조할 것.
9) 「곧 해야 할 민족적 중심세력의 작성」, 『개벽』 34, 1923. 4, 4~13쪽.
10) 李鍾麟, 「우리부터 同歸一體主義로 一體同歸」, 『천도교회월보』 180호, 1925. 12, 8쪽.
11) 김준엽·김창순, 『한국공산주의운동사』 2, 아세아문제연구소, 1970, 432쪽.

교 조직을 잘 알고 있기 때문이었다.

　그러나 강달영은 이를 수용할 수 있는 준비가 되지 않았던 관계로 더 이상 민족대단결은 진전될 수 없었다. 천도교가 이종린을 통해 사회주의 계열과 민족대단결을 구상한 것은 천도교가 갖고 있는 계급적 의식과 사회주의에 대한 호의적인 인식 때문이었다. 이러한 인식은 3·1운동 민족대표이며 후일 신간회운동에 참여한 권동진을 통해서도 잘 알 수 있다.

　　근래 세계에는 만흔 主義가 유행되는 모양이외다. … 그러나 나는 그 모든 主義 중에 인류주의가 가장 우리의 이상에 적당한 것으로 미듭니다. … 인류주의라 하면 말이 대단히 광범하야 把捉키 어려운 문제입니다. 그러나 나는 생각컨대 인류주의라는 것은 그 이름과 가티 인류를 본위로 한 主義라는 말일 것이며 그리하야 인류를 본위로 한다는 말은 인류와 타동물을 비교하야 인류 자기네를 본위로 삼앗다 해석하니 보다 인류이면 누구나 천부의 평등자유를 가젓다 보고 한 가지로 그 천부의 평등자유를 유감업시 享受할 것이라 주창하는 主義가 곳 인류주의일 것입니다. 인류주의에는 두 가지 派流가 잇슴을 알 수 잇습니다. 한 가지는 무형에 속한 진리 그것이오. 한 가지는 유형에 속한 물질 그것입니다. 그리하야 전자는 종교 혹 도덕의 형식으로 나타낫고 후자는 近日의 대문제인 사회주의 혹은 공산주의 가튼 것이 되야 나타나젓습니다.[13]

　권동진은 사회주의를 종교와 마찬가지로 '인류주의'로 인식하고 있다. 그가 사회주의를 인류주의로 수용한 것은 종교가 추구하는 '평등자유'는 관념적이지만 사회주의는 이를 실제화할 수 있는 것으로 보았기 때문이다. 그는 이어

12) 강달영은 1915부터 4월 1916년 8월까지 천도교 진주교구 典制員으로 활동한 바 있다. (『천도교회월보』 57호 44쪽 및 74호 38쪽)
13) 권동진, 「人類主義는 나의 가장 贊頌하는 理想이외다」, 『개벽』 33호, 1923. 3, 13~14쪽.

　　오늘날 이후의 인류주의의 실행에는 空論과 空談에 잇지 아니하고 實
地實行인 물적 개조에 잇다 합니다. 이 점은 사회주의가 가장 先見의 明을
가졋다 할 수 잇습니다. 사회주의에도 그 종류가 여러 가지입니다. 나는
간단한 시간에 그것을 다 말할 수 업스나 엇재든 엇더한 사회주의든지 한
가지로 사회제도의 개조를 목적한 것은 사실이겟습니다. 그 개조의 목표
가 長短高下는 서로 다르다 할 지라도 다소간이라도 이 현상으로부터 초
월하야 참신한 제도를 요구하게 되는 것은 현대의 필요한 운동임과 동시
에 그 운동을 양심으로 부담한 자는 곳 사회주의가 될 줄로 생각합니다.
　　누가 생각하야 보든지 오늘날 이 현상 그대로써 능히 만인의 공통한
행복을 건설치 못할 것은 명약관화한 사실입니다. 현대 사회조직의 그 결
함이 이미 그 근저로부터 탄로되야겟습니다. 현대의 사회제도에 가장 나
타난 해독은 권력의 해악이라 하는 것인데 특히 빈부의 차별로부터 生하
는 금권만능주의는 가장 그를 대표한 해독입니다. 생각컨대 금일 이후의
인류의 방향은 그 해독은 제거하고 인류자기네의 꼿다운 이상향을 건설코
자 함이 인류의 최고 이상이 아닐가 합니다. 이제 나의 하는 말은 이상적
으로 하는 말이니까 분간하야 들어주시기를 바랍니다.[14]

라고 하여, 사회주의는 현 단계에서 필요한 사상이라고 인식하였다.
또한 연해주에서 활동하고 있는 鄭圭璇도 "社會主義는 사회연대의
정신을 근본"이라 하면서 "장래의 사회는 진실한 人類同胞 兄弟的 觀
念으로 한 공산적 사회가 아니면 불가능할 것"이라고 하여 사회주의
를 인류주의로 인식하였으며 연대해야 할 대상으로 삼고 있었다.[15]
　이와 같은 사회주의에 대한 인식으로 천도교인 중에서도 상당수가
사회주의를 수용하게 되었고, 사회주의운동에 참여하기도 하였다.
대표적인 인물로 앞서 본 강달영을 비롯하여 朴來源, 李晃, 元友觀
등을 들 수 있다. 그리고 이들은 대부분 민족통일전선체인 신간회에
참여하고 있다.

---

14) 권동진, 「인류주의는 나의 가장 찬송하는 이상이외다」, 33, 14~15쪽.
15) 鄭圭璇, 「改造問題에 關與하는 社會連帶의 精神」, 『개벽』 27호, 1922. 9, 31쪽.

박래원은 대동인쇄주식회사 인쇄직공 견습생으로 입사하여 인쇄직공 친목단체 鉛友社, 新興靑年同盟, 新興靑年社, 火曜會에서 활동하였다. 이후 1925년 1월 경성인쇄직공조합을 결성하고 상무집행위원이 되었으며, 4월에 조선공산당과 고려공산청년회에 가입하였다.16) 이황은 3 · 1운동으로 구속되었다가 출옥한 후 조선학생대회에 참가하여 지육부장으로 활동하던 중 1921년 10월 고려공산당에 입당하였으며,17) 원우관은 1922년 1월 無産者同志會 결성에 참여하였고 1923년 조선공산당 중앙총국 국내부 결성에 참여하기도 하였다.18) 이들은 천도교와 사회주의와 연대를 할 수 있는 연결고리로서 활동하였다. 나아가 천도교는 민족해방을 위해 사회주의 세력과도 연대하여 민족통일전선을 형성할 수 있었다.

그렇지만 이러한 민족운동의 인식에 관해서 신파를 대표하는 김기전과 구파를 대표하는 이종린의 인식은 약간의 차이를 보이고 있다. 즉 김기전은 '민족적 중심세력'을 추구하는 천도교 중심의 '민족운동 중심세력론'을, 이종린은 '대중의 대동단결'을 추구하는 '민족협동전선론'을 표방하고 있다. 이와 같은 인식은 2차 분화 이후 天道敎靑年黨19)의 部門運動과 靑年同盟의 신간회 참여로 뚜렷하게 다른 양상으로 나타나고 있다.

3. 신간회 창립과 천도교 구파

앞서 살펴보았듯이 1920년대 초반 민족운동에 대한 천도교의 인식

---

16) 강만길 · 성대경, 『한국사회주의운동인명사전』, 창작과비평사, 1996, 184쪽.
17) 강만길 · 성대경, 『한국사회주의운동인명사전』, 392쪽.
18) 강만길 · 성대경, 『한국사회주의운동인명사전』, 293~294쪽.
19) 천도교청년당에 대해서는 성주현, 「천도교청년당(1923~1939) 연구」, 한양대학교 박사학위논문, 2009를 참조할 것.

은 교단이 신파와 구파로 분화됨에 따라 그 양상도 民族運動中心勢力論과 民族運動協同戰線論으로 각각 분화되었다. 구파를 대표하고 있는 이종린은 이미 1924년 민족대단결론을 제기한 바 있고, 1926년 천도교 2차분화 이후 민족운동협동전선의 중심에서 그 활동을 전개하였다.[20] 이에 따라 천도교 구파는 전위단체인 청년동맹을 통해 신간회 창립에 관여하였을 뿐만 아니라 중앙 및 지회조직에도 적극 참여하였다.

1925년 6월 사회주의를 탄압하기 위해 治安維持法이 제정됨에 따라 민족운동 세력은 위기의식을 가지고 새로운 대책을 마련하지 않을 수 없었다. 민족주의 계열은 1925년 9월 천도교의 金起田과 安在鴻, 洪命熹, 白南勳, 白南雲, 趙炳玉, 朴瓚熙, 白寬洙, 洪性夏, 金起纏, 朴勝喆, 金俊淵, 崔元淳, 鮮于全, 韓偉健, 曺正煥, 全勝學, 崔斗善, 李肯鍾, 俞億兼, 李在侃 등 20여 명이 모임을 갖고 朝鮮事情研究會를 결성하였다.[21] 이 모임에는 백남운 등 일부 사회주의자도 참여하고 있었지만, "극단적인 공산주의를 주장하여 외국의 제도, 문물, 학설 같은 것을 그대로 따다가 조선에 통용시키려는 것 같은 과격론자들이 있으나, 조선에는 조선의 역사가 있고 독특한 민족성이 있다. 그 같은 것은 조선민족을 자멸로 인도하는 것이기 때문에, 그 가부를 잘 연구하고 장점을 취하여, 민족정신의 보존에 힘쓰지 않으면 안 된다"[22]는 취지를 밝히고 있다. 그리고 이와는 별도로 다른 한편에서는 경제, 종교, 이민 및 외교문제를 연구하는 한편 범태평양회의에 상주위원을 파견하는 등 해외교포와의 유기적인 연락을 갖추기 위해

---

20)「最近ノ天道教ト其ノ分裂ヨリ合同ヘノ過程(1930)」,『民族運動』2(齋藤實文書), 고려서림, 1990, 476쪽.
21) 李炳憲,「新幹會運動」,『신동아』1968년 8월호, 193쪽.
22) 慶尙北道警察局,『高等警察要史』, 47쪽.

1925년 11월 28일 太平洋問題硏究會 朝鮮支會를 결성하였다.[23]

이와 같은 민족주의 세력의 집결에 대해 사회주의 계열에서는 치안유지법 제정 이후 민족문제에 대해 상당한 변화를 보이기 시작하였다. 朝鮮勞農總同盟의 權五卨은 "從來의 制令 7號는 民族運動者를 눌러왔고 今般의 治安維持法은 社會運動者를 막 누르게 될 것인즉 같은 壓迫을 받는 處地에 있어서 兩運動者는 接近하게 될 一致點이 많을 것"이라고 하였고,[24] 朝鮮靑年總同盟의 李英은 "妥協的이 아닌 民族運動과는 提携한다는 것은 우리 靑年總同盟에서 이미 선언한 바이올시다. 그럼으로 如何한 法令이 實施된다 할지라도 이 原則에 依하여 兩運動은 進展될 것"이라고 하여[25] 사회주의 세력이 민족주의 세력과의 협동전선에 보다 적극적임을 보이고 있다.

이밖에도 사회주의 계열에 속한 서울청년회의 李廷允, 新興靑年同盟의 曹奉岩, 火曜會의 金燦, 社會主義同盟의 金解光, 北風會의 辛鐵, 時代日報社의 洪命熹, 京城靑年會의 宋奉瑀 역시 연합전선 내지 통일전선을 제시하였다.[26] 그리고 동아일보사의 송진우도 "外來의 共通된 壓迫과 現下의 共通된 生活不安으로 因하여 더욱 더욱 提携協調의 關係가 發生할 것"[27]이라 하여 사회주의와 협동전선이 불가피함을 밝히고 있다.

이러한 상황에서 1926년 3월 10일에 권동진의 집에서 천도교 구파의 權東鎭·李鍾麟·吳尙俊과 여타 비타협적 민족주의자인 申錫雨·安在鴻·朴東元·兪億兼 그리고 사회주의자 강달영 등 8명이 모임을 갖고 민족주의와 사회주의 간의 협동전선을 결성키로 하였다. 중국

---

23) 이병헌, 「신간회운동」, 193쪽.
24) 「治安維持法의 實施와 今後의 朝鮮社會運動」, 『개벽』 60호, 1925. 6, 11쪽.
25) 「治安維持法의 實施와 今後의 朝鮮社會運動」, 12쪽.
26) 「治安維持法의 實施와 今後의 朝鮮社會運動」, 12~18쪽.
27) 「治安維持法의 實施와 今後의 朝鮮社會運動」, 17쪽.

國民黨 형태의 조직을 모델로 하기로 합의를 보았다.[28] 그러나 이
계획은 純宗의 국상과 6·10만세운동으로 일단 중지되었다.

그러나 중단되었던 협동전선운동은 1926년 10월부터 다시 대두되
었다. 이러한 배경은 동아일보사와 천도교 신파의 민족운동중심세력
론, 그리고 사회주의 계열인 正友會 방향전환[29] 등 때문이었다. 이에
따라 1926년 말 천도교 구파의 권동진과 박래홍, 기독교계의 박동완
과 신석우, 불교계의 한용운, 사회주의 계열의 홍명희와 최익환 등
협동전선운동론자들은 신간회 창립을 위한 협의를 가졌다.[30]

1927년 들어 보다 활기를 띠기 시작한 협동전선운동은 이 해 1월
초 조선일보사에서 모임을 갖고 신간회를 창립할 것을 합의하고, 발
기인 모집과 강령을 초안하는 등 창립준비를 서둘렀다. 이 창립과정
에서 천도교 구파는 당시 교단을 대표하고 있던 춘암 박인호의 지시
에 따라 장로 권동진, 천도교회월보 발행인 이종린, 청년동맹 대표
박래홍, 청년동맹 집행위원 박완, 그리고 청년동맹 지육부장 이병헌
등 5명이 참가하였다. 특히 이병헌이 참가한 것은 신간회 창립자금을
관리하기 위해서였는데, 이는 창립자금을 천도교 구파에서 지원하였
기 때문이다. 당시 구파를 대표하고 있던 권동진과 오세창 중 권동진
만 신간회에 참여한 것은 오세창마저 신간회에 참여하게 될 경우 다
른 계열에서 반발할 가능성이 제기될 수 있었기 때문으로 풀이된

---

28) 「제2차 조선공산당사건 판결문」, 『한국공산주의운동사 자료집』 2, 고려대 아세아연구
   소, 120쪽.
29) 정우회의 방향전환은 정우회선언을 통해서 밝히고 있다. 정우회선언의 주요 내용은
   다음과 같다. 첫째 과거의 분열에서 벗어나 사상단체를 통일하고 구체적으로 전위적
   운동을 행하여야 한다. 둘째 교육을 통하여 대중을 조직화하고 질적 양적으로 그
   영역을 확대하여 그것을 기초로 일상투쟁을 하여야 한다. 셋째 종래의 국한되었던
   경제적 투쟁에서 계급적·대중적·의식적 정치형태로 전환하여야 한다. 이 과정에서
   비타협적 민족주의자와의 일시적인 공동전선이 필요하다. 넷째 이론투쟁으로 운동의
   진로를 제시하여야 한다.(이균영, 『신간회연구』, 63~64쪽 재인용)
30) 경상북도경찰국, 『高等警察要史』, 47쪽.

다.31) 그리고 이들 중 권동진, 이종린, 박래홍이 발기인으로 참여하였다.32) 또한 권동진은 2월 11일 신간회와 朝鮮民興會와의 합동과정에서 홍명희, 신석우와 함께 신간회 측의 대표로 활약하였다.33)

그런데 여기서 특이한 것은 신파이며 조선일보 계열인 李晶燮34)이 발기인으로 참여하고 있다는 점이다. 신간회를 창립하는 과정에서 신파의 최린을 참여시키고자 하였으나 완곡히 거절한 입장35)에서 최린의 최측근인 이정섭이 발기인으로 참여한 것은 선뜻 이해하기 어려운 상황이라 할 수 있다. 다만 최린이 신간회에 참여하지는 않았지만 반대하지도 않은 상황에서 신간회 창립 동향을 이정섭을 통해 알아보고자 했고, 당시 이정섭이 조선일보 정경부장을 맡고 있었기 때문으로 보인다. 그렇지만 이정섭은 발기인으로만 참여하고 이후 신간회에서 그의 활동은 보이지 않고 있다.

1927년 2월 15일 신간회 창립대회에서 권동진과 박래홍은 최익환 · 宋乃浩 · 李東旭 등과 규칙심사위원으로 활동하였고,36) 창립대회에서 선정한 간부진에는 권동진이 부회장,37) 이종린과 박래홍이

---

31) 이병헌, 「신간회운동」, 194쪽.

32) 『동아일보』, 1927년 1월 20일자.

33) 『동아일보』, 1927년 2월 14일자 및 박명환, 「新幹會回顧記」, 『신동아』 54호, 1936, 152~168쪽.

34) 李晶燮은 최린과 같은 함흥 출신으로 3·1운동에 참여하였으며, 普成중학교를 졸업하고 中國과 英國을 거쳐 프랑스 파리대학을 졸업하고 귀국하여 조선일보사에 입사하였다가 중외일보로 옮겼다. 그리고 최린이 유럽을 여행할 때 동행하여 통역을 맡기도 하였다.(이정섭, 「錚錚한 當代 論客의 風貌」, 『삼천리』 제4권 제8호, 1932. 8, 13~14쪽) 또한 이정섭은 최린과 같은 함흥 출신으로 1909년 천도교에 입교하여 道師를 역임하였고, 신파의 기관지 『신인간』 집필인으로 활동하였다.(이돈화, 『천도교창건록』, 천도교중앙종리원, 1934, 343쪽)

35) 이정섭, 「錚錚한 當代 論客의 風貌」 참조.

36) 『동아일보』, 1927년 2월 17일자.

37) 원래 부회장에는 사회주의 계열인 洪命熹가 당선되었으나 개인사정과 會勢의 미묘한 사정으로 사임하였다.(이병헌, 「신간회운동」, 195쪽) 이는 아마도 신간회 창립과정에서 자금을 지원하는 등 적지 않은 역할을 하였던 천도교 구파에 대한 배려가 아닌가 한다.

중앙위원으로 각각 선정되었다.[38] 이어 박래홍은 총무부 간사, 이병
헌은 조직부 간사, 박완은 청년부 간사에 각각 선임되었다.[39] 그리고
창립대회에서 선출된 회장 李商在가 3월 29일 사망하자 부회장으로
있던 권동진이 그 역할을 맡았다.[40] 이후 본부에서 활동한 구파 인물
로는 1929년 2월 정기대회 준비위원회가 구성될 때 이종린이 규약부
장으로,[41] 朴陽信이 서무부 부원으로,[42] 6월 복대표대회에서 구성된
중앙집행위원으로 선천 출신의 李龍吉과 중앙검사위원장으로 권동
진이 각각 선임되었다.[43]

　이처럼 천도교 구파세력이 참여한 가운데 창립된 신간회에 구파의
전위단체인 天道敎靑年同盟은 동맹 차원에서 조직적으로 참여하였
다. 청년동맹은 신간회보다 약 1년 전인 1926년 4월 3일 조직하였다.[44]
신간회 창립에 적극적으로 참여한 청년동맹은 1927년 12월 25일 동맹
대회를 개최하고 '민족적 단일당', 즉 신간회를 적극 지지할 것을 결
의하였다.[45] 이에 따라 천도교 구파는 청년동맹을 통해 신간회 본부
뿐만 아니라 청년동맹 지부가 있는 지역에서는 신간회 지회 조직에
적극 참여하게 되었다. 신간회 창립과정과 본부에 참여한 구파 인물
을 정리하면 〈표 1〉과 같다.

38) 이병헌, 「신간회운동」, 195쪽.
39) 이병헌, 「신간회운동」, 196쪽.
40) 『동아일보』, 1927년 4월 28일자.
41) 『동아일보』, 1929년 2월 9일자.
42) 『조선일보』, 1929년 2월 4일자.
43) 『동아일보』, 1929년 7월 1일자.
44) 「天道敎靑年同盟創立總匯會錄」, 『천도교회월보』 184호, 1926. 4, 39쪽.
45) 「天道敎靑年同盟大會의 件」, 『사상문제에 관한 조사서류(3)』, 종로경찰서, 1927. 12.
　　27(문서번호 鐘路警高秘 제14900호).

〈표 1〉 신간회 창립 및 본부 활동 천도교 인물

이름	참여분야	시기	천도교 또는 청년동맹 경력
권동진	협동전선 예비모임	1926. 3. 10	고문, 현기사장 등
	신간회 창립 협의 모임	1926. 말	
	신간회 창립 합의 모임	1927. 1	
	신간회 발기인	1927. 2	
	신간회와 조선민흥회 합동대표	1927. 2. 11	
	창립대회 규칙심사위원	1927. 2. 15	
	창립대회 부회장	1927. 2. 15	
	회장 대행	1927. 4	
	중앙검사위원장	1929. 6	
이종린	협동전선 예비모임	1926. 3. 10	고문, 포덕과 대표위원
	신간회 창립 합의 모임	1927. 1	
	신간회 발기인	1927. 2	
	창립대회 중앙위원	1927. 2. 15	
	규약부장	1929. 2	
오상준	협동전선 예비모임	1926. 3. 10	고문, 상무종법사
박래홍	신간회 창립 합의 모임	1926. 말	대표위원
	신간회 창립 합의 모임	1927. 1	
	신간회 발기인	1927. 2	
	창립대회 규칙심사위원	1927. 2. 15	
	창립대회 중앙위원	1927. 2. 5	
	총무부 간사	1927. 2	
박 완	신간회 창립 합의 모임	1927. 1	상무위원, 대표위원
	청년부 간사	1927. 2	
이병헌	신간회 창립 합의 모임	1927. 1	상무위원, 경기도연맹 집행위원
	조직부 간사	1927. 2	
박양신	서무부 부원	1929. 2	경기도연맹 집행위원
이용길	중앙집행위원	1929. 6	고문, 반대표, 평북도연맹 집행위원

4. 천도교 구파와 신간회 지회

1927년 2월 25일 본부 조직을 마친 신간회는 4월에 들어서야 비로소 지회조직에 착수할 수 있었다. 지회규정에 의하면 지회는 "一區내에 거주하는 회원 30명 이상"으로 하였다. 이 해 5월부터 본격적으로 조직되기 시작한 지회는 1929년 2월 15일 현재 144개에 달하였으며, 1931년 신간회가 해소될 때까지 149개가 설립되었다.[46]

신간회가 창립된 후 전국의 청년단체를 비롯하여 사상단체, 노동단체, 농민단체 등 다양한 사회단체로부터 신간회를 지지하는 운동이 전개되었다. 그 지지형태는 기존 사상단체의 해체를 통한 참여, 파벌박멸을 통한 전선의 통일, 신간회에 대한 지지와 후원 등으로 표명하였다.[47] 이밖에도 신간회의 지회는 종교단체의 적극적인 후원도 있었다. 지회의 조직은 이러한 단체의 지원이나 지지가 있었지만 단체로서 가입할 수는 없었고, 다만 개인으로만 가입이 가능하였다. 그러나 개인이라 할지라도 천도교청년동맹처럼 '중앙조직체'를 가지고 있는 경우에는 중앙조직체의 활동에 적지 않은 영향을 받지 않을 수 없다. 이러한 관계로 청년동맹은 신간회 본부뿐만 아니라 지회조직에도 적극 참여하고 있다. 여기서는 구파 내지 청년동맹 회원이 참여한 지회를 살펴보고자 한다.

구파세력이 신간회 지회조직에 참여한 곳은 京城支會를 비롯하여 京西支會, 楊口支會, 江華支會, 廣州支會, 水原支會, 永川支會, 大邱支會, 康津支會, 兵營支會, 光陽支會, 靈巖支會, 莞島支會, 長興支會, 井邑支會, 南原支會, 唐津支會, 瑞山支會, 禮山支會, 洪城支會, 陰城

---

46) 신간회 지회조직에 대한 자세한 내용은 이균영, 『신간회연구』, 「제4장 지회의 설립과 활동」을 참조할 것.

47) 이균영, 『신간회연구』, 230쪽.

支會, 忠州支會, 龜城支會, 宣川支會, 龍川支會, 鐵山支會 등 26개 지 회에 이르고 있다. 이를 지역별로 보면 경기지역 5개 지회, 호남지역 8개 지회, 충청지역 6개 지회, 관서지역 4개 지회, 기타 경북과 강원지 역 3개 지회로 분류할 수 있다.(〈표 2〉 참조)

〈표 2〉 천도교 구파가 참여한 신간회 지회

경기지역	호남지역	충청지역	관서지역	강원·영남지역
京城支會 京西支會 江華支會 廣州支會 水原支會	康津支會 兵營支會 光陽支會 靈巖支會 莞島支會 長興支會 井邑支會 南原支會	唐津支會 瑞山支會 禮山支會 洪城支會 陰城支會 忠州支會	龜城支會 宣川支會 龍川支會 鐵山支會	楊口支會 永川支會 大邱支會
5개 지회	8개 지회	6개 지회	4개 지회	3개 지회

천도교 구파세력이 신간회 지회에 참여하고 있는 세력 중 단일조 직으로는 가장 폭넓게 한 것으로 보인다. 이들 중 구파세력이 비교적 왕성하게 활동한 곳으로 경성지회, 광주지회, 수원지회, 강진지회, 병 영지회, 장흥지회, 남원지회, 음성지회, 선천지회, 용천지회, 당진지 회, 홍성지회 등을 들 수 있다. 여기서는 경성지회와 선천지회의 참여 사례를 살펴보고자 한다.

1) 경성지회와 천도교 구파

경성지회는 본부조직 후인 1927년 5월 25일 신간회 조직에 뜻이 있는 30여 명이 朝鮮敎育協會에서 15명의 경성북부지회 설립 준비위 원을 선정하면서 비롯되었다. 15명의 준비위원 중 천도교 구파의 인 물로는 吳尙俊, 李晃, 姜仁澤, 金永倫 등 4명이 참여하고 있다.[48] 이

---

[48] 『중외일보』, 1929년 5월 27일 및 『동아일보』, 1927년 5월 27일자. 그밖의 준비위원은

들은 26일 준비위원회를 개최하고 견지동에 준비사무소를 마련하는 등 총회준비 사항을 논의하였다. 그러나 지회는 한 지역에 하나를 둔다는 원칙에 따라 경성북부지회는 경성지회설치준비위원회로 변경하고 준비위원을 21명으로 확충하였다.[49] 이에 따라 구파에서도 참여인물이 늘어나게 되었는데 李炳憲, 朴浣, 崔俊模 등 3명이 보충되어 7명이 경성지회설치준비위원으로 활동하였다. 이어 6월 10일 종로 中央基督敎靑年會舘에서 설립대회를 개최하고 회장에 한용운, 부회장에 許憲, 그리고 간사 25명을 선출하였다.[50] 이날 선출된 간사 중 구파인물로는 이병헌, 강인택, 이황, 김영륜, 박완 등 5명이 참여하고 있다. 그리고 6월 15일 제1회 간사회에서 서무부·재무부·정치문화부·조직부·선전부 등 5개 부서를 두고 업무를 담당할 간사를 선출하였는데, 서무부 총무간사에 김영륜, 서무부 상무간사에 이병헌, 선전부 상무간사에 이황이 각각 선임되었다.[51] 그밖에 경성지회 참여세력으로는 黃信德·申鉉九·李寬求·朴一·李時浣 등의 기독교세력, 한용운의 불교세력 등 종교세력과 서울청년회의 이병의·이시완·김정기, 근우회의 丁七星, 無産者同盟會의 이원혁 등 사회주의 세력이 참여하였다.[52]

경성지회는 조직강화를 위한 선전활동의 일환으로 12월 8일 天道敎紀念館에서 강연회를 개최한 바 있는데, 이날 강연회에서 구파인물로 박완은 '조선사람과 신간회', 朴昊辰은 '대중의 요구와 신간회의

金商震, 金炳魯, 田得鉉, 魯成元, 方斗波, 金相珏, 申鉉九, 俞炳鮮, 金東煥, 金革鳴, 孫壽 등이다.

49) 『조선일보』, 1927년 6월 3일자.
50) 『동아일보』, 1927년 6월 12일 ; 『조선일보』, 1927년 6월 12일 ; 『중외일보』, 1927년 6월 12일자.
51) 『조선일보』, 1927년 6월 18일자.
52) 조규태, 「신간회 경성지회의 조직과 활동」, 『국사관논총』 89, 국사편찬위원회, 2000, 241~241쪽.

사명'이라는 제목으로 각각 강연을 하였다.[53] 박호진은 이황의 처로
평양 출신이다. 1922년 상해로 건너갔으며 1923년 廣東大學 영문과에
입학하여 영국 공산주의자와 교유하였고 1927년 4월 광동대학을 졸
업한 후 귀국하여[54] 천도교여성동맹 집행위원,[55] 근우회 중앙집행위
원,[56] 朝鮮靑年總同盟 중앙위원,[57] 그리고 화요회 회원으로 활동하
면서[58] 전북공산주의자협의회 결성에 참여하였다.[59]

1927년 12월 정기대회에서 대표위원 37명을 선출할 때에는 이황·
박완·박래홍 등이, 그리고 간사 31명을 선출할 때 이황·박완·손재
기·신태순 등 4명이 선임되었다.[60] 1929년 1월 정기대회에서 이종린
은 간사 전형위원,[61] 1월 23일 정기간사회에서 박완은 조사연구부 총
무간사, 박양신은 조사연구부 상무간사로 선출[62]되어 활동하였다.

한편 신간회 본부는 1927년과 1928년 정기대회를 일제의 금지로 열
지 못하게 되자 1929년 4월 복대표대회안을 제기하였다. 이에 따라
경성지회는 7월 21일 천도교기념관에서 중앙집행위원회 체제를 구성
하기 위한 임시대회를 개최하였다. 이날 임원 전형위원으로 이종린과
박완, 박한경이 참여하였으며, 집행위원 26명과 검사위원 7명을 선출
하였다.[63] 그 결과 구파인물로 박완·박한경·박양신·손재기·오일

---

53) 『조선일보』, 1927년 12월 8일자.
54) 강만길·성대경, 『한국사회주의운동인명사전』, 218~219쪽.
55) 『중외일보』, 1930년 4월 9일자.
56) 『동아일보』, 1929년 5월 14일자.
57) 「現有勢力 總調査, 新幹, 農總, 勞總, 靑總, 槿友, 天道敎, 基督敎, 佛敎」, 『삼천리』
　　9호, 1930. 10, 29쪽.
58) 「비밀결사 조선공산당 및 고려공산청년회사건 검거의 건」, 경성지방법원검사국, 1928,
　　고대 아연자료 문서번호 200-4-058 근우회 항목 ; 조규태, 「천도교청년동맹의 조직과
　　활동」, 43쪽에서 재인용.
59) 강만길·성대경, 『한국사회주의운동인명사전』, 219쪽.
60) 『조선일보』, 1927년 12월 12일자.
61) 『조선일보』, 1929년 1월 21일자.
62) 『조선일보』, 1929년 1월 27일자.

철·이병헌·강인택이 집행위원으로, 劉漢日이 검사위원으로 각각
선출되었다. 이어 개최된 집행위원회에서 박한경과 손재기는 상무집
행위원, 이병헌은 조사부 부원, 박한경은 선전부 부장, 박완은 출판부
부장, 박양신은 출판부 부원으로 각각 선임되었다.[64] 이밖에도 신간
회 경기도연합회 조직을 위한 교섭위원으로 박완,[65] 경서지회의 준
비위원으로 김상즙,[66] 경성지회 班組織 설립 담당으로 오일철과 박
한경이 각각 활동하였다.[67] 그리고 도시민빈의 주거조건 개선을 위
한 차가문제연구위원으로 손재기[68]가, 1930년 4월 임시대회를 열고
새로운 집행부를 구성할 때 이종린은 집행위원장,[69] 박완은 상무집
행위원으로[70] 각각 선임되어 활동하였다. 경성지회에서 활동한 구파
인물의 참여활동을 정리하면 〈표 3〉과 같다.

〈표 3〉 경성지회에서 활동한 천도교 구파 인물

이 름	참여활동 분야	참여시기	천도교 경력	비고
이종린	간사 선출 전형위원	1929. 1	고문, 포덕과 대표위원	
	집행위원 선출 전형위원	1929. 4		
	집행위원장	1930. 4		
오상준	설립준비위원	1927. 5. 25	고문, 상무종법사	
이황	설립준비위원	1927. 5. 25	집행위원, 상무위원	
	설립대회 간사	1927. 6. 10		
	선전부 상무간사	1927. 6. 15		
	대표위원 겸 간사	1927. 12		

63) 『조선일보』, 1929년 7월 23일자.
64) 『조선일보』, 1929년 7월 26일자
65) 경성종로경찰서장, 「신간회경성지회정기상무집해위원」, 1929. 8. 12.
66) 경성종로경찰서장, 「신간회경기도연합회발기회건」, 1929. 8. 20 ; 김경일, 『일제하 사회운동사자료집』 5, 한국학술정보, 2002, 710~711쪽.
67) 김경일, 『일제하 사회주의운동사자료집』 5, 778쪽.
68) 경성종로경찰서장, 「신간회경성지회상무집행위원회」, 1929. 9. 6 ; 김경일, 『일제하 사회주의운동사자료집』 5, 779~780쪽.
69) 『조선일보』, 1930년 4월 14일자.
70) 조규태, 「신간회 경성지회의 조직과 활동」, 254쪽.

강인택	설립준비위원	1927. 5. 25	이문원, 교구장	천도교 연합회
	설립대회 간사	1927. 6. 19		
	집행위원	1929. 4		
김영륜	설립준비위원	1927. 5. 25	서무과 위원	
	설립대회 간사	1927. 6. 10		
	서무부 총무간사	1927. 6. 15		
이병헌	설립준비위원(추가)	1927. 5	이문원, 집행위원	
	설립대회 간사	1927. 6. 10		
	서무부 상무간사	1927. 6. 15		
	집행위원	1929. 4		
	조사부 부원	1929. 4		
박한경	집행위원 선출 전형위원	1929. 4		최병제 증언
	집행위원 겸 상무집행위원	1929. 4		
	선전부 부장	1929. 4		
	반조직 설립 담당	1929. 8		
박완	설립준비위원(추가)	1927. 5	상무위원, 대표위원	
	설립대회 간사	1927. 6. 10		
	대표위원	1927. 12		
	간사	1927. 12		
	조사연구부 총무간사	1929. 1. 23		
	집행위원 선출 전형위원	1929. 4		
	집행위원 및 출판부 부장	1929. 4		
	경기도연합회 교섭위원	1929. 8		
	상무집행위원	1930. 4		
최준모	설립준비위원(추가)	1927. 5	상무종법사	
박래홍	대표위원	1927. 12	대표위원	
손재기	간사	1927. 12	중앙집행위원, 검찰위원, 상무위원	
	집행위원 겸 상무집행위원	1929. 4		
	차가문제연구위원	1929. 8		
신태순	간사	1927. 12	대표위원	
오일철	집행위원	1929. 4	집행위원, 검찰위원, 상무위원	
	반조직 설립 담당	1929. 8		
박호진	강연회 강사	1927. 12. 8	여성동맹 집행위원	근우회, 조선청년총동맹, 화요회에서 활동
	간사	1929. 1		
유한일	검사위원	1929. 4	상무위원, 포덕과 위원	
김상즙	경기도연합회 준비위원	1929. 8	위원	경서지회
	해체 조사위원	1931. 2 6		
박양신	조사연구부 상무간사	1929. 1	경기도연맹 집행위원	
	집행위원 및 출판부 부원	1929. 4		

2) 선천지회와 천도교 구파

선천지회는 천도교 구파와 기독교 세력이 중심이 되어 설립되었다. 선천지회 설립에 사회주의 세력이 참여하지 못한 것은 선천이 기독교와 천도교 종교단체의 영향력이 그만큼 컸기 때문이었다.[71] 1927년의 상황을 살펴보면 선천 시내의 절반 이상이 기독교인일 정도로 기독교 세력이 강하였고, 외곽지대는 천도교가 장악하였다. 기독교는 3·1운동 당시 민족대표였던 梁甸伯과 박동완, 천도교는 구파는 韓賢泰와 李龍吉, 신파는 李君五와 金商說이 중심인물이었다. 그리고 천도교의 교세는 구파가 3,800여 명, 신파가 1,600여 명이었다. 이처럼 종교세력이 강함에 따라 사회주의 세력은 신간회 참여에서 자연스럽게 소외되었다.

1927년 5월 10일 구파의 李龍吉·李義達·尹永燦·朴得淳·韓龍淳·金希賢·金明植·金道俊과 기독교의 양전백·오용실·김경념·조규찬·계병준 등 13명이 기독교청년회관에 모여 신간회 선천지회 설립준비위원회를 구성하면서 전개되었다.[72] 이들은 20여 일 후인 5월 30일 기독교청년회관에서 설립총회를 개최하고 회장에 張奎明, 부회장에 이용길, 서기에 한용순으로 구성하고 간사 선출을 위한 전형위원으로 이의달, 김경념, 한용순, 양전백, 박득순이 활동하였다. 그 결과 간사 20명을 선출하였다.[73] 선천지회 설립 이후 해소될 때까지 활동하였던 간부진은 다음과 같다.

▶제1차 정기대회(1927년 12월 9일)[74]
　회장 : 이용길, 부회장 : 김복관

---

[71] 『동아일보』, 1927년 6월 2일자.
[72] 『조선일보』, 1927년 5월 13일자.
[73] 『조선일보』, 1927년 6월 1일 및 『동아일보』, 1927년 6월 2일자.
[74] 『동아일보』, 1927년 12월 12일 ; 『조선일보』, 1927년 12월 13일 ; 『중외일보』 1927년 12월 13일자.

서무부 : 총무간사 김경념, 상무간사 한용순, 간사 오용갑 김덕연 조규찬
재정부 : 총무간사 신석범, 상무간사 이정규 이몽상 박정조 박희현
정치문화부 : 총무간사 양전백, 상무간사 장규명, 간사 문종우 궁이붕
　　　　　　백시찬
조사연구부 : 총무간사 박세건, 상무간사 계병호, 간사 박영근 김인현
　　　　　　홍종명 오영율 이의달 ○도원
대의원 : 양전백, 이용길, 한용순, 김복관, 이정규, 박득순, 오용갑, 오순
　　　　애, 김인하, 계행로, 후보 이의달, 박세건, 계병호, 오영율, 박희
　　　　하, 박원상

▶제2차 정기대회(1929년 1월 14일)[75]
회장 : 박세종
서무부 : 총무간사 오현의, 상무간사 김복관, 간사 박영근 김시연
재무부 : 총무간사 신석범, 상무간사 이정규, 간사 박정찬 박희현
선전부 : 총무간사 이용길, 상무간사 김인하, 간사 홍원범 박득순
간사 : 안성모 이충근 치창진 김명진 이몽상 계두익 박돈채 김진순 박○

▶제3차 정기대회(1929년 12월 17일)[76]
위원장 : 박세권
집행위원 : 오현준, 김복관, 김덕연, 이정규, 박정찬, 박희현, 김경념, 조
　　　　　규찬, 한응수, 이의달, 계행로, 이혜당, 이용길, 김인하, 홍원
　　　　　범, 안성모, 박득순, 이충근, 이몽상, 차창진, 김명진, 계두익,
　　　　　박돈채, 김진순, 박내명
검사위원 : 장규명, 신석범
전국대회 대의원 : 이용길

▶임시대회[77]
집행위원장 : 김항준
집행위원 : 이정규, 김현국, 박선래, 박내명

75) 『조선일보』, 1929년 1월 19일자.
76) 『조선일보』, 1929년 12월 20일자.
77) 『중외일보』, 1930년 4월 26일자.

선천지회가 설립 이후 해소될 때까지 활동한 인물 가운데 구파 또
는 청년동맹의 인물은 이용길 · 김덕연 · 박희현 · 이의달 · 계행로 김
인하 · 박득순 · 이충근 · 이몽상 · 김명진 · 한용순 · 김도준 · 윤영찬
등이었다. 이들은 집행부를 비롯하여 서무부, 재정부, 선전부 등 중요
한 역할을 담당하였다.

앞서 살펴본 경성지회와 선천지회를 포함하여 신간회 각 지회에
참여한 구파 주요인물의 활동을 정리하면 〈표 4〉와 같다.

〈표 4〉 천도교 구파의 신간회 지회 참여인물

〈표 4-1〉 경기지역

지회명	이름	신간회 경력	천도교 및 청년동맹 경력	비고
江華	姜世熙	조직선전부장(29. 9. 8)	집행위원, 경기도연맹 검찰위원, 포덕과 대표위원, 위원	
廣州	韓順會	회장(27. 8. 24), 부회장(28. 12. 20) 검사위원(29. 8. 7)	검찰위원, 경기도연맹집행위원	
	韓哲基	총무간사(27. 8. 24) 간사(28. 12. 20) 집행위원(29. 8. 7)	위원, 서무과 대표위원	
	黃秋浩	상무간사(27. 8. 24) 간사(28. 12. 20) 집행위원(29. 8. 7)	경리과 대표위원	
	李容琥	간사(27. 8. 24/28. 12. 20) 집행위원(29. 8. 7)		최병제 증언
	朴泰遠	간사(27. 8. 24) 집행위원(29. 8. 7)		최병제 증언
	韓辰會	집행위원(29. 8. 7)		한순회의 弟
	金正恩	집행위원(29. 8. 7)	위원, 감사원	
水原	洪鍾珏	조직선전부 총무(27. 10. 27/27. 12. 18/28. 12. 16) 위원(30. 4. 25)	검찰위원대표, 경기도연맹 집행위원, 순회교사, 이문원, 종리사, 포덕과 대표위원	
	尹駿欽	조직선전부 간사(27. 12. 18)	경기도연맹 집행위원, 서무종리사, 포덕과 대표위원	

	李寅鵬	조직선전부 간사(27. 10. 17/27. 12. 18/28. 12. 16) 조직선전부(29. 4. 10) 위원(30. 4. 25)	대표, 경기도연맹 집행위원, 서무종리사, 이문원, 순회교사	
	金相根	서무부 간사(28. 12. 16)	집행위원, 금융원, 종리사, 감사원	
	金顯祚	조직선전부 간사(27. 10. 17) 조사연구부 총부(28. 12. 16)		
	池泳泰	마도반 반장(29. 3. 20)	집행위원, 남양동맹 대표, 감사원	
	羅天綱	검사위원(30. 4. 25)	고문	
	朴商勳	남양분회 분회장 및 대표위원(30. 4. 8)	상무, 남양동맹 상무, 위원	
	朴商昌	남양분회 집행위원, 대표위원(30. 4. 8)		박상훈의 弟
	朴商益	남양분회 대표위원(30. 4. 8)		박상훈의 弟

〈표 4-2〉 강원·영남지역

지회명	이름	신간회 경력	천도교 및 청년동맹 경력	비고
楊口	朴斗秉	재무부 간사(29. 2. 19)	전교사	
大邱	洪胄一	설립준비위원(27. 7. 23)	교구장	
永川	車致駿	설립준비위원(27. 8. 18)	위원	

〈표 4-3〉 호남지역

지회명	이름	신간회 경력	천도교 및 청년동맹 경력	비고
康津	吳基德	부회장(29. 1. 31)	위원, 고문	
	金宗玄	서무부 총무간사(29. 1. 31) 본부정기대회 대의원(29. 1. 31)	대표, 서무과 대표위원	
	朴秉圭	조직선전부 상무간사(29. 1. 31)		
兵營	吳基德	집행위원장(29. 8. 10) 서무부 부원(30. 1. 9)	위원, 고문	
	金宗玄	회계담당(29. 8. 10) 재무부장(30. 1. 9)	대표, 서무과 대표위원	
	朴秉圭	검사부 후보(29. 8. 10) 집행위원(30. 1. 9)		

	姜安實	서무부장(29. 8. 10) 서기장(29. 8. 10) 대의원 후보(30. 1. 9)	공선원, 전제원, 위원, 고문, 포덕과 대표위원	
	蘇在俊	집행위원 호보(29. 8. 10) 대의원(30. 1. 9)		
	梁海善	검사위원(30. 1. 17)	집행위원, 전남도연맹 집행위원, 포덕과대표위원	
靈岩	申學均	위원장(29. 12. 22)	중앙집행위원, 전남도연맹 집행위원, 포덕과 대표위원	
	郭東植	부회장(27. 8. 28)	감사원	
莞島	朴魯吉	행정부 총무간사(27. 8. 28)		
	朴漢奎	정치문화부 총무간사(27. 8. 28)	위원, 중앙집행위원, 중앙위원	
長興	黃生周	서무부 총무간사(27. 7. 15) 총무간사(27. 12. 4) 위원장(29. 12. 11) 전국대회 대표(29. 12. 11)	위원, 전남도연맹 대표위원	
	洪奉五	상무(27. 7. 15) 조사부 총무간사(27. 12. 4)	전교사, 위원, 전남도연맹 상무위원	
	金在班	총무간사(27. 12. 4) 검사위원장(29. 12. 11)	전남도연맹 검찰위원, 포덕과 대표위원	
	朴鍾錄	간사(27. 12. 4)		
	趙洪俊	간사(27. 12. 4)	전교사	
	金千一	선전부(29. 12. 11)		
	黃長周	상무간사(27. 12. 4) 교양부(29. 12. 11)		
	金相東	교양부(29. 12. 11)	공선원, 전남도연맹 집행위원	
	韓用圭	회계(29. 12. 17)	전남도연맹 집행위원	
南原	柳泰洪	선전부 총무간사(27. 8. 12) 위원장(29. 2. 13)	전제원, 공선원, 금융원, 교구장, 감사원	
	崔炳鉉	서무부 총무간사(27. 8. 12) 총무간사(29. 2. 13)	서기, 중앙집행위원	
	柳宗錫	간사(27. 8. 12)	중앙집행위원, 서무과 대표위원	
	姜在得	간사(27. 8. 12/29. 2. 13)	전교사, 경리과 대표위원	
光陽	鄭晋武	검사위원장(29. 9. 8)	교구장, 종법사	
井邑	黃璋壽	상무간사(28. 2. 18)	대표위원, 서무과 대표위원	
	朱永錫	서무부 총무간사(28. 2. 18) 집행위원(29. 8. 5)	집행위원 겸 상무, 경리과 대표위원	

〈표 4-4〉 충청지역

지회명	이름	신간회 경력	천도교 및 청년동맹경력	비고
唐津	高麟煥	설립준비위원(27. 11. 4) 간사(27. 12. 6)	공선원	
	鄭煥奭	설립준비위원(27. 11. 4) 간사(27. 12. 4) 본부대의원(28. 1. 28) 간사(29. 1. 24) 집행위원(29. 8. 11)	위원, 포덕과 대표위원	
	朴箕信	집행위원 후보(29. 8. 11) 집행위원(31. 1. 20)	서기, 공선원, 전제원, 강도원	
	鄭煥台	집행의원(31. 1. 20)	강도원, 공선원, 전제원, 교구장	
	李忠範	간사(27. 11. 4/29. 1. 24) 집행위원(29. 8. 11/31. 1. 20)	대표위원	
瑞山	金元濟	간사(28. 4. 22)	순회교사	
洪城	李鎭飛	설립준비위원(27. 6. 15) 선전부 상무간사(27. 8. 25) 간사(28. 12. 18) 집행위원 후보(29. 7. 30) 집행위원(30. 12. 6)	금융원, 위원, 서무과 대표위원	
	朴鍾憲	간사(28. 12. 18) 집행위원(29. 7. 30) 집행위원 후보(29. 12. 12)	전교사	
	李完儀	검사위원(30. 12. 6)	위원	
禮山	文秉錫	설립준비위원(27. 11. 4)	감사원, 집행위원, 포덕과 대표위원	
陰城	梁俊城	회장(29. 2. 16)	주임종리사, 감사원, 위원, 검찰위원	
	金東煥	총무간사(29. 2. 16)	상무위원, 검찰위원	
	鄭公憲	상무간사(29. 2. 16)	상무위원, 검찰위원	
	李圭采	상무간사(29. 2. 16)	검찰위원	
	林道明	상무간사(29. 2. 16)	검찰위원	
忠州	洪淳昶	간사(29. 2. 29)	청년동맹위원장	

〈표 4-5〉 관서지역

지회명	이름	신간회 경력	천도교 및 청년동맹경력	비고
宣川	李龍吉	설립준비위원(27. 5. 10) 부회장(27. 5. 30)	고문, 반대표, 평북도연맹 고문	

		회장 및 대의원(27. 12. 9) 선전부 총무간사(29. 1. 14) 집행위원(29. 12. 17) 전국대회대의원(29. 12. 17)		
	李義達	설립준비위원(27. 5. 10) 전형위원 및 간사(27. 5. 30) 조사연구부 간사(27. 12. 9) 대의원(27. 12. 9) 집행위원(29. 12. 17)	종법사	
	尹永燦	설립준비위원(27. 5. 10) 간사(27. 5. 30)		
	朴得淳	설립준비위원(27. 5. 10) 전형위원 및 간사(27. 5. 30) 대의원(27. 12. 9) 선전부 간사(29. 1. 14) 집행위원(29. 12. 17)	반대표, 검찰위원, 평북도연맹 검찰위원,금융원	
	朴希賢	설립준비위원(27. 5. 10) 재정부 상무간사(27. 12. 9) 재무부 간사(29. 1. 14) 집행위원(29. 12. 17)	상무, 중앙집행위원, 평북도연 맹 집행위원	
	金明植	설립준비위원(27. 5. 10) 간사(29. 1. 14)	순회교사, 대표, 평북도연맹 검 찰위원, 종법사	
	金德淵	서무부 간사(27. 12. 9) 집행위원(29. 12. 17)	집행위원, 중앙집행위원, 평북 도연맹 대표위원, 종리사	
	桂行老	대의원(27. 12. 9) 집행위원(29. 12. 17)	집행위원, 평북도연맹 상무위원	
	李夢常	재정부 상무간사(27. 12. 9) 간사(29. 1. 14) 집행위원(29. 12. 17)	반대표, 집행위원, 평북도연맹 집행위원	
	金麟河	대의원(27. 12. 9) 선전부 상무간사(29. 1. 14) 집행위원(29. 12. 17)	집행위원, 반대표, 평북도연맹 집행위원	
	韓龍淳	설립준비위원(27. 5. 10) 서기(27. 5. 30) 서무부 상무위원(27. 12. 9) 대의원(27. 12. 9)	중앙집행위원	
	李忠根	집행위원(29. 12. 17) 산사(29. 1. 14)	집행위원, 순회교사	
	金道俊	설립준비위원(27. 5. 10)	선천교당 건립 성금 기부	
新義州	李晃	선전조직부(30. 12. 18)		
龜城	黃濟仁	제1회 정기총회 사회(29. 1. 18)	공선원, 평북도연맹 집행위원	
龍川	朴斗燁	설립준비위원(27. 11. 1) 간사(27. 11. 28)	중앙집행위원, 평북도연맹 검 찰위원	

	金萬壽	간사(27. 11. 28)	집행위원, 평북도연맹 포덕부원	
	安貞洛	간사(27. 11. 28)	종리사, 집행위원, 평북도연맹 집행위원	
	金承浩	간사(27. 11. 28)	상무	
	金亨瓚	간사(27. 11. 28)		
	禹世夏	간사(27. 11. 28)	교구장, 종리사	
鐵山	崔美洙	선전조직부 간사 및 대의원 (28. 8)	교구장	
	尹雲靑	대의원 및 선전조직부(28. 8)	철산청년동맹 고문	
	鄭用增	대의원 및 조사연구부(28. 8)	중앙집행위원	

5. 천도교 신파와 신간회

신간회 참여 세력 가운데 천도교의 경우 대부분 구파 또는 청년동 맹이 주도하였지만 일부 지회에서는 천도교청년당 등 신파에 속한 인물도 적지 않게 참여하였다. 단천지회의 李洛俊, 북청지회의 李宇英, 이원지회의 李道在, 함흥지회의 韓長庚·李夢雄·洪濤, 홍원지회의 朴周燮, 성진지회의 姚永國·金鳳洛, 진주지회의 朴台弘 등이다.

단천지회의 설립은 李學模·李周淵 등 사회주의 세력에 의해 주도되었다. 그러나 3·1운동을 주도하고 지역에서 강한 영향력을 가지고 있는 천도교 세력에 대해 무조건 배제할 수는 없었다. 이에 따라 설립 초기 사회주의 세력 중심이었지만 1929년 들어 천도교 세력의 참여를 수용하였다. 당시 천도교청년당 단천당부 회장 李洛俊은 1929년 1월 대표의원으로 참여하였으며,[78] 이어 8월에는 회장으로 선출되었다.[79] 이로써 청년당 당원도 자연스럽게 신간회에 참여할 수 있었다.[80] 천도교와 사회주의와의 연대는 1928년 단천 饑饉救濟會가 결성되면서

78) 『조선일보』, 1929년 1월 23일자.
79) 『조선일보』, 1929년 9월 4일자.
80) 水野直樹, 「신간회운동에 관한 약간의 문제」, 『신간회연구』, 동녘, 1987, 98~99·101쪽.

마련되었다. 1927년 흉작과 뭇害로 이를 구제하기 위해 기근구제회
를 결성할 때 신간회의 이주연, 천도교청년당의 설운룡과 이낙준 등
이 중심이 되었으며, 기근상황보고 및 강연회를 하면서 연대를 이루
었다.[81]

　이러한 현상은 북청지회에서도 보여지고 있다. 북청 역시 천도교
의 세력이 강하였던 지역으로 초기 사회주의 세력 중심에서 1929년
들어오면서 청년당 당원들도 신간회에 참여하게 되었다. 대표적인
인물은 李宇英으로 1929년 8월 임원으로 참여 활동하였다.[82] 이원지
회의 경우 이도재가 설립 초기부터 참여하여 지회장,[83] 검사위원,[84]
검사위원장[85] 등으로 활동한 바 있다. 홍원지회 역시 사상단체 左進
會의 주도와 대중운동자간감회 결과 유림회, 상무회, 기독교, 천도교
등 종교 및 사회단체가 참여하면서 1927년 9월 3일 설립되었다.[86] 천
도교 측에서는 대표적 참여인물로는 박주섭이 1929년 2월 부회장에
선임되어 활동하였다.[87]

　함흥지회의 설립은 기독교계의 朴然·金錫周·洪基鎭, 천도교의
한장겸, 그리고 사회주의계의 北風會의 李利奎 등에 의해 주도되었
다. 함흥지회에서 천도교인으로 참여한 인물로는 한장겸, 홍도, 이몽
웅 등이 있다. 한장겸은 1927년 6월 설립위원으로 참여하여[88] 설립대
회에서 간사로 선출되었으며,[89] 홍도와 이몽웅은 1927년 정기대회에

81) 『동아일보』, 1928년 6월 10일자 ; 6월 14일자 ; 6월 21일자 ; 6월 22일자 및 水野直樹,
　「신간회운동에 관한 약간의 문제」, 100쪽.
82) 『조선일보』, 1929년 8월 16일자.
83) 『동아일보』, 1929년 5월 14일 및 『조선일보』 1929년 5월 17일자.
84) 『조선일보』, 1929년 8월 14일자.
85) 『조선일보』, 1929년 12월 17일 및 12월 31일자.
86) 『동아일보』, 1927년 9월 6일자 및 이균영, 『신간회연구』, 486쪽.
87) 『동아일보』, 1927년 2월 24일 및 8월 19일자.
88) 『조선일보』, 1927년 6월 29일자 및 『동아일보』, 1927년 6월 30일자.
89) 『조선일보』, 1927년 7월 12일자.

서 간사로 각각 선임되었다.[90] 홍도는 함흥종리원 교구장을 역임한 洪聖淵의 아들로 본명은 洪鎭義이다. 1918년 일본 明治大學을 졸업하고 1919년 3·1운동 직후 임시정부 수립운동에 참여한 바 있으며 1919년 4월 대한민국임시정부 함북 대의원, 5월에는 국무원으로 선임되었다. 이후 1921년 고려공산당 임시연합간부가 되었으며, 1922년 1월 이동휘와 함께 극동인민대표대회에 참가, 1924년 6월에는 赤旗團, 1927년에는 조선공산당 중앙집행위원으로 활동하였다.[91] 특히 함흥지회의 경우 천도교와 기독교 등 종교세력이 설립 초기 민족주의 좌파의 중심역할을 하기도 하였다.[92]

성진지회의 설립은 사회주의계인 서울청년회와 북풍회가 주도하였다. 이처럼 사회주의 세력이 중심이었지만 청년당 당원이며 고려공산청년회에 가입하여 성진야체이카[93]로 활동하던 요영국이 설립대회에서 간사로 선임되어[94] 서기[95]·규약수정위원[96]·집행위원[97]·중앙집행위원 후보[98]로 그리고 김봉락이 집행위원장과 전체대표[99]로 각각 활동하였다.

끝으로 진주지회에서 활동한 朴台弘은 1929년 12월 집행위원장 겸 대표회원으로 선임되었다.[100] 박태홍은 1903년 천도교에 입교하여 宣正, 傳教師, 宗理師, 法道執, 誠道執, 部領, 宗理院長, 청년당부 상무

90) 『조선일보』, 1927년 12월 7일 및 『동아일보』, 1927년 12월 7일자.
91) 강만길·성대경, 『한국사회주의운동인명사전』, 548쪽.
92) 이균영, 『신간회연구』, 517쪽.
93) 강만길·성대경, 『한국사회주의운동인명사전』, 292쪽.
94) 『조선일보』, 1927년 9월 14일 및 『동아일보』, 1927년 9월 21일자.
95) 『동아일보』, 1927년 12월 30일자.
96) 『조선일보』, 1929년 4월 16일자.
97) 『조선일보』, 1929년 12월 30일자.
98) 『동아일보』, 1930년 11월 11일자 및 이균영, 『신간회연구』, 389쪽.
99) 『조선일보』, 1931년 3월 17일자.
100) 『조선일보』, 1929년 12월 4일자.

및 대표 등으로 활동하였다.[101] 또한 박태홍은 1921년 진주청년회 덕육부장, 1922년 조선노동공제회 진주지회 임원 및 중앙집행위원, 1923년 진주자작회 선전부장, 1924년에는 남선노동동맹 상임집행위원과 조선노농총동맹 전형위원, 동우회 결성에 참여하였으며, 1925년에는 사회주의 단체 동인회 발기인, 진주청년동맹 집행위원, 경남청년동맹 발기준비위원, 그리고 1926년에는 조선공산당 경남도당 위원으로 활동하다가 검거되어 징역 1년 6개월을 선고받았다.[102] 1930년에는 신간회 부산지회에서 검사위원으로 활동하기도 하였다.[103]

이밖에도 만주지역에서 활동하던 李麟求도 신간회에 참여한 것으로 보인다.[104] 천도교 신파에 속하면서 신간회 지회에 참여한 인물의 참여활동을 정리하면 〈표 5〉와 같다.

〈표 5〉 천도교 신파의 신간회 참여 인물

지회	이름	참여활동분야	천도교 경력	비고
晉州	朴台弘	위원장(29. 12. 1)	宣正, 傳敎師, 宗理師, 法道執, 誠道執, 部領, 宗理院長, 청년당부 상무 및 대표	진주
釜山	朴泰弘	검사위원(30. 12. 6)		박태홍과 동일인물
端川	李洛俊	회장(29. 8. 29)	청년당 단천부 대표	
北靑	李宇英	집행위원(29. 8. 10)	봉훈, 전교사, 북청당부 집행위원, 도사	
利原	李道在	지회장(29. 5. 10) 검사위원(29. 8. 10) 검사위원장(29. 12. 4)	전교사	
咸興	洪濤	간사(27. 12. 3)		함흥 대교구장 홍성연의 아들

101) 이돈화, 『천도교창건록』, 천도교중앙종리원, 1934, 486~487쪽.
102) 강만길·성대경, 『한국사회주의운동인명사전』, 215쪽.
103) 『동아일보』, 1930년 12월 18일자.
104) 『용의조선인명부』, 국사편찬위원회(한국근현대인물자료).

	李夢雄	간사(27. 12. 3)	청년당원	
	韓長庚	설립준비위원(27. 6) 간사(27. 12. 3)	청년당 함흥부 대표	
洪原	朴周燮	부회장(29. 2. 24)	접주, 봉훈, 봉교, 전교사, 금융원, 순회교사, 의정원, 지도집, 도사, 종법사, 종리원장, 청년당 홍원부 집행위원 및 대표	
城津	姚永國	간사(27. 9. 10) 서기(27. 12. 24) 규약수정위원(29. 3. 11) 집행위원(29. 12. 24)	순회교사, 전교사	

이상에서 보았듯이 천도교 신파·천도교청년당의 경우 천도교 구파·천도교청년동맹과 같이 조직적으로 참여는 하지 못하였지만 지역 여건 또는 개인 성향에 따라 신간회 활동에 참여하고 있다. 특히 홍도, 요영국, 박태홍 등은 사회주의 운동과도 무관하지 않을 것으로 보인다.

한편 천도교 신파의 경우 신간회 창립과정에서부터 참여를 권유받았으나 완곡하게 거절하였다. 당시 천도교 신파에서 신간회에 참여하지 않은 명확한 이유를 밝히고 있지는 않지만 다음의 내용으로 유추해 볼 수 있지 않을까 한다.

적어도 一民族의 多部分의 사람을 한 군데 묶어 一定한 政治運動을 하려는 意味의 民族單一黨이라면 그는 무엇보다도 먼저 그 民族性에 適切한 그 民族現實에 適應한 指導的 原理原則부터 樹立하여 그로서 그 民族을 團結하며 領導함이 아니면 民族單一黨이란 形成하기가 매우 어려운 것이다. …

朝鮮 民族性과 現實이란 諸與件을 土臺로 삼고 그 위에 建設한 어떤 主義 思想으로써 朝鮮人에게 動하여 나갈 方向과 方針을 納得시킴 없이 新幹會가 朝鮮民族單一黨되기에는 그 準備가 너무나 疏忽하였다. …

新幹會가 右傾團體이었나 左傾團體이었나. 이른바 三大綱領으로는 그
正體를 捕捉할 바이 도무지 없고 그 構成分子를 보면 右傾分子도 많거니
와 左傾分子도 또한 相當한 數이다. 簡單히 말하면 糢糊한 混血團體이었
다. 糢糊하다 하노니, 何故오 하면 氷炭不容의 左右傾分子를 網羅한 團體
인 만큼 截然한 指導理論을 가질 수 없을 뿐만 아니라 그 綱領조차 너무
平凡한 까닭이오. 混血이라 하노니, 何故오 하면 左傾다운 右傾團體요 右
傾다운 左傾團體인 까닭이다. 이와 같은 矛盾을 自體內에 包藏하고 있는
新幹會야말로 '맑스'의 辨證法에 依하여 當然히 解消될 運命에 있었던 것
이다.…

民族의 多部分의 사람을 網羅하여 名實 두 方面으로 完全한 意味의 民
族單一黨을 建設하려면 그 構成分子는 무엇보다도 責任感이 튼튼해야 할
것이다. 責任感이 튼튼해야 物質的 또는 精神的의 犧牲도 있고 規律과 統
制가 서 나가는 것이다. 그리하여 犧牲과 統制는 頭數와 人物과 指導理論
과 合하여 團體結合의 五大要素를 이루고 있다.[105)]

천도교 신파의 전위단체인 천도교청년당은 신간회 민족운동을 영
도할 5대 요소, 즉 희생·통제·조직·인물·지도이론을 갖추지 못하
였다고 인식하였다. 이러한 인식은 신간회 해소 이후 공산주의 계열
과 사상논쟁에서 '조선사회운동의 극도세력'을 두고 벌인 치열한 논
쟁에서 확인할 수 있다.

그렇지만 신간회는 조직강화를 위해 천도교청년당을 신간회에 참
여해야 할 세력으로 인식하였다.[106)] 이와 같은 상황에서도 천도교
신파와 천도교청년당이 신간회에 참여하지 않고 독자적인 민족운동
을 전개한 것은 아마도 앞서 언급한 바와 같이 '민족운동주도론'에
의한 인식 때문으로 보인다.

이와 관련하여 한 가지 관련하여 살펴보아야 할 것이 신간회의 해
소이다. 신간회의 해소는 사회주의자들에 의해 1930년 말부터 시작

---

105) 이정섭, 「民族單一黨論」, 『농민』 제2권 제6호, 1931. 6, 10~17쪽.
106) 『조선일보』, 1929년 11월 26일자.

되어 1931년 들어서면서 본격화되었다. 이 시기는 천도교 신파 주도
의 협동전선체인 조선농민사가 사회주의 세력과 결별하고 천도교청
년당과 법적관계를 마무리하면서 청년당의 지도를 받게 되었다. 이
는 농민대중을 대상으로 경쟁적 활동을 하던 사회주의 세력에게는
위기의식을 갖게 하였고, 이에 따라 운동노선의 방향을 사회주의적
농민조합운동으로 적극 전개하는 계기가 되기도 하였다. 그리고 이
후 사회주의와 천도교 신파는 1930년대 민족운동 주도권을 두고 사상
논쟁을 전개하였다.

　참고로 최병제의 증언에 의하면 신간회에 참여하였던 천도교인을
아래와 같이 밝히고 있다.[107]

◇ 忠淸南道, 서산＝朴炳協, 崔秉老, 朴東鉉. 태안＝金相培. 안면＝朱炳道.
　당진＝鄭煥奭, 申泰哲, 申泰舜. 부여＝崔容澈. 예산＝丁奎熙, 文秉錫,
　馬驥賞.

◇ 京畿道, 경성＝朴浣, 朴漢卿, 朴昊辰, 朴陽信, 吳一澈, 李炳憲, 姜仁澤,
　劉漢日, 李鍾麟, 權東鎭, 吳尙俊, 孫在基, 李晃. 경서＝金相楫. 수원＝
　羅天綱, 洪鍾珏, 尹敎忠, 李漢鶴, 丁泰興, 李寅鵬, 金相根, 金顯祚, 池泳
　泰, 朴商勳, 朴商益, 朴商昌, 尹駿欽. 평택＝李庸憲, 李寶成, 李麟秀. 시
　흥＝李尙守. 광주＝韓順會, 韓哲基, 黃炳浩, 韓辰會, 朴泰遠, 金正思, 朴
　容九, 白南順. 金敎永, 金正潤, 洪鍾秀. 이천＝洪斗柏, 金龜植. 여주＝金
　永植, 金淵植. 용인＝李德有. 강화＝具光祖. 인천＝金允煥, 金永會. 양
　평＝梁暹煥. 양주＝尹元世, 金敬培.

◇ 忠淸北道, 충주＝金興培, 洪順旭. 진천＝朴桂哲. 영동＝孫錫口, 安鍾
　澤. 음성＝金章熙, 鄭公憲.

◇ 江原道, 평창＝金東植. 횡성＝鄭然壽. 영월＝金鍾國.

---

107) 이 증언은 『천도교청년당80년사』에서 재인용한 것이다. 이들의 대부분은 실재적으로
　　신간회에 참여하였음을 확인할 수 있었다. 다만 현재 확인 가능한 것은 당시 언론에
　　나타난 주요간부를 중심으로 파악하고 있는데, 지회가 설립되지 않은 곳의 경우
　　확인 작업에 적지 않은 어려움이 따르고 있다. 아마도 이들 중에는 많은 경우 일반회
　　원으로 활동한 것으로 추정된다.

◇ 全羅南北道, 부안＝安乃玄. 순창＝尹貴燮. 강진＝梁海善. 해남＝李仁
　根. 李强雨. 완도＝申明熙, 朴漢珪. 임실＝崔宗箕, 金漢京, 朴成玄. 남
　원＝柳泰洪, 柳宗錫. 장흥＝金在班, 黃生周.

◇ 黃海道, 신천＝金鼎三, 金成五. 안악＝李萬有, 玄行默. 은율＝洪性仁,
　鄭敦根. 송화＝姜龍澤, 孫德謙. 장연＝姜應烈, 姜宗秀. 재령＝崔在學,
　朴昌禹. 봉산＝吳德元, 張明洗. 해주＝崔普欽, 呂運南, 崔德三.

◇ 平安北道, 선천＝李義達, 尹永燦, 玉信寶, 朴希賢, 李昌吉, 文武賢, 桂行
　老, 金明鎭, 金德淵, 桂秀永, 朴得淳, 韓正琦, 田用鎭, 裵天赫, 鄭道元,
　金利元. 용천＝金貴賢, 鄭用城.

◇ 咸鏡南道, 북청＝柳秉俊, 劉達源.

6. 맺음말

1920년대 들어 이들 민족운동 세력은 민족운동의 역량을 높이기 위해 통합 필요성을 제기하였고, 이에 따라 민족주의와 사회주의 양대 세력의 일부에서는 신간회를 조직하였다. 그러나 여전히 일부에서는 갈등을 내포하고 있었다.

민족통일선전의 결성과 분열, 그리고 그 포괄범위를 둘러싼 논의에서 가장 논란이 된 대상은 천도교였다. 사회주의 계열은 '민족주의적 대중조직인 천도교'와의 민족통일전선을 구체적으로 제시하고 있다. 이러한 배경은 천도교가 민족주의적 성향과 3·1운동에서 보여준 역량 등 민족운동의 중심세력에 있었기 때문이다. 이는 일제강점기 사회주의 또는 공산주의 계열에서 천도교를 늘 민족통일전선의 주요 대상으로 선정한 이유이기도 하다.

이러한 시기 천도교 내에서도 '민족대단결'을 제시하였다. 이종린은 일제의 문화정치하의 민족운동이 분화된 상태에서 '민족대단결'만이 민족해방을 실현할 수 있다고 인식하여 천도교를 중심으로 민족협동전선을 계획하였고, 김기전도 민족단결의 자각이 필요하다고 하였

다. 이에 따라 이종린은 천도교인 출신으로 사회주의자인 강달영에게 민족대단결을 제안하였던 것이다. 이는 천도교가 갖고 있는 계급적 의식과 사회주의에 대한 호의적인 인식 때문으로 풀이할 수 있다.

이와 같은 상황에서 1920년대 천도교는 신파와 구파로 분화됨에 따라 그 양상도 民族運動中心勢力論과 民族運動協同戰線論으로 각각 분화되었다. 구파를 대표하고 있는 이종린은 이미 1924년 민족운동대단결론을 제기한 바 있고, 1926년 천도교 2차 분화 이후 민족운동협동전선의 중심에서 그 활동을 전개하였다. 이에 따라 천도교 구파는 전위단체인 청년동맹을 통해 신간회 창립에 관여하였을 뿐만 아니라 중앙 및 지회조직에도 적극 참여하였다. 나아가 천도교 구파세력이 참여한 가운데 창립된 신간회에 구파의 전위단체인 天道敎靑年同盟은 동맹 차원에서 조직적으로 참여하였다. 구파세력이 신간회 지회조직에 참여한 곳은 京城支會 등 26개 지회였다.

그렇지만 신간회는 구파 세력뿐만 아니라 신파에서도 적지 않게 참여하였다. 단천지회의 李洛俊, 북청지회의 李宇英, 이원지회의 李道在, 함흥지회의 韓長庚 · 李夢雄 · 洪濤, 홍원지회의 朴周燮, 성진지회의 姚永國 · 金鳳洛, 진주지회의 朴台弘 등이다.

1920년대 민족주의와 사회주의와의 통일전선으로 결성된 신간회에는 천도교 구파 세력뿐만 아니라 신파에서도 일정부분 참여를 하고 있었음을 확인할 수 있었다. 다만 신파가 신간회에 조직적으로 참여하지 않은 것은 신간회가 민족운동을 영도할 5대 요소, 즉 희생 · 통제 · 조직 · 인물 · 지도이론을 갖추지 못하였기 때문이었다. 그렇지만 신간회는 조직강화를 위해 청년당을 신간회에 참여해야 할 세력으로 인식하였다. 이러한 상황에서도 신파와 청년당이 신간회에 참여하지 않고 독자적인 민족운동을 전개한 것은 '민족운동중심세력론'에 의한 인식 때문이었다.

제3부

식민지시기 유림과
민족종교의 활동

제7장 1920년대 유림계의 동향과 활동

1. 머리말

3·1운동 이후 전개된 식민지 조선사회는 적지 않은 전환의 시기였다. 일제는 그동안 추진하였던 무단통치의 식민지배정책을 자의든 타의든 문화정치로 바꾸지 않을 수 없었다. 이로 인해 1920년대는 실력 양성에 바탕을 둔 문화운동을 시작으로 신간회·근우회 등 민족협동 전선의 민족운동과 농민운동, 노동운동, 학생운동의 다양한 형태를 띤 반식민주의 반제국주의의 운동이 확산되었다. 뿐만 아니라 국외에서 도 상해임시정부 수립과 활동, 만주를 거점으로 한 독립군의 무장투쟁 이 보다 적극적으로 전개되었다.

그러나 이와 달리 일제가 전환한 문화정치는 본질적인 정치개혁이나 식민정책의 변화가 아니었다. 오히려 이전의 무단통치보다 세련된 통치방식으로서의 동화정책을 심화시켜 나갔다. 즉 지방유력자를 통한 선전강습, 계층 간의 대립을 이용한 선전공작, 시찰단의 일본파견, 각종 출판물의 간행과 결사의 허용 등을 통해 친일세력을 육성하였다. 齋藤 총독은 "민간유지의 심복자로 하여금 은밀히 조선인 중 진실로 나와 동일한 이상과 정신을 가지고 신명을 걸고 담당하려는 중심적 인물을 물색케 하여 다시 그들로 하여금 귀족, 양반, 유생, 부호, 실업가, 교육가, 종교가 등이 각 계급 및 사정에 따라 각종의 친일단체를 조직케 하여 이에 상당한 편의와 원조를 주고 충분히 활동케 할 것"[1]이라 하여 친일세력 육성에 중점을 두었다. 이에 따라 교풍회를 비롯하여 국민협회, 대동동지회, 대정친목회, 상애회, 동광회 조선총지부, 갑자구락부 등 다양한 친일단체가 결성되었다.

뿐만 아니라 3·1운동 이후 총독부는 종교에 대해서도 어용화 또는 분열책을 강화하였다. 3·1운동의 주체였던 종교가 여전히 큰 잠재력을 지니고 있었던 관계로 총독부는 종교단체를 갈라놓고 재편성을 통해 어용화를 기도하였다. 천도교의 경우 총독부의 후원으로 靑林敎·濟愚敎·三聖無極敎·濟世敎 등을 만들어 천도교로부터 분열토록 하였고, 기독교의 경우 일본조합교회의 신도탈취 또는 서양인 선교사로부터 독립교회로 분립토록 하는 자유기독교운동을 지원하거나 이를 흡수하였다.[2] 불교 역시 日鮮人의 제휴로 불교적 사회를 만들기로 하고 30本山을 통합, 總本山하는 중앙집권화와 佛敎振興會 등 외곽단체를 조직, 분열화를 동시에 추진하면서 어용화를 꾀하였다.[3]

그렇다면 유림의 경우는 어떠하였을까. 일제가 조선을 강점하면서 유생관료의 친일화와 일본식 유교를 이식하기 위한 친일단체를 결성

---

1) 「조선민족운동에 대한 대책」, 『齋藤實文書』, 742쪽 ; 강동진, 『일제의 한국침략정책사』, 한길사, 1980, 219쪽.
2) 강동진, 『일제의 한국침략정책사』, 391~392쪽 ; 성주현, 「1910년대 식민지 조선에서의 일본조합교회의 동향」, 『한국독립운동사연구』 24, 독립기념관 한국독립운동사연구소, 2005,
3) 강동진, 『일제의 한국침략정책사』, 389쪽 ; 김순석, 『일제시대 조선총독부의 불교정책과 불교계의 대응』, 경인문화사, 2003.

후원하였다.[4] 그리고 유생층을 회유하여 식민통치에 필요한 교화와 선전도구로 삼기 위해 경학원을 설치하기도 하였다.[5] 이러한 유림에 대한 회유와 어용화정책은 1920년대에는 大東斯文會·儒道振興會· 儒道闡明會·儒道彰明會·儒道聯合會·明倫會 등 유림단체를 중앙 또는 지역에서 조직하여 유림을 분열시키고 있다. 즉 1910년대는 경 학원을 통해 유림의 중앙집권화를 시도하였다면 1920년대에는 다양 한 유교단체를 조직토록 유도하여 분열화를 적극 추진하였다. 그리 고 1930년대에는 다시 유림세력을 통합, 초기에는 조선유교회를, 그 리고 전시체제기에는 조선유도연합회를 조직하였다. 이에 따라 본고 에서는 1920년대 지방유림단체, 즉 경상북도 유도진흥회, 강원도의 유도천명회, 호남의 유도창명회의 결성과 활동, 주요인물을 통해 이 들 단체의 성격을 추적해보고자 한다.

그리고 본고를 위해서 유림단체에서 발행하였던 기관지로서, 유도 진흥회의『儒道』, 강원도 유도천명회의『會報』, 전남 유도창명회의 『彰明』, 그리고 1930년대 조직된 조선유교회의『日月時報』, 그리고 당 시 발행되었던『每日申報』·『朝鮮日報』·『東亞日報』등을 기본사료 로 하였다.

2. 중앙유림계의 동향과 활동

1) 대동문화사

3·1운동을 계기로 무단통치에서 문화통치로 식민정책을 전환한

---

[4] 유준기,「1910년대 일제의 종교침략과 대응—유교와 기독교를 중심으로—」,『건국사 학』10, 건국대학교사학회, 2003, 223쪽.

[5] 성주현,「일제의 동화정책과 종교계의 동향」,『식민지 조선과『매일신보』—1910년대』, 신서원, 2003, 181~183쪽.

총독부는 '문화'를 통해 유교의 변화를 유도하였다. 경응의숙 대학장인 鎌田榮吉이 일본에서 '時勢의 變遷에 伴할 만한 新德敎作興의 必要'에 대해 강연을 한 바 있는데 이를 재조일본인뿐만 아니라 조선인에게도 적절하다고 강조하고 있다. 즉 "時代의 變遷, 政體의 推移에 따라 近來 益益 世界의 民本的 風潮가 幷常한 勢力을 가지고 襲來함으로 도저히 從來의 道德을 保全할 수가 없는 今日의 狀態에서 新社會에 적합한 新德敎를 作興치 않으면 안된다"고 하면서 '유교의 쇄신'을 역설하고 있다.[6] 이 글은 비록 일본에서 한 강연이었지만 굳이 조선인에게 적절하다고 강조한 것은 유교가 식민지 조선 사회의 정치·사회·문화 이데올로기를 지배하고 있고 나아가 윤리 도덕의 기초를 이루고 있으므로, 일본에서의 유교의 역할을 식민지 조선에 이입시키기 위함이었다.

이와 같은 분위기에서 유림계에서도 기존 유교의 틀에서 벗어나 문화운동 차원에서 신도덕을 강조하는 한편 이를 추진하기 위한 단체를 조직하고 있다. 이에 따라 유림계에서는 대동사문회와 같은 전국 조직을 갖춘 단체와 유도진흥회와 같은 道 단위 조직을 갖춘 단체가 결성되기에 이른다.

유림계에서 가장 먼저 단체의 성격을 갖는 것은 大東文化社이다. 대동문화사는 "輓近 德敎一弛와 風敎의 頹敗를 慨然하여 此를 挽回를 圖"하려는 취지와 "德性의 涵養, 倫理의 尊重, 愛敬相問, 知識交換과 법률범위 내에서 동포의 권리를 신장하고 행복을 증신함"을 목적으로 하여 金敎哲, 洪肯燮 등이 발기하였다.[7] 이에 비해 이와는 다른 입장에 있던 유림계는 同寅俱樂部를 조직하였다. 즉 동인구락부는

---

6) 『매일신보』, 1919년 7월 27일자, 「新德敎作興의 必要」.
7) 『매일신보』, 1919년 11월 12일자, 「大東文化史 發起」. 발기인으로는 김교철, 홍긍섭 외에도 高奎明, 金東嫌, 金學奎, 南廷桓, 南弼熙, 劉秉璨, 金能壽, 朴治勳, 朴奎秉, 徐丙哲, 禹重明, 全奎東, 權重弼 등이 참여하고 있다.

'時勢의 惡化를 慨歎'하는 유생들이 "近世 時代의 惡風潮에 濫染되어 동포사상의 악화 및 퇴패함은 이는 감히 新을 取한 결과인즉 我同胞 敎化의 根本은 必히 儒敎에 據치 아니 함이 불가하다"라는 취지로 조직되었다.[8] 이 두 단체는 서로 다른 입장을 표명하고 있지만 근본적으로는 유교를 중심으로 하고 있다.

대동문화사는 1919년 11월 16일 정동 경성구락부지부에서 발기회를 갖고 임시사장으로 홍긍섭, 임시사무처리 및 규칙제정위원으로 박치훈·유병찬·김교철·고규명·남정환·曺秉相·黃萬喬 등을 선임하는 한편 경성통신사장 大垣丈夫의「權利」라는 주제로 강연을 듣기도 하였다. 大東文化社의 취지문과 규약은 다음과 같다.[9]

〈趣旨文〉

人道를 正行함은 德性을 涵養하는데 在하고 生活을 完全케 함은 物質을 供給함에 在하도다. 然이나 井學이면 不得이라. 故로 聖賢의 經傳을 先授하며 學士科學을 後讀하여 文質이 彬彬한 後에 國民養成에 體制를 得成할지라. 此에 古今東西의 不易할 道언마는 輓近 德敎가 一弛하여 風俗이 頹敗하고 倫理가 敎傷하기에 幾至한지라. 凡我 同志는 此를 ○然하여 一弛한 德敎를 恢復하여 頹敗한 風俗을 挽回하며 倫理를 尊重하고 新舊學識을 變圖並行하여 使我 同胞로 天賦한 德性과 權利를 支持하며 人爲의 生活과 社交를 完美케 하기 爲하여 玆에 一社를 發起하노니 唯我同志僉彦은 一乃心力하여 期圖奏效하심을 切望함.

〈規約〉

제1조 名稱은 大東文化社라 함.
제2조 本社는 德性을 涵養하며 倫理를 尊重하고 親睦을 圖하며 勤儉을 行하고 哀慶을 間하며 患難을 救하고 知識을 交換하며 事業을 振興하고 法律範圍 內에서 同胞의 權利를 伸張하고 幸福을 增進하기로 目的함.

---

[8] 『매일신보』, 1919년 11월 12일자, 「同寅倶樂部 組織」.
[9] 『매일신보』, 1919년 11월 18일자, 「大東文化史 發起會」.

제3조 位置는 本社를 朝鮮 京城에 支社를 主要한 各方面에 置함.
제4조 本社員은 年齡 滿20세 以上의 品行端正하고 志氣健實한 者로써
　　　組織함.
제5조 本社는 事業發展을 僞하여 硏究한 事項을 隨時公布하여 興論의
　　　贊同을 求함.
제6조 本社의 維持費用은 社員의 寄附로 함.

이처럼 유림계에서 새로운 단체를 조직하기에 이르자 총독부는 조
선유교의 혁신할 것을 제의하는 논지를 표명하기도 하였다. "今日 儒
林界의 思想變動을 觀하건데, 혹은 太極敎 혹은 文化社혹은 俱樂部
혹은 硏究會 혹은 斯文會 혹은 振興會 혹은 無極敬天敎 혹은 濟化敎
혹은 統天敎 혹은 公議所이라. 各方面으로 團體를 組織하여 時宜를
圖"하려고 하며,[10] 이를 위해서는 好古的 사상의 혁신과 時宜에 절적
한 신종교로의 탈바꿈을 제시하였다.[11]

그러나 대동문화사는 실제적으로는 활동한 사례가 없는 것으로 보
아 아직 조직체로의 틀을 갖추지는 못하였던 것으로 보인다. 그런데
대동문화사 발기인 및 임시의장으로 참여하였던 홍긍섭과 고문인 大
垣丈夫가 대동사문회의 발기인 및 고문으로 참여하고 있다. 이러한
점에서 대동문화사는 대동사문회로 확대·개편된 것으로 추정된다.

2) 대동사문회

대동문화사에 이어 조직된 유림계 단체는 大東斯文會였다. 1919년
12월 20일경 "時局에 鑑하여 儒生이 團結하여 經學을 盛"히 하고자
鄭萬朝, 홍긍섭, 沈鍾舜 등 26명이 발기인[12]으로 참여, 각지 유생에게

---

10) 『매일신보』, 1919년 11월 27일 및 28일자, 「朝鮮儒敎의 革新할 것을 提議함(一)」.
11) 『매일신보』, 1919년 11월 28일, 「朝鮮儒敎의 革新할 것을 提議함(二)」.
12) 발기인으로 참여한 인물은 다음과 같다. 정만조, 홍긍섭, 심종순, 李舜夏, 崔永年,

취지문을 인쇄하는 등 새로운 단체를 준비하였다.[13] 이어 1920년 1월 4일 발기인회를 갖고 1월 25일 발회식를 개최하기로 결정하는 한편 발기문을 마련하고[14] 업무분장으로 경학강의를 담당하는 經義部, 政務研究를 담당하는 治事部, 宗敎闡明을 담당하는 敎理部, 卓行崇禀을 담당하는 景賢部, 會計辨理를 담당하는 庶務部, 圖書募集을 담당하는 圖書部, 會報編纂을 담당하는 編纂部 등을 설치하기로 하고 大垣丈夫를 고문으로 추대하였다.[15] 1월 25일 발회식에는 柴田 학무국장 등 전국 유림대표 2백여 명이 참석하여 홍긍섭의 개회, 정만조의 식사, 최영년의 취지설명, 柴田 학무과장의 축사, 어윤적의 답사로 진행되었다.[16] 그리고 30명의 간사와 정만조, 홍긍섭, 최영년, 어윤적, 宋之憲, 李範喆, 朴魯學, 金正基 등을 상무이사로 선임하였다.[17] 대동사문회 회칙은 다음과 같다.

第1條 本會는 大東斯文會라 名함.
第2條 本會는 儒道의 講明으로 目的함.
第3條 本會는 京城에 置함. 且 必要한 地方에 支會를 置함.
第4條 本會 會員은 本會 趣旨를 贊成하는 人으로 組織함. 且 新入員은 發起人이나 會員이 推薦함.
第5條 本會 目的을 貫徹하기 爲하여 左記의 六部를 設함.
　　　1. 經義部 2. 治事部 3. 景賢部 4. 圖書部 5. 編纂部 6. 庶務部
第6條 經義部는 經學을 發揮키 爲하여 下記 事項을 掌함.
　　　(1)經義講明 및 倫理 道德 勉勵에 關한 事項

徐相春, 韓晩容, 李琦, 劉秉澈, 魚允廸, 宋之憲, 玄采, 朴魯學, 李範喆, 洪熹, 韓敏履, 金正基, 金琪鉉, 睦容讚, 姜南會, 李漢九, 河世潤, 劉載性, 李明宰, 金見奎, 朴相斑 등 26명이 참여하고 있다.
13) 『매일신보』, 1919년 12월 21일자.
14) 『매일신보』, 1920년 1월 13일자.
15) 『매일신보』, 1920년 1월 7일자, 「大東斯文會 各部」.
16) 『매일신보』, 1920년 1월 22일 및 1월 27일자, 「大東斯文會 發會式」.
17) 『매일신보』, 1920년 1월 29일자, 「斯文會 幹部 選擧」.

(2)經學을 主要한 文科大學 設立에 關한 事項

第7條 治事部는 政術을 研究키 爲하여 下記事項을 掌함.

　　(1)地理古蹟 및 行政區域 等 地方研究에 關한 事項

　　(2)新規法規 및 習慣禮俗 등 法例研究에 關한 事項

　　(3)中外古今의 學制研究에 關한 事項

　　(4)農商工鑛의 殖産研究에 關한 事項

　　(5)租稅賦課 및 收支計算 등 財用研究에 關한 事項

　　(6)饑饉救濟 및 隱疾矯捄에 關한 事項

第8條 景賢部는 卓行을 崇褒키 爲하여 下記事項을 掌함.

　　(1)賢哲崇報에 關하여 書院 또는 鄕祀를 建設하는 事項

　　(2)善行顯揚에 關하여 私鎰 또는 旌褒를 設施하는 事項

第9條 圖書部는 圖書를 募集키 위하여 下記事項을 掌함.

　　(1)圖書購入 및 借受에 關한 事項

　　(2)圖書館 設立 準備에 關한 事項

第10條 編纂部는 書報編刊키 爲하여 下記事項을 掌함.

　　(1)書籍著述에 關한 건

　　(2)會報發行에 關한 事項

第11條 庶務部는 會務를 判明키 爲하여 事項을 掌함.

　　(1)文書接發 및 案擋保存에 關한 事項

　　(2)金品出納 및 財産保管에 關한 事項

第12條 本會 事務를 管掌키 爲하여 下記의 職員을 置함.

　　1. 理事 30人

　　1. 專事 若干人

　　1. 顧問 若干人

　　1. 書記 若干人

第13條 職員의 任務는 左記와 如함.

　　理事는 大小會務를 議決함. 且 部務執行에 主任이 惑 分掌함. 典事는 地方會務를 擔任함. 顧問은 會務顧問에 應함. 書記는 主任의 指示를 隨하여 庶務에 從事함.

第14條 職員의 選擧는 左記와 如함.

　　理事는 總會에서 選擧함. 且 臨時補缺選擧는 理事會에서 此를 行함. 典事는 地方重望人으로 理事會에서 選擧함. 顧問은 宿德 重望人으로 理事會에서 推薦함. 書記는 主任이 選定함.

第15條 職員의 任期는 左記와 如함.

理事는 2個年으로 하되 1回에 半數式 改選함. 旦 理事會 回에 連3回 無告不參하는 時는 解免함. 典事는 1個年으로 함. 顧問은 常任으로 함. 書記는 主任이 進退함. 旦 理事典事는 每任期에 再任함도 得함.

第16條 經學을 講明키 위하여 講師 若干人을 經明行修人으로 理事會에서 臨時囑訓함.

第17條 本會 會議는 總會 理事會 2種으로 分하여 總會는 年1回式 召集하고 理事會는 隨時 開함.

第18條 本會 經費는 會員의 月捐金과 篤志家의 寄附金으로 充用함.

第19條 本會 會員 中 本會 規定을 違戾하거나 本會 體面을 汚損하는 境遇에는 輕重을 隨하여 施罰함.

第20條 本則 施行에 關한 細則 및 罰則 等은 理事會에서 此를 定함.[18)]

본부 조직을 마친 대동사문회는 會勢를 확보하기 위해 전국의 회원 전부를 경성으로 초청, 총독부를 비롯하여 창경원 등을 견학키로 하였는데, 1천여 명이 참여하였다.[19)] 이러한 분위기 속에서 대동사문회는 경성 낙원동 248번지에 본부를 두고 각지에 지회를 조직하였으며, 각 군 지회의 典事를 선임 지회업무를 담당토록 하였다.[20)] 대동사문회 각 군 지회에 임명된 전사 및 지회 임원 현황은 〈표 1〉 및 〈표 2〉와 같다.

〈표 1〉 대동사문회 지역별 典事

지 역		典 事
경기	시흥군	崔鎭龍 而鼎善
	개성군	金謹鏞 李鍾學 申鍾億 鄭弘敎 李淵敎 李明珪 張爰植 朴逌鎭 閔泳華 秦柄執

---

18) 『매일신보』, 1920년 1월 27일자.

19) 『매일신보』, 1920년 5월 31일자, 「地方儒林來城」.

20) 『大東斯文會會報』 창간호, 1920.4, 74~75쪽.

	강화군	黃範周 李鍾灌 黃義成
	파주군	黃遇顯
	진위군	李範昌
	양주군	張然哲
	연천군	李漢杓
	가평군	鄭喜奎
	광주군	安鍾燐 南廷肅 李胤鍾
충북	보은군	朴龍鎬 具昶祖
	옥천군	朴綺陽 宋趾憲 鄭錫鎔
	진천군	李範龜 申珏熙
	충주군	韓聖會 韓昌愚
	청주군	李舜珪
	괴산군	柳學根
	영동군	吳永基 朴喜泰 朴濟황 安欽 南鍾祐
충남	연기군	張在九 張基洛 黃穗 李章休 張基鑌 宋來憲
	보령군	申夏永 申赫均 沈相喆 李玄九 李相武
	태안군	李基奭 李時愚 尹世輔 趙壽顯 金翼範 韓兢履 趙載一
	서산군	金泰濟
	공주군	沈泰燮
	천안군	李容黙
	덕산군	金壽起
	한산군	權泰益
	논산군	宋秉直
	서천군	金東煥
경북	달성군	郭鍾迷 郭泰淳 金殷埴 金杓運
	김천군	呂永憲 姜大植 金聖根 金昌植 曺允黙 呂愚龍 朴注夏 韓鎭錫
	영천군	朴晚守 金燦鉉 楊泰榮 丁琦燮 鄭東驥 鄭箕瓊 徐丙壎
	군위군	朴載璇 朴文植
	청도군	朴載燮
	경산군	安炳喜 李圭謹 崔致祥
	성주군	裵仁喜
	칠곡군	張洛喜
	예천군	申漢均
	영일군	吳宗植 吳鎭文 皇甫奕

	청송군	沈東澤
경남	동래군	文聲駿 鄭寅準 朴尙烈 朴銓弼 宋敏奎 李光昱 吳悳根
	합천군	卞承奎
	울산군	鄭泰元 金正義 朴載廈 姜鳳岐 成弼鍵 孔龍秀 宋瓊深 辛養浩 金孝東 張丙鐵 俞鎭九
	고성군	李完洙 金泳培 崔貞淳 吳德根 朴珽洙
	하동군	鄭在浣
	진주군	朴在鎬 許萬正 徐珍旭
	함양군	姜渭秀 河翼鉉 鄭汶鉉 盧正鉉 朴琫箕 鄭德燮
	산청군	趙顯珪
	사천군	崔演國 朴相珽 崔權敏 鄭應柱 高麟柱 趙亨善
	거창군	林芯濈 愼炳暾 李埈燮
	창원군	魚在源
	영산군	宋炳德 李承宅 辛泳麟 宋炳佑 李愚哲
	김해군	梁弼錫
	창녕군	盧啓洪 成謹鎬 金性東 曹錫八 盧炳鍾
	함안군	周鎭會
전북	진안군	元翼常 李鎔鎬 元容九 白南晳 金東奎 全斗夏
	순창군	韓槇鎬
	전주군	高丙浚
	무주군	金東振
	정읍군	朴興奎 趙鏞夏 金富坤 金洛馨 金思謙 金直述 金道卿 金南植 金永坤 宋允權
	익산군	尹益炳 李秉浩 鄭東鮮 李淵夏 金文煥 李芳雨 俞致勳 徐丙熙 吳基仁 河周容 金英振
	금산군	朴天表
	옥구군	李漢勉 李權濟 姜在珍
	고창군	宋漢洪 姜周永
	남원군	朴鍾模
	부여군	金周範
전남	화순군	崔泳朝 朴勝孝
	함평군	羅基宗 鄭邦鉉 尹恒植 尹傑炳 李啓華 朴漢豊 張佑植 鄭寅夏 尹鎔炳 韓鳳燮 李承奎
	나주군	吳弼善 鄭遇慶 金永文 羅仁煥 吳駿善
	순천군	趙圭晟 趙泳燮 趙鳳鍾 金孝燦 韓斗錫 安津煥
	진도군	朴晉遠 郭震權 朴鳳欣

	광주군	朴魯正 高彦柱
	장성군	白樂鼎
	영광군	申克善 姜駟秀 姜永崐 姜澈秀 沈殷澤
	완도군	黃鶴來
	제주도	高性柱 玄升圭 宋萬玉 梁應祥
	여수군	崔錫柱 禹鶴春 閔泳輔 姜永穆 金漢昇 丁忠燮 金在倫 南鉉福 鄭時幸 金翊洙 柳奎烈 鄭 旲 梁昇敎
	고흥군	申瑞求 宋箕浩 申在求
	보성군	張東烈 金性根 曹勉承
	낙안군	崔在鶴
	곡성군	趙明植 丁鳳泰
	창평군	李光秀 高光烈
황해	연백군	閔泳觀 吳晋泳 朴仁陽 劉士澋 孔炳憲
	평산군	李圭善 權五翊
	해주군	金鴻植 吳國東 鄭秀元 吳信根 柳斗善 李斗憙 崔承學 吳龍濟 李泰熹
	신천군	張世燦 金鍾艮
	황주군	孔鍫杓 尹東淳
	옹진군	具滋杰
	장연군	金允文
	수안군	韓永洙 石寅星
	서흥군	尹滋龍 崔明璜 廉遇哲 柳炳一 李萬協 尹滋承
	봉산군	梁相雨 張景賢 李忠健 李達元
	신계군	趙冕熙 朴贊稷
	문화군	禹翰常
	금천군	柳宅熙 尹致祚
	재령군	李鍾伯 奇在善
	안악군	柳種惪
평남	안주군	金俊璜 玄道澈
	개천군	李基炳 康炳斗 玄熙燮 李寅肇 吳三柱 金朋植 金稷永 玄命爀
	성천군	尹秉謙 李鵬翼
	대동군	鄭致奎 金炳河 黃 業 朴禎鶴 吳義鍵 趙智鴻 洪濟龍 蔡奎瓉 趙心炯 金德敏 金炳濬 洪淳個 金龍相 高日蔡 尹泰伸 金弼柱 金永理 金德升 崔得璿
	평양부	黃錫龍 李謹相 李華鎭 鮮于淶 金守哲 黃錫煥 崔晶煥 金鎭模 金履洙 崔益煥 楊弼朝 金謙植 鮮于鐸 洪在雲 洪鍾瓉
	양덕군	尹錫英

	평원군	朴泰錫 金兌玄 玄命崘 朴兢濟 全廷璉 金錫龜 金龍俊 李寅煥 金炯淐 金天胤 鄭胄華 宋龜年 崔漢謙 金錫龍 玄啓濬
	순천군	崔殷聖 李寅高 玄龍起
	강서군	金大煜 金東洙 李赫南 金昌淳 金弘烈
	중화군	金升植 朴永軫 金澤瑞
	용강군	張膺基
평북	선천군	桂孝觀 李熙綽 李昇燁 吳忠甲 朴永采 洪順楫 趙昌周 胡永玗
	용천군	李台煥 李顯國 文鳳岐 張世瀁 李永熙 李燦觀 李奎曾 李永訥 李昌欽
	창성군	許瀗
	박천군	柳東建
	철산군	鄭元玉 林禮漢
강원	철원군	朴琪陽 任武準 任恒準 安道煥 金弘奎 朴楚陽 安奭煥 深宜性 玄鳳轍 李輔憲 崔斗寧
	평강군	權炯河
	영월군	金振國
	고성군	金重睦
	회양군	劉錫祚
	이천군	金基斗
	홍천군	申錫祿
	인제군	李明榮
함남	신흥군	朱亮燮 李學淵 韓復維 柳承海 柳榮壯 魏大源 全錫敎 李榮健 申哲均 韓和鍾 李俊黙 朴曾益 洪光一 朴長淵 金昌乙 李基績 朱震鍾 鄭在輔 全用采 全昇虬 李澈淳 尹鍾奎 宋鍾會 韓冕순 李俊衡 朱 壋 金熙鳳 李爀鎬 李酒鎬 魏仁煥 韓國弘 李建鎬
	함흥군	韓有은 金昇煥 朱東奎 申錫定 韓泳夏 李柱卿 韓溥憲 杜冕燮 韓仁淑 韓用均 朴長鴻 韓晦善 韓相武 李愚烈 韓國璘 魏道源 金舜善 金聲甲 韓憲敎 文錫烈 朱頤鍾 韓赳淵 韓稷淵 韓昌淵 韓允鉉 韓東植 朱奎運 權敦植 李達999 朱雲灝 朱雯鶴 朱鼎黙 韓有瀗 朱鍾國 朴性學 朱裝鳳 朱鍾翊 朴孝植 朱 圭 韓熙元 全建燮 金忠熙 韓承敎 朴軫逃 文庚運 韓相高 李普烈 李圭夏 任省宰 朱 瀅 韓泳夏 李基績 李達相 韓徹熙 韓章淑 金聲集 朱 瓚 韓弘善 李錫升 任純宰 安鵬植 千河運 洪珽杓 李泰浩 韓鳳壎 魏楨翊 朱培鼎 崔德彥 韓錫九 韓正淑 朱榮完 金宅集 韓道善 朱奎五 李勉祚 朱榮燦 朴駿燮 朱昇烈 朱秉奎 金夏涉 文昌魯 韓震珠 李澈瑀 朱明昊 柳秉奎 金勉弼 黃相勳 全昌奎 任賢宰 朴奎濂 金錫觀 魏楨冕 魏秀龍 朴基龍
	정평군	元斗衡 李達勛
	고원군	金權秀 趙珉根
	홍원군	韓孝晩
함북	성진군	李載植 朴琪壽 金秉鎬 崔昌郁
	경원군	李愼國

〈표 2〉 대동사문회 지회 임원 현황

지회명	직원									
	지회장	부회장	총무	경의과장	치사과장	서무과장	과원	이사장	고문	강사
함평	鄭邦鉉	羅基宗	金尙焌	崔文黙	李景相	李康均	鄭乃根 李鐘河	洪承福		
강서	金昌淳	金承哲	金應淳	金基永	宋元龍	高貞黙	金周鎬 具明俊 高義奎 鄭根日	金俊敏		
진도	朴晋遠		蘇良三	朴鳳欣				朴吉培		
대동	李謹相	金善八	黃錫龍	鮮于壤				李鍾瀚		
부안	崔炳郁	高濟安	金衡均	鄭準好	辛鍾純	李永斗	李鼎基 金炯幾 崔光煥	金幸述	崔源澈 辛聲錫 金洛震	
흥해	崔文珠	裵錫演	崔鏞鶴	崔載斗	崔錫勳	鄭時雄	梁柱翊 李贊鎬 金秉奎 崔鍾珪 崔鼎魯 鄭基榮	鄭時斌	鄭時久 朴華林 崔鳳錫	
문화	金益桓	李相善	禹翰相	禹錫珪	柳武赫	禹景錫		禹錫昌		
영흥	張箕元	權永鎬	金源極	金永運	朴三東	金性根	安應善 崔寅洙 丁翰根	張東烈	李泰一 朴仁植 韓兄錫	
여수	丁忠燮	黃寅秀	崔錫柱	閔泳輔	鄭時幸	金漢昇		金翊洙	鄭 묵 金東洵 張在英	徐丙斗 丁庠燮
북청	金翰經	全基純	趙尙元	全榮翰	李瑞翼	李槿	韓炳豹 趙炳鎬 金秉軸 董日洪 李洼鎬 金昇龍 朴鳳燮 李東俊 金淳協	金道鎭	金悳經	
안변	金來容	金璟律	姜炳周	吳寅林	李尙浹	吳洛英	崔廷咸 金世能 金演灝 朴昌勳 金漢年 韓承殷 全 琒 李道泳 金炳洛	金鴻稷	李炳運 李炳柱 金鳳楨 金鍾翼 金寃鎬 張亨根 金仁淳 尹重斌 金器國	金在洪 崔昌烈 金允洙 朴來勳 金溶圭 安基舜 金鍾協 朴萬憲 韓道增

							李炳漢 朴鴻秀 吳鴻涉 韓應鍾		
개천	金奎兌	李寅根	李基炳	玄熙燮	金錚	車秉幹	宋朶鸞 李寅○ 玄光浩	朴瀅均	李任洙 金完熙 徐肯烈 金商鎭 朴致權 金斗煥
함흥	韓仁淑	朱奭鳳	韓憲敎	朱頤鍾	李奎夏	韓赳淵	韓達善 李冕祚 文台運	李愚烈	柳承欽 金洙梧 尹南喆 洪相義
대전	宋憲舜	李康漢	朴贊興	金昌奎		金敬熙	李秉鎬 任斗宰	趙時衡	金觀性 李　○ 朴章煥 宋敬仁 宋文達
강화	黃範周	權泰亨	金弘燮	閔泰雲	金弘燮	鄭泰奎			郭○鍾
파주	(理事)黃遇顯 李泳學 李學魯 辛在珏 黃赫周 尹在洛 盧昇鉉 尹五榮 尹馨普 成基萬 李承禧 鄭崙源 柳殷衡 李喜濬								李鏞善 趙寬奎 李種德
서산	(理事)李範承 任鳳淳 李洪馥 成百興 金宗洙 李天求 尹達燮 朴義遠 金秉濟 金相翼 崔敬淵 金東璉 崔廣淵 韓亨源								金在吉 尹喆秀 李鍾林 金台洙 俞鎭恒 金昌濟
전주	(理事)沈在俊 朴秀根 鄭淇朝 朴榮來 朴基順 金昌燮 江正欽 李圭白 金道弘 李珵煥 徐丙久 尹相琛 金商斗 柳學根 朴魯俊 西相睦 鄭碩謨							李鳳一 徐秉勳 李健鎬 柳東根 姜台欽	李炳擇 朴勝球
함열	(理事)尹寶圭 鄭憲普 崔萬鎭 鄭閭奎 尹致奎 崔相仁 柳穆煥 崔成烈 金溶圭 南宮杰 朴相植 林魯一 崔正容 金長秋							鄭寬永 崔根洪 具奎善 林魯範	
남원	(理事)李秉赫 崔炳直 安秉鎬 鄭雲箕 李秉垠 金希權 邊鴻燮 黃晧炫 金榮禹 尹友燮 陳達燮								
옥구	(理事)姜在珍 文錫麟 金相熙 田相式 文鍾龜							高勝煥 文錫龜	
임실	(理事)朴泓根 李丙和 李升儀 尹鍾漢 洪鍾翼 金漢植							李承漢	
무장	(理事)金商一 丁裕錫 鄭桂源 宋漢洪 鄭榮源 宋漢庸 李英煥 姜大述 金昌黙 閔泳得 鄭鳳柱 鄭明源 金相寧 成永文 崔銓九							康圭鎭 朴鑑采 鄭隨源 庚東植	

		林宰鎬 金在憲 柳濟鳳 權漢植 金基煥	
順天	(理事)趙淵鍾 鄭贊朝 張基勳 趙秉國 朴洪信 金庸杜 朴勝林 梁海敎 趙光鉉 鄭甲鎬 林炳孝 李濬鎬 徐丙圭 許錫 李吉洪	趙泳薰 趙鍾玹 許 永 任泰徽 金學模 張琠基	鄭曼榮 金孝燦 趙鍾德
의흥	(이사)都相殷 金奭準 李範相 李鍾심 申泰壽 李學坤 洪承佑 陳守根 崔潤汶 李祥儀 朴 麟祚 蔣海觀 李章春		
신흥	(이사)林炳龍 金錫鎭 李昇淵 柳鳳岐 朴長奎 李基漸 李寅逵 李國贇 韓昇國 韓用國 柳泰鍾 魏大源 劉基恒 李基泰 朱在鶴	柳榮壯 李學淵 李榮健	
서흥	(이사)廉愚哲 柳炳一 尹滋龍		
성천	(이사)尹東翰 李秉琇 金光奎 朴鍾國 尹秉禮 張時億 高奭鴻 張翰俊 金豊鍾 李楨植 金麟祥 李瀅鏶 尹秉謙 李日煥	羅雲喆 崔承琯 金基源 金鳳祥 金東元 張翰鳳 白日憲 朴炳逸 張翼文 尹錫完 李龜範	
안주	(이사)安宗植 崔兢黙 金容範 鄭泰益 咸炳訥 金鼎煌 安凌	安 濤 金 圭 李學潤 安炳謙	
순안	(이사)金淵復 金錫龜 全仁奎 玄命卨 黃鍾涉 朴鳳璨 李大根 金鳳觀 李世周 崔炳斗 金龍俊 申尙敏 金義燮	朴用基 金泰璉 李鍾善	金悳烈 金淵兢
광양	(이사)鄭容學 許헌錫 李載秉 李亨圭 李載午 徐漢忠 姜大榮 徐澈洙 徐漢喆 金永烋 金在圭 朴準基 鄭容寔	許烔 李東宇 鄭運昇 鄭在昊	黃俊模 安倫黙 徐啓欽 李起黙
강동	(이사)金宗喜 鄭健永 朴觀海 禹元奎 李夏植 李文奎 李瀅材 韓商鎭 鄭日容 金應杜 金商俊 孫昌俊 洪穰善 鄭尙穆 李永植	李寅畯 白世헌 金鯉三 李陽燮 高炳純	
단천	(이사)薛瑞運 金洛鉉 金禧律 崔東宇 金丙朝 崔世煥 權秉熙 李炫植 沈杞鼎 趙德潤 李鍾八 沈允錫 金極中 崔昌煥 金國輔	廉宅訥	
자산	(이사)李國根 崔殷聖 韓琦斗 崔燦說 趙岐鳳 鄭儀錫 李昌模 李承夔	玉周瓚	

	李根壽 尹泰賢 林永翰 尹亨根 金容昆 崔厚彬 金宗元 吳翊泳 尹學斗 李晦根 尹楦 李述模	盧弘植 盧燦畢
양덕	(이사)尹錫英 尹禧燮 李桂淵 金濟龍 李應溍 李翰永 朴孝根 崔文琥 崔弘成 孫昌一 李龍龜	朴仁俊 朴敬植 朴鳳琯 申完柱 李益淳 朴淳原 李洛龜 朴元俊 李在淳
군위	(이사)李章斌 張錫仁 李鉉萬 司空溍 朴泰鎬 權寧浩 崔晙鎬 李鍾鳳 鄭永植 洪淳燮 李沂洛 李致均 李在暘 千驥善 都秉千 徐鎭河 李在璣	李洛瑞 崔定基 洪在建 李宗甲 李泰甫 殷弘基 洪在璇 金在輝 南柄泰 李普均 殷象杓

　이 외에도 서천, 함양, 송화, 진주, 곡성, 용안, 영산, 만경, 칠원, 광주지회 등이 구성되었으나 임원은 선임하지 못하였다.

　이처럼 대동사문회는 전국적인 조직을 갖추었지만, 실제 지회의 활동은 그리 활발하지는 않았던 것으로 보인다. 지회 활동 중『매일신보』에 가장 먼저 보이고 있는 곳은 濟州支會였다. 梁應祥 등 제주의 유림들이 유교의 진흥을 위해 經學講習所를 설립하자 대동사문회는 양응상을 典事로 추천하는 한편 지회로의 전환을 유도하였고[21] 그 결과 제주지회가 조직되었다.[22] 이어 북청지회가 8월 22일 노덕면 사무소에서 발회식을 갖고 이사 15인과 전사 30인을 선출하였다.[23]

---

21) 『매일신보』, 1920년 5월 31일, 「濟州道 經學研究所 設立」.
22) 양응상이 대동사문회 전사로 1921년 3월 15일 제주향교에서 거행한 춘기석존에 참여한 것으로 보아 이때 제주지회가 설치된 것으로 본다.(『매일신보』, 1921년 3월 24일자)
23) 『동아일보』, 1920년 8월 28일자, 「大東斯文會 發會式」.

그런데 전주지회가 8월 28일 임원총회를 개최하는 한편 추기석존과
강학을 전개한 사실로 보아 그 이전에 이미 지회가 성립된 것으로
보인다.[24] 또한 영흥지회도 9월 14일 두 번째 총회를 개최한 것으로
보아 비교적 일찍 조직되었다.[25] 공주지회는 9월 중순 지회조직을
준비하여[26] 10월 28일 창립하였고,[27] 해남지회는 1922년 10월 15일
창립되었다.[28]

대동사문회 지회 중에서 비교적 활동이 활발하였던 곳은 강화지회
였다. 강화지회의 조직은 정확하게 확인할 수는 없지만, 1921년 4월
17일 강연회를 개최한 바 있는데[29] 늦어도 1921년 초에 설립된 것으
로 보인다. 강화지회는 4월 27일에도 강연회 개최 및 작문과 산술 시
험,[30] 文藝詩會[31]를 개최하기도 하였다. 그리고 10월 23일에는 본부
의 이범철을 초청하여 강연회를 갖는 한편 회무확장을 논의하였다.[32]

[24] 『매일신보』, 1920년 8월 26일자, 「斯文會 總會와 講學」.
[25] 『매일신보』, 1920년 9월 17일자, 「斯文支會의 盛況」.
[26] 『매일신보』, 1920년 9월 20일자, 「斯文會 支會 計劃」.
[27] 『매일신보』, 1920년 11월 4일자, 「斯文會 公州支會」. 공주지회 창립총회에는 어윤적, 時實 도지사, 大塚 군수 등 3백여 명이 참석하였으며, 時實 도지사와 大塚 군수가 축사를 하였다.
[28] 『매일신보』, 1922년 10월 26일자, 「海南 大東斯文 總會」. 해남지회는 지역유림 70여 명이 참석, 군수 李輔相이 "유교는 인류진화와 사교도덕의 근본으로서 앵의 원천"이라는 강연에 이어 당국에서 경학원 등 기타 기관으로 조선 종래의 미풍미덕을 장려한 취지를 설명, 임원으로 회장 李浚模, 부회장 유정희, 총무 임영두, 치사과장 정종갑, 경의부장 유기섭, 서무과장 하한○, 평사장 정상기 등 피선, 회의 운영방침으로 향교 재산으로 설립, 구서적종람소에 다수 구람할 사, 신구학문을 강연할 사, 회원을 모집하여 민풍을 개선하고 도덕을 숭상케 할 사 등을 결정하였다.
[29] 『동아일보』, 1921년 4월 24일자, 「大東斯文 支會 講演」 이날 강여은 명륜당에서 史書의 講經과 講演으로 이루어졌는데, 강사에는 閔斗鉉 沈宜夏 李承台 徐相緖 尹成黙 尹正儀 黃南周 尹熷榮, 연사에는 洪斗煥 黃範周 洪在高 權泰亨 曺埈元 朴憲用 閔泰雲 金東植 韓成烈 黃佑天 등이 참여하였다.
[30] 『동아일보』, 1921년 4월 30일자, 「大東斯文會 講演會」. 이날 강연회는 7백여 명의 유림이 참석, 회장 황범주의 식사, 강사 상견례, 연사의 강연, 鄭泰奎의 답사로 진행되었다. 연사로는 권태형, 박헌용, 홍재설, 황우중 등이 참여하고 있다.
[31] 『동아일보』, 1923년 6월 12일자, 「江華에 文藝詩會」.
[32] 『매일신보』, 1921년 10월 23일자, 「大東斯文 講演會」.

특히 1924년 봄 제4회 정기총회에서는 전년도 사업보고, 회계보고, 임원개선, 회비징수 등 일반회무를 처리하고 3년 전부터 향교에서 운영해오던 江華講習所(강화학원) 확장을 결의하였다.[33] 이밖에도 沃溝支會가 설립되었다.[34]

3) 儒道振興會

앞서 살펴보았듯이 경성을 중심으로 어윤적, 이범철 등 구한국 관료를 중심으로 하는 유림들이 대동사문회를 조직하게 되자 金榮漢, 閔哲勳 등 일부 유림들과 영남지역 유림 88명은 1920년 1월 16일 경성구락부에서 발기총회를 갖고 유도진흥회를 조직하고[35] 그 취지서를 발표하였다.[36] 그리고 "儒道의 진흥을 도모하고 퇴폐하는 道義의 긴장을 기하여 世道의 進運에 공헌"이 목적임을 밝히고 있다.[37] 창립 초기 회장으로는 김영한이 선임되었다.[38]

창립 직후, 유도진흥회는 大塚 내무국장의 기백 원의 후원을 받았지만 여전한 재정의 어려움, 각 지방 도·부·군 名士의 참여부재로 인한 세력 확장의 곤란, 같은 성격을 가진 대동사문회와의 경쟁 등 세 가지 어려움을 호소하면서 총독을 총재로, 정무총감을 부총재로, 각 국장을 고문으로 추대하고자 하였다.[39] 그리고 이듬해 1921년 4월

---

33) 『동아일보』, 1924년 3월 5일자, 「大東斯文會 江華支會」 및 1924년 3월 7일자 「江華釋奠과 斯文會總會」. 당시 강화지회 회원은 7백여 명으로 회원이면 누구든지 학생 1명을 추천할 권리를 주기도 하였다. 그리고 강습소는 1922년 11월 4일 야학부를 설치하였다.(『동아일보』, 1922년 11월 12일자)

34) 옥구지회의 설립연대는 명확하지 않으나 1925년 9월 27일에 독행자 포창식을 거행하였다.(『동아일보』, 1925년 9월 28일자)

35) 「朝鮮儒道振興會 經過狀況 報告書」, 『齋藤實文書-民族運動』 1, 고려서림, 1990, 164쪽.

36) 『매일신보』, 1920년 1월 29일자, 「儒道振興會 趣旨書」.

37) 『高等警察關係年表』, 조선총독부 경무국, 1930, 16쪽.

38) 이명화, 「조선總督府의 儒敎政策(1910~1920年代)」, 『한국독립운동사연구』 7, 독립기념관 한국독립운동사연구소, 1993, 116쪽.

25일 개최한 제2회 총회에서 '有司制'를 '總務制'로 개정하고 임원진도 회장 朴齊斌, 부회장 潤喜求, 장의장 鄭鎭弘, 총무 尹弼求, 이사 鄭鳳時·金榮漢·權純九·徐光前·崔岡·金鎭漢·鄭寅旭·洪祐崇으로 개선하였다.[40] 그리고 윤필구를 발행인으로 하여 기관지『儒道』를 발행하였다.[41] 이 해 10월 임시총회를 개최하고 회장에 朴箕陽 남작, 부회장 鄭鳳時, 총무 鄭鎭弘, 장의장 尹弼求, 서무부장 權純九, 강습부장 李範奎, 편집부장 李底珪, 상무이사 鄭寅○으로 임원을 개선하고 한글판 기관지『明倫』을 간행하기로 하였다.[42]

유도진흥회는 창립 이후 지방조직인 지회와 분회를 조직에 착수하였다. 유도진흥회의 조직은 경성에 본부, 道 단위에 支會, 軍 단위에 分會를 두는 3단계의 구조로 전국 조직을 구성하였다. 道 단위의 지회로는 경북지회와 경남지회가 각각 조직되었다.[43] 그렇지만 道 단위의 지부는 중앙과는 유기적으로 관계를 맺고 있었지만 1927년 8월 중앙과 분리하여 경북유도진흥회로 명의를 변경하고 독립적인 단체로 활동하였다. 즉, 東洋道德의 眞髓한 유도를 진흥함으로서 世道人心을 바르게 하고 社會紀綱을 유지하여 國家民人의 진보를 扶翼하기 위하여 1920년 3월 도내 儒林 등이 모여 경성에 있는 유도진흥회의 경북지회를 설립하였으나 1927년 8월 본부 총회에 의하여 경성 본부로부터 분리하고 경북유도진흥회라 개칭하였다. 경북지회는 1월 28일 창립 신청을 받고 다음날 인가를 하였으나 3월 14일에서야 창립총회를 가졌다. 이날 창립총회는 藤川 도지사와 佐藤·大庭·新庄 등 3부

---

39)「朝鮮儒道振興會 經過狀況 報告書」, 162~163·168~169쪽.
40)『동아일보』, 1921년 4월 27일자,「儒道振興會 總會」.
41)『매일신보』, 1921년 2월 9일자,「儒道新聞 許可」.
42)『매일신보』, 1921년 10월 10일자,「儒道振興 總會」.
43) 경북지회와 경남지회로 경북유도진흥회, 경남유도진흥회라고도 한다. 본고에서는 중앙유도진흥회를 뜻함. 그 외는 지명조직으로 하였다.

장, 大橋 헌병대장과 경북 도내 각 군에서 柳時萬 등 유림 1백여 명이
참석하였으며, 지부장 李晚麟, 부지부장에 朴承東, 총무에 張相轍과
柳時一 등을 선임하고 각 군의 장의를 선정하였다.[44] 경북지회는 같
은 11월 19일 제2회 총회를 개최하고 지부장에 칠곡군수 李啓煥으로
선정하였다.[45] 이후 李中轍,[46] 이종구[47]가 각각 지회장으로 활동하
였다. 특히 1921년 11월 제4회 총회에서는 會勢의 확장을 위해 도지
사 및 각 부장을 고문으로, 참여관 및 서무과장을 장의로, 지방 학무
및 권업과장은 특별찬성원으로 할 것 등 17개항을 결의하기도 하였
는데, 주요내용은 다음과 같다.[48]

1. 도지사 및 도 각 부장은 지부 고문으로, 참여관 및 서무과장은 장의로
   지방 학무 권업의 과장은 특별찬성원으로 할 사.
2. 각 군수 경찰서장 보통학교장은 분회 고문으로, 각 면장 및 주재소
   수석은 분회 찬성원으로 할 사.
3. 문묘직원은 분회이사로 선정하여 군내 교화사업에 종사케 할 사.
4. 회원모집에 대하여 관내 주민은 구계급 여하를 불구하고 회원됨을 득함.
5. 회비는 년 20전.
6. 재산계급에 한하여 입회금 1원 이상 기부금 5원 이상 징수.
9. 유림 내지시찰단을 매년 조직, 여비 부담.
11. 개량서당 및 학술강습회 설립.
13. 유의유식 청년 구제.
15. 강연 강습회 개최 미풍양속 유지.
16. 강연강습회 시 세계대세와 동양평화 설유, 청년사상을 선도하고 국
    민적 신념을 왕성케 할 사.

44) 『매일신보』, 1921년 4월 1일자, 「儒道振興會」. 각 군에 선정된 장의는 다음과 같다.
45) 『매일신보』, 1920년 11월 27일자, 「儒道振興會 總會」.
46) 『매일신보』, 1922년 11월 11일자, 「慶北儒道振興 總會」.
47) 『매일신보』, 1923년 6월 21일자, 「慶北 儒道總會」. 이날 개선된 임원진은 다음과 같다.
    회장 이종구, 부회장 서○순·이종로, 이사 서명오·이의종·김병필·이덕구·이근
    영·김충일·남필우·김창식·박기돈·이종민.
48) 『매일신보』, 1921년 11월 26일자, 「慶北儒道 總會」.

이어서 1927년에는 기관지 『嶺南時報』를 창간하였다.[49]

경남지부는 鄭泰均 등 20여 명의 유림들이 2월 10일 창립 신청하고 2월 29일 진주 청년구락부에서 창립총회를 갖고 조직되었다.[50] 그리고 창립 직후 조직된 분회와 주요 분회의 활동은 〈표 3〉, 〈표 4〉, 〈표 5〉와 같다.

〈표 3〉 유도진흥회 분회 조직사항 현황[51]

분회명	신청인	창립일	비고
양주분회	柳德茂	1920. 3 · 19	향교에서 창립
남양분회	洪哲厚	1920. 3. 26	
장단분회	朴正黙	1920. 4. 10	
서산분회	閔斗鉉	1920. 3. 2	4월 1일 향교에서 창립, 1백여 명 참석
예산분회	李靖植	1920. 4. 8	
천안분회	姜 晩	1920. 4. 9	
안변분회	崔達斌	1920. 3. 17	4월 15일 향교에서 창립, 2백 명 참석
영흥분회	金源植	1920. 4. 9	
아산분회	金一秉	1920. 3. 15	4월 15일 향교에서 창립, 50여 명 참석

〈표 4〉 유도진흥회 경북지회 분회 조직현황

분회명	위치	설립일	조직 상황	회원수
달성지회	대구부 동본정 4	1923. 4. 20	전 달성군내 12개 면 유림으로 조직	418
현풍지회	달성군 현풍면 상동 326	1921. 2. 14	전 현풍군내 4면 유림으로 조직	72
군위지회	군위군 군위면 서부동 629	1920. 10. 9	군위군내 유림으로 조직	785
의성지회	의성군 의성면 도동동	1921. 2. 10	전 의성군내 11개 면 유림으로 조직	300
비안지회	의성군 안계면 교촌동	1920. 12. 10	전 비안군내 7개면 유림으로 조직	200

49) 『동아일보』, 1927년 8월 14일자, 「유도진흥회 총회」.
50) 「朝鮮儒道振興會 經過狀況 報告書」, 165쪽.
51) 「朝鮮儒道振興會 經過狀況 報告書」, 165~167쪽.

안동지회	안동군 안돔면 동부동	1920. 7. 10	안동군내 유림으로 조직	600
청송지회	청송군 청송면 월막동	1920. 6. 16	청송군내 유림으로 조직	1,000
영양지회	영양군 영양면 동부동 549	1920. 8. 15	영양군내 유림으로 조직	6,697
영덕지회	영덕군 영덕면 남석동 302-2	1920. 11. 1	전 영덕군내 5개면 유림으로 조직	291
영해지회	영덕군 영해면 성내동	1921. 8. 10	전 영해군내 4개면 유림으로 조직	1,542
청하지회	영일군 청하면 덕성리 190	1922. 12. 15	전 청하군내 2개면 유림으로 조직	117
영일지회	영일군 흥해면 성내동	1921. 11. 15	전 영일군내 17개면 유림으로 조직	88
영천지회	영천군 영천면 교촌동 187	1920. 6. 20	영천군내 유림으로 조직	721
경산지회	경산군 경산면 교촌동	1920. 10. 25	경산군내 유림으로 조직	550
청도지회	청도군 화양면 교촌동	1926. 4. 23	청도군내 유림으로 조직	200
고령지회	고령군 고령면 연소동 608	1920. 8. 24	고령군내 유림으로 조직	9,409
성주지회	성주군 성주면내 향교	1920. 4. 18	성주군내 유림으로 조직	5,141
칠곡지회	칠곡군 칠곡면 읍내동 600	1921. 3. 15	성주군내 유림으로 조직	130
인동지회	칠곡군 인동면 인의동 447	1921. 2. 22	전 인동군내 4개면 유림으로 조직	242
김천지회	김천군 금릉면 교동 440	1920. 3. 27	김천군내 유림으로 조직	89
선산지회	선산군 선산면 교동 838	1920. 5. 9	선산군내 유림으로 조직	223
상주지회	상주군 상주면 신봉리	1920. 11. 27	상주군내 유림으로 조직	680
문경지회	문경군 문경면 상리	1921. 10. 1	문경군내 유림으로 조직	2,005
예천지회	예천군 예천면 백전동	1921. 10. 12	예천군내 유림으로 조직	5,000
영주지회	영주군 영주면 망리 137	1922. 3. 16	영주군내 유림으로 조직	6,600
봉화지회	봉화군 내성면 포저리 246	1920. 6. 22	봉화군내 유림으로 조직	3,000
울릉도 유도창명사	울릉도 남면 도동	1924. 7. 22	도내 조선인 남자로 조직	600
계				46,702

〈표 5〉 유도진흥회 분회의 주요활동

분회명	주요 활동 내역	비고
경산분회	1920. 12. 5 창립 분회장 徐錫輔 부분회장 鄭永煥, 총무 韓應萬 선임, 150명 참석, 군수의 취지 설명, 일본시찰 강연	매일 1920. 12. 8
안변분회	1920. 4. 4 발기총회, 김서규 군수 경찰관리 김응선 등 132명 참석, 분회장 崔達斌 부분회장 金ㅇ鎬 총무 吳鴻涉 선임	동아 1920. 5. 6
	1920. 7. 13 총회 개최, 완고폐풍 개량, 신학문 습득, 金瑞圭 군수 내지시찰 설명과 보통학교 도덕학문 지도 당부	매일 1920. 7. 23
	1921. 8. 30 특별회 개최, 효자 절부 포상, 김서규 군수 미풍양속 함양 당부, 강습부장 최명소와 朱景漸의 강연	매일 1921. 9. 11
	1921. 9. 1 임시총회 개최, 강습부와 거무부 설치, 강습부장 崔命沼 주임강사 文謙進 강사부원 李昌煥 외 임원 4명, 서무부장 황진오 주임 崔應五 부원 崔鏞鶴 외 6인, 편집주임 崔文弘 편집원 崔廷鏞 黃來湜 외 4인, 회계주임 金元燮 회계원 崔達冕 金應鎬 외 4인, 강사 金冕鎬 외 10인, 고문 金鍾晶 朴萬奎 趙鍾倫 외 8인을 선정, 강습생 중 12명을 선정하여 문묘사업과 석존, 석망예배에 종사키로 결의	매일 1921. 10. 9
	1921. 12. 25 강연회 개최, 군수 金瑞圭가 '인민 위생이 필요한 사항' 교수 주경점이 '人의 無名指의 疾痛은 憂하고 內의 不肖는 至急히 改良을 不思하나 吾儒生일동은 心의 過點을 蕨俊하기로 警告하는' 내용의 강연	매일 1922. 1. 7
	1922. 6. 24. 향교에서 제3회 정기총회를 개최, 간이 농업학교기성회를 조직하여 문화사업을 진흥	매일 1922. 7. 6
군위분회	1921. 1. 12 강연회 개최, 강사 金斗현 朴承祚 申鳳均 柳永善 朴文植 金南洙	매일 1921. 1. 19
안동분회	1921. 10. 총회 개최, 군수 · 경찰서장 · 면장 등 30여 명 참석, 동양고유의 도덕 발휘에 대한 훈화	매일 1921. 10. 8
예천분회	예천과 용궁에 분회 설치하였으나 활동의 미약으로 1921. 10. 2 통합, 분회장 李守麟, 부분회장 鄭桂轍, 총무 鄭元朝 金炳九, 유사 金章煥 외 11명, 장의 金乗鎭 외 11인, 고문 金秉泰 井上茂, 촉탁 尹政熙 李敦英 선임	매일 1921. 10. 14
	1922. 6. 11 예천공립보통학교에서 80세 이상 노인 초청 경로식 가져	매일 1922. 7. 17
북청분회	1921. 8 金眞極의 발기로 창립총회를 개최하고 회장 趙基尙 선출, 9월 11일 석존제를 마치고 다음날 농업학교 내에서 경학을 강강, 군수 權泰容이 축사, 장의 강사 고문 등 40여 명 임첩 수여	동아 1921. 9. 18

	1922. 1. 22 향교 명륜당에서 제6회 講會 개최, 임시강장 魯應圭, 사서삼경을 背講 또는 面講으로 시험을 치루고 '弟十八則孝出則悌'라는 제목으로 강연	매일 1922. 2. 1
	1922. 2. 16 임시총회 개최, 각 동리에 강습소 설립, 임원개선, 여성회원 입회 허락, 그리고 3월 14일에 제7회 강연회 개최키로	매일 1922. 3. 6
제주분회	1922. 5. 12 제주향교 명륜당에서 지회 창립총회 개최, 150여 명 참석, 임시의장 양달휘이 식사, 김근기의 취지설명, 분회장 김근기, 부분회장 현승규, 총무 김기진 선임	매일 1922. 5. 18
고령분회	분회장 郭燁, 교육기관의 부족으로 아동교육의 길이 없자 향교에 사설강습소 설치 요청, 당국에서 허가, 운영은 향교에서 3백 원, 분회에서 7백 원, 지역 유지후원금 770원 등으로 유도진흥회에서 경영키로	매일 1922. 5. 8
봉화분회	1922. 8. 각 면에 지부 설립을 협의, 사무소는 면사무소에 설치, 회원은 면내 5백 인 이상으로, 면 지부에 강사 3명 내지 4명을 두어 1년에 4회씩 순회 강연회를 개최키로	매일 1922. 8. 24
상주분회	대성강습회를 설립, 公普校에 입학하지 못한 아동 수백 명을 수용하여 속성으로 교육하는 등 문화사업에 공로가 많은 바, 최근 학생의 부족으로 이를 폐지하고 도서관 설치를 준비, 장소는 상주청년회관, 가을에 개관 예정	동아 1927. 3. 2
영주분회	1922. 10. 29 백일장 개최(예정)	동아 1922. 10. 19
문천분회	1925. 6. 분회 창립, 회원 1천여 명, 문화사업을 위해 모금 중	매일 1925. 11. 24
자인분회	1922. 9월 중순, 창립총회 개최, 군수 李容漢 등 150여 명 참석, 군지부 총무 張相轍의 축사, 식후 경로식	매일 1922. 9. 23
제주분회	1922. 5. 12 창립총회, 150여 명 참석, 임시의장 양달휘이 식사, 김근기의 취지설명, 회장 김근기, 부회장 현승규, 총무 김기진 선출	매일 1922. 5. 18

3. 지방유림계의 동향과 활동

1) 유도천명회(강원도)

이처럼 중앙의 유림계는 대동사문회와 유도진흥회를 조직하여 전국적인 단체를 만들었지만 지방의 유림들은 지역에 따라 단체를 조직하였다. 강원도의 유림들은 儒道闡明會를, 전남 유림들은 儒道彰

明會를 각각 조직하였다. 그런데 이들 조직들은 道의 적극적인 후원이 적지 않았다.

강원도는 3·1운동 이후 "시국의 영향은 지방민간에 한 가지 변화가 된 때문에 인심이 악화된 경향이 있으므로 당국에서는 이것을 잘 인도하는 동시에 시정방침을 선전하기 위하여 각군 지방의 민중적 특수지위가 있는 유생을 한 단체로 조직하고 본부를 춘천에, 지부를 각 군에 설치하고 유교를 선전"코자 하였다.[52] 즉 3·1운동 이후 흩어진 민심을 수습하기 위해 유교를 이용하고자 하였다. 이는 강원도가 다른 지역보다 기독교와 천도교가 뿌리내리지 못하고 여전히 유교가 사회여론을 주도하고 있었기 때문이었다. 이에 따라 강원도가 주관이 되어 "일반유림을 지도하며 유도를 진흥"케 할 목적으로 유도천명회를 조직하기로 하였다.[53] 당시 강원도 전·현직 참여관 金祥演과 李鶴圭가 유도천명회를 설립하기 위해 영동과 영서지역을 각각 순회하면서 유림들을 회유, 정지작업을 하였다.[54] 이러한 관계로 유도천명회의 경우 본부보다 지부가 먼저 설립되기도 하였다.

道의 후원과 참여관의 적극적인 활동으로 우선 영서지역 유림들은 1921년 7월 27일부터 2일간[55] 道의 김상연 참여관과 大塚 및 沈謀 道 촉탁, 渡邊 춘천군수와 小越 및 黃謀 郡 촉탁, 이학규 참여관과 지방유림대표 嚴正煥, 鄭奶厶基(이상 인제), 鄭鍾軫, 尹鍾薰(이상 양구), 李熙龍, 尹秉善(이상 화천), 南宮槩, 慶銓, 南宮芯(이상 홍천), 姜錫圭, 金敏植(이상 춘천) 등이 설립협의회를 가졌다.[56] 이어 8월 1일과 2일

---

52) 『매일신보』, 1920년 11월 29일자, 「儒生團을 組織」.
53) 『매일신보』, 1921년 7월 8일자, 「儒道闡明會 開設」.
54) 『매일신보』, 1921년 7월 26일자, 「江原儒道闡明會」 및 8월 19일자, 「江原道儒會 完成」.
55) 『매일신보』에는 7월 25일과 26일 양일간으로 보도하고 있다.(1921년 7월 25일자) 그러나 실제적으로는 7월 27일과 28일 양일간 개최하였다.
56) 『매일신보』, 1921년 8월 2일자, 「江原道 儒道 振興」.

에는 원주[57]와 철원[58]에서, 8일에는 강릉[59]에서 각각 설립협의회를 개최하였다. 그리고 이날 각 지역에서 설립협의회를 마친 道와 유림계는 유교를 지도할 단체로 유도천명회를 설립하기로 하는 한편 일본시찰단을 조직키로 하였다.[60] 그리고 유도천명회의 취지문을 『매일신보』에 발표하였으며,[61] 회칙은 다음과 같다.

제1조 본회는 江原道 儒道闡明會라 稱함.

제2조 본회는 儒道를 闡明하여 東洋道德의 眞源을 發揮하며 且 國憲을 尊重하며 世運의 進展에 順應하여 文化의 向上을 圖하기로 目的함.

제3조 본회는 本部를 江原道 春川郡 春川面에 置하고 支會는 各郡 文廟所在地에 置함.

제4조 본회 회원은 本道內에 住所를 有하고 儒道를 尊崇하는 者及 본회의 趣旨를 贊成하는 者로써 組織함.

제5조 본회의 目的을 達하기 위하여 左의 事業을 行함.

1. 會報를 刊行할 事
2. 講演講話를 開催할 事
3. 孝子 節婦 其他의 篤行者를 表彰할 事
4. 耆老를 尊하여 其 慰安의 途를 講할 事
5. 교육의 보급에 노력할 사
6. 開明地方의 시찰을 장려할 사

---

57) 『매일신보』, 1921년 8월 18일자, 「儒道彰明會 發會」. 원주에서 가진 설립협의회에는 이학규 도참여관과 大塚 道屬, 횡성의 柳晥·安承哲, 평창의 李建楫, 영월의 丁奎文·池昌永, 정선의 禹禹永·全龍珪, 원주의 閔熹植·沈元澤·曺秉澤·俞華濬·金奎弼 등이 참여하였다.

58) 철원 설립협의회에는 김상연 도참여관과 심 道屬, 철원의 安道煥·朴琪陽·崔昇, 평강의 金東河·權炳河, 김화의 韓來鍾·沈能憲, 금성의 李鍾林·盧一愚, 안협의 尹致安, 이천의 李達榮, 회양의 劉錫祚·朴來勳 등이 참여하였다.

59) 강릉 설립협의회는 이학규 도참여관과 大塚 道屬, 李 강릉군수 외 군 직원 2명, 강릉의 朴起東·崔命台, 양양의 崔永宅·李준在, 통천의 尹炳善·崔南九, 간성의 黃炳屋·高濟南, 고성의 李秉文·鄭寅鎔, 삼척의 鄭昌和·洪淳大, 울진의 林潤夏·南穆永 등이 참여하였다.

60) 『會報』 창간호, 강원도 유도천명회, 1922. 9.

61) 『매일신보』, 1921년 9월 16일자, 「江原道 儒道闡明會 趣旨」.

　　　7. 기타 본회의 목적을 達하기 필요한 사항
제6조 본부에는 左의 職員을 置함.
　　　1. 회장 1인
　　　1. 부회장 1인
　　　1. 총무 1인
　　　1. 평의원 약간인
　　　1. 서기 약간인
　　　1. 편집원 약간인
제7조 회장은 회무를 統轄하고 본회를 대표함. 부회장은 회장을 보좌하
　　　고 회장이 사고가 有할 時는 대리함. 총무는 회장의 지휘를 承하
　　　여 회무를 처리함. 평의원은 중요한 회무를 심의함. 서기는 회장
　　　및 총무의 지휘를 承하여 서무회계의 사무에 종사함. 편집원은
　　　회장 및 총무의 지휘를 承하여 회보발행의 사무에 조사함.
제8조 회장 부회장은 평의원의 선거에 依하고 임기는 2년으로 함. 평의
　　　원은 각 지회장으로써 此에 充함. 총무 서기 및 편집원은 회장이
　　　此를 命免하며 또 囑託함도 有함.
제9조 중요한 회무를 자문하기 위하여 고문 약간인을 置함을 得함. 고
　　　문은 회장이 此를 촉탁함.
제10조 평의원회는 회장 및 평의원으로써 此를 조직하고 회장을 의장으
　　　로 함.
제11조 평의원회의 의결할 결의사항은 如左함. 1. 예산 및 결산, 2. 규칙
　　　의 개정, 3. 회원의 제명 및 징벌, 4. 會의 해산, 5. 기타 회장이
　　　중요로 認하는 사항
제12조 평의원회의 의결은 출석한 평의원의 과반수로써 決함. 但 제1조
　　　제4호의 의결은 총평의원 3분지 2 이상이 출석하고 其 전원의
　　　동의가 有함을 要함. 평의원이 출석키 불능할 時는 서면으로써
　　　의결에 加함을 得함.
제13조 지회에는 左의 직원을 置함. 一. 지회장 1인, 一. 지회부장 1인,
　　　一. 지회총무 1인, 一. 지회평의원 약간인, 一. 지회서기 약간인.
제14조 지회장은 지회의 회무를 總理하고 지회를 대표함. 지회부장은
　　　지회장을 보좌하고 지회장이 사고가 有할 時는 此를 대표함.
　　　지회총무는 지회장의 지휘를 承하여 지회의 회무를 掌理함. 지
　　　회평의원은 중요한 지회회무를 심의함. 지회서기는 지회장의

지휘를 承하여 서무회계의 사무에 종사함.

제15조 지회장 지회부장 지회총무 지회평의원은 지회총회에서 此를 선거하고 임기는 2년으로 함. 지회서기는 지회장이 此를 촉탁함.

제16조 지회의 중요한 회무를 자문하기 위하여 지회고문 약간인을 置함. 지회고문은 지회장이 此를 촉탁함.

제17조 지회평의원회는 지회장 및 지회평의원으로써 조직하고 회장을 의장으로 함.

제18조 지회평의원회의 의결할 사항은 左와 如함. 一. 지회의 예산 및 결산 기타 지회장이 중요로 認하는 사항

제19조 지회는 매년 2회로 정기총회를 開하고 임시총회는 필요에 從하여 지회장이 此를 소집함.

제20조 본회원 중 본회의 취지에 위반하는 자 有할 時는 警責 又는 제명의 처분을 行함을 得함.

제21조 본회의 경비는 유지 기타의 기부금으로써 此를 充함.[62]

본부 조직을 마친 유도천명회는 지회조직에서 적극적이었는데, 지회조직 현황은 〈표 6〉과 같다.

〈표 6〉 유도천명회 본부 및 지회 임원

지회명	지회장	지회부장	총무	서기	평의원		고문	회원수
본부	李鶴圭	閔熹植	李起鍾	大塚末松 沈相潤	姜錫圭 趙熙坰 朴晩爀 黃炳星 崔東吉 朱景舜 全志善 宋持善 鄭錫鳳 金泳穆 盧一愚 崔升鉉 黃鍾南	李時榮 劉錫祚 崔秉鍾 崔永宅 沈鎭河 黃 暉 李冕魯 閔熹植 慶 銓 李圭祥 任希相 金基斗	谷多喜磨 金祥演 車田篤 武井秀吉 星慶藏 波多野文治 李東根 成元基 李冕翼 李宜春 崔雲卿 黃永熹	

---

62) 『會報』 창간호.

춘천	姜錫圭	黃泳國	金汶植	黃道根	金泳模 權泰永 安 奭 金泳河 鄭泰永 韓省敎 朴勝驥 洪鍾珏 鄭羲碩 金宅泳 南廷夏 崔基衡 柳濟善	渡邊清足 小越庚作 吳揆泳 成元基 朴奎喆 吳學黙 趙秉祐 全相雨 柳九錫 李斗鉉 金裕坤 李敎林 鄭泰永 柳 爀 南相穆 宋連玉	572
인제	李時榮	沈在晟	嚴正煥	鄭弘基 金鎭昊		申悳休 趙慶勛 李昌奎 李裕英	350
양구	趙熙垌	池台源	鄭鍾軫	李白圭 趙德載 尹鍾燾	尹翼相 趙熙斗 趙敦轍 鄭鍾冕 韓永祖 李健相 趙昌燮	李承瑾 安 植	772
회양	劉錫祚	朴來勳	孫命濬	李泰求 姜錫舜		金尙洙 劉錫鍾 朴炳祚 朱天祚 宋淳武 全明洙 吳尙咸 徐秉弼 沈宜昇 宋宅英 乃村染次郎 關國治 朴粲杰 宋明奎 李順植 高期秀 朴鎭洪 徐秉胤 金容瑀	2,077
통천	朴晩爀	劉時澤	尹炳善	崔南九			126
고성	崔秉鍾	李浩碩	鄭永建	崔禎鳳		安達與次郎 宋村繁朶 平井正	988

					朴鍾瀅 姜翊周 金碩吉 張泳騫 李思錚	
간성	柳春載	黃炳星	鄭永文	金濬植 李殷伯	咸泰鎬 尹鶴漢 崔璜奎 朴受演 林炳淳 柳晟潤	崔敦澈 朴根弘 黃悳休 咸有度 板倉田五郎 尹在根 嚴啓永 金鼎權 張容弼 鈴木圓治	1,031
양양	崔永宅	李應烈	李鍾萬	金秉洙 崔斗吉	崔允珪 申秉均 李喆宇 李鍾夏 金龜卿 鄭寬時	李文夏 森六治郎 宋達顯 李濟惠 李錫範 盧炳翼	38
강릉	崔東吉	權麟植	朴起東				61
삼척	沈鎭河	金恒卿	洪淳大	沈圭恒	嶺東圭 李○泰 李容珏 金炯權 南尙烈 金輝星 趙熙魯 白南極 鄭昌和	金東奧 朱明昇 崔東秀 金麒榮 張錫鴻 伊崎淸一 國守政吉 渡邊叶	930
울진	朱景舜	南穆永	田大錫	田光琇 陳相哲 休舜華 南洪九 鄭萬鈺	朴潤夏 崔尙淳 尹炳夔 張奎漢 朱在英 田在中 張錫元 南相台	李起遠 朱秉心	91
평해	黃暉	池東漢	金壽根	安承諾 安柄斗 曹宗鎬 孫永瓚	鄭東燁 李能武 孫性璃 姜基鵬 李章龍 金益秀 張華植 李能春	李起遠 李轍榮	98
정선	全志善	崔燉尙	高演翼	全世哲 高昌桂 劉昌奎		木村盛之助	37
평창	李冕魯	李秉魯	智漢胙	崔學奎 智東赫		李建楫 金泰東 金헌卿 崔燦鼎 尹榮植	70

						李始厚 李載龜	
영월	宋持善	嚴承烈	池昌永	池壽永 金台卿	高興圭　金柄璇 崔鵬奎　鄭泰畯 嚴柱沇　鄭兒時 李應鎬	嚴達煥 張應植 北道智保 池仁錫 申在英	77
원주	閔熹植	韓耕愚	丁泰鎭	鄭鏑弼 張經浩 李一〇 李柄翼		崔在民 李敏和 鄭海運 竇燃時 張永煥 李憙采 沈元澤 曺秉澤 宋雯玉 洪祐誠 徐丙翰 申喆亨 平田太次郎 橋口龍太郎 植村多助 金澤民次郎 申圭善	59
횡성	鄭鏑奉	安承哲	許吉善				
홍천	慶銓	李龜淵	朴俊善	申鉉吉 林俊禧 韓明洙		李普烈 古川錚夫 小泉吉太郎 田中半次郎	238
화천	金泳穆	洪在冀	辛永		李源敎　金圭鍾 李俊應　金祥河		120
김화	李圭祥	李象穆	金相洽	金鍾根		沈能憲 朴來駿 李龜用 韓夾鐘 金德濟 金弘植 廉理雨 金基玉	112
금성	盧一愚	李鐘林	金鐘協	高埈臣		李鐘崙 盧秉燮 李河駿 李河龍 金相照 李龍淳 高明煥 李義圭 金基玉	156

철원	任希相	安道煥	李錫瀅	金馸濟 李鐘河 崔貞植			崔光烈 朴楚陽 安敎元	150
평강	崔升鉉	權赫魯	全東河	金亨基 金昌河	李泰潤 全昌錫 李昌煥 金世基 權炳河 任周鎬 李弼祐 崔長俊 金敬洛 崔石鳳 許汝度 金秉勳 金漢基 全守逸 權鳴鳳 崔玉根 權衡準 李永淑 申鉉三 金炳準 金鳳國		劉泓鐘 金鶴植 指山榮次 權泰冕 和久安行 金載燮 金昇基 金重鼎 康慶善	177
이천	金基斗	李冕圭	金皡植	金永右			安允玉	148
안협	黃宗南	李洛瑞	許咸					68

그런데 유도천명회 지회는 본부에 앞서 조직된 사례가 있었는데
鐵原支會였다. 철원지회는 8월 1일 설립하고 지회장에 高運河, 지회
부장에 安道煥, 총무에 崔昇을 각각 선출하였으며,[63] 평강지회는 본
부와 같이 9월 11일 설립하고 지회장에 崔升鉉, 지회부장에 權赫魯,
총무에 金東河, 서기에 金亨基·金昌河를 각각 선임하였다.[64] 그리
고 이날 오전 춘천에서도 추기석전제를 계기로 유도천명회 창립총회
를 개최하고 회장에 姜錫圭, 부회장에 李東根, 총무에 金汶植를 선출
하였다.[65] 이어 오후 3시에 도지사 申錫麟, 참여관 金祥演, 춘천군수
渡邊淸足 등이 임석하여 鄕約所 창립식을 거행하고 소장에 李冕翼,
총무에 申弘善, 간사에 南相稷·吳大泳을 선출하였다. 이날 신석린
도지사는 "藍田昌의 향약을 주로 하고 유교에 관한 미풍과 사회의
진흥방법, 교육시설에 관한 방침을 설명하기도 하였다.[66]

63) 『매일신보』, 1921년 8월 19일자, 「鐵原 儒道支會 設立」.
64) 『매일신보』, 1921년 9월 16일자, 「闡明會 平康支會」.
65) 강원도 유도천명회 『會報』에 의하면 李鶴圭가 회장으로 당선되었다고 기록하고 있다.
66) 『매일신보』, 1921년 9월 15일자, 「儒道闡明會 創立」.

본부 창립대회 한 달 후인 9월 8일에는 原州支會·華川支會·金化支會·金城支會, 9월 10일에는 洪川지회, 9월 11일에는 春川支會·麟蹄支會·高城支會·三陟支會·旌善支會·寧越支會·橫城支會·杆城支會, 9월 21일에는 楊口支會, 10월 6일 蔚珍支會, 10월 13일 江陵支會, 10월 15일 淮陽支會와 通川支會, 11월 1일 襄陽支會, 11월 15일 安峽支會, 12월 8일 伊川支會, 12월 16일 平海支會를 설립함으로써 강원도 내 전 군에 지회가 설립되었다.[67] 이처럼 빠른 기간 안에 지회를 설립할 수 있었던 것은 道와 郡의 적극적인 지원이 있었기 때문에 가능하였던 것이다.

2) 儒道彰明會(전남)

전남의 유도창명회 역시 강원도와 마찬가지로 道의 적극적인 지원으로 설립되었다. 유도창명회는 1921년 9월 11일 중추원 참의 朴奉柱와 전 광주청년회장 崔鍾涉의 발기로 광주 명륜당에서 창립총회를 개최하였다. 그러나 盧文奎의 취지설명이 막 끝나자 한 유생의 "소위 유도창명회로서 고급양복의 신청년과 계급불회의 舊大物이 同列케 됨을 분개한다"라는 강경한 반대로 해산함에 따라 연기할 수밖에 없었다.[68] 이로 인해 한동안 수면 아래 있던 호남 유생들은 1922년 3월에 이르러 '동양도덕의 진원을 발휘'할 목적을 가지고 도참여관 석진형과 중추원 참의 박봉주 등이 다시 호남 유림을 규합하기 시작하였다.[69]

각지 향교와 유생의 찬동을 얻은 후 道 당국의 적극적 후원 아래 각지 유림대표 4, 5명 또는 10여 명씩 소집하여 3월 26일 도청에서

---

67) 『會報』 창간호.
68) 『동아일보』, 1921년 9월 17일자, 「유도창명회 총회연기」.
69) 『매일신보』, 1922년 3월 15일자, 「전남 유도창명회」.

"時勢의 進運을 遂하고 儒道의 本旨를 창명"하기 위해 유도창명회를 설립하고,[70] 회장에 해남출신의 유생 李載亮, 부회장에 광주 송정 출신의 朴鳳柱와 장성 출신의 金胄煥를 각각 선출하였다.[71] 유도창명회는 설립목적을 道德尊崇과 倫理講明, 鄉約尊施, 敎育普及, 文化向上, 時務簡隸 등으로 밝히고 있으며,[72] 6章 33條로 된 章程과 10條의 시행세칙[73]을 마련하였다.[74]

---

[70] 『매일신보』, 1922년 3월 31일자, 「유도창명회 발회」.
[71] 「全南儒道彰明會の創立」, 『朝鮮』 86, 1922. 5, 196쪽.
[72] 『매일신보』, 1922년 4월 11일자, 「湖南儒道彰明會感」.
[73] 시행세칙은 다음과 같다.
　제1조 本細則은 原章程의 意義를 釋名하고 且 其不足을 補하는 者로 함
　제2조 章程 제5조의 義捐金이라 함은 斯道의 有志人士로 自進하여 義捐하는 金額을 謂함이요, 其他의 收入이라 함은 此 義捐 以外 收入을 謂함
　제3조 本會 入會志願書는 別紙 제1호 式樣에 依함을 要함
　제4조 章程 제8조 會員名簿라 함은 별지 제2호 式樣에 依하여 製作함이라 可함
　　一. 支會名簿는 本會名簿에 準함
　제5조 章程 제19조 제1호의 事項은 左와 如함
　　一. 經義를 討論할 事
　　一. 倫理를 講明할 事
　　一. 公德을 培養할 事
　제2호의 事項은 左와 如함
　　一. 德業을 相勸할 事
　　一. 禮俗을 相交할 事
　　一. 過失을 常規할 事
　　一. 患難을 相恤할 事
　제6조 章程 제21조 제1호의 事項은 左와 如함
　　一. 斯道敎機關의 設立을 圖하는 事
　　二. 學齡兒童의 就學을 勸誘하는 事
　　三. 國語의 其能을 養成하는 事
　　四. 講演會 및 研究會를 開設하는 事
　　五. 新刊書籍 新聞 雜誌 등을 紹介하여 時聞을 博케 하는 事
　　六. 其他 敎育普及에 必要한 事
　제2호의 事項은 左와 如함
　　一. 風俗을 矯正하는 事
　　二. 當世文明을 解了케 하는 事
　　三. 雜誌를 刊行하고 經典을 簡易히 發行하는 事
　제7조 章程 제20조의 事項은 左와 如함
　　一. 法令周知를 圖하는 事

儒道彰明會 章程

제1장 總則

제1조 본회는 全南儒林彰明會라 칭한다.

제2조 본회는 時勢의 進運에 따라 儒道의 本旨을 彰明하는 것으로써
　　　목적한다.

제3조 전조의 목적을 달성하기 위해 左의 사항을 실천한다.

　　　1. 도덕을 존숭하여 윤리를 강명할 事

　　　2. 향약을 준수할 사

　　　3. 교육보급을 도모할 사

　　　4. 문화향상을 도모할 사

　　　5. 시무를 간예할 사

제4조 본회는 전라남도 광주향교에 설치하고 지회를 各郡島 향교에 둔다.

제5조 본회의 경비는 일반유지의 의연 및 기타 수입으로써 이를 충당한다.

제2장 회원

제6조 본회는 본도(전라남도)내 거주하고 유도를 존숭하는 자 및 본회
　　　의 취지에 찬동하는 자로써 조직한다.

제7조 본회의 회원은 본회임원, 각지회의 지회장·지회부장·지회총무
　　　및 전조에 해당하는 인사, 창립총회에 참석한 자의 총칭이며, 지
　　　회는 지회소재 군도내의 인사로써 조직한다.

二. 官公署 및 學校間의 連絡을 圖하는 事
三. 勤儉貯蓄을 獎勵하는 事
四. 實踐躬行을 獎勵하는 事 五. 殖産獎勵에 關한 事

제8조 章程 제22조의 會計에 關하여는 별지 3으로 式樣에 依하여 金錢出納簿를 使用
함을 要함.

제9조 各支會에 在하여는 別로 規則을 定치 아니함

一. 各支會에서 特別한 事情에 因하여 별로 規則을 制定할 必要가 有한 時는 此를
起案하여 本會의 承諾을 得함을 要함

一. 支會에서 必要로 認하는 境遇에는 該支會 設立區域 內에 限하여 評議員을 置하
고 且 評議員會를 組織함을 得함

一. 支會에 관한 事項으로 未備한 點이 有할 時는 本會章程에 準하여 行함을 得함.
但 此 境遇에 在하여서는 本會에 報告함을 得함.

제10조 章程 제27조의 定期總會는 孔子誕辰日 陰8월 27일로 定함.

74) 『彰明』창간호, 전남유도창명회, 1923. 7, 58~61쪽 및 『朝鮮』68호, 朝鮮總督府, 1922.5,
196~198쪽.

제8조 본회는 본회 회원명부, 지회에는 지회회원 명부를 비치할 것을
요한다.

제3장 임원
제9조 본회에는 좌와 같이 임원을 둔다.
1. 회장 1인
1. 부회장 2인
1. 총무 1인
1. 사무원 약간인
1. 평의원 약간인
제10조 회장은 본회 회무를 통괄하고 본회를 대표한다.
제11조 부회장은 회장을 보좌하고 회장의 유고할 시 이를 대리한다. 단
부회장 수인의 경우 연장자가 회장을 대리한다.
제12조 총무는 회장의 지휘를 받아 일반사무를 장리한다.
제13조 사무원은 총무의 지휘를 받아 소정의 사무에 복종한다.
제14조 평의원은 본회의 중요사항을 심의한다.
제15조 회장 및 부회장은 총회에서 이를 선거하고, 총무는 평의원회를
거쳐 회장이 이를 임면하고, 사무원의 임면은 회장이 이를 전행
한다. 평의원은 각 지회장으로써 이를 구성한다.
제16조 회장 부회장 및 평의원의 임기는 각 2개년으로 한다.
제17조 회장은 평의원회를 거쳐 본회 고문 약간인을 촉탁할 수 있다.
제18조 본회는 좌의 4개부를 둔다.
1.도덕부 1.교화부 1.시무부 1.서무부
전항 각부에는 부장을 置함을 得함.
제19조 道德部의 掌行하는 사항은 左와 如함.
一. 道德 및 倫理에 관한 事項
一. 鄕約에 관한 事項
제20조 敎化部의 掌行하는 事項
一. 敎化普及에 관한 事項
一. 文化向上에 관한 事項
제21조 時務部의 掌行하는 事項
一. 法令周知와 官公連絡에 관한 事項
一. 殖産獎勵에 관한 事項

제22조 庶務部의 掌行하는 事項

　　一. 一般財務 및 會計에 관한 事項

　　一. 支會에 관한 事項

　　一. 他部에 屬하지 않은 事項

제4장 支會

제23조 支會에는 좌의 任員을 置함.

　　一. 會長 一人

　　一. 支會副長 二人

　　一. 支會總務 一人

　　一. 支會事務員 一人

제24조 支會長은 支會會務를 統轄하고 又 支會를 代表함.

　　支會總務는 支會長의 指揮를 承하여 所定事務를 掌理함.

　　支會事務員은 支會總務의 指揮를 承하여 所定事務에 從事함.

제25조 支會長 및 支會副長은 支會總會에서 此를 選擧하고 任期는 2個

　　年으로 함.

　　支會總務는 本會長의 承認을 經하여 支會長이 任免하고 支會

　　事務員의 任免은 支會長이 此를 專行함.

제26조 支會長은 本會長의 承認을 經하여 支會 顧問 若干人을 囑託함을

　　得함.

제5장 總會 및 評議員會

제27조 本會의 總會를 分하여 定期 및 臨時 2種으로 하되, 定期總會는

　　夫子誕生日로써 此를 開하고 臨時總會는 必要가 有함으로 認하

　　는 時에 評議員을 經하여 會長이 此를 召集함. 總會의 議長은

　　會長이 此에 當함.

제28조 總會는 제7조에 定한 會員의 過半數가 出席치 아니하면 成立함

　　을 不得함.

제29조 評議員會는 會長 副會長 및 評議員으로써 組織하고 議長은 會長

　　이 此에 當함.

　　評議員會는 評議員 過半數의 出席이 有치 아니하면 成立을 不

　　得함.

　　評議員會는 書面으로써 此를 開함을 得함.

제30조 評議員會의 議決事項은 左와 如함.
　一. 豫算 및 決算
　一. 諸規則의 制定 및 變更
　一. 本章程에 定함이 有한 事項
　一. 會長이 重要함으로 認하는 事項
제31조 總會 및 評議員會의 議事는 出席員의 過半數로써 此를 決하고 可否同數되는 境遇에는 議長이 此를 裁決함.

제6장 戒則
제32조 會員으로서 本會의 體面을 損傷하는 行爲가 有함으로 認하는 境遇에는 評議員會를 經하여 黜會를 得함.

附則
제33조 本章程을 改正코자 하는 時는 總會 出席員 3分之2 以上의 同意가 有함을 要함.

　그러나 章程에 의하면 '時勢의 進運에 따라 儒道의 本旨를 彰明하는 것'을 목적하고, 그 실천방안으로 도덕존숭과 윤리강명, 향약준수, 교육보급, 문화향상, 시무간예를 들고 있지만, 이는 시의에 따라 관의 施政에 적극 협조하는 것을 의미하고 있다. 이러한 사실은 유도창명회가 기관지로 발행하고 있는 『彰明』에서 잘 나타나고 있다. 1923년 6월 창간된 『창명』은 「道政一般」, 「重要法令改正要旨」, 「視察錄」 등을 게재하여 관의 행정, 시정과 관련하여 개정된 중요한 법령의 요지와 해설, 일본시찰 소감을 소개하고 있다. 이는 유림들로 하여금 관의 시정에 적극 협조 내지 협력을 유도하기 위한 것이다.

　이어 10월 17일 개최된 총회에는 각 군 유림대표 및 石鎭衡 도참여관, 大塚 학무과장, 倉品 광주군수, 총독부의 成田·細川 촉탁 등이 참석하여 고문 7명을 추대하고,[75] 첫째 유림의 사정을 표명할 사, 둘

75) 『매일신보』, 1922년 10월 22일자, 「全南 儒道彰明 總會」.

째 잡지를 발행할 사, 셋째 각 군의 문묘제향은 경학원 예를 준하여 晝享으로 할 사, 넷째 회관을 건축하기로 결정하고 이에 대한 설계방침은 본회 간부에 일임할 사 등을 결의하였다.[76] 또 이날 사직단을 유림에게 대부하여 愛林사상을 고취케 할 것을 가결하기도 하였다. 그리고 박봉주를 파견, 道 내무부장에게 회관 건축에 대해 진정케 하는[77] 한편 각 지회로부터 4,650원을 모금하였다.[78]

또한 1923년 일본에서 관동대지진으로 피해가 잇따르자 '천황폐하, 황후폐하, 攝政宮 폐하, 이왕세자 및 同妃의 안녕'을 기원하였으며, 의연금을 모금한 바 있다.[79]

1925년 10월 22일 제5회 정기총회에서는 본회 회관을 도서관 및 일반공회당으로 사용할 것, 육영사업에 진력 할 것, 회명을 育英會로 개칭하는 것을 위원회에 일임할 것 등을 결의하였으며, 보선위원 梁會奎・任錫宰・高彦柱・池璿澤・吳晦根 등을 선출하였다.[80]

유도창명회는 광주에 본부를 두고 창립 3개월 내에 지부를 구성한다는 창립총회 결의에 따라 빠른 시일 내에 관내 각 지역에 지회를 조직하였다. 유도창명회 지회 현황은 〈표 7〉과 같다.

〈표 7〉유도창명회 지회 현황

지회명	지회장	지회부장	총무	사무원	고문
광주지회	朴鳳柱	高彦柱	奇京燮		
담양지회	李圭聃	李憲秀			
창평지회	鄭斗源	柳勝圭	吳桓均	金圭洙 朴淵鎬 曺東桓	

---

76) 『매일신보』, 1922년 11월 12일자, 「全南 儒道彰明會」.
77) 『창명』 2호, 전남유도창명회, 1923. 11, 75~76쪽.
78) 『창명』 3호, 전남유도창명회, 1924. 4, 140~141쪽.
79) 『창명』 2호, 75~76쪽.
80) 『동아신보』, 1922년 10월 27일자, 「유도창명회 총회」 ; 『창명』 5호, 전남유도창명회, 1925. 1, 81쪽.

지회					
곡성지회	安容爕	柳寅永	趙泳嘉	金宅述 柳健永 鄭東時 趙正植 梁圭長 趙哲圭 吳重煥	黃錫翹
옥과지회	沈胤澤	許進源	金炳錫		
구례지회	李鍾白	朴暢鉉	李鍾守	韓圭準 馬瑞河 吳炳翼 李承皓 柳正浩 安在宅 李鍾喜 孫仁權	
광양지회	安容黙	鄭容璜	宋夏爕		
여수지회	丁忠爕	閔泳輔	鄭在夏	吳文煥 朱正國 柳奎烈 金埰斗 崔鳳三 金翊洙	
돌산지회	金在倫	金才爕	禹鶴春	李秉世 朴克三	
순천지회	趙忠材	梁錤黙			
낙안지회	曹勉承	裵泳柱	金性根	李承東 安圭休 朴材休	
고흥지회	宋柱鍾				
보성지회		李秉洛	宋光勉	任泰時 宋明會 安鍾泰 朴重球 李秉時 宋圭灝 朴圭鍾	
화순지회	曹秉善	崔泳朝			
능주지회	梁在璨	文誠浩 朴基休	閔泳圭 梁在亨	梁在圭 鄭福鉉 朴炳海 李炳黙 梁會澈 吳治度 鄭淳邦 高光成	
동복지회	金胄洙	曺重煥			
장흥지회	李敎根	魏啓龍			
강진지회	尹三夏	李基柱	吳基昶		
해남지회	朴憲奉	閔在鎬	李奭鎭		
무인지회	朴承載	柳寅昊			
지도지회	朴捧柱	金箕石			
나주지회	羅秉集	羅宗煥			
남평지회	宋濟萬	洪承復			
함평지회	宋時鎔	鄭寅夏 李啓華	安鍾泰		
영광지회	金商基	李康烈	辛克喜		
장성지회	邊昇基	邊鎭旭			
완도지회	黃懿周	朴永權			
진도지회	朴晉遠	孫秉翼	蘇良三	李鳳祿 曹秉琳 朴仁培 郭丙文 李南柱 李基表 金鏞柱	
제주지회	金根耆	玄升圭	金基銖		

이처럼 전남 각 지역에 유도창명회 지회가 조직되었으나 활동은 비교적 활발하지 않았던 것으로 보인다. 기관지 『창명』에 의하면, 장

성지회가 1922년 6월 변진욱, 기난섭 등 72명이 발기인으로 참여한 가운데 조직되었고,[81] 돌산지회에서는 미취학 아동을 위한 강습소를 설립하여 한문강좌를 가진 바 있다. 그리고 제주지회에서는 백일장 등을 개최하기도 하였다.[82]

그 밖에 『매일신보』와 『동아일보』에 소개된 유도창명회 지회 활동은 〈표 8〉과 같다.

〈표 8〉 전남 유도창명회 지부 활동

지회명	일자	행사내용	비고
담양지회	1922. 5. 23	명륜당에서 담양지부를 조직, 출석인원 49명, 군수 白瑞基와 월산면장 呂圭三의 축사, 본회 유지책 연구, 회장 李圭梅, 부회장 李憲秀 선출	매일 1922. 5. 31
제주지회	1922. 7	회장 김용○이 회무확장을 위해 도덕 교화 시무 서무 등 4부를 설치	매일 1922. 7. 12
	1922. 8	기부금 모금, 강○찬 10원, 김성길 20원, 고순보 5원	매일 1922. 8. 13
	1923. 6	회원명부 정리, 6천여 명, 유교의 부흥을 목적으로 회원모집 확대	매일 1923. 6. 26
	1923. 7. 28	결원중인 임원을 보선하기 위해 평의원회를 개최, 고문 ○田, 제주도사, 제주면장 홍종시, 양달휴, 양지회, 김기규 등 참석, 평의장 김신복, 도덕부장 李膺鎬, 시무부장 김익수, 찬성장 현규칠 선출	매일 1923. 8. 10
광양지회	1922. 6. 25	유생들이 군내 향교에서 지회를 설립, 1백여 명 참석, 회장 安鎔黙, 부회장 鄭容瑾 선출	동아 1922. 7. 7

3) 기타 유림단체

이처럼 중앙과 지방의 유림계에서 단체를 조직하게 되자 여기에 편입되지 못하거나 기존의 단체에서 이탈된 유림들이 이합집산하면

---

81) 『창명』 창간호, 전남유도창명회, 1923. 7, 62~23쪽.
82) 『창명』 3호, 40쪽.

서 또 다른 단체를 조직하고 있다.

앞서 대동사문회에 참여하였던 최영년과 홍긍섭은 劉秉澈 · 洪鎭裕 · 李鎬成 · 李光昱 · 高應源 등 30여 명과 함께 塔洞 僧房에 楓菊會를 개최하였다. 이들은 회의과정에서 유교대동회를 발기하기로 뜻을 같이한 후 11월 6일에 재차 모임을 갖고 발기총회는 15일로 정하는 한편 규칙제정위원에 李明翔 · 張赫, 창립위원으로 徐相浩 · 金永七 · 南基○ 등을 선정하고 발기문을 발표하였다.[83] 창립 후 유교대동회는 9월 12일 홍긍섭과 朴治勳, 申鉉禹 등이 「생명의 관계」, 「상식적 인론」, 「유교의 신시대」라는 제목으로 강연회를 갖고자 하였으나 연기되었다.[84] 유도대동회는 지방조직을 제대로 갖추지 못하고 중앙조직으로만 명맥을 유지하였다.

또한 1922년 들어 일부 유림계에서는 1월 10일 금융친목회에서 金英洙 등의 발기로 儒林聯合會 창립총회를 개최하고 임원을 선출하기도 하였다.[85] 유림연합회는 김천지회를 두었는데, 5월 13일 창립총회를 갖고 지회장 조병태, 총무 정영기, 서무사장 조성환, 경리사장 정교용, 자육사상 정관기, 사정사장 조진영, 사포사장 조준영을 각각 선임하였다.[86] 그리고 이 해 11월에도 儒林團摠部가 조직되어 훈정동에 사무소를 두었으며,[87] 이듬해 4월부터 13도 유림의 풍화를 진흥코자 대대적 경의를 시강하기로 하고 민형식 · 김영환 · 윤충하 · 유래형 · 원대규 · 이상영 · 서상춘 · 송병근 · 이병달 · 전제만 등을 강사로 선임하기도 하였다.[88]

---

83) 『매일신보』, 1920년 11월 18일자, 「儒敎大同會 勃起」.

84) 『매일신보』, 1921년 9월 11일자, 「유교대동회 강연」 및 1921년 9월 12일자, 「유교대동회 강연 연기」.

85) 『매일신보』, 1922년 1월 12일자, 「유림대회 창립총회」. 이날 창립총회에는 人道公議所, 儒林建約所, 太極敎 대표 등 50여 명이 참석하였다.

86) 『매일신보』, 1922년 5월 17일자, 「유림연합회 지회」.

87) 『매일신보』, 1922년 11월 15일자, 「유림단총부 사무소」.

　이러한 군소 유림단체는 지방에서도 설립되었다. 평남지역의 유림 들은 1921년 도내 각군 儒林會를 연합 통일하여 연합총회로 변경하고 회원 1,600여 명을 확보하였으나 실제적으로 활동이 거의 없었다. 이 에 평양부와 대동군의 유림 200여 명이 기로정에 모여 "유교천명, 후 진교육, 폐풍교습, 복리증진"이라는 취지로 平壤大同儒林會를 창립 하였다. 대동유림회는 기존의 평남 유림회원을 동회로 편입키로 계 획하는 한편 사무소를 향교에 두고 회장에 전의룡, 부회장에 홍재운, 총무에 최재학, 사정부장에 황석룡, 교육부장에 김영달, 편집부장에 황영환, 재무부장에 김능원, 서기에 강봉호를 각각 선출하였다.[89]

　충북지역에서도 道를 중심으로 지역 유림들을 규합하여 明倫會를 설립하였다. 道는 군수회의를 즈음하여 朴 지사로부터 "관내 각군에 明倫會를 조직하여 동양도덕의 원천이 되는 유교를 부흥하고 일면으 로는 향당의 후진을 선도하여 공존공영의 實을 擧케 할" 취지 훈시에 따라 먼저 각 군내 유림 중 유력자로 하여금 준비위원회를 개최, 충분 히 협의토록 하고 가급적이면 지방청년 유림 간에 신망이 있는 자를 役員으로 선정하여 명륜회를 조직하였다.[90] 이에 따라 충청지역의 명륜회는 청주, 충주,[91] 단양,[92] 제천,[93] 음성[94] 등지에서 지회 성격

---

88) 『매일신보』, 1923년 4월 14일자, 「유림총부 經義試講」.

89) 『매일신보』, 1922년 3월 5일자 「平壤大同儒林會」.

90) 『매일신보』, 1923년 9월 4일자, 「충북 명륜회 창립」.

91) 『조선일보』, 1927년 5월 13일자, 「충주명륜구락부」. 충주명륜구락부는 명륜회의 다른 명칭으로 보이며, 무산아동을 위한 학술강습소를 운영하였으며 운영비 모금을 위해 소인극을 공연한 바 있다.

92) 『조선일보』, 1923년 10월 7일자, 「단양에 명륜회」. 단양명륜회는 지방의 교화진흥도모 를 목적으로 1923년 9월 28일 조직되었다.

93) 『조선일보』, 1923년 10월 10일자, 「제천명륜회의 성황」. 제천명륜회는 1923년 10월 5일 관의 적극적인 후언으로 조직되었다. 이밖에도 제천명륜회는 청풍지부를 설치하 는가 하면 효자 절부 모범청년에게 표창식을 갖기도 하였다.(『매일신보』, 1927년 10월 28일자, 「제천유림회」)

94) 『조선일보』, 1928년 10월 21일, 「음성명륜회 순회강연」. 음성명륜회의 설립에 대해서

으로 각각 조직되었다. 충북 도청의 적극적인 후원으로 1925년 2월
22일 800명의 유림으로 조직된 청주명륜회는 문묘수리, 시정강연 등
의 활동을 전개하였으나 유명무실하였다. 이에 유림들은 1927년 3월
'유학강명, 후진교도, 사회폐풍교정, 공중복리증진'을 목적으로 신규
약을 마련하였다.[95]

이밖에도 지역에 따라 '유교의 진흥과 시세에 순응'이라는 명분으
로 하는 유림단체가 설립되었다. 평창의 儒道維新會,[96] 경남의 儒道
協成會,[97] 홍성의 儒敎扶植會,[98] 영흥의 靑襟契,[99] 상주·평원·덕
천·북청 등지의 儒林會,[100] 평남 순천·양덕·성천 등지의 儒林契,[101]
강원도 영동지역의 關東明德會,[102] 정주의 儒林同德會,[103] 등이 조직
되어 소규모로 활동하였다. 그 외에도 필요에 따라 각 지역에서는

는 정확하게 확인되고 있지는 않지만 1928년 10월 1일부터 군내 각 촌락에서 회장
朴勝鎬, 부회장 趙東煥·宋達用 등이 「윤리와 도덕의 정신을 발휘하라」는 제목으로
순회강연을 개최한 바 있다.

95) 『매일신보』, 1927년 3월 31일자, 「새로 개선된 청주명륜회」.
96) 『매일신보』, 1930년 4월 6일자, 「평창군의 유림 유도유신회 창립」. 유도유신회는 李載
春의 발기로 유림록 발간, 문묘수리, 보습고등학교 설립 등을 목적으로 창립되었다.
회장은 智九鉉, 부회장은 金泰東·劉熙斗, 간사는 이재춘·尹慶燁 등이며 평의원 8인
과 유사 10여 인을 두었다.
97) 『매일신보』, 1924년 11월 28일자, 「경남 유도협성회」. 경남지역 유림들은 마산에서
유림대회를 열고 유도협성회를 창립하였다.
98) 『조선일보』, 1928년 4월 14일자, 「홍성군 유교부식회 선전강연회」. 유교부식회는 홍성지
역 유림을 중심으로 조직되었으며, 공주군에 鷄北支部를 두었다. 회장은 李相達.
99) 『조선일보』, 1924년 9월 22일자, 「영흥 유림 청금계를 조직」. 청금계는 함남 영흥지역
유림 金永運, 尹秉憲, 金源極, 李錫龍, 黃潤明, 白鳳煥 등의 발기로 관내 유림단체인
時任契, 鄕契, 經學會 등을 연합하여 1923년 9월에 조직되었다.
100) 『조선일보』, 1923년 12월 3일자, 「상주 유림회 개최」. 유림회는 상주군 외에도 평원군,
덕천군, 북청군 등지에서도 조직되었다.
101) 『조선일보』, 1922년 12월 6일자, 「순천 유림 분기」 및 『조선일보』 1926년 1월 29일자,
「양덕 유림총회」. 유림계는 평남 순천군과 양덕군, 성천군 등지에서 유림들을 중심으
로 조직되었다. 양덕 유림계는 유림회로 명칭을 변경하였다.
102) 『조선일보』, 1937년 7월 3일자, 「평강문묘의 장거」.
103) 『매일신보』, 1925년 3월 29일자, 「정주 유림동덕회」. 주요인물로는 회장 姜敬燦, 서기
方奎燦, 盧德治 등이 있다.

儒林大會를 개최하여 독자적인 활동을 전개하기도 하였다.[104]

이들 단체 중 유도협성회는 경남지역 유림들이 중심이 되어 결성하였으나 활동을 파악하는 데는 자료상 한계가 없지 않다. 다만 설립 이듬해인 1925년 3월 향교재산으로 중학과정의 교육기관을 설립하기 위해 노력하고 있다. 유림협성회의 朴敏徹 등은 총독부와 수차례 교섭을 하고 중학교 설립 인가를 받아낸 후 재단법인 수속을 위해 주력하였다.[105]

특히 유교부식회는 1920년 후반에 충남 홍성지역을 중심으로 설립된 유림단체로 홍성에 본부를 두었으며, 인근 지역에 지회를 설치하였다. 유교부식회의 활동은 지역적 한계로 주목을 받지 못하였으나 1929년 3월 개최된 제3회 정기대회에서는 회장으로 李相達을 선출하고 조직의 유지방침, 서적출판위원회 설치, 교화사업 진행, 규약수정 등을 협의한 바 있으며[106] 이듬해 회원이 1만 명 정도로 크게 늘자 기관지로 『人道』를 발행하고자 하였으나 뜻대로 되지는 않았던 것으로 보인다.[107]

그 외에도 1930년대 들어 회세 확장을 위해 강연과 한문강회를 개최하고자 하였으나 총독부의 통제가 심해지면서 금지당하기도 하였다.[108] 공주군 반포면에 설립된 鷄北支會는 1928년 4월 연기군 남면 대평리 청년회관에서 김은동의 「유교의 본지」, 황일성의 「윤리는 인

---

104) 『조선일보』, 1927년 10월 9일자, 「달성유림대회서 고령자에게 표창한다고」. 유림대회는 지역 유림들이 필요에 따라 부정기적으로 개최하여 고령자 표창 등 긴요한 사항을 처리하였다. 유림대회를 개최한 바 있는 지역은 음성군, 장흥군, 정평군, 양산군 등이다.

105) 『조선일보』, 1925년 3월 11일자, 「경남 유림이 중학 계획」. 당시 중학교 설립 재단임원으로 활동한 주요인물로는 상무이사 朴琪永(창원)·金昇東(창녕)·李坤寧(양산)·安熙澤(의령)·尹炳浩(남해), 재무이사 박민철(밀양)·徐相灝(통영), 규칙 및 재단법인 수속위원 崔淳(동래)·文永빈(하동)·金孝錫(합천) 등이 있다.

106) 『조선일보』, 1929년 3월 26일자, 「홍성유교부식회 제3회 정기대회」.

107) 『조선일보』, 1930년 8월 26일자, 「인도지 발행」.

108) 『조선일보』, 1930년 11월 6일자, 「유교강연금지」.

생의 정로」, 전용혹의 「폐습의 개혁」, 최명용의 「유교부식은 시대의 급무」 등의 주제로 선전강연회를 개최한 바 있으며,[109] 1929년 3월 정기대회에서 林浩喆과 安基漢을 대표회원으로 선출하는 등[110] 가장 활발하게 활동하였다.

그러나 이상에서 살펴본 1920년대 조직된 지방의 유림단체는 광역 단위의 道 중심의 연합체와 각 지방 특성에 따라 다양한 유림단체가 설립되어 활동하였으나 실제적으로 그 활동을 본다면 유교를 진흥시킨다는 명분으로 관의 지나친 간섭과 통제, 그리고 백일장, 효자 절부, 모범청년의 표창 등이 대부분이었다. 이러한 관계로 유림단체의 활동은 일반 민중으로부터 관의 시정홍보를 대행하는 관변단체로 인식되었으며, 사실상 유명무실할 정도로 빈약한 모습을 보이고 있다.

4. 1930년대 지방유림계의 동향

1930년대 들어 지방유림단체는 경성에서 조직된 朝鮮儒敎會의 지부로써 활동하는 사례가 적지 않게 보이고 있다. 사회교화기관의 하나로 조직된 조선유교회는 "유교의 진리를 천명하여 문화의 향상을 기도하는 것"을 목적으로 하고 있으나 실제적으로는 일제식민정책에 순응하기 위해 조직되었다. 즉 조선유교회는 친일인사 양성을 위해 덕육기관의 설치, 잡지 및 서적의 간행, 도서관 설립, 일반사회의 풍화교정, 재래유림의 폐습개혁, 대중본위로 하는 실생활의 향상발전을 도모하고자 하였다.[111] 安敎煥의 후원으로[112] 1932년 9월 25일 창립

109) 『조선일보』, 1928년 4월 14일자, 「홍성군 유교부식회 선전강연회」.
110) 『조선일보』, 1929년 3월 12일자, 「유교부식 계북정기대회 대표위원 선정」.
111) 친일인명사전편찬위원회, 『친일협력단체사전-국내중앙편』, 민족문제연구소, 2004, 572쪽.
112) 『동아일보』, 1939년 10월 29일자, 「朝鮮儒敎會 財團法人認可申請」.

된[113] 조선유교회는 강원도, 황해도, 경기도 등 일부 지역 지교부 설립을 통해 지방유림을 규합하고자 하였다. 조선유교회 지교부 설립과 참여인물은 아래 〈표 9〉와 같다.

〈표 9〉 조선유교회 지교부 설립 현황[114]

지역	지교부명	설립일	임원					
			지교부장	강사	선교원	전제원	경리원	서기
경기	실촌지교부 (광주)	1934. 4. 13.	申應均	宋秀顯	沈容圭	李容祐	崔仁基	金東洙
강원	춘천지교부	1933. 10. 3.	朴承翼	成必浩	李敏修	朴承冕	金泳錫	李承洙
	철원지교부	1933. 11. 3.	申鉉夏	安龜鎬	安寬謐	尹泰炳	安敎緝	尹衡重
경남	양산지교부	1933. 11. 10.	李圭漢	朴天銹	柳寅述	羅鎭奎	李壽憲	
	화정지교부 (의령)	1934. 2. 17.	沈時澤	沈相碩	金沂鎬	鄭奎煥	沈相浩	韓寶東
	호연정지부 (합천)	1934. 5. 3.	李寅燮	姜相弼	柳栢年	鄭載龍	姜相春	曺秉琦
황해	연안지교부	1933. 11. 17.	張斗寅	宋春植	朴箕陽	金錫萬	張繼泰	李敎信
	호남지교부 (연백)	1933. 12. 31.	張基源	張天永	張大植	張斗濬	張泰玉	崔貞玉
	사천사지교부(송화)	1933. 12. 8.	趙鏞昇	趙鏞翕	金昶鎬	金德信	李裕稙	朴宗律
평북	강계지교부	1934. 2. 24.	田承濟	桂芝泳	韓榮琦	李宰炯	金泰郁	林麟洽
	삭주지교부	1934. 6. 23.	朴鳳雄	金錫奎	安國泰	李成瓚	金致瀅	金燦永
함남	안변지교부	1935. 4. 10.	崔達斌	文德進	吳成鉉	崔時煥	金元燮	全松壐

〈표 9〉에 의하면 조선유교회는 경기와 함남에서 1곳, 강원과 평북에서 2곳, 경남과 황해 3곳 등 12개 지역에 지교부가 각각 설립되었다. 이들 지교부의 부장들은 향교 또는 문묘 장의(박승익, 장두인, 장기원, 전승제 등), 향교 훈장(박봉진), 대동사문회원(장두인, 최달빈), 면

---

113) 『동아일보』, 1932년 9월 26일자, 「朝鮮儒敎會創立」.
114) 『日月時報』 창간호, 조선유교회, 1935, 30~32쪽.

장(이규한, 전승제), 성균관 박사(신응균), 전직 관료(박승익, 이규한) 등 지역의 유지들이었다. 비록 조선유교회의 지교수는 적었지만 해당지역에서는 적지 않은 영향력을 미쳤을 것으로 보인다. 한편 조선유교회는 일본의 유교단체인 동경사문회와 교류도 하였는데, 1935년 4월 28일 일본 東京斯文會에서 개최한 유도대회에 경북 유림대표로 이상호와 평안도 유림대표로 황석룡, 황해도 유림대표로 공재철이 각각 참석한 바 있다.[115]

1937년 중일전쟁 이후 총독부는 유림에 대한 적극적인 간섭과 통제를 목적으로 조선유도연합회를 창립하고 있다. 이러한 분위기는 이미 평양에서 먼저 보이고 있는데, 1935년 11월 1일 문묘낙성식을 계기로 전선유림대회를 개최하였다.[116] 이 대회에서 '유림단체를 중심으로 하는 사회교화와 자력갱생의 시설 및 실행방법을 강구하고 상호연락을 위한 전국조직'을 만들기 위해 군에는 유림회, 도에는 유림연합회, 경성에는 유림총연합회를 설치하기로 하였다.[117] 그 결과 1937년 10월 16일에 이르러 전국의 유림을 통리할 수 있는 朝鮮儒道聯合會가 총독부의 적극적인 후원으로 결성되었다. 『동아일보』는 당시 조선유도연합회의 창립소식을 다음과 같이 전하고 있다.

전조선 13만 명의 유림을 뭉쳐 한 단체로 결성시켜 유도의 진흥과 황도정신의 진작을 위하여 기보와 같이 16일 오전 9시 20분에 경학원 주최 유림대회는 경성 부민관에서 전조선 각지 대표 3백여 명의 참집으로 윤덕영 자작의 개회사로 회를 열었다. 황거요배 황대신궁요배가 있고 南 총독은 유도의 진흥과 그 시국상 긴장의 정신을 고조하고 鹽原 학무과장의 훈화, 대제학의 훈시가 있은 다음에 황국신민서사를 제창하고 경학원을 중심으로 전조선 유림의 연락 통일 있는 단체를 조직하여 황도정신에 기한 유도

---

115) 『日月時報』 창간호, 76~83쪽 및 『친일협력단체사전』, 577쪽.
116) 『동아일보』, 1935년 11월 3일자, 「평양문묘낙성 유림회도 개최」.
117) 『친일협력단체사전』, 615쪽.

진흥을 도함 등 세 조목의 선언[118]을 결의하고 들어가서 유도진흥에 대한 시설안을 결의하였다. 규칙의 통과가 있고 각 도에 대표 한 명씩을 선정하였는데, 이로 하여 전조선의 유림은 조선유도연합회를 조직하고 다시 각 도에는 도연합회가 있고 府郡島에는 각지 지부를 두어서 긴밀한 조직계통을 세우기로 되었고 경비는 향교재산 기타로 이를 지탱해 가는데, 특히 이채가 있는 것은 회원은 성년 이상의 제국신민으로써 본회의 취지에 찬동하는 자로 한다고 하여 유림이라는 것을 조건으로 하지 아니한 점이다. 이 전조선대회를 마치고는 각도에 도연합회가 결성되고 각군 지부가 결성된다.[119]

이날 대회에서 남 총독은 告辭를 통해 "유림이 克이 我 國體의 萬邦無比한 소이를 인식하고 황국신민인 자각을 深厚히 하여 斯道의 실천에 의하여 時局하에 盡忠報國의 赤誠을 效하면 誠히 유도의 본의를 현양하고 대회 소기의 목적에 적합한 것이라"라고 하면서 "총후 국민정신의 총동원에 밑거름"이 되어주기를 당부하기도 하였다.[120] 이에 따라 유도연합회는 도연합회와 지부를 결성하는 데 역주하였다. 뿐만 아니라 총독부에서도 정무총감 명의로 유도진흥을 위해 각 도지사는 빠른 시간 내에 도연합회를 결성하도록 통첩을 보냈다.[121] 이어 총독부는 임시도지사회의를 개최하고 "각도에서는 道단위로 유도연합회를 빨리 결성하여 중앙과 지방이 호응하여 유도정신을 부흥하기를 힘쓰라"고 주의를 주기도 하였다.[122]

이처럼 총독부의 강압과 지시에 따라 11월 16일 전남유도연합회를

[118] 이날 결의안 중 나머지 두 가지는 다음과 같다. "국민정신총동원의 주지에 따라 널리 충효도의의 신념을 함양하여 황국신민으로서 단결을 공고히 할 것, 동아신질서 건설의 국시에 따라 동양문화의 신수를 천명함으로써 日滿支 영구평화를 위해 정신적 연결을 이룰 것을 기한다."
[119] 『동아일보』, 1939년 10월 17일자, 「조선유도의 총본영 …유도연합회를 조직」.
[120] 『조선일보』, 1939년 10월 17일자, 「유도의 취지천명 왕고의 도의를 활용」.
[121] 『조선일보』, 1939년 10월 31일자, 「유도각도연합회 적극 지도하라 정무총감 훈령」.
[122] 『조선일보』, 1929년 11월 2일자, 「도단위의 유도연합회 금후 결성촉진을 지시」.

필두로 하여 각도 유도연합회가 결성되었다. 각도 유도연합회 결성
상황을 정리하면 〈표 10〉와 같다.

〈표 10〉 각도 유도연합회 결성 현황

도연합회명	결성일시	결성장소	결성상황	비고
전남 유도연합회	1939. 11. 16	도회의실	新貝 지사와 유림 대표 3백여 명 참석, 신패 지사의 告辭, 金大羽 내무부장의 훈시, 회장으로 신패 지사 선정	조선 1939. 11. 20 동아 1939. 11. 14 동아 1939. 11. 18
경기 유도연합회	1939. 11. 19	도회의실	鹽原 총독부 학무국장, 甘蔗 지사, 유림 6백여 명 참석, 궁성요배, 국가봉창, 유림결성 취의서 낭독, 회칙결의, 역원발표에 이어 감자 지사의 식사와 선언서 낭독, 南 총독의 고사, 윤덕영 대제학의 축사, 황국신민서사 제창, 성수만세삼창 순으로 진행, 회장에 감사 지사, 부회장에 李昌根 참여관 韓相龍 도회 부의장 취임	조선 1939. 11. 20 동아 1939. 11. 19
함남 유도연합회	1939. 11. 22	함흥공회당	○川 지사, 윤덕영 자작, 유림 7백여 명 참석, 함흥신사와 문묘를 참배, 식후 강연회 개최	매일 1939. 11. 23
함북 유도연합회	1939. 12. 20	도청회의실	李源甫 사회교육과장, 유림 등 2백여 명 참석	조선 1939. 12. 1 매일 1939. 12. 23
경북 유도연합회	1939. 11. 29	대구공회당	윤덕영 조선유도연합회장, 경학원 간부 등 3백여 명 참석, 上龍 도지사의 사회로 진행, 결의문 채택, 회장 상룡기, 부회장 具滋璟 李尙鎭	조선 1939. 12. 1 동아 1939. 12. 2
충남 유도연합회	1939. 12. 1	대전신사	윤덕영 자작, 速水 성대총장, 李 총독부사회교육과장, 崔麟 매일신보사장 등 350명 참석, 선언문 채택, 식후 강연회, 종이연극, 활동사진전 개최	조선 1939. 12. 3 동아 1939. 12. 3
강원 유도연합회	1939. 12. 11	도청회의실	각 군에서 문묘직원 및 기타 관계자 5~10명 참석 예정	조선 1939. 12. 4
평북 유도연합회	1939. 12. 11	도청회의실	이원보, 윤덕영, 각 군 대표 4백여 명 참석, 회장 西平 지사, 부회장 崔 참여관	동아 1939. 12. 14

전북 유도연합회	1939. 12. 3	도청회의실	이기찬, 윤덕영, 최린, 安寅植 경학원강사, 孫 전북지사, 鄭 참여관, 姜東曦 중추원참의, 荻 지방법원장, 伊藤 검사장, 景山 전매국장, 姜完善 도회부의장, 鄭錫謨 경학원강사 등 6백여 명 참석, 선언문 채택, 식후 안인식과 최린의 강연	조선 1939. 12. 6
평남 유도연합회	1939. 12. 14	평양공회당	이기찬, 윤덕영 등 3백여 명 참석, 이기찬의 사회로 회칙 제정, 精動加盟, 田德龍 전 평남유교진흥회장에 표창패 전달, 선언문 채택, 식후 강연회 및 신사참배, 회장 石田千太郎, 부회장 金秉泰 田德龍, 구문 野村調太郎 朴相駿 和住德太郎 平田明治	조선 1939. 12. 16 동아 1939. 12. 13 동아 1939. 12. 16
경남 유도연합회	1940. 1. 14	제1심상소학교 강당	山澤 지사 등 유림 1천여 명 집결, 궁성요배, 국가합창, 산택 회장의 결의문 낭독, 南 총독 고사, 윤덕영 훈화, 황국신민만세삼창	동아 1940. 1. 16
황해 유도연합회	1940. 3. 4	욱정소학교 강당	윤덕영, 도내유지, 각 관공서 간부, 유림 등 2백여 명 참석, 해주신사 참배	조선 1940. 3. 6 동아 1940. 3. 4

〈표 10〉에서 보는 바와 같이 유도연합 도연합회는 총독부의 거듭된 재촉과 道의 적극적인 후원, 유림의 호응에 힘입어 경성에서 유도연합회가 창립된 지 불과 3개월만에 황해도를 제외한 전 지역에서 도연합회가 결성되었다. 평남도연합회와 충북도연합회는 기존의 조직이었던 평남유교진흥회와 명륜회를 해체하고 유림연합회에 참여하고 있다. 그리고 창립행사에도 궁성요배나 황국신민서사 낭독, 신사참배 등 이미 일제의 식민체제에 충실하게 순응하고 있었다. 이는 여타 지역의 도연합회도 마찬가지였을 것으로 보인다. 특히 평남도유림연합회는 회원들의 집에 있던 銅器 9천여 점을 赤誠으로 헌납하기도 하였다.[123] 또한 전국적으로 도연합회를 조직함에 따라 정무총

감이었던 大野를 총재에 추대하여 총독부의 직접적 통제 또는 지도
를 받는 사회교화기관으로 전환하였다. 뿐만 아니라 도연합회는 "황
도정신에 입각하여 유도의 진흥을 꾀할 것, 국민정신총동원의 주지
에 따라 황국신민으로써의 단결을 공고히 할 것, 동아신질서 건설의
국시에 따라 日滿支 영구평화를 위해 정신적 연결을 이룰 것"을 내용
으로 하는 결의문 또는 선언을 통해 친일의 길을 노골적으로 걷게
되었다.

5. 유림계 단체의 일본시찰과 성격

3·1운동 이후 일제의 식민지 지배정책이 무단통치에서 문화통치
로 전환되면서 '日本視察'에 대한 중요성은 더욱 부각되었다. 이에 따
라 사이토 총독은 "새로운 친일인물을 양성하여 귀족, 양반, 부호, 실
업가, 교육가, 종교가 등이 각 계급 및 사정에 따라 각종의 친일단체
를 조직케 하여 이에 상당한 편의와 원조를 주고 충분히 활동케 할
것"을 지시한 바 있었다. 일본시찰은 강점 직후인 1910년대에도 실행
되었지만 당시에는 귀족, 道 및 郡의 참사, 중추원 찬의, 군수, 면장,
紳士 등이 주류를 이루었으나 이는 지배층을 중심으로 한 시찰단이
었다. 그렇지만 1920년대에는 보다 일상생활에서 크게 영향을 미칠
수 있는 교원·군서기·도평의원·경찰 등의 직업군 또는 유교 등의
종교가 주류를 이루고 있다. 종교의 경우 이들 일본시찰을 경험한
종교가를 통해 일본에 대한 우호적인 생각, 나아가 친일세력을 양성
하기 위한 지배정책의 일환이었다.

1920년대 종교계의 일본시찰은 유교계가 핵심을 이루고 있다. 유

---

123) 『매일신보』, 1939년 11월 26일자, 「평남유림의 적성」.

교계의 일본시찰은 1920년 10월 31일부터 11월 10일까지 경북도청과
유도진흥회 경북지회가 주최한 조선유생시찰단을 필두로 20회 정도
시행되었다. 이를 정리하면 〈표 11〉과 같다.

〈표 11〉 1920년대 유림계의 일본시찰 현황

시찰단명	주최	시찰단원	일정	비고
조선유생시찰단	경북도청/유도진흥회 경북지회	단장 도참여관 申錫麟 등 유생 25명	1920. 10. 31~11. 10	동경·경도·내랑/동양대학, 왕세자저택, 총독저택, 삼일포병공창, 박문관, 명치신궁, 고려촌
경북유림내지시찰단 (제1회)	유도진흥회 경북지회		1921. 3. 15~5. 15	大分市의 九州沖繩8縣聯合共進會 시찰
충북유림시찰단	충북도청	유림 15명 참가	1921. 9. 25~10. 16	八幡 官島 廣島 京都 東京 日光 山田 奈良 大阪 神戸 등지 시찰
전남유림시찰단	유도창명회	단장 도참여관 石鎭衡 외 유생 5명	1921. 10. 15~11. 4	下關에서 日光까지 각지 시찰
황해도유생일본시찰단	황해도	단장 도참여관 俞鎭明 외 유생 21명	1921. 10~6. 4	
경북유림내지시찰단 (제2회)	경상북도	단장 도참여관 尹甲炳 외 유생 등 22명	1921. 10. 20~11. 20	
유림내지문화시찰단	개성군	유림 22명 참가	1922. 1월중 22일간	3府8縣 시찰, 시찰감상록 유림가에 무료 배부
경북유림내지시찰단 (제3회)	유도진흥회 경북지회	각 군 청년유림 28명 참가	1922. 3~5월	동경 평화박람회 참관
강원내지시찰단	강원도청/유도청명회	유림 29명 참가	1922. 4. 10 출발	동경 평화바람회 참관
평북유림내지시찰단	평북도청	의주향교 직원 裵明善 등 유림 9명	1922. 4월중	동경 평화박람회 참관
전남유림시찰단	전남도청/유도창명회	유림 30명 참가	1922. 5월중	동경 평화박람회 참관
공자제참례단	경북도청/유도진흥회 경북지회	각 군 유생 대표 25명 참가	1922. 10. 25 출발	동경 공자2400탄신기념제 참석

전남유림내지시찰단	전남도청/유도창명회	각 군 청년유생 30명 참가	1924. 5. 15~6. 1	京都 大阪 奈良 兵庫 岡山 廣島 福岡 大分 등지 시찰
경북유림내지 시찰단 (제5회)	경북도청/유도진흥회 경북지회	각 군 유생 대표 25명 참가, 단당 도사회과장 유만겸	1925. 11. 11~11. 27	東京 大阪 京都 廣島 愛知 등 3부3현 시찰
유림내지시찰단	경남 고성군	유림 26명 참가, 단장 군속 白石正親	1925. 5월 29일 부산 도착	福岡 佐世保 長崎 六牟田 熊本 佐賀 鹿兒島 大分 등 시찰
전남내지시찰단	전남도청	유생대표 玄景昊 참석	1925. 6월중	
경북유림내지 시찰단 (제6회)	경북도청/유도진흥회 경북지회	학식 있고 명망 있는 유생 25명 참가	1926. 2월중	교육, 사업 기타 문화시설 및 모범부락 시찰
내지시찰단	진주군청	유림 6명을 비롯 면장 등 25명 참가	1926. 10월중	일본 주요도시의 문화시설 시찰
경북유림내지 시찰단 (제7회)	경북도청/유도진흥회 경북지회	학식 있고 명망 있는 유생 17명 참가	1927. 4월중	福岡 동아박람회 참관

〈표 11〉에 의하면 경북유도진흥회가 6회로 가장 적극적으로 일본 시찰을 하였으며,[124] 전남 유도창명회가 3회, 강원 유도천명회와 충북유림·황해도 유림·평북유림 등이 각 1회, 그리고 군 주관의 개성군과 고성군이 각각 한 번씩 일본시찰을 하였다. 그리고 진주군의 경우는 유생을 포함하여 면장 등과 함께 일본시찰을 한 사례도 있다.

---

[124] 경북유도진흥회의 일본시찰은 자료에 따라 약간 차이를 보이고 있다. 『경상북도사회사업요람』에 따르면 아래 표와 같다.

년도	시찰인원	시찰기간	시찰 지방
1920	22명	20일	東京, 京都, 大阪, 廣島, 崎玉, 鹿兒島, 福岡, 熊本 등 3府5縣
1921	24명	25일	東京, 京都, 大阪, 廣島, 崎玉, 福岡, 熊本 등 3府4縣
1922	20명	16일	東京, 京都, 大阪, 廣島, 崎玉, ○木, 福岡 등 3府4縣
1924	12명	17일	東京, 京都, 大阪, ○木, 廣島, 福岡 등 3府3縣
1925	20명	16일	東京, 京都, 大阪, ○木, 靜岡, 廣島, 福岡 등 3府4縣
1926	17명	10일	福岡, 大分, 熊本, 鹿兒島 등 4縣

　3·1운동 이후 경상북도와 경북유도진흥회의 주최로 1920년 10월 28일부터 11월 10일까지 20여 일간 처음으로 일본시찰에 나선 조선유생관광단은 경북 각지 유림 25명으로 조직되어 東京, 京都, 大阪, 廣島, 埼玉, 鹿兒島, 福岡, 熊本 등 3府5縣을 시찰하였다. 신석린 도참여관의 인솔로 대구를 출발, 京都와 奈良를 거쳐 31일 東京에 도착하였다. 동경역에는 加藤 매일신보 사장과 內田周平 동양대학 강사 등이 맞이하였다. 이어 다음날 1일 오전에 東洋大學에서 환영회, 오후에 加藤 매일신보 사장의 초대연에 참석하였다.125) 이후 관광단은 일본 왕세자 문안과 寺內 전 조선총독의 집을 찾아 고인의 영위를 위해 배례하고 이어 齋藤 조선총독을 방문, 극진한 대접을 받는 한편 유교 진흥에 대한 조언을 듣기도 하였다. 특히 富士見軒에서 가진 조선총독부의 만찬에서는 문학박사인 市村이 "유교의 정신으로부터 보는 주권자는 곧 天命을 누리는 일본의 주권자로써 적당히 일치되어 동양인의 동양되게 함은 이 天命을 받은 주권자를 옹호하여 크게 국운의 발전에 공헌하지 아니하지 못할 것"이라고 하여 일제의 조선에 대한 식민지 지배를 정당화하였다.126) 그리고 그 현장으로 埼玉縣에 있는 高麗村을 시찰하게 하였다.

　이밖에도 관광단은 동십자병원, 삼일포병공창박물관, 日光 등을 관람하고 명치신궁을 참배하였다. 이들 관광단은 돌아온 후 도지사가 주최하는 환영만찬에 참석해 시찰 감상을 보고하기도 하였다.127)

　유도진흥회 기관지 『유도』 창간호에 게재된 일본시찰 지역을 보자.

　　4월 21일 : 陸軍偕行社, 東洋陶器會社, 小倉製紙株式會社

---

125) 『매일신보』, 1920년 11월 3일 및 11월 4일자.
126) 『매일신보』, 1920년 11월 8일자.
127) 『매일신보』, 1920년 11월 20일자.

4월 22일 : 入幡市 製鐵所

4월 23일 : 福岡縣廳, 大成病院 및 公園

4월 24일 : 高品陳列所, 公會堂, 兒童博覽會

4월 25일 : 佐世保 軍艦長良 進水式, 海軍營, 飛行機場

4월 26일 : 努級戰艦

4월 27일 : 長崎 諏訪公園, 縣立圖書館, 商業會議所, 商品陳列所, 市役
　　　　　　所, 三菱造船所

4월 29일 : 熊本 縣立農事試驗場, 熊本城址

4월 30일 : 鹿兒島 苗代川 朝鮮人部落, 薩摩砂器製造工場, 村立尋常
　　　　　　小學校, 檀君神社

5월 1일 : 城山 公園, 商品陳列館, 照國神社

5월 2일 : 大分市 九州沖繩聯合共進會

5월 7일 : 東京 貴族院, 衆議院, 宮城, 市役所, 上野公園, 淺草公園

5월 8일 : 明治神宮, 李王世子官邸, 三越洋服店

5월 9일 : 東京毛織物會社, 宮城, 御苑

5월 11일 : 京都 桃山御陵, 乃木神社, 京都御所, 二條離宮, 本願寺

5월 12일 : 砲兵工廠, 大阪城, 造幣局, 私立樟陰高等女學校

5월 13일 : 大阪公會堂, 每日新聞社, 朝日新聞社, 寶塚溫泉[128]

위의 시찰 지역은 1921년 4월 20일부터 5월 15일까지 총독부 주관
으로 시행된 일본시찰단이 둘러본 곳이다. 이 시찰 지역은 총독부에
서 시찰할 곳을 정하였지만 유림계의 일본시찰에도 적지 않은 영향
을 주었다. 즉 유림계의 일본시찰은 독자적으로 추진된 것이 아니라
총독부나 官의 적극적인 지원이나 후원이 있어야만 가능하였다. 또
한 대부분의 시찰지역이 일본의 우월성이나 조선인의 열등감을 확인
할 수 있는 곳이기도 하였기 때문이다. 당시 시찰 지역으로는 福岡縣
廳·大阪市所·東京市役所 등의 관공서, 육군해행사·해군영·비행
기장·포병공창 등 군사시설, 神宮·궁성·御陵·御所·桃山御陵 등

---

[128] 「내지시찰단 일원」, 『儒道』 창간호, 유도진흥회, 1927. 7, 88-91쪽.

의 일본천황 관련 시설, 照國神社·乃木神社 등의 일본신사, 도서
관·학교 등의 교육시설, 직물회사·제철소·조선소 등의 산업시설,
上野공원·대판성 등의 유명 관광지, 상품진열소·박람회·공진회
등의 근대상업시설, 조선인부락·단군신사 등 조선인 관련된 곳 등이
었다. 그런데 이들 시찰지역은 일본 근대문명의 발전상과 우수성을
돋보이는 곳으로 자연스럽게 일본에 동화되는 것을 유도하고 있다.

유림계의 일본시찰은 경북유도진흥회가 가장 활동적이었다. 경북
유도진흥회는 1924년을 제외한 1927년까지 일본시찰단을 파견하였
다. 제2회 일본시찰단은 尹甲炳 도참여관을 단장으로 22명이 大分市
에서 개최하는 九州沖繩8縣聯合共進會를 시찰하였으며,[129] 제3회
일본시찰단은 청년 유림을 중심으로 조직하여 동경 평화박람회를 참
관하였는데, 이들은 문명개화된 일본에 감명을 받고 단발을 하는 한편
일본시찰을 기념하기 위해 공익사업 후원금 70원을 모금하여 대구
孤兒救濟會에 기부하기도 하였다.[130]

유림계의 일본시찰은 1922년에 가장 활발하게 전개되었는데, 이는
이 해 동경 평화박람회와 공자탄신 2400년 기념추원제가 있었기 때문
이었다. 공자탄신기념추원제는 東京斯文會에서 주최하였는데, 전국
유림대표를 중심으로 조직된 참례단과 경북유도진흥회에서 조직한
참례단이 각각 참가하였다.

먼저 전국유림 대표참례단의 구성과 일정을 살펴보면 〈표 12〉 및
〈표 13〉과 같다.

129) 『매일신보』, 1921년 10월 23일자. 제2회 일본시찰단에 참여한 일행은 단장 尹甲炳(도
참여관) 외에 안내자 全省吾(道屬)·諸富覺一(도속)·関泰貞(府屬)·權寧世(안동군
속)·姜奎元(예천군속)·有川貞文(道雇員), 유생 徐丙五·蔡德基·具琓·柳東○·
李錫斑·李昌熙·朱載勳·李鍾冕·呂肇淵·関殷植·李鍾炫·金觀鉉·曹秉佑·盧
桂澣·金斗鉉·崔駿錫 등이다.
130) 『매일신보』, 1922년 6월 2일자.

〈표 12〉 전국 유림대표로 조직된 추원제 참례단 참석자

구분	이름	출신지역	비고
단장	高橋亨		조선총독부 視學官
간사	田島泰秀		조선총독부 囑
	金完鎭		경학원 司成
	朴時陽		경학원 직원
	車敎相	경기도	유림
제1조 단원	朴箕陽		경학원 부제학
	鄭萬朝		경학원 강사
	鄭鳳時		경학원 강사
	李學圭	강원 춘천	강원도 참여관/유도천명회
	李錫儔	강원	유림
제2조 단원	崔基鉉	경기	유림
	成樂游	경기 파주	유림
	盧鎭行	평북	유림
	裴明善	평북 의주	유림
	韓慶河	평북 의주	유림
	韓赳淵	함남	유림
	李秀永	함남 정평	유림
제3조 단원	鄭錫溶	충북	유림
	申泰完	충북 보은	유림
	孫寬鉉	경남	유림
	權道溶	경남 함양	유림
	吳鍾泳	황해도	유림
	李鍾默	황해 재령	유림
제4조 단원	崔致晶	전북	유림
	朴源奎	전북 전주	유림
	朴潤夏	평남	유림
	金錫龍	평남 평원	유림
	玉東奎	평남 평양	유림

〈표 13〉 공자추원제 일본시찰 일정

일자	요일	시각	발착지	시찰장소
10월 25일	수	오후 8시 30분	부산발	
26일	목	오전 7시 30분 오전 10시 25분	下關着 하관발	
27일	금	오후 10시 40분	동경착	
28일	토		동경박	帝展上野公園
29일	일		동경박	祭典 참례
30일	월		동경박	南葵文庫 기타
31일	화		동경박	彼樂園 기타
11월 1일	수		동경박	日比谷公園, 宮城, 銀座, 淺草, 增上寺
2일	목	오전 6시 30분	동경발	
동	목	오후 2시 58분	대판착	
3일	금		대판박	奈良往復, 猿澤池, 春日 神社, 若草山, 博物館, 東 大寺
4일	토		대판박	京都往來, 東山御所, 東 本願寺, 桃山御陵
5일	일	오후 8시 49분	대판발	
6일	월	오전 6시 59분	宮道着	
		오전 7시 9분	宮道發	
		오전 9시 23분	嚴島着	
7일	화	정오	嚴島발	嚴島神社 참배
		오전 0시 13분	宮着道	
		오전 0시 26분	宮道着	
		오전 8시 20분	하관착	
		오전 9시 30분	하관발	
8일	수	오전 9시	부산착	

앞서 살펴보았듯이 일본시찰은 자연스럽게 우월한 일본에 동화되는 것을 목적으로 하고 있다. 이에 따라 시찰단원은 일본의 발전된 모습을 둘러보고 적지 않은 감명을 받고 있음을 알 수 있다.

이러한 유림단체 또는 유림의 일본시찰의 성격은 어떠하였을까?

1921년 일본시찰에 참가하였던 鄭源榮은 일본의 잘 보존된 자연환
경을 감탄하면서 자연에 인공을 이용한 선진기술에 주목하고 있다.
특히 그는 吳海軍工廠을 보고는 "軍艦 大小砲 등 각 병기를 제조하니
기계의 響은 如雷轟轟하고 煙突의 煙은 如雲濛濛"이라고 놀라움을
표현하였으며, 大分共進會에 출품된 조선공산품에 대해서는 품질의
열등감을 느끼고 조선인의 반성을 촉구하기도 하였다. 또한 조선과
일본의 교육기관을 비교하면서 교육이 조선과 일본 간 우열의 분기
점임을 간파하기도 하였다.[131)]

또한 1921년 4월 일본시찰에 참여하였던 한 인사는 '森林의 繁茂,
田畓의 整理, 綠肥栽培, 二毛作栽培, 工業의 發達, 造船海軍의 威力,
九州沖繩聯合共進會, 공원시설, 人民의 근면, 天恩無量, 개인의 美擧,
女工의 열심, 동포의 근면, 겸양의 미풍' 등 각 항목별로 분류하여 일
본을 찬양하고 있다.[132)] 이 중 일본인의 근면성과 겸양의 미풍은 조
선에서는 겪어보지 못한 것으로 조선인에게 일본인의 미덕을 배워야
함을 은연중에 강조하고 있다.

　市邑村落을 勿論하고 遊惰放逸輩를 不見하는데 殊히 婦女子가 田園에
서 耕耘에 努함이 惑은 諸工場에 檈役하는 樣은 到底히 朝鮮에서 보지 못
하는 狀態이다. 朝夕으로 都市에서 行人을 보니 其 目的地에 向하자 疾行
急步로 身心이 緊張하고 少毫라도 弛緩한 態가 無한듯 하나니 朝鮮人이
尤顧右盼하여 徐行함에 比하면 果然 如何할까. 文野의 所岐가 全히 玆에
存함을 可知로다.[133)]
　吾人이 第一 感한 바는 謙讓之美風이라. 吾等과 共히 老人 又는 婦人
兒童 等이 汽車나 電車에 乘車하는 境遇에 萬若 空席이 無하여 困難하는
境遇에 壯年者는 곧 自己의 자리를 老人 又는 婦女子에게 讓하는 일을 目

131) 정원영, 「내지시찰감상」, 『유도』 4, 유도진흥회, 1921. 12.
132) 「내지관광단 일원」, 『유도』 창간호, 92~94쪽.
133) 「내지관광단 일원」 93쪽.

繁하나니 如斯한 美風은 朝鮮에서는 未曾見하는 바이요 吾等 鮮人이 須히 可學할 美風이라고 信하노라.[134]

1922년 동경 평화박람회에 참가하였던 한 유생도 일본을 시찰한 감상을 산림천택, 도로교량, 농업, 교육, 미풍양속, 위생, 상공업, 여자의 근면, 유교, 인민의 숭신정신, 자본가와 기업가 등 11개 항목으로 나누어 소개하고 있는데 역시 일본의 발전된 모습을 통한 조선의 열등의식을 저변에 깔고 있다.[135] 뿐만 아니라 강원도 유생 김재익 역시 조선의 과학기술이 쇠퇴한 것에 대한 한탄과 함께 식민지하에서의 조선의 미래를 기약하고 있다.[136] 특히 1924년 5월 전남유림시찰단은 "일본문화 발달상황을 실제 시찰한 결과 대자각과 분기심"을 갖고 귀향 후 실천사항을 다음과 같이 결의하기도 하였다.

1. 常히 公共協同의 觀念으로써 敎育 其他 一切의 公同的 施設에 當하여 진실로 奉仕를 辭치 말 事
2. 農事의 改良進步에 必要한 施設은 各種 産業團體의 獎勵와 相待하여 필히 이를 執行할 事
3. 養蠶 養鷄 其他 適當의 副業을 選擇하여 이를 經營할 事
4. 儒道彰明會, 民風振興會, 靑年會, 金融組合 등 斯種의 단체를 중심으로 하여 質實剛健 勤儉貯蓄 時間勵行 公課速納 淸潔常美의 良風을 作興할만한 民育의 方途를 講할 事[137]

이처럼 총독부와 각 도의 적극적인 후원으로 실시된 일본시찰은 일제가 시도하였던 일본의 우월성과 조신독립의 불능을 직접 눈으로

134)「내지관광단 일원」, 94쪽.
135)『회보』, 강원도유도천명회, 1923. 4.
136) 김재익,「내지시찰개요」,『유도』8, 1922. 7.
137)『매일신보』, 1925년 6월 9일자,「전남유림시찰단」;「府面職員靑年儒林三團體內地視察」,『창명』4, 전남유도창명회, 1924. 9, 72~73쪽.

보고 체험하고 있다. 그리고 이를 통해 일제에 협력하거나 지배정책에 순응하는 세력으로 전환되었음을 알 수 있다.

그렇다면 이러한 유림계 단체에 대한 인식은 어떠하였을까? 우선 상해임시정부의 인식부터 살펴보자. 유림단체의 대표격인 대동사문회에 대해 임시정부는 다음과 같이 극명하게 인식하였다.

儒林中의 狹雜輩로 組織된 所謂 大同斯文會의 罪惡이 某方面으로서 綻露되엿는데 其內容의 怪惡함은 世人을 一驚케 하다. 同會는 直接 所謂朝鮮總督 齋(齊)藤의 指揮下에 高等偵探과 韓民族同化 云云의 目的을 가지고 陰謀를 逞하던 者인대 그 關係者로는 韓國뿐 아니라 日本內閣總理大臣 原敬 以下로 ○國人까지 包含되다. 今番의 陰謀는 또한 一大 宗敎的 陰謀가 包含되엿스니 卽東洋에서 儒敎 以外의 모든 宗敎를 逐出코져 함이라 其他 別別 怪惡한 內容이 잇는바 現今 某處에서 着着其調査가 進行中이라 本紙는 次號 紙上에 其詳細를 發表하려 하노라.[138]

즉 대동사문회는 "敵의 走狗의 集合體"로 인식하고[139] 이러한 인식은 대동사문회뿐만 아니라 유도진흥회, 유도천명회, 유도창명회 등 유림단체에 대한 동일한 인식으로 볼 수 있다. 유도진흥회는 총독부 내무국이 상해임시정부의 유생들과 내통, 임시정부를 와해시키기 위해 비밀리에 결성된 친일단체였다.[140]

특히 유도진흥회는 유명무실한 친일단체를 통합해서 민족주의 세력과 사회주의 세력에 대항하기 위해 조직한 各派有志聯盟에 참여하고 있다. 각파유지연맹은 1923년 관동대지진 직후 대책을 논의하던 총독부가 1924년 1월 16일 친일관련단체 대표들에게 각파유지발기인

---

138) 『독립신문』(상해판), 1920년 5월 22일자, 「大同斯文會의 罪惡發露 齋(齊)藤의 愚擧, 儒家의 羞恥」.
139) 『독립신문』(상해판) 1920년 6월 17일자.
140) 『齋藤實文書』, 1006쪽 ; 강동진, 『일제의 한국침략정책사』, 227쪽 재인용.

대회를 만들도록 지시하였으며, 3월 25일 발기인회의 참여하였던 국민협회, 조선소작인상조회, 유민회, 동광회, 노농회, 조선경제회와 교풍회, 대정친목회, 상애회, 동민회, 유도진흥회, 청림교 등 12개 단체의 대표들이 4월 11일 창립총회를 갖고 출범한 것이다. 이들은 각파유지연맹을 결성하면서 "內鮮 두 민족의 융합에 힘쓰며, 일한병합의 대원칙을 본받아 혼연일체가 되어 두 민족의 영원한 행복을 위해 관민일치, 시정개선, 대동단결, 사상선도, 노자협조, 생활안정"을 要綱으로 내걸었다.141) 이러한 각파유지연맹에 유도진흥회가 적극 참여함으로써 친일단체로서의 성격을 보다 분명하게 보여주고 있다.

이 외에도 유림계 단체는 관과 매우 밀착관계를 유지하였다. 중앙의 경우 총독부, 지방의 경우 道와 郡의 지원을 받은 유림계 단체는 창립총회나 각종 행사에 官의 고위직 인사들이 반드시 참여하고 있다. 이들은 격려사 또는 강연을 통해 식민지 시정방침을 설명하거나 일선융화를 강조하고 있다. 경북유도진흥회의 경우 창립총회에 藤川도지사를 비롯하여 佐藤·大庭·新庄 부장, 大橋 헌병대장, 松井 대구부윤, 각 지역의 군수 등이 참여하였으며, 도지사의 告辭와 신석린 도참여관의 강연 등이 있었다.142) 강원유도천명회는 민심수습과 시정선전을 목적으로 전현직 참여관이 도내를 순회하면서 직간접적으로 관여하고 있다. 호남유도창명회의 경우도 도의 적극적인 후원과 참여관의 활동으로 조직이 가능하였던 것이다. 지방 군단위의 각종 행사에 관의 입김이 적지 않게 작용하였는데 그 사례를 보면 다음과 같다.

---

141) 『동아일보』, 1924년 4월 11일자, 「친일단체의 烏合」.
142) 『매일신보』, 1920년 4월 1일자, 「유도진흥회」.

경북유도진흥회 제2회 총회: 藤川 도지사를 비롯하여 지역 군수 참석, 칠곡군수 李啓煥 선임[143]

경북 경산군 유도진흥회 창립총회 : 군수 李容漢 이 임시의장으로 본회의 취지 설명[144]

강원도 평강 유생회 개최: 군수 劉泓鍾이 총독부의 시정방침과 유도진흥에 관한 훈시[145]

유도진흥회 안변지회 강연회: 군수 金瑞圭가 취지의 목적을 결동 실행하고 혁구쇄신에 미풍을 함양할 것을 변론[146]

예천 유도진흥회 지회설립: 신임군수 金秉泰가 각 기관의 유림들과 회견하여 당파적 관념의 불가와 단체적 활동의 필요성을 설유한 결과 (예천지회와 용궁지회를) 병합키로[147]

경북유도진흥회 제4회 총회 결의사항 :
　(1)도지사 및 도 각 부장은 고문으로, 참여관 및 서무과장은 장의로, 지방·학무·권업의 과장은 특별찬성원으로 할 사
　(2)각 군수 경찰서장 보통학교장은 분회 고문으로, 각 면장 및 주재소 수석은 분회찬성원으로 할 사[148]

안변 유도진흥회 강연회 : 군수 金瑞圭가 '인민 위생이 필요한 사항'을 한 시간 동안 연설[149]

전남유도창명회 발회식 : 원응상 도지사, 석형진 참여관, 대총 학무과장 등 참석[150]

해남 대동사문회 창립총회 : 군수 李輔相이 '유교는 인류진화와 사교도덕의 근본으로서 앵의 원천'이라는 강연, 이어 당국에서 경학원등 기타 기관으로 조선 종래의 미풍미덕을 장려한 취지를 설명[151]

143)『매일신보』, 1920년 11월 27일자,「유도진흥회 총회」.
144)『매일신보』, 1920년 12월 8일자,「유분회 창립총회」.
145)『매일신보』, 1921년 3월 1일,「유생회의 상황」.
146)『매일신보』, 1921년 9월 1일자,「안변유회 강연」.
147)『매일신보』, 1921년 10월 14일자,「예천유림 각성」.
148)『매일신보』, 1921년 11월 26일자,「경북유도 총회」.
149)『매일신보』, 1922년 1월 7일자,「안변유도 강연회」.
150)『매일신보』, 1922년 3월 31일자,「유도창명회 발회식」.
151)『매일신보』, 1922년 10월 26일자,「해남 대동사문회 총회」.

이처럼 유림계가 관과 밀착 내지 유착을 할 수밖에 없는 것은 우선 총독부의 유교정책에서 비롯되었다고 할 수 있다. 총독부는 유교를 시정에 이용하기 위해 향교재산을 먼저 통제하였다. 즉 유림의 기본 재산이라 할 수 있는 향교재산처분권을 관이 통제함으로써 유림들을 모아 '관변종교단체'를 설립하고 이를 적절하게 활용하였다. 여기에 유림도 기존의 기득권을 유지하기 위해서는 관의 후원이 필요하였던 것이다. 이러한 양자의 입장이 서로 일치하여 관과 유림은 밀월관계를 유지하였고, 1930년대 이후에도 역시 총독부와 관이 유교를 식민통치에 활용하기 위해 조선유도연합회를 설립, '皇道儒道'라는 이데올로기를 생산해낼 수 있었던 것이다.

그렇다면 유림단체에 참여하였던 인물들의 행적은 어떠하였을까. 이들 모두 확인할 수는 없지만 대표적인 인물들을 통해 이들 단체의 성격을 확인할 수 있을 것으로 보인다. 먼저 유도진흥회 경북지회를 결성하는데 적극적이었던 朴昇東은 사육신의 한 사람인 박팽년의 16세손으로 1914년부터 1922년 사망할 때까지 經學院의 講士로 활동하였으며,[152] 張相轍은 칠곡 출신으로 한말 대한자강회와 대한협회에 참여한 바 있고[153] 1907년 대한광문회 회원으로 국채보상취지서 발기인으로 활동한 바 있다.[154] 그러나 강점 이후 동양척식회사에서 주최하는 일본시찰에 참가한 것을 계기로 이후 매일신보 경북지국장, 自制團 평의원, 경상북도 임시사무촉탁, 중추원 참의 주임관 등을 지냈다.[155]

柳時一은 유성룡의 후손으로 독립군자금 모금에 참여하기도 하였

---

152) 이명화, 「조선총독부의 유교정책(1910~1920년대)」, 101쪽.
153) 『대한자강회월보』 12, 1907. 6, 67쪽 ; 『대한협회회보』 2, 1908. 5, 68쪽.
154) 『대한자강회월보』 9, 1907. 3, 61~62쪽.
155) 「유력자 추천의 건」, 『중추원조사자료』, 1921 및 『조선총독부관보』, 1927년 6월 8일자.

으나 1916년과 1917년에는 경북 지방토지조사위원, 1924년에는 경북 관선 평의원에 선출되었고 대구 慶一銀行 이사 등으로 활동하였 다.[156] 申錫麟은 한말 侍從院侍從, 웅천군수, 창원부윤 등을 역임하 였으나 강점 이후 경남 참여관, 경북 참여관, 강원도지사, 중추원 참 의 등을 지냈다.[157] 그리고 군위 출신 申鳳均은 의흥군 참사를 비롯 하여 일본적십자사 정사원, 의흥연초경작조합 이사, 군위군 참사, 지 방토지조사위원, 의흥공립보통학교 학무위원, 신녕지방금융조합 설 립위원 및 감사, 군위군 고로면협의원, 경북도평의원 등을 통해 지역 유지로 활동하고 있다.[158]

강원도 유도천명회의 경우 姜錫圭는 지방토지조사위원, 도참사관, 춘천군 동면면장, 경학원 강사 등을 지냈고 寺內 총독에게 기념품을 기증한 바 있다.[159] 李東根은 1889년 무과에 급제하고 한말 守門將, 副司果, 통천군수 등을 역임하였으나 강점 이후 춘천군 參事로 활동 한 바 있고,[160] 강석규와 같이 寺內 총독에게 기념품을 바치기도 하 였다.[161] 權麟植은 강릉금융조합 대표로,[162] 朴起東은 江原道評議員, 중추원 參議, 지방토지조사위원, 郡參事로 일제의 지배정책에 순응 하는 한편 강릉식산조합을 설립·운영하기도 하였다.[163] 崔大植은

156) 『조선총독부관보』, 1924년 4월 5일자 ; 『한국근현대회사조합자료』, 국사편찬위원회.
157) 『한국근현대인물자료』, 국사편찬위원회.
158) 「경상북도 중추원 의원 추천의 건」, 『중추원조사자료』, 국사편찬위원회.
159) 『조선총독부관보』, 1916년 12월 21일자 ; 『한국근현대회사조합자료』 ; 『매일신보』 1917 년 1월 24일자.
160) 『한국근현대인물자료』, 국사편찬위원회.
161) 『매일신보』, 1929년 1월 24일자. 당시 寺內 총독에게 기념품을 기증한 인물은 전주의 朴永根·李康元, 평양의 金南鎬·金能元, 공주의 金甲淳·徐漢輔·沈相鼎, 청진의 崔壽成·張樂天, 군산의 尹相天·趙重煙·權泰日·金洪斗 등이 있다.
162) 『한국근현대회사조합자료』.
163) 『매일신보』, 1924년 4월 7일 ; 『조선총독부관보』, 1930년 6월 9일자 ; 『한국근현대회사 조합자료』. 그러나 박기동은 1927년 신간회 강릉지회 회장으로 선임되기도 하였다. (『동아일보』, 1929년 1월 13일자)

강릉군 沙川面長을 역임하였다.164) 전남 유도창명회를 창립하는데 적극적으로 활동하였던 朴鳳周는 중추원 참의와 광주군 河南面長을,165) 邊昇基는 郡書記와 長城面長 등으로 활동하였다.166)

1920년대 이후 유교단체에 참여하였던 인사들의 행적은 지방토지조사위원, 道 또는 郡 참여관, 도평의원, 면장, 중추원 참의 등 대부분이 총독부 관리나 지배정책과 밀접한 금융기관 등에서 활동하였음을 알 수 있다.

6. 맺음말

1920년대 설립된 유림계 단체의 성격을 파악하기란 쉽지 않았다. 대부분 회칙이나 취지문에 나타나듯이 이들 단체의 활동은 '유교의 진흥'과 '문화운동'을 주로 하고 있다. 강원도 유도천명회는 회칙에서 밝히고 있듯이 "儒道를 闡明하여 東洋道德의 眞源을 發揮하며 且 國憲을 尊重하며 世運의 進展에 順應하여 文化의 向上을 圖"하는 것을 목적으로 하고 있다. 그렇지만 유교단체의 설립과정을 보면 지배정책을 담당하였던 官과 매우 밀착하고 있다. 특히 유도진흥회를 적극적으로 조정하였던 齋藤實은 "굳이 조정을 목적으로 하는 것은 아니더라도 유림 기타 유도에 뜻이 있는 사람들을 모아 대국적 견지에서 융화를 꾀하는 것이 좋다고 해서 유도진흥회의 조직을 마쳤다. 이 회 같은 것은 원조를 해주어서 의사의 소통을 다하는 기관이 되게끔 하기를 바란다"167)고 하여 친일세력으로 육성하고자 하였던 것이다.

---

164) 『한국근현대회사조합자료』.
165) 『동아일보』, 1921년 4월 29일자 및 『한국근현대회사조합자료』.
166) 『한국근현대회사조합자료』.
167) 『齋藤實文書』, 「조선통치상의 문제에 대한 각서」 ; 강동진, 『일제의 한국침략정책사』, 229쪽.

뿐만 아니라 掌議를 선정할 경우 도지사가 임명하고, 장의가 유교와 관련된 모든 회무의 기본방침을 진행토록 하는 半官的 조직으로 되었다. 이는 유교단체를 향교 조직과 밀착시켜 유생에 대한 영향력을 증대시키고자 하였던 것이다.

더욱이 단체조직에 참여한 핵심인물들의 성향이나 소속기관을 본다면 친일적 요소가 적지 않게 드러나고 있다. 대동사문회의 洪肯燮·鄭萬朝·朴齊斌, 유교진흥회의 金榮漢·尹弼九·鄭鎭弘 등은 중추원 참의로 총독부의 우대를 받았다. 뿐만 아니라 상해임시정부 기관지 『독립신문』은 대동사문회를 친일어용단체로 규정하고 있다. 유림단체에서 꾸준히 시행하였던 일본시찰 역시 친일로부터 자유롭지 못하고 있다. 뿐만 아니라 지역에 따라 향약계나 興風會 등을 조직, 官과 유착하여 총독부 시책을 앞장서서 시행하고 있다.

이러한 점에서 본다면 1920년대 이후 설립된 유교단체는 유림 세력을 분열하고 친일세력으로 육성하고자 하였던 총독부의 후원으로 조직되었고, 나아가 관과 밀착, 일본시찰 등을 통해 지배정책에 순응하고 있음을 알 수 있다. 그러나 1937년 이후 지배정책이 전시체제로 전환되면서 "고래 조선 민중이 비상히 숭배하여 오는 유교를 보급 철저케 하여 유교의 재흥으로 사회교화사업에 뚜렷한 효과적 역할을 하도록 할 방침"[168)으로 유도를 개혁, 황도정신을 이식시키고자 하였다. 이에 각 지역별로 분열되었던 유교단체는 1938년 유도연합회로 통합되어 일제의 지배정책에 충실한 친일단체로 변모하게 되었다.

---

168) 『조선일보』, 1937년 4월 11일자.

제8장 1920년대 경기지역 천도교의 조직과 활동

1. 머리말

3·1운동 이후 1920년대에는 국내 민족운동에 있어서 많은 변화가 있었다. 특히 사회주의 유입으로 민족운동 세력은 1920년대 중반 이후 타협과 비타협으로 양분되기 시작하였고, 사회주의 운동세력은 민족해방운동에서의 영역을 확대시켜 나가기 시작하였다. 천도교 역시 1920년대 중반에 들어서 본격적인 내홍을 겪으면서 분화되었다.[1] 20년대 초기에는 천도교청년당을 중심으로 신문화운동을 주도적으로 전개하였으나 20년대 중반에 접어들면서 분규가 본격화되면서 경기 지역은 대부분 舊派의 영향력하에서 활동하였다. 구파는 6·10만세운동과 신간회운동에 참여하는 등 비타협적인 방법으로 사회운동

---

[1] 1920년대 천도교의 내홍에 대해서는 다음의 논문을 참조하면 된다.
김정인, 「1910~25년간 天道敎 勢力의 동향과 民族運動」, 『한국사론』 32, 1994.
이창용, 「1920년대 天道敎의 紛糾와 民族主義運動」, 중앙대학교 석사학위 논문, 1993.
조규태, 「1920년대 천도교연합회의 변혁운동」, 『한국근현대사연구』 4, 한국근현대사연구회, 1996.

을 전개하였다. 경기 지역 역시 구파를 중심으로 신간회운동 등 다양한 사회활동을 하였다.

그동안 경기지역과 관련된 동학·천도교에 관한 선행연구는 1894년의 동학혁명[2]과 3·1운동[3]에 한정되고 있다. 동학혁명 당시 경기지역에는 이천·안성·용인 등을 비롯하여 남부지방을 중심으로 전개되었다. 그리고 동학혁명 이후 1904년 진보회 활동 역시 수원·가평 등 전역에서 활발하게 전개되었다. 뿐만 아니라 3·1운동은 수원·제암리·이천·안성 등지에서 만세시위를 전개하였다. 그러나 1920년대 경지 지역을 중심으로 천도교와 관련하여 구체적으로 밝혀진 연구 성과는 아직 없는 실정이다. 특히 1920년대 신간회운동과 관련하여 천도교의 역할을 주목할 때 경기지역에서 천도교인의 역할과 활동 역시 일정한 부분을 담당하였으리라고는 쉽게 생각할 수도 있다.

본 연구는 일제하 경기지역 민족운동사에서 전체사의 보완이라는 측면과 지방사적 시각에서 역사적 사실을 밝혀내어 통시적으로 편년시킴으로서 단절된 한국근대사의 올바른 역사인식을 도모하는 데 중요성을 두고자 한다. 따라서 본고에서는 3·1운동 이후 1920년대 경기 지역의 천도교 활동을 규명하기 위해 다음의 사항을 중점적으로 살펴보고자 한다. 첫째, 경기지역의 천도교 지방 조직과 청년동맹을 중점적으로 살펴보고자 한다. 아울러 주도 인물의 특성을 살펴봄으로써 이들이 비타협적인 운동을 전개한 배경을 규명해 보고자 한다. 둘째, 이를 토대로 하여 천도교청년동맹을 통한 신간회 지회 조직과

---

[2] 崔洪奎, 「京畿地域의 東學과 東學農民軍 活動」, 『京畿史學』 창간호, 1997 ; 임해봉, 「경기지역의 동학혁명」, 『이천독립운동사』, 이천문화원 ; 성주현, 「경기지역 동학혁명과 동학군의 참여과정」, 『수원문화사연구』 7, 수원문화사연구회, 2005.

[3] 성주현, 「제암리의 3·1운동」, 『신인간』 통권 480호, 1990. 3 ; 성주현, 「수원지역의 3·1운동과 제암리학살사건에 대한 재조명」, 『수원문화사연구』 4, 수원문화사연구회, 2001.

활동 등을 구체적으로 추적하고자 한다.

2. 경기지역의 천도교 조직

일제는 3·1운동을 주도적으로 전개한 천도교를 3·1운동 직후부터 교회 활동을 방해하거나 견제, 회유로 통제하려고 하였다. 이에 따라 각 지방에서는 교구장이 회유를 당하여 교회 활동 자체가 어려울 정도였다. 당시 일부 지방의 천도교에 대한 사회인식 또는 일제의 회유책을 보면 다음과 같다.

　　평안북도 구성군 디방에서는 향샤에 텬도교의 선동으로 쇼요 참가하야 인명 살상 하엿슬 뿐안이라 시장과 농상업 상에도 다대한 손해를 입엇슴으로써 텬도교도에 대한 반감이 생기여 텬도교를 절멸하고 교도를 죽이자고 떠드는 자까지 하(?)얏고 평일의 교제도 피하는 자가 만타하며 시쟝상인 등도 자의단을 죠직하야 텬도교도나 쇼요 관계쟈의 왕래를 막어 힘써 경계하는 중이라더라.[4]

　　평북 벽동군(平北 碧潼郡) 지방에서는 소요가 일어나서 시장거리에 영향이 불소하야 텬도교도에 대한 믜운 생각이 날로 더하야 텬도교도는 사회의 대죄인인 즉 토지와 갓흔 것도 그 쟈들에는 쇼작치 못하게 하고 또 소와 말 갓흔 것도 빌녀주지 안으며 또 교도중 쇼요에 참가하야 귀중한 생명을 일어바리는 것은 텬벌이라 하고 자연히 교제를 피하는 모양인대 이갓흔 사위의 압박을 못견대여 건너편 지나 디방으로 도망하야 가는 쟈가 만흐며 교도의 유력한 쟈도 일절 텬도교와 관계를 끈겟다 하고 일반 문서와 밋 례비에 쓰는 기구를 태여 바리고 일반의 신용을 회복하랴고 매우 야단인 모양이라더라.[5]

　　소요 사건이 발한 이래 텬도교는 일반 됴선인의 원망의 중심이 되야

4) 『每日申報』, 1919년 4월 24일자.
5) 『每日申報』, 1919년 5월 3일자.

교를 배반하난 자가 비상히 만흐며 대구 턴도교 교구장 황쥬일(黃宙一)이
난 이러한 종교를 밋는 것은 리익이 업다고 깨닷고 이번에 교구장을 내여
노코 탈교를 하얏스며 기타 교인도 불과 팔명 밧게 아니 되며 젼 교회가
절멸이 된 상태이더라.[6]

　함경남도 디방에서난 소요가 일어난 이후에 턴도교도에 대하야 미워하
는 마음이 생기여서 턴도교도는 사회의 큰 죄인이라 하며 요사이 모든 물
가가 등귀함은 전혀 각지에 소요가 일어난 까닭으로 운반에 종사하난 자
가 업서서 그러함이오 또 됴선인의 려행 취제령이 생기여서 더욱 더욱 불
편하게 되얏슴은 전혀 턴도교의 망동이 이러한 까닭이라고 하야 종래의
종래에 교도들에게 대부하얏던 우마를 빼아스며 소작하는 토디를 빼앗고
일반이 사갈과 가치 미워하며 절교를 하야 참혹한 디경에 빠졋는대 함경
남도 댱진(長津) 디방의 교도난 지금에는 뉘우쳐서 턴도교 유력자와 협의
를 하고 이번에 오쇼를 이르킨 것은 필경 우리 턴도교도의 무지한데서 이
러한 결과로 일반 사회의 배척을 밧음이라. 이것을 생각할진대 우리의 교
쥬 손병희를 한울과 가치 그릇 밋엇슴은 붓그러운 일이라. 이제 손병희가
옥중에 갓치엿슬 뿐아니라 손병희 한 사람으로 말매암아 됴선 전도에 몃
천명의 죄인을 내엿스니 그 사교로 말하면 조곰도 밋을 가치가 업슨 즉
우리는 단연코 퇴교를 하야 각기 생업에 힘을 쏘쟈고 의론이 일결하야 댱
진교구장 모는 교도 일조을 대표하야 동 교구 소유 현금 일백칠십륙원과
논 삼천삼평을 군내 면사무소에 긔부를 하겟다고 신청을 하고 격식대로
수속을 한 후 댱진교구를 철폐함에 이르럿다는 소문이 잇고 또 평안북도
뎡주군 해산면(定州郡 海山面)에서난 턴도교도 이십삼명이 향자에 헌병주
재소에 출두하야 이번과 갓흔 무모한 소요를 이르킨 턴도교의 교도가 되
얏슴은 후회 막급이며 이후로는 동교에서 탈퇴를 하고 진실한 농민이 되
야 가업에 종사하겟다고 말하얏다더라.[7]

　이와 같은 천도교에 대한 일반 민중의 인식은 경기지역이라고 예
외는 아니었다. 경기지역은 3월 1일 독립선언이 발표되었다는 소식

---

6) 『매일신보』, 1919년 5월 22일자.
7) 『매일신보』, 1919년 6월 1일자.

을 듣고 처음에는 조선 독립은 조선 민족을 위해 이익이라고 호감을 가졌으나 만세시위가 진정됨에 따라 천도교에 대한 호의가 반감으로 바뀌었다.[8] 또한 일부 천도교인은 관헌의 의심이 두려워 천도교인이 아니라고 사칭하거나[9] 퇴교하는 자가 속출하였다.[10]

그러나 3·1만세시위가 어느 정도 진정되자 천도교단은 1921년 辛酉年을 맞아 대대적인 포교운동을 전개하였다.[11] 3·1운동 직후 천도교에 대한 반감을 가졌던 민중과 퇴교하였던 사람 등 상당수가 천도교에 입교하였다. 경기지역은 1921년 2월 南陽郡에서 46명·振威郡 13명,[12] 3월 南陽郡 32인·수원군 180명,[13] 4월 水原郡 39명,[14] 5월 水原郡 22명·龍仁郡 29명,[15] 9월 水原郡 28명·南陽郡 10명[16] 등이 입교하였다. 그리고 이들 지역 외에도 상당수가 천도교에 입교하였다.

한편 3·1운동으로 중앙 교단을 비롯하여 대부분의 지도자들이 被逮 또는 피신을 하여 조직 자체를 운영하기가 쉽지 않았다.[17] 3·1운동 이전 경기지역의 천도교 조직은 〈표 1〉과 같다.

---

8) 「朝鮮騷擾事件狀況」, 『독립운동사자료집』 6, 독립운동사편찬위원회, 1973, 696쪽.

9) 「朝鮮騷擾事件狀況」, 696쪽.

10) 「朝鮮騷擾事件狀況」, 945쪽.

11) 天道敎는 水雲 崔濟愚 庚申年(1860)에 創道되었으나 布敎를 시작한 것은 그 이듬해 辛酉年(1861)이었다. 이를 기념하기 위하여 교단에서는 청년회를 중심으로 대대적인 포교활동을 전개하였다.

12) 「彙報-辛酉布德狀況」, 『天道敎會月報』 117호, 1920. 5, 113쪽.

13) 「彙報-辛酉布德狀況」, 『天道敎會月報』 118호, 1920. 6, 101쪽.

14) 「彙報-辛酉布德狀況」, 『天道敎會月報』 119호, 1920. 7, 100쪽.

15) 「彙報-辛酉布德狀況」, 『天道敎會月報』 120호, 1920. 8, 109쪽.

16) 「彙報-辛酉布德狀況」, 『天道敎會月報』 134호, 1921. 10, 105쪽

17) 3·1운동의 여파로 중앙뿐만 아니라 지방의 교단조직도 유지하기가 쉽지 않았다. 이에 따라 3·1운동 이후 1년 뒤인 1920년 3월에 이르러서야 지방 교단조직이 정비되기 시작하였다.

<표 1> 3·1운동 이전의 경기 지역 천도교 조직[18]

소속 대교구	교구	교구장	3·1운동 이후
京城大敎區	坡州敎區	李東守	연천교구로 통합
	坡州郡交河傳敎室		연천교구로 통합
	楊州郡默隱面傳敎室		양주교구로 승격
	楊州郡下道面傳敎室		양주교구로 승격
春川郡大敎區	加平敎區	林潤相	양평교구로 통합
平康郡大敎區	漣川郡朔寧敎區	白永魯	연천교구로 변경
水原郡大敎區	水原郡敎區	李鍾奭	유지
	振威郡敎區	朴昌勳	유지
	始興郡敎區	朴淇鎭	유지
	富川郡敎區	安李植	인천교구로 통합
	江華郡敎區	具德善	유지
	仁川俯敎區	金鍾元	유지
	龍仁郡敎區	陳鍾九	유지
	安城郡敎區	金知鳳	유지
	廣州郡敎區	韓順會	유지
	水原郡南陽敎區	韓世敎	유지, 수원교구로 통합
利川郡大敎區	利川郡敎區	全哲鎭	유지
	驪川郡敎區	林淳灝	유지
	楊平敎區	申在元	유지

　3·1운동 이전 경기지역의 교단 조직은 5개 大敎區, 18개 敎區, 3개 傳敎室이었으나 3·1운동 이후에는 이보다 줄어 14개 교구만이 남게 되었다. 이들 교구는 辛酉布德으로 어느 정도 조직을 회복하였다고는 하나 전반적인 면에서 3·1운동 이전보다 약화될 수밖에 없었다. 따라서 교구 임원도 재대로 구성하지 못하는 교구 또는 명맥만 유지되는 곳도 없지 않았다.

　1920년에 들어 변동된 것은 양주군 교하전교실과 하도전교실이 통합되어 양주군교구로 승격되었으며,[19] 수원군 동탄면 전교실이 새로

18)「中央總部彙報-宗令公宣」,『天道敎會月報』통권48호, 1914. 8, 36쪽.

조직되었다.[20] 그리고 가평교구, 부천교구, 용산교구, 삭령교구 등이
폐지되었다. 1920년대 경기지역의 교구 및 임원은 〈표 2〉와 같다.

〈표 2〉1920년대 경기 지역 천도교 종리원 임원일람표

년대	1920년	1921년	1922년	1923년	1924년	1925년	1926년
수원	金仁泰(교) 李星九(종) 金俞卿(순) 李善左(전) 崔義烈(전) 金明云(전) 金正淡(제) 金鍾煥(제) 李柄憲(금) 張基煥(금)	金泳根(전) 俞熙濬(공/의) 李演鵬(순/공) 嚴雲輔(전) 陳鍾九(강) 崔鎭協(전) 朴榮來(순) 李正雨(전) 崔基連(전)	李星九(종) 朴榮來(포) 李演鵬(서) 金相根(경)	羅天綱(종) 金有卿(종) 張煉秀(종) 張基煥(종) 崔在順(종) 洪鍾珏(종) 金永根(종) 金基德(종) 李正雨(종) 崔基連(종) 林承八(종) 李鍾秀(종) 張德秀(종) 李善左(종) 李鍾煥(종)	金相根(종) 金有卿(종) 李演鵬(종) 張鍊秀(종)	羅天綱(종) 李鍾煥(종) 李在雨(종)	李鍾煥(위) 李正雨(위) 金正淡(감)
남양	羅天綱(교) 崔炳奎(전) 李康變(전) 金大植(교) 尹峻欽(금)	金顯祚(강) 禹學圭(전) 金顯祚(강) 李鍾根(제) 宋種萬(강) 羅世昶(전)	金顯祚(종) 李鍾根(포) 趙東述(서) 禹英奎(경)	金顯祚(종) 金益培(종) 宋鍾禹(종) 羅世昶(종) 尹峻欽(종) 洪鍾善(종) 禹學奎(종) 李鍾宇(종)	金益培(종) 崔秉翼(종) 丁大成(종)	金顯祚(종) 尹駿欽(종)	金顯祚(위) 朴商勳(위) 李鍾根(강) 朴世鎭(감)

---

19) 「中央總部彙報」, 『天道教會월보』 136호, 1921. 12, 99쪽. "敎區創立－由來 近畿지방에
는 吾敎의 발전이 비교적 遲延하던 바 今般 楊州郡 敎友 尹元世 씨는 열심으로 포덕사
업에 헌신함과 竝 敎友 柳景 尹鍾元 諸氏의 협력으로 대대적 활동을 한 결과 불과
數載에 당지 敎戶 百餘戶 교인 오백여에 달하였음으로 동 전교실을 교구실로 승격한
동시 유지 교우 尹元培 씨의 열성으로 12간 가옥 1동의 기증을 受하여 此에 교우
제씨의 의연금으로 일신 증축하고 客月 13일에 낙성식을 거행하였는데 당지 敎況은
以上諸氏의 성력에 의하여 날로 확장함을 見하는 同時 從하여 近畿地方의 敎況이
크게 발전할 희망이 有하다더라."

20) 「中央總部彙報」, 『天道教會月報』 120호, 1920. 8, 111~112쪽. "수원군 동탄면 방교리
일반교인은 전교실이 없음을 유감으로 알던 바 포덕 57년에 전교사 장기남씨의 발기
로 김진성 김재천 김영근 김현근 최의열 박두병 최경열 박처양 최신열 최두모내 양명삼
이종숭 임용진 박승직 심상윤 김경화 최공열 김기성 최두모씨 이외의 일반교우는
각기 성력을 따라 혹은 재력 혹은 노력을 다하야 아홉간 전교실을 새로이 건축하였는
데 장래 교황이 날로 확장할 희망이 있다더라."

				朴相勛(종)			
용인		咸龍賢(전) 金顯星(전) 宋在恩(전) 崔淑嬅(전) 李鳳九(교) 車聖德(전) 沈仁慶(전) 朴健鍾(강)	金會信(종) 李德有(포) 俞熙濬(서) 朴健鍾(경)	俞熙濬(종) 李德有(종) 朴永昊(종)	朴永秀(종) 張漢順(종) 金鍾善(종) 安弘明(종) 朴愛天(종) 沈仁慶(종) 千潤根(종) 金顯星(종)	李德有(종) 姜載德(종)	李會信(감)
이천	全哲鎭(교) 閔泳祚(교) 白南賢(전) 金永奎(전) 閔泳祚(제) 宋淳穆(제) 金東植(금)	李容夏(전) 金明鉉(전) 宋正錫(전) 宋奭鎭(공) 李丙勳(전) 李秀民(제) 閔建植(강)	金泳夏(종) 宋奭鎭(포) 宋淳穆(서) 金東植(경)	安根永(전) 宋淳穆(종) 宋淳永(종) 崔秀喆(종) 劉明熙(종) 金思默(종) 金永奎(종) 全李鎭(종) 金龍植(종) 姜鉉九(종) 崔鏑基(종) 李容夏(종)	閔泳根(종) 宋弘一(종) 安鎭國(종)	李容夏(종) 姜鉉九(종)	安鎭國(위) 閔泳根(위) 李海秀(감) 宋奭鎭(위) 姜鉉九(위) 李容夏(위) 金大濟(감)
광주	金正恩(금)	韓哲基(금)	韓順會(종) 金正恩(포) 李鍾瑞(서) 韓哲基(경)	韓順會(종) 韓哲基(종) 黃秋浩(종) 金正恩(종) 金正潤(종) 尹瑞鏞(종) 俞鎭海(종) 金敎誠(종) 朴武浩(종) 朴信秉(종) 韓辰會(종) 金德根(종) 李裕三(종)			韓順會(위) 韓哲基(위) 金正恩(위)
양평	李峻永(교) 李元永(전) 高雲在(금) 朴修根(금)	申錫虎(전)					
인천	朴性翊(숭) 李重植(순) 朴德根(전) 金成順(전) 李演能(전) 金昌洙(제) 文熙星(제) 李承鎰(금) 方泰益(금)	李相肢(강) 具鍾書(공) 李昌煥(전) 崔仁淳(강)	金允煥(송) 朴星翊(포) 文熙星(서) 劉秉吉(경)	金允煥(종) 李起貞(종) 文熙星(종) 劉秉吉(종) 尹泰榮(종)	金鼎赫(종) 金永會(종)	朴性翊(종) 方泰益(종)	方泰益(위) 劉秉吉(위) 金鍾元(감)

안성	李達益(전) 李建益(전)	陳雨春(교) 鄭命摸(전)	金知鳳(종) 陳雨春(포) 李秀榮(서) 李秀榮(경)		金知鳳(종)	金弘根(종)	
연천	具定書(전) 崔載裕(전) 鄭周演(전)	高錫昌(전) 金聲煥(공) 具公書(전) 具定書(금)		朴致賢(종) 李度均(종) (이상포천)			
진위	張建厚(제)	金奎鍊(금) 姜大璉(순) 朴紀勳(전) 張錫煥(전)	盧秉奎(종) 朴紀勳(포) 朴萬根(서) 金奎鍊(경)	朴承允(종) 朴萬根(종) 金奎鍊(종) 朴文喜(종) 姜大璉(종) 高得在(종) 俞鎭煥(종) 李敬賢(종)	孫聖泰(종) 姜大璉(종)	朴仁勳(종)	朴萬根(위) 朴仁勳(위)
강화	崔箕淳(제)	羅啓東(금) 具建祖(금)	姜世熙(종) 李元昌(포) 崔淇淳(서) 宋景根(경)	姜世熙(종) 李元昌(종) 具桓祖(종) 崔箕淳(종) 金斗元(종) 羅龜錫(종) 李昌謙(종) 金章植(종)			姜世熙(위) 李元昌(위) 羅章錫(위) 崔箕淳(위) 具建祖(감)
양주		尹鍾元(전) 尹元世(교) 尹滋元(순) 李度均(전) 金英植(전) 卓準錫(전) 朴春嬅(전) 李載昌(전) 柳基鳳(전) 姜錫洪(금) 柳 景(공) 金正煥(서)	尹元世(종) 尹滋元(포) 李度均(서) 姜錫洪(경)	尹元世(종) 姜錫洪(종) 尹滋元(종) 李載昌(종) 柳基鳳(종)			尹元世(위) 李載昌(위) 尹滋元(감) 金正煥(감)
여주	金永植(강)	朴源均(강) 林性春(강) 李貞淑(강) 朴秉元(제) 姜一秀(공) 李世雄(서) 朴鍾熙(전) 田陽起(전) 林仲先(전) 金鍾健(전) 鄭鳳燮(전) 安根永(전)	李元植(종) 林聖儀(포) 李世雄(서) 林淳喆(경)	林東豪(종) 林聖儀(종) 金定植(종) 林仲先(종) 田陽起(종) 朴鍾熙(종) 鄭元入(종)			林性春(위) 林聖儀(위) 金定植(위) 林東豪(감) 田陽起(감)

		林淇鎭(교)	李完秀(종) 金允源(포) 林德來(서) 吳台泳(경)	李興秀(종) 林泳鎭(종) 韓用植(종) 林完洙(종) 安日榮(종) 金在先(종) 朴聖會(종) 辛在星(종) 胡昌成(종)	崔邦鉉(종) 吳台泳(종) 李完洙(종)		胡泳三(위) 李完秀(위) 辛在星(위) 劉載俊(위) 權思競(감) 崔邦鉉(감)
시흥							

출처: 『천도교회월보』.
범례: 교—교구장, 순—순회강사, 제—전제원, 금—금융원, 전—전교사, 공—공선원, 의—
의사원, 강—강도원, 종—종리사, 서—서무과종리사, 포—포덕과종리사, 경—경리과
종리사, 위—위원, 감—감사원

이와 같이 경기지역 천도교 조직은 1925년 중앙에서 新派·舊派로
분화를 겪게 되자 舊派에 속하게 되었다.

3. 천도교청년회와 청년동맹

앞서 살펴보았듯이 3·1운동을 주도한 천도교의 주요 지도자들은
투옥되거나 삶의 터전을 등지고 타지로 숨어 지내게 되었다. 또한
일제 당국은 천도교 재산을 압류하거나 지방교구와 전교실을 폐쇄하
기도 하였다.[21] 또한 천도교 세력을 분열하기 위하여 靑林敎, 濟愚敎,
三聖無極敎 등 친일적 종교단체를 급조하였다.[22] 이러한 상황은 교
단운영에 적지 않은 위기를 가져왔다.

3·1운동 이후 일제는 강점 이후 유지하여 오던 武斷政治를 文化政
治로 정책상 변경하였다. 文化政治는 한국인의 정치적·사회적 활동

---

[21] 金正仁, 「1910년~25년간 天道敎 勢力의 동향과 民族運動」, 19쪽.
[22] 姜東鎭, 『日帝의 韓國侵略政策史』, 한길사, 1980, 391쪽. 靑林敎는 한일합방 무렵부터
의 친일분자 金相卨을 시켜 천도교를 약화시키기 위해 천도교인 일부를 끌어내어
1920년 7월에 창립토록 하였다. 三聖無極敎는 靑林敎와 같은 시기에 李根澔를 시켜
창립케 하였으며, 濟愚敎는 一進會의 잔당에게 창립시켜 주로 만주에서 독립운동가
를 적발하는 데 이용하였다.

을 제한적으로 허용하였으나 이는 기만적인 것이며 일제의 植民統治의 근본 목표인 同化政策의 연장선에 불과하였다. 국내에서는 일제의 이러한 문화정치를 최대한 활용하여 언론·출판·교육·결사·산업·문예 등 각 분야에서 활발한 文化運動을 전개하였다.

　이와 같은 교단의 내적 위기와 사회상황의 변화에 교단은 청년들을 중심으로 대처하였다. 그리하여 1919년 9월 2일 鄭道俊·孫在基·朴達成·朴庸准·黃敬周·金玉斌·朴來弘·崔赫 등의 발기[23]와 교단의 청년들을 중심으로 '敎理의 硏究 및 宣傳, 朝鮮의 文化向上 發展'을 목적으로 하여 天道敎靑年敎理講硏部를 발족시켰다.[24] 講硏部는 지방 교구를 활용하여 전국 각지에 支部를 설치하였으며[25] 이를 기반으로 다양한 新文化運動을 전개하였다. 그리고 이듬해 1920년 4월 25일 講硏部를 天道敎靑年會로 명칭을 개정하였다.[26]

　경기지역의 청년회 지회는 1920년 수원, 인천을 비롯하여 각 교구 조직을 통하여 조직되었다. 경기지역의 청년회 지회활동은 수원지회를 제외하고는 활동 내용을 제대로 파악할 수 없어 아쉽지만 부득이 수원지회에 대하여 살펴보기로 한다. 水原支會는 강연부가 청년회로 명칭을 변경한 직후 1920년 4월경 李炳憲·洪鍾珏·李演鸛·金有卿 등의 발기로 설립하고 李炳憲을 초대 支會長으로 선임하였다.[27] 水源支會는 설립 후 첫 사업으로 5월 17일 本會의 朴庸准·李敦化·朴思稷을 초청하여 特別大講演會를 개최하였는데 500~600여 명이 참석할 정도로 성황을 이루었다.[28] 이어 동년 11월에는 本會의 협조와 講

23) 閔泳純, 「天道敎六十一年年譜」, 『天道敎會月報』 116호, 1920. 4, 32쪽.
24) 趙基栞, 『天道敎靑年黨一覽表』.
25) 講硏部 支部는 지방교구가 조직된 곳을 중심으로 조직되었는데 1919년 11월까지 鎭南浦, 晋州, 定平, 博川, 淸州, 江東, 三登 등 10개 지부가 조직되었으며 부원 500여 명에 달하였다.(『天道敎會月報』 112호, 1919. 12, 41쪽)
26) 「天道敎靑年敎理講硏部의 名義改定」, 『天道敎會月報』 117호, 1920. 5, 114쪽.
27) 「水原郡宗理院沿革」, 『天道敎會月報』 191호, 1926. 11, 30쪽.

師 俞熙濬의 열성으로 敎理講習會를 설치하였다.29) 그 외에도 1920년
부터 1921년까지 巡廻講演, 特別大講演會, 講習會 등을 가졌는데 그
내용은 다음과 같다.

> 一. 昨年 二月 七日 本郡 地方各處에 巡廻講演을 行함.
> 一. 昨年 四月 十五日 本大敎區 內에 特別大講演會를 開함.
> 一. 昨年八月 五日 本郡 地方各處에 巡廻講演을 行함.
> 一. 今年 一月 四日 本支會에서 講習會를 開催함.
> 一. 同年三月 三十一日 講習會 終了되는 授與式을 擧行하니 會員 總數
> 二十五人.30)

그 외 1920년의 하반기 청년회 의무금으로 경기 지역에서는 漣川
支會가 25圓 60錢, 仁川支會가 11원 20전, 수원지회가 5원 20전을,
1921년 상반기 의무금으로 水源支會가 3원 30전, 仁川支會가 1원을
각각 부담하였다.31) 그리고 1921년 하반기 의무금으로 수원지회가
5원, 漣川支會가 3원 20전을 납부하였으며, 청년회관 건립 부채보상
금으로 연천지회가 1원 50전을 기부하였다.32)

1921년 12월 琿春事件을 계기로 東亞日報社에서 海外同胞慰問會
를, 1922년 3월부터 8월까지 전국을 순회하면서 幻燈映寫大講演會를
개최하자 수원지역에서도 적극 참여하고 후원회를 조직하였다.33) 훈
춘사건은 국내에 많은 영향을 주었으며 특히 해외동포에 대한 민족
일체감과 동정심을 유발하였다. 宋鎭禹 등 慰問講演團 일행은 대전

---

28) 「中央總部彙報」, 『天道敎會月報』 118호, 1920. 6, 102쪽.
29) 「水原郡宗理院沿革」, 30쪽.
30) 「各支會의 狀況一覽」, 『天道敎靑年會會報』 제3호, 1921. 12, 16쪽(『韓國思想』 제16집, 韓國思想硏究會, 1978).
31) 『天道敎靑年會會報』 제3호, 7~8쪽 및 10쪽.
32) 『天道敎靑年會會報』 제4호, 天道敎靑年會, 1922. 9, 6쪽.
33) 『東亞日報』, 1922년 3월 3일자. 東亞日報社에서 전개한 海外同胞慰問會는 전국을 3차례를 순회하면서 幻燈映寫大講演會를 개최하였는데 제1차로 황해도와 평안도 지역을, 제2차는 경상도와 강원도지역을, 제3차로 전라도와 충청도 지역을 순회하였다.

에 이어 7월 12일 수원에 도착, 華紅門에서 성황리에 강연회를 가졌다. 이날 강연회 후 청년 유지들은 해외동포위문회에 대한 후원회를 조직하기로 하였는데 天道敎靑年會 水原支會를 비롯하여 靑年俱樂部, 엡윗靑年會, 女保護會, 學生親睦會, 進明俱樂部 등 6개 단체가 참여하였다.[34]

1925년 교단이 新派, 舊派로 내분을 겪게 되자 청년회도 양분되었다. 신파를 중심으로 한 청년회는 天道敎靑年黨으로, 구파를 중심으로 한 청년회는 天道敎靑年同盟으로 명칭을 변경하였다. 특히 신파의 천도교청년당은 朝鮮事情硏究會(1925. 9. 15 창립)와 太平洋問題硏究會 朝鮮支會(1925. 11. 28 창립)가 만들어지자 黨頭 金起田을 여기에 참여시켰다.[35] 그리고 청년당은 조선사정연구회에 참여하였던 金俊淵, 韓僞健 등 사회주의자와 朝鮮農民社를 조직하고 농민계몽운동을 전개하였다.

이에 구파 측 청년회는 비타협민족주의의 세력과 관계를 유지하면서 화요회를 중심으로 한 사회주의자와 연대를 하였다.[36] 이종린은 1924년부터 화요회계의 姜達永[37]과 民族協同戰線에 관하여 논의한 바 있으며,[38] 청년동맹의 핵심인물인 朴來源도 1924년 말부터 火曜會와 관계를 맺고 활동을 하고 있었다. 이종린 등 구파 측은 제2차 조선공산당 책임비서인 姜達永과 회합을 가지며 사회주의자와 협동전선을 이끌며 천도교청년단체를 조직하였다.[39]

---

34) 『東亞日報』, 1922년 7월 14일자.
35) 고정휴, 「태평양문제연구회 조선지회와 조선사정연구회」, 『역사와 현실』 6, 역사비평사, 1991, 310쪽.
36) 조규태, 「천도교청년동맹의 조직과 활동」, 『忠北史學』 9, 충북대학교 사학회, 1997, 38쪽.
37) 姜達永은 1915년 3월부터 1916년 8월까지 天道敎 晉州敎區에서 典制員으로 활동하였다.(『天道敎會月報』 57호, 44쪽 및 74호, 38쪽)
38) 金昌順·金俊燁, 『韓國共産主義運動史』 2, 고려대 아세아문제연구소, 1980, 118쪽.

구파 측 청년 10여 명은 1926년 3월 34일 동대문 밖 永道寺에서 迎春會를 갖고 구체적으로 청년단체 조직을 논의하였다. 이어 4월 1일 會名을 靑年東學黨과 天道敎靑年同盟 중 하나를 선택하기로 하고, 4월 3일 오전 9시 회의실에서 發起會를 개최하였다.[40] 발기회에서 會名은 천도교청년동맹으로 확정하고 規約起草委員으로 朴來弘·曺定昊·朴來源 등 3인을 선정하고 오후 4시에 대교당에서 創立總會를 개최하고 오전 10시에 폐회하였다.[41] 그리고 동일 오후 4시 창립총회에서 규약안 제1조 중 '地方部는 10인 이상의 同盟員이 有한 地方에 置한다 함을 13인으로 증가시키기로 하는 등 규약을 심의 통과시키고, 朴來弘·朴來源·孫在基·李基悅·金在桂 등 5인의 전형위원이 13인의 집행위원을 선출하기로 하고 폐회하였다.[42]

이와 같이 창립총회에서 지방부 설립은 同盟員 13인 이상으로 가능하다는 규약에 따라 경기지역에서는 水原同盟을 비롯 始興同盟, 龍仁同盟, 南陽同盟이 설립되었다.

수원동맹은 洪鍾珏 등 청년들을 중심으로 1928년 7월부터 청년단체를 조직하기 위해 회원을 모집하였으며, 7월 31일 오후 7시 수원군 종리원에서 설립대회를 갖고[43] 대표위원에 李演鸝, 常務委員에 金纘基, 執行委員에 金相根·李丙瓚·李鍾煥·朴奎熙·林德來·林衡來, 檢察委員에 洪鍾珏, 顧問에 羅天綱을 선임하였다.[44] 始興同盟은 1929년 4월 29일 崔在遠의 사회로 설립대회를 갖고 代表委員에 劉載俊, 常務委員에 辛景昊·李興秀, 執行委員에 辛景昊·李興秀·林寅

39) 조규태, 「천도교청년동맹의 조직과 활동」, 39~40쪽.
40) 「天道敎靑年同盟 創立의 前後」, 『天道敎會月報』 184호, 1926. 4, 36쪽.
41) 「天道敎靑年同盟發起會會錄」, 『天道敎會月報』 184호, 39쪽.
42) 「天道敎靑年同盟創立總會會錄」, 『天道敎會月報』 184호, 39쪽.
43) 『東亞日報』, 1928년 8월 3일자. 『天道敎會月報』 212호에서는 8월 1일에 設立大會를 개최한 것으로 되어있다.
44) 『天道敎會月報』 212쪽, 42~43쪽.

洙 · 李容弼 · 權德龍, 檢察委員에 李秉壽 · 金点鳳을 선임하였다.[45]

그리고 龍仁同盟은 1929년 9월 31일 오후 4시 龍仁郡宗理院에 朴鍾健의 사회로 設立大會를 갖고 代表委員에 宋在文, 常務委員에 沈仁慶, 執行委員에 朴永燦 · 朴永著 · 張基俊 · 金義培, 檢察委員에 李相宇 · 安東淳, 顧問에 宋在恩 · 張漢淳 · 李會信 등을 각각 선정하였다.[46] 남양동맹은 설립대회에 관한 기록이 없지만 1930년 2월 28일 정기대회를 개최한 것으로 보아 1년 전인 1929년 4월경에 설립된 것으로 보인다.[47]

이 외에 교구가 설립되었던 이천 · 광주 · 양평 · 인천 · 안성 · 연천 · 진위 · 강화 · 양주 · 여주 지역에서도 청년동맹이 설립되었으나 확인할 방법이 없다. 경기지역의 청년동맹 설립에 관한 내용을 정리하면 〈표 3〉과 같다.

〈표 3〉 경기지역 천도교청년동맹 설립

동맹명	대표위원	상무위원	집행위원	검찰위원	고문	설립일
水原同盟	李演鵬	金纉基	金相根　李丙瓚 李鍾煥　朴奎熙 林德來　林衡來 朴萬根　羅昌世 李庸憲　郭錦錫 (이상 9월 증선)	洪鍾珏 盧秉奎	羅天綱	1928. 7. 31
始興同盟	劉載俊	辛景昊 李興秀	辛景昊　李興秀 林寅洙　李容弼 權德龍	李秉壽 金点鳳		1929. 4. 29
龍仁同盟	宋在文	沈仁慶	朴永燦　朴永著 張基俊　金義培	李相宇 安東淳	宋在恩 張漢淳 李會信	1929. 9. 23

---

45) 『天道敎會月報』 221호, 33쪽.
46) 『天道敎會月報』 226호, 31쪽.
47) 『天道敎會月報』 231호, 39쪽. 당시 천도교청년동맹의 정기대회는 대체로 창도기념일인 4월 5일 이전인 4월 3일 또는 4일에 개최하는 것이 관례였다. 이에 따라 지방부의 정기대회 경우는 중앙의 정기대회에 참석할 대표를 선정해야 함으로 대체적으로 2월 말경 또는 3월중에 개최하였다.

南陽同盟	池泳泰	朴商勳 尹英欽 丁泰奉	朴商基 裵在務 宋榮秀 金英培 崔秉翼 金益培			1931. 2. 28 (정기대회)

수원을 비롯하여 시흥, 용인, 남양 등 각 지방교구에 청년동맹이
결성됨에 따라 中央同盟과 地方同盟 상호 간의 유대강화와 지방 동
맹의 통일적 관리, 청년운동의 긴밀한 연대 활동 등의 필요성이 제기
됨에 따라 광역지역 단위로 道聯盟을 설립하였다. 京畿道聯盟은 京
城同盟을 중심으로 결성되었다. 京畿道聯盟은 1929년 5월 30일 오후
8시 京城 中央宗理院 회의실에서 孫在基의 사회로 설립대회를 갖고
대표와 집행위원 등을 선임하였다.[48] 경기도연맹의 주요인물은 〈표
4〉와 같다.

〈표 4〉 천도교청년동맹 경기도연맹의 주요인물

이름	출신지역	도연맹직책	지부직책	기타
李炳憲	京城	代表委員		청년회수원지회 결성, 초대지회장
韓順會	廣州	執行委員		
尹元世	楊州	執行委員		양주교구 설립
趙奎元		執行委員		
洪鍾珏	水原	執行委員		제암리 3·1운동 주도, 수원청년 동맹 결성
李演鵠	水原	執行委員	支會長	수원청년동맹 설립대회 임시의장
尹駿欽	水原	執行委員		
宋在文	龍仁	執行委員	支會長	
崔載遠	始興	執行委員		시흥청년동맹 설립대회 사회
朴奎喜	水原	執行委員	執行委員	청년동맹 순회강사
朴陽信	京城	執行委員		
朱鍾錫		執行委員		
李允儀		常務		
金相輯	京西	常務		

---

[48] 『天道敎會月報』 222호, 38쪽.

劉漢日	京城	檢察委員		
姜世熙	江華	檢察委員		
李起貞	仁川	檢察委員		

수원동맹은 1928년 7월 31일 설립 후 1개월 뒤 9월 1일 임시대회를 개최하고 집행위원으로 朴萬根 · 羅昌世 · 郭錦錫 · 李庸憲 등을 증선하고 회원을 효율적으로 관리하기 위하여 5개의 班을 組織하고 林德來 · 郭錦錫 · 李丙瓚 · 俞鎭哲 · 朴萬根을 班代表로 선임하였다.[49] 그 외에 관내 지역의 순회강연,[50] 기념강좌[51] 등 활동을 전개하였다. 그리고 용인동맹에서는 매주 일요일 侍日講習을 통해 회원의 훈련과 한글보급운동을 전개하였다.[52]

한편 수원교구와 남양교구가 1930년 8월에 통합을 함에 따라 남양동맹은 8월 12일 오전 9시 해체하고, 이날 오후 9시에 수원동맹과 합동대회를 갖는 한편 새로운 임원을 다음과 같이 구성하였다.[53]

代表委員: 洪鍾珏
執行委員: 林德來(常務) 朴商勳(常務) 池泳泰 丁泰奉 林衡來 朴商基
張載健

4. 청년동맹과 신간회 활동: 수원지회와 광주지회를 중심으로

천도교청년동맹은 공산주의자인 강달영 등과 민족협동전선을 형성하기 위해 여러 방면으로 접촉하고 6 · 10만세운동을 전개하고자 하였으나 사전에 발각되어 실패하고 말았다. 그러나 청년동맹은 6 · 10

---

49) 『天道敎會月報』 213호, 29쪽.
50) 『天道敎會月報』 218호, 32쪽.
51) 『天道敎會月報』 234호, 40쪽.
52) 『天道敎會月報』 226호, 31쪽.
53) 『天道敎會月報』 237호, 35쪽.

만세운동이 실패로 돌아갔음에도 불구하고 또다시 비타협적인 민족주의 세력과 민족협동전선을 구축하였다. 즉 천도교청년동맹은 천도교 舊派의 전위단체로 新幹會 창립에 깊숙이 참여하였을 뿐 아니라 창립 후에도 중앙을 비롯하여 각 지방에서도 적극적으로 활동하였다.

6·10만세운동으로 천도교 구파에 대한 일제의 감시와 제2차 조선공산당 사건으로 인한 공산주의자들의 대거 구속, 그리고 화요회원이며 조선공산당과의 매개고리 역할을 하던 朴來源이 검거됨에 따라 민족협동전선 형성은 어려운 상황에 봉착하였다. 그러나 천도교청년동맹 대표위원인 朴來弘은 1926년 말 權東鎭·李鍾麟과 함께 구파를 대표하여 安在鴻·申興雨·金俊淵·韓龍雲·韓偉健·洪命憙·申采浩 등과 함께 민족협동전선체인 新幹會 창립에 참여하였다.[54] 즉 천도교는 당시 교주인 朴寅浩의 지시로 長老 권동진, 天道敎會月報 발행인 李鍾麟, 靑年同盟 代表委員 朴來弘, 靑年同盟 常務委員 朴浣, 靑年同盟 智育部長 李炳憲 등이 핵심적으로 참여하였다.[55] 朴來弘은 2월 15일 중앙기독교청년회관에서 개최한 신간회 창립총회에서 權東鎭·崔益煥·宋乃浩·李東旭과 함께 규약 심사위원으로 활동하였으며[56] 權東鎭은 부회장, 李鍾麟과 朴來弘은 간사로 선임되었다.[57] 1927년 6월에는 신간회 총무간사회의 常務幹事로 활약하였다.[58] 그리고 李炳憲은 자금을 담당하였다.[59]

이와 같이 천도교 구파는 교단적 차원에서 신간회에 참여하게 되자 1927년 5월 25일 조선교육협회에서 靑年同盟員인 吳尙俊·李晃과

54) 『高等警察要史』, 慶尙北道警察部, 1934, 49쪽.
55) 李炳憲, 「新幹會運動」, 『新東亞』 60호, 1969. 8, 194쪽.
56) 『東亞日報』, 1927년 2월 17일자.
57) 이균영, 『신간회연구』, 역사비평사, 1993, 99~101쪽.
58) 『中外日報』, 1927년 5월 3일자.
59) 이병헌, 「新幹會運動」, 194쪽.

구파 측 천도교인 金永倫, 연합회 측 천도교인 姜仁澤 등이 중심이
되어 金商震·金炳魯·田得鉉·魯成元·方斗波·金相珏·申鉉九·俞
炳鮮·金章煥·金革鳴 등 민족주의 세력과 연계하여 京城北部支會
준비사무소를 견지동 44번지에 마련하고[60] 京城支會의 중심세력으
로 자리잡았으며 지대한 영향력을 행사하였다.[61] 이처럼 신간회 결
성과 경성지회 조직에 주도적으로 참여한 천도교청년동맹은 地方同
盟을 통해서도 신간회 지회 활동에 적극 참여하였다.

경성에서 신간회가 결성되자 경기지역에서도 적극적으로 호응하면
서 지역별로 지회를 조직하였다. 1927년 6월 10일 경성지회가 설립되자
경기지역에서는 開城支會(8월 8일)[62]를 필두로 廣州支會(8월 24일),[63]
水原支會(10월 17일),[64] 安城支會(11월 12일),[65] 仁川支會(12월 5일),[66]
京西支會(1928년 3월 20일),[67] 江華支會(6월 10일),[68] 京東支會(6월
16일),[69] 長湖支會(8월 15일),[70] 廣興支會(1930년 1월 10일),[71] 龍仁支
會(미상)[72]가 각각 조직되었다.[73] 이 외에도 平澤支會, 驪州支會, 利

---

[60] 『中外日報』, 1927년 5월 27일자.

[61] 조규태, 「천도교 구파와 신간회」, 『한국근현대사연구』 7, 한국근현대사연구회, 1997,
207~208쪽.

[62] 『東亞日報』, 1927년 8월 11일자 및 『朝鮮日報』, 1927년 8월 13일자.

[63] 『東亞日報』, 1927년 8월 27일자 및 『朝鮮日報』, 1927년 8월 29일자.

[64] 『朝鮮日報』, 1927년 10월 20일자 및 『東亞日報』, 1927년 10월 20일자.

[65] 『朝鮮日報』, 1927년 11월 16일자 및 『東亞日報』, 1927년 11월 16일자.

[66] 『朝鮮日報』, 1927년 12월 8일자 및 『東亞日報』, 1927년 12월 8일자.

[67] 『朝鮮日報』, 1928년 3월 23일자. 그러나 『東亞日報』, 1928년 3월 28일자에 의하면 3월
22일에 설립한 것으로 되어 있다.

[68] 『東亞日報』, 1928년 6월 15일자.

[69] 『朝鮮日報』, 1928년 6월 14일자. 이날 신문기사에 의하면 6월 16일 결성한다고 예고하
고 있다.

[70] 『朝鮮日報』, 1928년 8월 21일자.

[71] 『朝鮮日報』, 1930년 12월 24일자. 이날 신문기사에 의하면 1930년 1월 3일 설립을
예고하고 있다.

[72] 『朝鮮日報』, 1929년 1월 28일자. 용인지회는 京西支會 설립대회에 축전을 보낸 기록으
로 보아 지회가 조직된 사실이 확인된다.

川支會, 抱川支會, 加平支會, 楊平支會가 설립되어 활동을 전개하였
다[74]고 하였으나 확인할 수가 없다.

이상의 경기지역 신간회 지회 중 天道敎靑年同盟이 직접 조직에
참여하거나 활동한 곳은 水原支會와 廣州支會, 江華支會, 安城支會
등이다. 이 중 수원지회와 광주지회는 청년동맹이 조직적으로 참여
하였으며, 강화지회와 안성지회는 개인적으로 참여하였다. 여기서는
수원지회와 광주지회의 신간회의 활동을 살펴봄으로써 청년동맹의
활동을 추적해 보고자 한다.

1) 新幹會 水原支會와 天道敎靑年同盟 水原同盟

신간회가 창립될 무렵인 1927년 수원지역 사회단체로 水原靑年會,
懿法靑年會, 水原救濟會, 사ㅡㄹ靑年同盟, 印刷職工親睦會, 革成團,
水原衡平社 등이 있었다.[75] 이들 사회단체는 天道敎, 聖公會, 基督敎
등 청년단체 등과 상호 협력하면서 신간회 수원지회 설립에 적극 참
여하였다. 이들 단체 중 사회주의 계열로는 혁성단[76]과 孔錫政이 주

---

73) 이균영은 『新幹會硏究』에서 楊州 퇴계원에는 1929년 10월 말 현재 30여 명의 본부
직속 회원이 있었으며, 1929년 4월경 지회를 설립하려 하였으나 경찰의 위협으로
중단하였다고 하며 『朝鮮日報』, 1921년 11월1일자를 제시하고 있으나 필자는 확인을
하지 못한 관계로 제외했다.
74) 李炳憲, 「新幹會運動」, 207쪽.
75) 『東亞日報』, 1927년 1월 19일 ; 20일자. 이들 단체의 현황을 살펴보면 다음 〈표〉와
같다.

회명	창립	회장	회원수	비고
수원청년회	1920년	홍사훈	85명	1923년 부활, 수원청년동맹 가입
懿法靑年會	광무8	김병호	40여 명	1917년 부활, 체육회, 운동구락부로 명맥
水原救濟會	1925년	김용각	30여 명	
사ㅡㄹ靑年同盟		김기선	40여 명	갑자단·초화청년회 합병
인쇄직공친목회		지원갑	27명	수원청년동맹 가입
革成團	1926년		15명	사상단체
수원형평사	1923년	김정봉	30여 명	

도하는 사－ㄹ靑年同盟[77])이 사상단체로 활동하고 있었다. 수원지회
는 洪鍾珏의 天道敎靑年會(天道敎), 金露積의 진명구락부(聖公會),
金炳浩의 의법청년회(監理敎) 등 민족주의 세력과 孔錫政의 사－ㄹ
청년동맹, 최신복·禹聖奎의 水原靑年會 등 사회주의 계열의 협동전
선으로 설립되었다.

　천도교청년동맹 수원동맹(이하 수원동맹)은 天道敎靑年同盟 本部
가 신간회 창립과 京城支會 조직에 적극적으로 참여하게 되자 수원
에서도 지회활동에 적극 참여하였다. 수원동맹 설립 참여는 李炳憲
의 영향이 적지 않았다. 이병헌은 평택군 현덕면에서 출생하였지만
교회활동은 수원에서 주로 하였다. 그는 수원교구장을 역임한 李敏
道의 독자로 일찍부터 천도교의 종교적 수양을 쌓았다. 1911년 수원
군교구에서 운영하는 제544강습소를 수료하였으며,[78]) 3·1운동 직전
까지 수원교구에서 傳敎師,[79]) 共宣員,[80]) 典制員[81])으로 활동하였다.
3·1운동 때에는 보성전문학교 학생으로 탑골공원과 태화관의 상황
을 연락하였으며,[82]) 수원과 남양 제암리에서 3·1만세시위운동을 주
도하기도 하였다.[83]) 1920년대에는 天道敎靑年會 水原支會를 창립하
고 초대 支會長으로, 천도교중앙총부에서는 經理課 課員·經理課
宗理師·布德課 宗理師[84])로 활동하였다. 교단이 신파와 구파로 분
규를 겪게 되자 구파 측 중앙총부에서 계속 활동하였다.[85]) 이병헌은

76) 『東亞日報』, 1927년 1월 20일자.
77) 조성운, 「1920年代 水原地域의 靑年運動과 水原靑年同盟」, 『한국민족운동사연구』 24,
　　한국민족운동사연구회, 2000, 255~256쪽.
78) 『天道敎會月報』 12호, 65쪽.
79) 『天道敎會月報』 58호, 43쪽.
80) 『天道敎會月報』 76호, 36쪽.
81) 『天道敎會月報』 102호, 64쪽.
82) 李炳憲, 『3·1運動秘史』, 時事時報社出版局, 1959, 65~67쪽.
83) 『天道敎會月報』 191호, 30쪽.
84) 『天道敎中央摠部職員錄』.

天道敎靑年同盟이 新幹會 결성에 참여함에 따라 적극 가담하였다. 그는 京城北部支會 設立準備委員,[86] 京城支會 幹事,[87] 京城支會 庶務部 常務幹事[88]를 역임하며, 경성지회의 핵심인물로 부각되었다. 이러한 그의 신간회 활동은 교회적·인간적 교류를 맺고 있던 水原同盟에 많은 영향을 주었으며, 洪鍾珏과 긴밀한 연락을 하면서 水原支會 설립에 직접적인 영향을 주었다.[89]

李炳憲과 자주 연락을 가지며 政勢를 교환하던 홍종각은 같은 청년동맹의 李演鷭·金顯祚 등과 신간회 지회[90]를 설립키로 논의하였다. 또한 그는 평소 친분이 있는 進明俱樂部의 金露積, 의법청년회의 金炳浩, 그리고 사회주의 계열의 孔錫政·崔信福 등 지역 청년 유지들과도 신간회 지회설립을 논의하였다. 이어 1927년 10월 9일 오후 2시 天道敎 水原郡宗理院에서 제1회 準備會를 열고 지회 설립을 결의하였다.[91] 本部와 당국으로부터 설립 승인을 받은 후 준비위원들은 10월 14일 오후 4시 역시 수원군종리원에서 제2회 準備會를 개최하고 設立大會 준비를 마무리하였다.[92]

水原支會 設立大會는 1927년 10월 17일 오후 2시 수원군종리원에서 개최되었다. 이날 회의는 준비위원 金露積의 사회로 임시집행부 구성, 회원심사, 중앙본부에서 파견된 李寬九의 취지 설명의 순으로 진행하고 임원선출과 활동방침을 결정하였다.[93] 그리고 사무소를 수

---

85) 『天道敎會月報』.
86) 『東亞日報』, 1927년 5월 27일자 및 『朝鮮日報』, 1927년 6월 3일자.
87) 『東亞日報』, 1927년 6월 12일자 및 『朝鮮日報』, 1927년 6월 12일자.
88) 『朝鮮日報』, 1927년 6월 18일자.
89) 李炳憲, 「新幹會運動」, 207쪽.
90) 新幹會 支會의 결성은 支會規定 제1조에 의하면 '一區 내에 거주하는 회원이 30인 이상에 달할 시 설립함을 得함'이라고 정하고 있다. 水原靑年同盟의 同盟員은 30명이 되지 않을 것으로 추정된다.
91) 『朝鮮日報』, 1927년 10월 16일자.
92) 『朝鮮日報』, 1927년 10월 16일자.

원군종리원에 두었다.[94] 수원지회의 설립 당시 임원의 성분을 분석
하면 〈표 5〉와 같다.

〈표 5〉 신간회 수원지회 임원의 성분 분석 일람

이름	직책	주요활동	성향	비고
김노적	회장	수원상업강습소 · 배재고보 졸업, 3 · 1운동 참가, 구국민단, 임시정부, 진명구락부 도서부장	성공회	조성운, 248
김병호	서무부 총무간사	3 · 1부인야학 강사, 의법청년회, 수원기자동맹, 삼일학교 교사	기독교	조성운, 253 동아, 27. 1. 18
박영식	서무부 상무			
이각래	재무부 총무간사	화성학원 유지회원		조성운, 254
최신복	재무부 상무	수원청년회	사회주의	동아, 28. 5. 18
공석정	조사연구부 총무간사	오산 대성학원설립, 사ㅡㄹ청년회, 수원청년회,	사회주의	동아, 27. 10. 28/ 28. 7. 11
우성규	조사연구부 상무	수원청년회	사회주의	동아, 28. 5. 18
홍종각	조직선전부 총무간사	이문원, 전제원, 심계원, 전교사, 순회교사, 천도교수원청년동맹 검찰위원, 교구장	천도교	천도교회월보, 292
박봉득	조직선전부 상무	화성학원 교사, 수원청년동맹 집행위원		조성운, 264/265
이연숙	간사	교리강습소 수료, 공선원, 금융원, 전교사, 순회교사, 천도교수원청년동맹 대표위원	천도교	천도교회월보, 292
김현조	간사	순회교사	천도교	천도교회월보, 95

수원지회의 설립 당시 세력 분포는 회장을 비롯 서무부 · 조직선전
부는 민족주의 세력이, 재무부 · 조사연구부는 사회주의 세력이 포진
하였다. 그러나 1926년 뿌리를 내리게 된 사회주의적 성향을 가진 단

---

93) 『東亞日報』, 1927년 10월 20일자.
94) 『朝鮮日報』, 1928년 2월 5일자 및 『東亞日報』, 1928년 2월 5일자. 회의 장소를 『조선일보』에는 '城內 北水里 新幹支會 會舘'으로, 『東亞日報』는 '水原 城內 天道敎宗理院'으로 보도하고 있다.

체와 인물들이 1928년 들어 청년단체의 지도적 위치에 서게 되면서[95]
수원지회도 점차 사회주의적 성향을 가진 인물들이 주도하게 되었
다. 烏山靑年同盟이 1928년 4월 20일 정기총회에서 신간회 활동에 적
극 참여하기로 하였으며,[96] 박승극을 중심으로 한 半島靑年會도 참
여하였다. 특히 1929년에 설치된 烏山班의 경우 대부분이 사회주의
성향을 가진 인물이었다. 이들은 1930년 4월 25일 제4회 정기대회에
서 대거 집행위원으로 선임되었다. 신간회가 해소되기까지 수원지회
의 활동 임원진 변동사항을 살펴보면 〈표 6〉과 같다.

〈표 6〉신간회 수원지회 주요임원 변동 일람

시기	부서 및 간부진	비 고
설립대회 27. 10. 17	회장 金露積, 서무부 총간 金炳浩, 상무 朴泳植, 재무부 총간 李珏來, 상무 崔信福, 조사연구부 총간 孔錫政, 상무 禹聖珪, 조직선전부 總幹 洪鍾珏, 상무 朴奉得, 간사 李演鵲 金顯高(祚)	조선, 27. 10. 20 동아, 27. 10. 20
1회 정기대회 27. 12. 18	지회장 留保, 총간 金炳浩, 서무부 총무 金炳浩, 상무 李奉得(朴奉得의 오기로 보임), 재무 총무 李珏來, 상무 朴泳植, 조사연구 총무 孔錫政, 상무 崔信福, 조직선전 총무 洪鍾珏, 상부 禹聖奎, 간사 李演鵲·尹駿欽	조선, 27. 12. 21
2회 정기대회 28. 12. 16	지회장 金世煥, 부회장 廉錫柱, 서무부 총간 孔錫政, 간사 金鳳喜·金相根, 재무부 총간 李健相, 간사 嚴翼鴻·金容俊, 조직선전부 총간 洪鍾珏, 간사 朴勝極·李演鵲, 조사연구부 총간 金炳浩·金顯祚, 기타 간사 金道生·郭炳俊	조선, 28. 12. 16
3회 임시대회 29. 4. 10	지회장 李珏來, 부회장 廉錫柱, 서무재정부 朴勝極·翼健相, 정치문화부 孔錫政·金鳳喜, 조직선전부 李演鵲, 조사연구부 金炳浩·金在德	조선, 29. 4. 10
4회 정기대회 30. 4. 25	의장 朴勝極, 위원 金炳浩·洪鍾珏·金基植·張柱文·李秀經·禹聖奎·李演鵲·朴○薰·黃○善·邊基在·朴奉得·朴斗秉·朴勝極·孔錫政·李元植, 후보 趙明載·金在德·李容成, 검사위원 金世煥·羅天綱·李昌鎔·朴○實·李珏來, 대표위원 孔錫政·박○衡, 후보 敏洪植, 서기장 敏洪植, 회계 金炳浩	조선, 30. 5. 7

(총간: 총무간사)

95) 조성운, 「1920년대 수원지역의 청년운동과 수원청년동맹」, 256쪽.
96) 『東亞日報』, 1928년 4월 27일자.

다음으로 수원지회의 활동을 살펴보자. 수원지회의 활동은 크게 세 가지로 파악할 수 있다. 첫째는 회무에 관한 일반적인 활동, 둘째는 반회 및 분회 설치의 조직활동, 셋째는 강연회 등의 대외적인 활동이다.

첫째, 회무에 관한 일반적인 활동으로는 회비징수, 지회회관 설립, 회관기구설비 등이 있다. 회무에 관한 사항은 지회를 운영하는 데 가장 중요한 활동이었다. 일반적인 회무에 관한 사항은 주로 月例會에서 처리하였다. 각종 회의를 통해 다룬 회무와 관련된 사항을 살펴보면 다음과 같다.

　一. 會員募集의 件
　一. 烏山 故金基宣君 追悼會에 金露積 禹聖珪氏 派遣의 件
　一. 會舘器具設備의 件[97]
　一. 會員에 關한 件[98]

한편 수원지회의 운영비는 대부분 회원들이 내는 회비로 우선 충당한 것으로 보인다. 1928년 1월 31일 개최한 4회 幹事會에서는 會費整理에 관한 건[99]을 토의한 것으로 보아 회원들에게 의무적으로 회비를 납부토록 하였다. 그리고 月例會에서도 회원모집에 대해 자주 다루고 있는데 이는 운영비와 직접적인 관련이 있는 사안이었기 때문이다. 수원지회의 1928년도 예산은 2,050원에 달하였다.[100]

둘째, 班會·分會를 통한 조직의 확대이다. 지회의 경우 그 조직이 활발한가 그렇지 못한가 하는 것은 班會 또는 分會활동 여부에 달려

---

97) 『朝鮮日報』, 1927년 11월 4일자.
98) 『朝鮮日報』, 1927년 12월 4일자.
99) 『朝鮮日報』, 1928년 2월 5일자.
100) 『東亞日報』, 1928년 2월 5일자. 같은 시기의 固城支會의 예산은 30원 90전(『東亞日報』, 1928년 1월 4일), 鎭南浦지회 은 750원(『東亞日報』, 1928년 1월 17일자)이었다.

있다. 분회 조직은 지회활동의 편의를 위하여 支會執行委員會에서 결정하게 되어 있는데 대체로 面단위로 구역을 정하고 있으며, 이 분회에서는 직업별 또는 지역별로 반을 조직할 수 있도록 하였다.[101] 대부분의 지회에서 班會·分會를 설치하였으나 자료상 가장 활발한 곳은 水原支會였다. 水原支會는 月例會의 결정에 따라 組織部에서는 회원 확보를 위해 관내 지역을 순회하였다.[102]

이와 같은 순회활동의 결과 회원이 증가함에 따라 지역단위로 發安班(1929년 3월 19일)·麻道班(3월 20일)[103]·烏山班(3월 26일)[104]·城湖班(3월 26일)[105]·南陽班[106]·細橋班[107]을 조직하였다.[108] 이러한 班會는 그 활동이 활발해지면서 支會 또는 分會로 승격되었다. 烏山班은 烏山分會로,[109] 南陽班은 南陽分會로,[110] 성호반은 城湖分會로[111] 각각 승격되었다. 이상의 班會 또는 分會의 중심인물을 살펴보면 〈표 7〉과 같다.

烏山班은 1929년 3월 26일 임시총회에서 本班基金에 관한 件, 本支會侵害分子에 관한 件, 安城郡廳員 暴行事件에 관한 件, 本支會班勢一覽表 作成에 관한 건, 本班事務所에 관한 件 등을 논의하였다.[112]

---

101) 改定「新幹會綱領及規約」제8장 分會 참조.(이균영, 『新幹會研究』, 222쪽)
102) 『朝鮮日報』, 1929년 3월 2일자.
103) 『朝鮮日報』, 1929년 3월 24일자.
104) 『朝鮮日報』, 1929년 3월 30일자.
105) 『朝鮮日報』, 1929년 3월 30일자.
106) 南陽班이 조직된 날짜는 확인할 수 없으나 총회를 금지한 기록으로 보아 조직된 것을 확인할 수 있다.(『朝鮮日報』, 1929년 12월 22일자)
107) 『東亞日報』 1929년 12월 18일자.
108) 이균영은 『新幹會研究』에서 城湖班과 細橋班도 조직되었다고 하였으나(『新幹會研究』, 286쪽) 근거 자료를 통해 확인을 해보았으나 찾을 수가 없었다.
109) 『東亞日報』, 1930년 4월 8일자.
110) 『朝鮮日報』, 1930년 1월 10일자.
111) 『東亞日報』, 1929년 8월 10일자.
112) 『東亞日報』, 1929년 3월 30일 및 『朝鮮日報』, 1929년 3월 30일자.

<표 7> 發安班·麻道班·烏山班·烏山分會·南陽分會의 중심인물

班·分會名	班長/分會長	幹事/執行委員(分會)	代表委員(分會)
發安班	洪貞憲	朴海秉 徐延允	
麻道班	池泳泰	崔壽英	
烏山班	金基桓	李秀經 李南壽 金容式 李元植	
烏山分會	金基桓	李秀經 李元植 朴正吳 林泉植 邊基在 全相鎬 趙明載 嚴柱憲 朴謹實 李南秀 李股庚 李漢福	
南陽分會	朴商勳	李秉日 朴商昌	朴舜遠 朴商勳 李秉日 朴商益 朴商昌

城湖分會는 1929년 8월 5일 水原靑年同盟 城湖支部와 聯合委員會를 열고 常識講座開催, 연합회관 공동운영 등을 결의하기도 하였다.113) 한편 오산반은 간사회를,114) 세교반은 정기대회를115) 개최하고자 하였으나 경찰로부터 각각 금지를 당하였다.

　셋째, 대외적인 활동은 지회의 성격상 계몽적인 것과 정치적인 것으로 나누어 볼 수 있다. 계몽적인 활동은 講演會·夜學運動 등의 啓蒙運動과 생활·생존권 수호운동을 구분하여 보고자 한다. 수원지회는 강연회를 두 차례 실시하였는데, 한 번은 지회 설립 紀念講演會, 또 한 번은 설립 1주년 기념강연회이다. 강연회의 내용은 신간회를 선전하고 신간회를 통하여 민족적 집결을 이루려는 목적이었다. 강연 내용과 강사는 다음과 같다.

　　朝鮮人 農村經濟의 裏面－李寬九
　　우리는 團結을 鞏固히 하자－權泰彙116)

113) 『東亞日報』, 1929년 8월 10일자.
114) 『東亞日報』, 1929년 5월 21일자.
115) 『東亞日報』, 1929년 12월 18일자.
116) 『朝鮮日報』, 1927년 10월 20일 및 『東亞日報』, 1927년 10월 20일자.

新幹水原支會 設立 一週年 紀念에 對하여－金炳浩
人類進化法則의 歷史的 考察－孔錫政[117]

　그리고 수원지회는 夜學을 직접 경영하지는 못하였지만 勞動夜學
을 후원하였다.[118] 이 외에 사회적인 활동으로 水原靑年運動 촉진[119]
과 水原靑年會 調査[120] 등을 통해 청년운동을 보다 활성화시키는 데
도 적극 노력하였다.

　한편 정치적인 활동으로는 일제의 억압과 착취에서 벗어나려는 자
유에 대한 요구로서 엄밀한 의미에서는 정치활동으로 볼 수는 없다.
그러나 일제의 식민지라는 특수한 상황에서 지회에서 가장 광범위하
게 논의되었던 정치문제는 언론·출판·集會·結社의 자유에 대한
요구가 대부분이었다.[121] 수원지회는 10월 17일 설립대회에서 言論
集會自由獲得에 관한 건을 다루었으며,[122] 朝鮮民族抑壓法令撤廢의
건을 상정하였으나 경찰의 제지로 결국 논의조차 하지 못하였다.[123]

　그 외에도 新幹會가 창립 이후 구체적인 활동에 대한 지도이론과
행동강령이 미흡하자 본부에 行動的 表現 綱領規定을 제정할 것을
논의 결정하였다.[124] 그리고 본부가 민족주의와 사회주의 간의 주도
권 문제로 알력이 없지 않자 派閥主義 排擊[125]과 地方熱 團體撲滅[126]
을 결의하였다.

---

117) 『朝鮮日報』, 1928년 10월 24일자.
118) 『東亞日報』, 1930년 4월 8일자.
119) 『朝鮮日報』, 1927년 12월 4일자.
120) 『東亞日報』, 1928년 12월 27일자.
121) 이균영, 「新幹會支會의 設立과 活動」, 『尹炳奭敎授華甲紀念韓國近代史論叢』, 지식
　　산업사, 1990, 711쪽.
122) 『朝鮮日報』, 1927년 10월 20일자.
123) 『中外日報』, 1929년 3월 14일자.
124) 『東亞日報』, 1928년 2월 5일자.
125) 『朝鮮日報』, 1928년 2월 5일자.
126) 『東亞日報』, 1927년 10월 20일자 및 『朝鮮日報』, 1927년 10월 20일자.

2) 新幹會 廣州支會와 天道敎

신간회가 창립될 당시 廣州 지역의 사회단체는 廣州中央靑年會·
松坡廣州靑年會·廣明靑年會·進興靑年會의 청년단체, 勞動共濟會
의 노동단체, 朝鮮日報支局·中外日報支局·朝鮮農民社支部의 언론
단체 등 8개가 이끌어 가고 있었다.[127] 그러나 실제적으로 활동한 것
은 廣州中央靑年會·勞動共濟會·廣州靑年會 등이었다.[128] 신간회
광주지회의 설립은 韓順會를 중심으로 추진되었다. 한순회는 천도교
인으로 1911년 광주교구 金融員[129]을 시작으로 共宣員,[130] 敎區長[131]
등 주요한 敎職을 역임하였다. 그리고 경성의 天道敎靑年同盟 본부
와도 긴밀한 관계를 유지하였다.

1927년 2월 15일 경성에서 신간회가 창립되자 광주에서는 6월경
韓順會·韓哲基·黃秋浩 등 천도교인과 石惠煥[132] 등 사회주의 계열,
俞仁穆[133] 등 민족주의 계열 청년유지 20여 명이 신간회 광주지회를
설립키로 하고 松坡中央靑年會에 임시사무소를 두었다.[134] 그리고
이들은 광주 일대를 순회하면서 회원을 모집하였다. 1927년 8월 14일
中部面 長廣寺에서 준비모임을 갖고 설립준비위원으로 韓順會·石

---

127) 『朝鮮日報』, 1927년 4월 10일자.
128) 『東亞日報』, 1927년 7월 1일자.
129) 『天道敎會月報』 17호, 70쪽.
130) 『天道敎會月報』 32호, 41쪽.
131) 『天道敎會月報』 42호, 30쪽.
132) 石惠煥은 신간회 이후 1935년 1월 광주공산당협의회를 결성에 참여시켰으며 비서부
　　책임자가 되었다.(『朝鮮日報』, 1936년 3월 17일자 및 4월 23일자 ; 「昭和十年度に於け
　　る鮮內思想運動の狀況」, 『思想彙報』 6, 1936. 3, 高等法院檢査局思想部, 12면 ; 강만
　　길·성대경, 『한국사회주의운동인명사전』, 창작과비평사, 1996, 239면)
133) 俞仁穆은 黔丹農友會를 조직, 사회주의 활동을 하였으나 1935년 전향 후 農村振興會
　　長으로 활동하면서 模法部落 조성에 적극 참여하였다.(「昭和十年一月乃至十月社會
　　運動政勢」, 『思想彙報』 5, 高等法院檢事局思想部, 1935. 12, 52면) 그러나 유인목은
　　실제 사회주의 계열은 아니었다.
134) 『朝鮮日報』, 1927년 7월 10일자.

惠煥 · 金東植 · 具百書 · 延濟鴻 · 具本玉 · 具滋達 · 韓哲基 · 許范 · 俞仁穆 · 李容琥 · 朴泰遠 등을 선정하였다.[135] 이로부터 10일 후인 8월 24일 오후 1시 남한산성 내 勞動共濟會舘에서 설립대회를 개최하였다. 이날 설립대회는 韓順會의 사회로 開會辭, 임시의장 선출(의장 韓順會, 서기 卞重熙), 경과보고, 規約 및 綱領 通過에 이어 임원을 선출하였는데 다음과 같다.[136]

會長 韓順會, 副會長 石惠煥, 總務幹事 俞仁穆 · 韓哲基 · 韓百鎬 · 金尙煥 · 許范, 常務幹事 卞重熙 · 黃秋浩 · 洪淳錫 · 李鍾珏 외 1人, 幹事 具滋達 · 李洪泳 · 李容琥 · 朴泰遠 · 金世豊

광주지회는 설립 당시 세력을 보면 여타 지회와 마찬가지로 민족주의 세력과 사회주의 세력의 연합전선으로 구성되었다. 즉 韓順會 · 韓哲基 · 黃秋浩 · 朴泰遠 등 천도교 세력과 石惠煥 등 勞動共濟會의 사회주의 세력의 연합으로 조직되었다. 광주지회가 설립되는 1927년까지 광주에는 사회주의 성향을 가진 사상단체가 자리잡지 못하였다. 그렇지만 석혜환이 노동공제회가 조직한 무산노동자를 위해 지위향상과 발전에 많은 활동을 하였지만 사회주의로부터 크게 영향을 받았다. 따라서 광주지회는 천도교 구파의 민족주의 세력과 노동공제회를 사회주의 세력과 연합전선을 결성하고 조직되었던 것이다. 광주지회의 주요활동 임원진을 살펴보면 〈표 8〉과 같다.

---

135) 『朝鮮日報』, 1927년 8월 22일자.
136) 『朝鮮日報』, 1927년 8월 29일자.

〈표 8〉 신간회 광주지회 시기별 임원 일람

회명	부서 및 임원진	비 고
준비위원 1927. 8. 14	韓順會, 石惠煥, 金東植, 具百書, 延濟鴻, 具本玉, 具滋達, 韓哲基, 許范, 俞仁穆, 李容琥, 朴泰遠	조선, 1927. 8. 22
설립대회 1927. 8. 24	회장 韓順會, 부회장 石惠煥, 총무간사 俞仁穆 · 韓哲基 · 韓白鎬 · 金尙煥, 許范, 상무간사 卞重熙 · 黃秋浩 · 洪淳錫 · 李鍾珏 외 1인, 간사 具滋達 · 李洪泳 · 李容琥 · 朴泰遠 · 金世豊	동아, 1927. 8. 27 조선, 1927. 8. 29
1회 정기대회 1927. 12. 15	회장 韓順會, 부회장 石惠煥, 서무부 총무간사 韓哲基, 상무간사 林炳斗, 간사 韓百鳳, 재무부 총무간사 卞重熙, 상무간사 李根鶴, 간사 洪淳錫, 정치문화부 총무간사 俞仁穆, 상무간사 金尙煥, 간사 朴泰遠, 조사연구부 총무간사 李容琥, 상무간사 黃萬浩, 간사 韓龍會, 조사선전부 총무간사 李洪(淇?)泳, 상무간사 韓百鎬, 간사 許范 · 黃秋浩	조선, 1927. 12. 22 중외, 1927. 12. 20
3회 정기대회 1928. 12. 20	지회장 石惠煥, 부회장 韓順會, 간사 卞重熙 · 李洪泳 · 俞仁穆 · 洪淳錫 · 韓百鎬 · 韓哲基 · 李根鶴 · 金世豊 · 柳良燮 · 延濟鴻 · 黃秋浩 · 韓百鳳 · 李根溶 · 李淵玉 · 李容琥	동아, 1928. 12. 26 조선, 1928. 12. 27
4회 임시대회 1929. 8. 27	집행위원장 俞仁穆, 집행위원 李洪泳 · 韓哲基 · 柳良燮 · 李容琥 · 金世豊 · 朴泰遠 · 黃秋浩 · 李根鶴 · 林炳斗 · 韓辰會 · 金正恩 · 韓尙燮 · 金斗泳 · 卞重熙 · 洪淳錫, (후보) 金東植 · 李柱錫 · 金尙煥, 검사위원장 韓順會, 검사위원 石惠煥	조선, 1929. 8. 13

(출처: 조선—『조선일보』, 동아—『동아일보』, 중외—『중외일보』)

광주지회의 활동 역시 일반 지회와 마찬가지로 회무에 관한 일반적인 활동과 대외적 · 사회적 활동으로 살펴볼 수 있다.

일반 회무에 관한 사항은 지회 설립 후 1927년 12월 1일 열린 定期幹事會에서 '會費及基本金共同貯金의 건'을 상정 논의하였는데, 회비는 대회까지 납부하기로 하고 기본금은 每月 會員 各自가 10錢 이상 共同貯金하여 운영기금을 적립키로 하였다.[137] 지회운영은 회원확보가 가장 중요하였는데 광주지회는 대회[138]나 幹事會[139] 등 회의마

---

137) 『朝鮮日報』, 1927년 12월 14일자.
138) 『朝鮮日報』, 1927년 12월 22일자 및 『東亞日報』, 1928년 12월 26일자.
139) 『東亞日報』, 1929년 2월 5일자.

다 이를 다루고 있다. 특히 1929년 1월 31일의 幹事會에서는 회원의
효율적인 관리를 위해 직접 회원방문을 실행하기로 하였다.140) 그리
고 운영비 및 기금을 마련하기 위해 회비징수에도 적극적이었다.141)
이 외에 회원을 위한 교육활동142) 등을 전개하였다.

한편 정치·사회적 활동은 다양하게 전개하였다. 우선 정치적인
활동으로는 行政官廳員의 暴行과 雜種稅金再徵에 대해서 적극적으
로 투쟁하였다. 郡廳 職員의 출장시 잦은 폭행과 각종 세금을 再徵하
는 사고가 잇따르자 이에 대한 대책으로 幹事會에서는 직접 군수를
찾아가 이를 항의하기로 하였으며,143) 이 문제를 보다 구체적으로 해
결하기 위해 대회에서 논의코자 하였으나 임석경관의 제지로 논의
자체를 금지당하였다.144) 이 외에도 정치적으로 민감한 高價의 닭
强制配付에 관한 건·廣州警察署 公然放銃傷人의 건·淸津監獄斷食
事件·專賣局員의 無故한 耕作者에 대한 폭행사건 등을 다루고자 하
였으나 당국으로부터 두 차례나 회회 금지를 당하였다.145)

경제적인 활동으로는 消費組合146)·水利組合 踏査147) 등을, 계몽
운동으로 文盲退治·迷信打破148)를, 사회적인 활동으로 在滿同胞退
逐事件을 관심을 가지고 논의하였다.149) 특히 韓順會는 특별강연회
에서도 이 문제에 대하여 강연하였다.150)

140) 『東亞日報』, 1929년 2월 5일자 ;『朝鮮日報』, 1929년 11월 28일자.
141) 『朝鮮日報』, 1927년 12월 22일자 ;『東亞日報』, 1928년 12월 26일 및 1929년 2월 5일자.
142) 『朝鮮日報』, 1927년 12월 22일자.
143) 『朝鮮日報』, 1927년 12월 14일자.
144) 『朝鮮日報』, 1927년 12월 22일자.
145) 『東亞日報』, 1929년 10월 26일자 ;『朝鮮日報』, 1930년 1월 31일자.
146) 『東亞日報』, 1928년 12월 26일자.
147) 『朝鮮日報』, 1929년 11월 28일자.
148) 『東亞日報』, 1928년 12월 26일자.
149) 『朝鮮日報』, 1927년 12월 22일자.
150) 『朝鮮日報』, 1927년 12월 22일자.

이 외에 본부에 대한 건의사항도 적지 않았는데 規約改定, 機關紙 (新幹) 發行, 支會承認支持, 支會의 敎育 등을 건의하였다.[151] 특히 1929년 光州支會가 분규로 인해 해산하게 되자 이에 대한 本部의 처리가 부당하다고 강력하게 항의하기도 하였다.[152]

끝으로 경기지역 신간회 지회의 특이한 활동은 지회 연합체를 조직하였다는 점이다. 연합체의 조직은 지회활동의 한계를 극복하고 본부 운영에 대한 지원과 견제를 공동으로 처리하고자 한 것으로 보인다. 수원지회를 비롯 인천지회·강화지회·광주지회·안성지회의 구역 대표 13명은 1929년 5월 17일 수원지회에서 대표위원회를 갖고 연합체를 결성하였다. 이날 회의는 廉錫柱의 사회로 임시의장에 權忠一(인천), 서기에 朴勝極(수원)을 선출하고 다음과 같이 임원을 선출하였다.[153]

元代表 孔錫政(수원), 후보 郭尙勳(인천), 各地代表 崔明植·金相鎬(강화), 郭尙勳·康復陽·權忠一(인천), 韓百鎬·黃萬浩(광주), 朴勝極·孔錫政·金柄浩(수원)

앞서 살펴본 수원지회와 광주지회를 비롯하여 경기지역 신간회 조직 및 활동에 참여한 천도교인을 살펴보면 〈표 9〉와 같다.

〈표 9〉 경기지역 신간회 지회활동에 참여한 천도교인 일람

이름	지역	신간회 활동	비 고
姜世熙	강화	조직선전부장	전제원, 강도원, 천도교청년동맹 경기도 연맹검찰위원
韓順會	광주	설립위원, 지회장, 부회장, 검사위원장	金融員, 共宣員, 敎區長, 천도교청년동맹 경기도연맹 집행위원

151) 『朝鮮日報』, 1927년 12월 22일자.
152) 『朝鮮日報』, 1929년 11월 3일자.
153) 『東亞日報』, 1929년 5월 20일자.

韓哲基	광주	설립위원, 총무간사, 집행위원	金融員, 경리과 종리사, 위원
黃秋浩	광주	설립위원, 상무간사, 집행위원	종리사
朴泰遠	광주	설립위원, 간사, 집행위원	순회강사
韓辰會	광주	집행위원	종리사, 典制員
金正恩	광주	집행위원	
洪鍾珏	수원	조직선전부 총무간사, 집행위원	종리사, 천도교청년수원동맹 검찰위원
李演鸞	수원	조직선전부 간사, 집행위원	종리사, 천도교청년수원동맹 대표위원
金相根	수원	서무부 간사	종리사
金顯祚	수원	조사연구부 간사	강도원, 종리사
池泳泰	수원	마도반장	천도교청년남양동맹 대표위원
羅天綱	수원	집행위원	공선원, 금융원 교구장, 강도원, 종리사, 천도교청년수원동맹 고문
朴容九	안성	정치문화부 총무간사	금융원
朴商薰	수원	남양분회장, 대표위원	천도교청년남양동맹 상무위원
朴商益	수원	남양분회 대표위원	천도교청년남양동맹
朴商昌	수원	남양분회 집행위원, 대표위원	천도교청년남양동맹
尹駿欽	수원	간사	종리사

5. 맺음말

이상으로 1920년대 경기지역의 천도교 조직과 청년단체의 활농을
살펴보았다. 이 시기 천도교의 활동을 요약하면 다음과 같다.

첫째, 3·1운동 이후 일제의 회유 협박과 일반인으로부터 배척을
당하였던 천도교는 1921년 신유년을 기해 청년회를 중심으로 대대적
인 포교운동을 전개하였다. 이 결과 천도교는 3·1운동 이전의 교세

를 회복하였다. 경기지역은 3·1운동 이전 5개 大敎區 관리하에 18개 敎區와 3개 傳敎室이었으나 3·1운동 이후에는 이보다 크게 줄어 14개 교구만이 남게 되었다. 3·1운동 당시 수원대교구는 일경의 습격을 받아 교구 자체가 폐쇄 지경에 이르렀으며, 수원대교구 산하의 남양교구는 제암리학살사건[154]으로 대부분의 교인이 희생을 당하거나 수배자가 되어 고향을 등져야만 했기 때문이다. 신유년의 포덕운동으로 교세가 크게 회복되었으나 3·1운동 이전에 비하면 현저하게 위축되었다. 특히 1927년 수원의 경우에는 겨우 명맥만 유지할 정도로 위축되었다. 그러나 청년회 또는 청년동맹을 중심으로 강연회 등 사회활동을 꾸준히 전개하였다.

둘째, 청년단체의 조직과 활동은 분규 이전에는 천도교청년회 지회로 분규 이후에는 천도교청년동맹 지회로 각각 활동하였다. 초기 청년회 지회로서의 활동은 주로 강연회 등을 통한 문화운동의 보급이 주였으며, 후기에 이르러서는 신간회 창립과 함께 지회 결성과 각종 활동에 적극 참여하였다. 특히 수원과 광주의 경우 대표적인 사례라고 할 수 있다. 이들 지역은 신간회 본부와 마찬가지로 사회주의 계열 또는 성향을 가진 청년단체 및 청년들과 연합하여 지회를 결성하고 다양한 활동을 전개하였다.

그러나 수원과 광주 이외의 인천·안성·강화·장호원·개성 등지에도 신간회 지회가 설립되었으나 천도교인 또는 청년단체의 참여가 두드러지게 나타나지 않고 있다. 이는 이들 지역에 천도교의 세력이 미약하거나 청년 조직이 뿌리를 내리지 못하였기 때문이다. 다만 강화에서는 姜世熙[155]가 개인적으로 신간회 운동에 참여하여 조직 선

---

154) 제암리학살사건으로 희생된 사람은 25명으로 이 중 천도교인이 15명에 달하였다.
155) 姜世熙는 1916년 천도교 강화교구에서 共宣員으로 활동하였다.(『天道敎會月報』72호, 35면)

전부장으로,156) 史亨煥157)이 民立大學 설립위원으로158) 활동하였다. 그리고 안성에서 朴容九159)가 신간회에 참여, 정치문화부 총무간사로 활동하였다.160)

---

156) 『朝鮮日報』, 1929년 9월 8일자.
157) 史亨煥은 천도교 강화교구에서 典制員·講道員으로 활동하였다.(『天道敎會月報』 46호, 41면 및 49호, 42면)
158) 『東亞日報』, 1923년 3월 25일자.
159) 朴容九는 천도교 광주교구에서 金融員으로 활동하였다.(天道敎會月報 49호, 42면)
160) 『朝鮮日報』, 1929년 2월 17일자.

제9장 민족종교의 비밀결사와 독립운동자금 모금운동

1. 머리말

일제는 한국을 강점한 이후 식민지를 효율적으로 통치하기 위해 조선교육령을 제정하는 한편 천왕제 국가의 신성성과 절대성 이념을 바탕으로 한 皇道를 이식시키기 위해 부단히 노력하였다. 이러한 노력은 종교에도 그대로 적용되었다. 강점 이전에는 "반도의 교화를 시정의 기본방침으로 삼고, 이를 위해 외국 선교사를 일종의 국민교화를 담당하게 하는 教化師와 같은 역할을 담당하게 하며, 정권과 교권을 엄격하게 분리하여 교권은 정신적 방면에서의 국민계몽과 교화를 담당하는 것에 국한시켜 이른바 종교의 사회화를 달성하고, 이러한 기능에 충실할 경우에는 정부가 재정지원을 통해 이를 지원한다"는 종교정책을 통해 이미 시천교나 대동교, 불교진흥회 등을 후원하는 등 주로 친일종교단체를 육성하였다. 그렇지만 강점 이후에는 보다 적극적으로 통제와 회유를 이용하여 종교를 탄압하였다.

1911년 『施政年報』에 처음으로 치안부분에서 '종교취체'라는 항목을 설정하여 종교단체의 활동을 법률적으로 통제하고 간섭하였다.[1] 특히 종교에 대한 취체는 일본종교인 神道를 비롯하여 기독교, 불교 등 공인하는 종교보다는 한국의 민족성을 일깨워주는 민족종교[2]에 대해 더 크게 적용하였다. 더욱이 민족종교에 대해서는 정치적으로 는 언제든지 민족운동을 야기하고 민중을 선동할 가능성이 있으며, 사상적으로는 혁명사상을 고취하고 민족의식이 농후하다고 인식하고 있었다.[3] 뿐만 아니라 일제는 민족종교를 '類似宗敎'라 하여 '似而非化'하여 민중으로부터 격리시키고자 하였으며, 이로 인해 결국 많은 민족종교들의 활동이 위축되거나 해산 또는 소멸되기도 하였다.[4] 이와 같은 상황에서도 민족종교는 천도교를 정점으로 하여 3·1운동을 비롯하여 임시정부 수립운동, 문화운동과 교육운동, 비밀결사를 통한 국권회복운동, '치성금'을 통한 독립운동자금모금운동 등 끊임없이 항일독립운동을 전개하였다. 이와 같은 민족종교의 항일운동에 대한 연구 성과가 전혀 없는 것은 아니다. 그중에서도 천도교가 가장 많이 연구물이 축적되어 있으며,[5] 대종교[6]·태을교[7]·청림교[8] 등이

---

1) 朝鮮總督府, 『朝鮮總督府施政年報』, 1911, 77쪽. 그 내용은 다음과 같다.
   "宗敎取締에 관해서는 명치 35년 통감부령 제45호로 日本人의 종교선포 수속절차를 정한 바 있다. 하지만 조선인 및 외국인의 종교에 관한 것은 하등의 법규도 없어서 그로 인해 布敎所가 함부로 설치되고 있어 그 폐해가 크다. 특히 天道敎·侍天敎·大倧敎·大同敎·太極敎·圓宗宗務院·孔子敎·大宗敎·大成宗敎 등의 宗이 있는데, 그 종류가 너무 많고 잡다할 뿐만 아니라 그 움직임도 정치와 종교를 서로 혼동하여 순연히 종교라 인정하기 어려운 것이 많아 그 취체가 불가피하다."
2) 한국에서 자생한 종교에 대해 다양한 명칭이 혼용되고 있다. 일제하에서는 이를 類似宗敎, 해방 후에는 신흥종교, 신종교, 민족종교 등이라 한 것이 그 사례이다. 본고에서는 논지의 성격상 민족종교로 사용하고자 한다. 이에 대해서는 金洛必, 「민족종교 연구의 주요 쟁점」, 『韓國宗敎史硏究』 제8집, 한국종교사학회, 2000을 참조 바람.
3) 村山智順, 『조선의 유사종교』, 國書刊行會, 1935, 845·853쪽 ; 「思想犯罪로 본 최근의 朝鮮在來의 類似宗敎」, 『思想彙報』 22, 1940, 17~18쪽.
4) 실제적으로 조선총독부는 치안유지법을 적용하여 민족종교의 해산을 명령하였다.
5) 천도교 민족운동에 대해서는 황선희, 「동학·천도교의 민족운동에 관한 연구동향과 전망」, 『한국근대사의 재조명』, 국학자료원, 2003을 참조할 것.
6) 대종교의 민족운동에 대해서는 황민호, 「일제하 대종교인들의 국내에서의 항일민족

그 뒤를 잇고 있다.

이에 따라 본고에서는 기존의 연구 성과를 참조하여 민족종교의 다양한 항일독립운동 중에서도 비밀결사를 통해 전개되었던 국권회복운동, 그리고 이와 연계되어 '치성금'이라는 명목으로 군자금을 모금하였던 운동에 대해 중점적으로 살펴보고자 한다. 그리고 이를 고찰하기 위해 일제강점기 발행되었던『東亞日報』,『朝鮮日報』,『每日申報』등 당시 발간된 신문과 관련 인물의 판결문, 일제 측 정보문서 등을 기본 자료로 활용하고자 한다. 다만 대종교의 경우 주로 만주에서 무장투쟁 등 많은 활동은 이미 널리 알려져 있을 뿐만 아니라 연구성과도 적지 않게 축적되어 있기 때문에 본고에서는 연구대상에서 제외하였다. 천도교의 민족운동도 다양한 분야에서 연구 성과가 축적되어 있어 본고에서는 그동안 다루지 않았던 부분을 중점적으로 다루었음을 밝혀둔다.

2. 비밀결사를 통한 국권회복운동

일제강점 이후 1910년대의 지배정책은 무단통치라는 헌병경찰제였다. 때문에 일제의 국권강탈과 무단적인 폭압정치를 거부하거나 반대하는 저항세력의 활동은 많은 난관과 제약에 직면할 수밖에 없었다. 더욱이 일제는 직접적인 저항세력인 의병과 잠재적인 민족운

운동」,『일제하 만주지역 한인사회의 동향과 민족운동』, 신서원, 2005를 참조할 것.
7) 태을교 계열의 민족운동에 대해서는 안후상,「普天教 硏究의 現況과 課題」,『韓國宗教史硏究』6, 韓國宗教史學會, 1998 ; 김정인,「1920년대 전반기 普天教의 浮沈과 民族運動」,『한국민족운동사연구』29, 한국민족운동사학회, 2001 ; 성주현,「1920년대 초 태을교인의 민족운동」,『한국민족운동사연구』29, 한국민족운동사학회, 2001 ; 김재영,「1920년대 보천교의 민족운동에 대한 경향성」,『전북사학』31, 전북사학회, 2007 등을 참조할 것.
8) 청림교의 민족운동에 대해서는 윤정란,「일제시대 청림교의 활동과 성격」,『한국민족운동사연구』29, 한국민족운동사학회, 2001을 참조할 것.

동세력의 기반을 파괴하기 위해 무력적인 탄압과 조직적인 파괴공작을 획책하였다. 대표적인 것이 안악사건과 양기탁의 보안법위반사건, 그리고 105인사건이라 할 수 있다. 이와 같은 조작적인 사건은 민족운동단체에만 한하지 않고 민족종교에 대해서도 그대로 적용하여 민족정신의 부활을 주장하는 민족종교를 탄압하였다. 더욱이 정치 사회단체가 해산당하고 결사의 자유가 제한된 상황에서 종교만이 그 명맥을 유지할 수 있었다. 이에 따라 국내의 민족운동은 대부분이 지하활동을 모색하지 않을 수 없었으며, 민족종교 또한 비밀결사를 통해 민족운동을 전개하였다. 1910년대 대표적인 민족종교의 비밀결사를 통한 국권회복운동은 천도교의 天道救國團, 태을교와 청림교의 비밀결사운동 등이 있다.

천도구국단은 1914년 8월 31일 천도교에서 운영하고 있는 보성사 사장 李鍾一이 민족운동의 중추적 역할을 수행할 목적으로 비밀결사의 형태로 조직한 독립운동단체이다. 이종일은 한말 독립협회 회원과 대한제국민력회 회장, 그리고 제국신문을 창간하는 등 애국계몽운동에 적극 참여한 바 있다. 이후 1906년 천도교에 입교하여 민족주의에 대해 관심을 가지면서 민족이 처한 현실적 모순을 해결하고자 하였고, 그 해결방법으로는 신앙적 차원에서 구국운동을 전개하는 것이었다. 이에 이종일은 천도교가 중심이 되어 기독교와 연합할 것을 계획하였다.[9] 그러나 상황이 여의치 못하자 이종일은 1911년 보성사를 중심으로 범국민신생활운동을 실시하며 거족적인 독립만세운동을 전개하고자 하였다. 우선 자신이 조직하였던 대한제국민력회원을 규합하는 한편 비정치적인 국민회의를 개최키로 하였다. 이어 1912년 7월 15일을 거사일로 정하고 취지문, 건의문, 행동강령 등을 작성하

---

9) 『묵암비망록』, 1910년 12월 25일조 ; 박걸순, 『이종일의 생애와 민족운동』, 독립기념관 한국독립운동사연구소, 1997, 74~75쪽.

는 등 국민회의를 준비하던 중 일제에 발각되어 실패하고 말았다.[10]

그러나 이종일은 이에 좌절하지 않고 민족문화 수호와 전통유지운동을 목적으로 하는 비밀결사체인 민족문화수호운동본부(이하 본부)를 결성하고 불교 측의 협조를 구하였으나 성과를 이루지 못하였다. 이에 이종일은 천도교 단독으로 이 운동을 전개하기로 하고 본부를 보성사에 두고, 총재에 손병희를 추대하고 자신은 회장이 되었다.[11] 회원 1백여 명을 확보한 본부는 각종 강연회를 통해 민족의식을 고양시켜 나갔다. 뿐만 아니라 이종일은 이 운동본부를 장차 서간도의 부민단, 미주의 흥사단과 같은 민족운동단체로 발전시키고자 하였다.[12] 이에 따라 이종일은 1914년 8월 31일 본부 외에 독립운동의 중추적 역할을 수행할 비밀결사로 천도구국단을 조직하고, 명예총재에 손병희, 자신을 단장, 김홍규를 부단장, 장효근을 총무, 신영구를 섭외, 박영신을 행동대장으로 각각 선임하였다.[13]

이후 천도구국단은 제1차 세계대전의 전황 등 국제정세를 분석하고 일본이 패망할 경우를 대비하여 시국선언문을 배포하기도 하였다.[14] 천도구국단은 제1차 세계대전이 한창이던 1916년 2월 민중봉기를 계획하고 당시 명성이 있던 한규설 박영효 등의 인물들과 접촉했으나 이상재로부터 "천도교 측에서 나선다면 기독교인들을 동원하겠다"는 약속만 받았을 뿐 모두 거절하였다.[15] 이에 천도구국단은 보

---

10) 『묵암비망록』, 1911년 2월 10일조 ; 1912년 6월 30일조 ; 7월 14일조.
11) 『묵암비망록』, 1912년 9월 24일조 ; 10월 14일조 ; 10월 31일조. 한편 민족문화수호운동본부의 조직은 다음과 같다. 총재 손병희, 회장 이종일, 부회장 김홍규, 제1분과위원장 권동진, 제2분과위원장 오세창, 제3분과위원장 이종훈, 기타 장효근 · 신영구 · 임예환 · 박준승 등이 참여하였다.
12) 『묵암비망록』, 1912년 11월 27일조 ; 1913년 9월 9일조.
13) 『묵암비망록』, 1914년 8월 31일조 ; 9월 25일조.
14) 『묵암비망록』, 1915년 9월 7일조.
15) 『묵암비망록』, 1916년 3월 3일조.

성사를 중심으로 한 단원이 민중봉기를 위해 장총과 실탄 등을 구비하여 두었다. 1916년 11월 이종일은 손병희를 찾아가 민중봉기를 주장하였으나 손병희는 수많은 인명의 피해를 염려하여 독립청원을 제안하였다.[16] 1917년 초 제1차 세계대전이 종전에 가까워지면서 미국 윌슨 대통령이 민족자결의 원칙을 천명하자 이종일은 재차 손병희를 찾아가 민중봉기를 제안하였고, 6월 이후 천도구국단을 중심으로 대중화 · 일원화 · 비폭력의 원칙으로 종교단체와 연합하여 만세운동을 전개하기로 하였다.[17] 천도구국단의 민중봉기는 결국 1919년 3 · 1운동으로 그 결실을 보게 되었다.

경북지역 천도교인들도 비밀결사운동에 적극적으로 참여하고 있다. 대구의 천도교인 홍주일, 이시영, 정운일 등은 1913년 1월 15일(음) 조선국권회복단의 결성에 참여하였다. 이들은 윤상태 등과 조선국권회복단을 조직하고 '단군태황조영위'라는 위패를 세우고 그 앞에서 기원을 올리는 한편 독립투쟁에 진력할 것을 맹세하였다.[18] 조선국권회복단의 중앙총부는 대구에 두었으며, 조직은 총령, 외교부, 교통부, 기밀부, 문서부, 권유부, 결사대로 구성되었다. 이 중 홍주일은 기밀부장, 이시영은 교통부장으로 선임되어 활동하였다. 그리고 정운일 외에 대구지역 천도교인 신상태와 창원의 천도교인 변상태도 단원으로 활동하였다. 뿐만 아니라 홍주일은 조선국권회복단이 학생들의 조직화와 항일사상을 고취시키기 위해 조직한 강유원간친회를 창립하는데도 참여하였다.[19] 정운일은 서병학, 최준명과 대구 부호 서창규를 만나 독립운동자금을 요청하였으나 거부하여 뜻을 이루지

---

16) 『묵암비망록』, 1917년 8월 31일조.
17) 『묵암비망록』, 1918년 5월 6일조.
18) 『한민족독립운동사자료집』 7, 국사편찬위원회, 1988, 95쪽 ; 조규태, 「일제시대 경북지역 천도교인의 민족운동」, 『경북지역 동학연구』, 동학학회, 2007, 47쪽.
19) 『한민족독립운동사자료집』 7, 119 · 297쪽.

못하였다. 또한 정운일은 대구 서우순의 집에 들어가 독립운동자금을 모집하려고 하였으나 역시 소기의 성과를 거두지 못하였다.[20] 뿐만 아니라 경북지역 천도교인들은 1909년 9월 결성된 대동청년단 조직에 참여하고 있다. 고령 출신 남형우는 초대 단장, 그 외 신성모·신상태·김기수 등은 단원으로 활동하였다.[21] 그리고 이보다 앞서 1908년에 결성된 비밀결사 달성친목회에도 적지 않은 천도교인들이 참여하기도 하였다.[22]

태을교의 비밀결사운동은 임병찬이 조직한 독립의군부와 밀접한 관련을 가지고 있다. 충남 부여 출신의 李容珪를 비롯하여 尹炳日·李晩植·李來修·金泰泳·陳致萬·田鎔圭·孫晋衡 등은 1913년 국권회복을 목적으로 비밀결사로 독립의군부를 조직하고 각 지역에 동지를 구하는 한편 내각총리대신과 조선총독에 여러 차례 국권반환을 촉구하는 글을 보낸 혐의로 1914년 8월부터 1년 동안 거문도에 거주 제한을 받았다. 그러나 1915년 8월 거주제한이 1년 연장되자 이용규는 분을 이기지 못하고 1916년 6월 병사하였다. 이들은 임병찬의 부하로 평소 일제의 통치에 대해 불만이 적지 않았으며, 태을교에 입교하여 포교활동에 종사하였다. 이용규 등은 1916년 4월 국권회복을 모의하고 林子文을 맹주로 하고 神術로서 조선 내에 거주하는 일본인을 척살한다는 목적을 달성하기 위해 고종황제의 칙명서와 마패를 제작하여 동지를 규합하였다. 또한 동지 규합을 위해 태을교의 포교방법을 활용하기도 하였다.[23]

---

20) 「정운일 신문조서」, 『한민족독립운동사자료집』 7, 58쪽. 이 사건으로 정운일은 피체되어 징역 10개월을 언도받고 옥고를 치렀다. 또한 홍주일은 정운일을 숨겨주었다는 죄목으로 징역 5개월, 이시영은 총을 맡아 두었다가 징역 4개월을 언도받고 옥고를 치렀다.

21) 권대웅, 『1910년대 국내독립운동』, 한국독립운동사편찬위원회, 2008, 140~143쪽.

22) 권대웅, 『1910년대 국내독립운동』, 168~181쪽. 달성친목회에 참여한 천도교인으로는 홍주일, 정운일, 신상태, 이시영, 남형우, 허백 등이 있다.

충북 괴산 출신으로 서당교사인 丁鴻燮은 1926년 10월(음) 李鍾珏으로부터 "태을교는 국권회복을 목적으로 하는 단체이고 교도 10만에 달할 때 일본에 대해 국권반환을 요구할 계획"이라는 말을 듣고 태을교에 가입하였다. 이후 비밀리에 포교활동을 하다가 검거되기도 하였다.[24] 또한 경기도 이천 출신 申鉉哲은 南宮泌의 권유로 1917년 9월 태을교에 가입하여 양평·이천·여주 등지에서 국권회복을 목적으로 하는 태을교에 가입할 것을 권유하다가 피체된 바 있다.[25]

청림교의 비밀결사운동은 경기도 포천 출신 李鍾學과 鄭泰舜이 국권회복을 도모하다가 발각된 사건이다. 이종학과 정태순은 1916년 10월(음) 청림교 수령 李元植[26]의 권유로 청림교에 입교하였다. 그리고 "제1차 세계대전은 독일이 승리하며 일본과 조선은 패망한다. 이때 조선에서는 청림교가 중심이 되어 새로운 국가를 건설한다" 또는 "독일이 동양을 공략하기 위해 병사를 파견하면 청림교는 협동작전 준비를 위해 신도 5백 명을 만주에 파견할 것"이라는 등의 국권회복 계획을 말하고 洪昌大 등 18명을 청림교에 가입시키고 활동자금을 모금하였다.[27] 또한 청림교의 비밀결사운동으로 韓炳洙와 趙明福과 관련된 불온문서투서사건도 있었다. 한병수는 韓龍霜의 동생으로 한용상과 같이 청림교에 가입하였으나 형과 뜻을 달리하여 별도의 청림교를 설립하여 교세를 확장하고 있었다. 그러던 중 趙明福과 협의 1918년 2월(음) "청림교는 국권회복을 목적으로 하는 비밀결사로 동

---

23) 「거주제한처분의 건」, 高第11227호, 1917년 7월 7일자(『현대사자료』 25, 26~27쪽).
24) 「불온언동자 발견과 처분」, 고경기발 제61호, 1917년 5월 23일자 지방민정휘보(『현대사자료』 25, 25~26쪽). 정홍섭은 이 사건으로 구류 22일에 처해졌다.
25) 「불온언동처분」, 高第28099호, 지방민정휘보(『현대사자료』 25, 64~65쪽). 신현철은 이 사건으로 징역 4,5개월을 언도받았다.
26) 이원식은 경성 출신으로 청림교를 포교하다가 1917년 1월 공주지방법원에서 궐석재판으로 징역 1년을 선고받았다.
27) 「불언언동자 발견 처분의 건」, 高第303호, 1918년 1월 9일자(『현대사자료』 25, 31쪽).

교를 신앙하면 행복을 얻을 수 있다"하고 청림교를 포교하였다. 이러한 인식을 갖고 있던 함남 고원 출신인 尹德麟은 1918년 6월 7일 서울로 올라와 "배일당의 수괴 경성부내에 잠복하고 각 지방의 불령자를 은밀히 선동하여 불온을 기도한다"라는 문서를 총독부에 투서하였다. 뿐만 아니라 윤덕린에게 청림교도를 만주에 파견한다는 명분으로 3백 원을 받아 권집성과 이양화 등 두 명에게 주어 만주에서 활동하고 있던 呂準에게 전달하기도 하였다.[28]

당시 친일종교로 널리 알려진 시천교인이 비밀결사운동에 참여한 사례도 있었다. 평남 강서 출신이며 서당교사로 활동하고 있던 崔世民, 金永河, 李仁意, 金寅河 등은 1917년 7월 國民大同會를 조직하여 국권회복운동을 전개하였다. 동학혁명에 참여한 바 있는 이인의는 1917년 6월 동학을 조선 국교로 하고 이를 위해 전국의 동학당원을 모집하고, 조선의 정치는 동학당원이 지배할 것을 金會雲, 최세민, 김인화, 김영하 등과 모의하고 '東矯正公法趣旨書'를 만들어 유력자 3백여 명을 선정하여 동지를 규합하기로 하였다. 이어 평남지역을 순회하던 이인의는 시천교도를 만나 취지서를 전달하고 조선의 정치 독립을 결의하고 동지 15명을 가입시킨 바 있다.[29]

3·1운동 이후 1920년대는 일제의 지배정책이 문화정치로 전환되면서 제한적이나마 결사가 허용되었으나 민족종교는 여전히 비밀적인 활동을 전개하고 있다. 이는 민족종교를 유사종교라 하여 여전히 포교의 자유를 제한하였기 때문이다. 이로 인해 민족종교는 감시와 탄압의 대상이었다. 이에 따라 민족종교의 비밀결사운동은 조선총독부 인사를 암살하려거나 의형제를 맺는 방법을 통해 전개되었다. 이

---

28) 「청림교도의 불언언동 발견 처분의 건」, 高第21945호, 1918년 7월 31일자(『현대사자료』 25, 54쪽).
29) 「불온언동자 발견 처분의 건」, 高第21023호, 1917년 11월 12일자(『현대사자료』 25, 29~31쪽).

외에도 개인적으로 독립운동단체에 가입하여 활동하기도 하였다. 이에 대해 구체적으로 살펴보면 다음과 같다.

우선 경남지역의 천도교인들은 조선총독 등을 암살하려는 비밀결사를 조직한 바 있다. 고성과 진주지역에서 3·1운동을 주도한 바 있는 황태익은 1920년 3월 9일 진주면 옥봉리에서 교인 7명과 경남결사대를 조직하였다. 이들은 4월 초순 齋藤 조선총독의 순시와 부산축항식축하식에 참석하는 정무총감의 암살을 기도하다가 피체되었다.[30]

이밖에도 평북지역의 천도교인들은 기독교인들과 함께 國民會를 조직하기도 하였으며,[31] 독립군자금 모집을 목적으로 조직된 韓勇團에 참여하고 있다.[32] 평남 강동군에서는 李致模가 중심이 되어 비밀결사로 農民團을 조직하고 강동경찰서와 주재소에 폭탄을 투척하였으나 미수에 그쳤다.[33] 뿐만 아니라 개인적으로도 비밀결사에 가입하여 활동한 사례가 적지 않았다. 황해도 신계 출신의 李鍾謙은 獨立籌備團에,[34] 평남 용강 출신 宋景百은 평안도와 황해도를 무대로 군자금모금과 경찰관 저격 등을 목적으로 조직된 大韓獨立野團에서[35] 각각 활동한 바 있다.

한편 강원도 김화군 출신이며 태을교인인 趙俊浩는 1920년 4월(음)

30) 『동아일보』, 1920년 6월 5일자, 「총독암살단 체포」. 이 사건으로 황익태, 김의진, 강재순, 임태준, 노성화, 황호익, 노웅범, 강대규 등이 체포되었다.
31) 「독립운동에 관한 비밀결사 보고의 건」, 高警第28470호, 1919년 10월 6일자(『조선독립운동』 1 분책, 118쪽).
32) 「임시군사주비단 및 한용단원의 검거」, 高警第13269호, 1921년 5월 10일자(『조선독립운동』 1 분책, 592~593쪽).
33) 「폭발물 투척 및 군자금모집 범인 검거의 건」, 高警第37284호, 1920년 11월 29일자(『조선독립운동』 1 분책, 479~480쪽) ; 『동아일보』, 1920년 9월 21일자, 「강동서에 폭발탄」 및 9월 23일자, 「강동서에 폭탄은」 ; 1927년 2월 7일자, 「금일이 2월 7일 구회경신한 철창」.
34) 「독립주비단원의 검거」, 高警第2630호, 1920년 1월 29일자(『조선독립운동』 1 분책, 510~511쪽).
35) 「대한독립야단원 검거의 건」, 高警第19037호, 1921년 6월 17일자(『조선독립운동』 1 분책, 624~627쪽).

禹富根과 함께 경기도 고양군의 태을교인 盧重根을 찾아가 태을교의 목적이 국권회복에 있으므로 교인을 권유, 비밀조직을 결성하기로 하고 연명부에 서명하였다. 고향으로 돌아온 조준호는 뜻을 같이하는 朴昌萬, 金龍燮, 金光釗, 安壽喆, 韓學敎, 金在勳, 金東秀, 趙學俊 등 16명을 입교시켰다. 이어 8월에는 서울에 있던 노중근을 불러 새로 입교한 16명을 소개하였다. 그리고 그 자리에서 독립의 목적 달성을 위해 일치단결키로 하는 동시에 8명 1조로 '동맹의형제'를 맺었다. 이어 이들은 '國權回復八人組'라는 독립단을 조직하고 조선독립의 목적 달성을 기원했다.[36] 이 사건에 관련된 인물은 다음 〈표 1〉과 같다.

〈표 1〉 태을교 비밀결사 국권회복단 관련 인물

이름	주소	나이	직업	비고
조준호	강원도 김화군 김화면 읍내리 450	38	수육상	
우부근	강원도 기화군 김화면 읍내리 419	49	농업	
조학준	강원도 김화군 김화면 읍내리 419	40	고물상	
문상하	강원도 김화군 김화면 읍내리 506	30	농업	
이천진	강원도 김화군 김화면 읍내리 506	30	단야직	
김동수	강원도 김화군 김화면 암정리 950	41	농업	
김재훈	강원도 김화군 김화면 읍내리 457	40	농업	
이종하	강원도 김화군 김화면 생창리 71	50	농업	
이동수	강원도 김화군 김화면 읍내리 510	26	침구술	
문영진	강원도 김화군 김화면 읍내리 605	22	농업	
김기홍	강원도 김화군 김화면 읍내리 468	31	잡화상	
김광쇠	강원도 김화군 김화면 읍내리 503	32	농업	
한학교	강원도 김화군 김화면 읍내리 612	32	연초조합 직원	
안수철	강원도 김화군 김화면 읍내리 663	19	연초조합 직원	
김용섭	강원도 김화군 김화면 생창리 71	45	농업	
박창만	강원도 김화군 김화면 암정리 94	27	곡물상 중매업	

---

36) 「강원도의 태을교도 독립단원 검거의 건」, 高警第9437호, 1920년 3월 31일자(김정명, 『조선독립운동』 1 분책, 558~560쪽).

또한 강릉 출신 이계림도 1920년 3월(음) 형 이홍림의 권유로 태을교에 입교하였으며, 이후 조봉근 등 15명을 포교하고 표면적으로는 태을교를 신앙하지만 비밀리에 조선독립을 도모하기 위해 공동단체를 만들고 독립운동자금을 모금하였다. 또한 조선독립을 기원하는 제의를 지내기도 하였다.[37]

민족종교의 비밀결사운동은 1930년대 중반 이후에도 활발하게 전개되었다. 일제는 1931년 만주사변, 1937년 중일전쟁 그리고 1941년 태평양전쟁을 일으키면서 식민지 조선도 전시체제에 편입되어 경제적 뿐만 아니라 사상적으로도 통제를 받아야만 했다. 1937년 중일전쟁이 도발한 이후 일제가 '국가총동원법'을 제정하면서 전시동원체제를 법률로써 성립시킨 1938년의 시점은 식민지 조선에 대한 지배정책을 크게 변화시킨 또 하나의 전환점이었다. 국가총동원법이 조선에도 확대 적용되면서 식민통치는 더욱 확대되어 일제의 침략전쟁을 뒷받침하기 위해 인적 자원과 물적 자원을 전쟁에 동원하기 위한 국가총동원체제를 구축하였다. 이에 따라 일제는 식민지 조선에서 지배와 수탈체제를 더욱 강화해 갔고, 1930년대 중반부터는 내선일체, 황국신민화의 구호 아래 창씨개명과 신사참배를 강요하면서 민족말살정책을 강행하였다.[38] 심지어 식민정책에 저해되는 말을 할 경우 '유언비어'라 하여 치안유지법을 적용하여 통제하였다.

이와 같은 식민지 시대적 상황에서 민족종교가 제시하고 있는 '한국 중심의 세계질서 개편' 내지 '민족의 자주성, 주체성, 자존의식' 등은 당연히 탄압의 대상이었던 것이다. 즉 민족종교는 '조선독립을 표방하고 있고 일본이 패망될 것이라고 믿고 있다'라고 인식하고 있다.[39]

---

37) 「이계림 판결문」(경성복심법원).
38) 국사편찬위원회, 『한국사』 50, 42~50쪽.
39) 「사교 검거의 상황」, 『치안상황』(강원도), 1938.

이와 같은 식민지 시대상황하에서 민족종교의 일상적인 활동도 예외가 아니었다. 이로 인해 민족종교의 기본적인 신앙 활동마저 일제의 군국주의 통치 아래 여전히 비밀조직의 형태로 전개될 수밖에 없었다.

천도교는 다른 민족종교보다는 비교적 자유로운 상황이었다. 그렇다고 일제 식민지배정책에 대해 절대적으로 지지하는 것은 아니었다. 일제강점기 천도교인의 입교동기나 신앙생활의 목적은 "국권회복" 내지 "민족주의 수행, 조선 독립 후의 특전적 지위 획득"이라 하여 본질적으로 민족주의를 지향하고 있었다.[40] 따라서 천도교인에게는 '조선의 독립'이 신앙의 목적이었던 것이다. 이는 넓은 의미에서 민족종교가 추구하는 가치이기도 하였다. 이와 같은 인식에 따라 천도교인은 1930년대에도 비밀결사운동을 꾸준히 전개하고 있다.

평양 출신의 한원빈은 국내에서 활동이 자유롭지 못하자 만주 장백현에서 이주한 천도교인을 모아 비밀결사 '조국광복회'를 조직하고 반만항일운동을 전개하였다. 또한 전국 각지의 천도교인을 규합하여 조선독립운동을 통일적 또는 조직적으로 전개하고 그 본부를 서울 중앙총부에 둘 것을 건의하기도 하였다.[41] 또한 천도교청년당의 핵심당원을 중심으로 비밀결사 '오심당'을 결성하여 적절한 시기에 민중봉기를 계획한 바 있다.[42] 또한 1930년에는 장학병과 이용하 등이 이광수의 민족개조론과 신생활론의 영향을 받고 겉으로는 합법적인

---

[40] 村山智順, 『조선의 유사종교』, 776~779쪽. 특히 천도교인들은 '조선민족에게 행복을 수행케 하는 단체는 우리 교를 제외하고는 달리 없으며, 다른 사회단체, 사상단체는 많지만 모두 유명무실하고 오직 우리 교만이 조선민족운동의 대표단체로서 활약한다'라고 인식하고 있다.

[41] 「한원빈 판결문」(신의주지방법원). 뿐만 아니라 박인진이 관할하는 함북의 삼수 갑산 풍산지역과 중국 만주 장백현의 천도교인은 김일성 등이 조직한 재만한인조국광복회에 가입, 반일통일전선운동을 전개하였다. 이에 대해서는 성주현, 「1930년대 천도교의 반일민족통일전선운동에 관한 연구」, 『한국민족운동사연구』 25, 한국민족운동사연구회, 2000을 참조.

[42] 『조선일보』, 1934년 12월 21쪽, 「천도교 신파 오심당 금일 70명을 송국」.

농촌계몽운동으로 農友會를 조직하고, 그 이면으로는 조선의 독립을 위한 정치적 투쟁을 목적으로 하는 비밀결사 革山俱樂部를 결성하기도 하였다.[43]

太乙敎 계열의 비밀결사운동 역시 적지 않은 사례를 보이고 있다. 人道敎는 공산주의를 선전하고 이른바 '신국가 건설'을 표방하였다고 하여 1937년 3월 교인 80여 명이 검거되었고 이 중 蔡慶大, 김행식 등 33명은 치안유지법 위반으로 송치되었다. 채경대 등은 식민지 조선에서 '신국가 건설'이라는 목표를 달성할 수 없다고 판단하고 1936년 활동무대를 만주 봉천으로 옮겨 180만 원을 투자하여 神農社를 창립하였다. 이 신농사는 사유재산제를 부정하고 공동생활을 하며 운영하였다.[44] 그러나 인도교가 주장하고 있는 공동생활은 사유재산을 부정하는 것이 아니라 종교적 생활공동체로 인식할 수 있다. 이들 중 채경대를 비롯하여 교단의 핵심인사 7명이 재판에 회부되었다가[45] 경성지방법원에서 채경대와 김정묵은 징역 10개월, 김중룡은 징역 1년, 이조승은 징역 8개월을 언도받았다.[46] 또한 경성에서 활동하던 인도교의 한병수도 '조선이 세계를 하나로 통합하고 지배한다'고 하는 등 그 내용이 조선 독립을 시사한다고 하여 보안법 위반으로 연천 경찰서에 피검되었으며,[47] 이 사건으로 한병수는 징역 3년을, 지상일

---

43) 「채수반 등 3인 판결문」(고등법원) ;『동아일보』, 1930년 10월 17일자, 「영변 청년 구속」 ; 1932년 4월 9일자, 「영변농우회 최고 6년역」.

44)『동아일보』, 1937년 9월 5일자, 「공산주의 비사 적발」 ;「인도교 간부의 신국가건설 위장사기사건에 관한 건」, 수경고비 제1050호의 1, 1937년 3월 11일자.

45) 「채경대 등 판결문」(경성지방법원) ;『동아일보』, 1938년 2월 27일자, 「수원 인도교 사건」.

46) 「채경대 등 4인 판결문」(경성지방법원) ;『동아일보』, 1939년 5월 31일자, 「인도교도 4명 공판회부」.

47) 「소화13년도에 있어서의 선내사상운동의 개황」,『사상휘보』 18, 고등법원검사국사상부, 1939. 4, 15쪽 ;「인도교의 보안법 위반 사기사건 검거의 건」, 連高秘 제2425호, 1938년 12월 2일자 ;「용의유종 검거에 관한 건」, 高警特秘 제258호, 1939년 2월 2일자. 이 사건으로 한병수 외에 지재륜, 진수남, 이덕재, 조병훈 등이 함께 피검되었다.

은 징역 2년을 각각 언도받았다.[48]

靑林敎와 관련된 비밀결사운동도 없지 않았다. 정서복은 1932년 보안법 위반으로 종로경찰서에 피검되었다가 병보석으로 풀려난 후 강원도 통천군에서 조선독립을 목적으로 청림교를 재건하다가 1938년 1월 교인 37명과 함께 검거되었다.[49] 앞서 1932년에도 청림교는 교주 태두섭을 비롯하여 85명이 보안법 위반으로 피검된 바 있으며,[50] 이들 중 태두섭은 징역 5년, 김일원은 징역 2년 6개월, 태극현과 윤규우는 징역 2년, 김옥환은 징역 1년 6개월, 이묵영과 최병훈은 징역 1년형을 언도받았다.[51]

仙道敎는 1929년 부교주로 있던 김중섭이 조선독립을 목적으로 김홍기를 교주로 추대하여 창교되었다. 이에 따라 일제는 선도교를 비밀결사로 인식하였다.[52] 김중섭은 원래 보천교에 입교하여 독실한 신앙을 하였으나 조선독립을 위해서는 하등의 실천적 행동이 없다고 보고 탈교하였다. 이후 김홍기를 만나 선도교를 창립하고 "1938년 3월 15일(음) 조선의 천지가 개벽하고 선도교의 세상이 된다"는 말로 포교를 하였다. 이로 인해 선도교는 1930년 9월 김용하 등 80여 명이 검거되었지만, 김중섭은 이 해 10월(음) 조선독립을 기원하는 1백일 수련을 하였다. 이와 같은 선도교 활동의 발각 단서는 1931년 이재원이 조선총독부 정원에 투서를 한 사건에 연원하고 있다. 이 사건을 극비 수사하던 중 1935년 평강군에서 당시 선도교인 사이에 널리 알

---

48) 「한병수 등 2인 판결문」(경성복심법원) ; 「인도교주 등의 불온행동사건」, 『사상휘보』 25, 1940. 12, 219~224쪽.

49) 「소화13년도에 있어서의 선내사상운동의 개황」, 17쪽 ; 「사상범죄에서 본 최근의 조선 재래 유사종교」, 『사상휘보』 22, 1940. 3, 27쪽.

50) 「靑林敎徒들의 保安法 其他 檢擧에 관한 건」, 京高秘 제163호, 1933년 1월 14일자 ; 「청림교사건」, 『사상휘보』 5, 1935. 12, 181~189쪽 참조.

51) 「조선재래의 유사종교에 관한 조사」, 『사상휘보』 10, 1937. 3, 24쪽.

52) 「선도교도의 불온계획 검거의 건」, 江高特秘 제2476호, 1937년 8월 21일자.

려진 '조선 천지개벽에 관한 기도문'을 탐문하고 1938년 4월 교단자금 4만 6,400여 원을 압수하는 한편 교인 785명을 치안유지법으로 검거하였다. 이들 중 128명이 경성지방법원 송치되었고,[53] 최종적으로 김중섭은 징역 5년을, 서인환은 징역 3년을, 박경룡·안교헌·서벽환·김인권·이연각·김천권은 각 징역 2년 6개월을, 신태순은 징역 2년, 김인갑은 징역 1년 6개월을 각각 판결받았다.[54]

正道敎도 중일전쟁 이후 조선독립을 기도하다가 대대적인 검거를 당하였다. 정도교 창시자 이순화와 그의 아들 봉응수는 3·1운동이 일어나자 교도와 함께 조선독립을 기원하는 기도를 하다가 검거되어 수형생활을 하였다. 이후 정도교는 조선의 독립을 시사하는 발언으로 1931년 강경경찰서로부터 해산당하였다. 그러나 1936년 11월 봉응수는 정도교를 재건하였다. 봉응수는 중일전쟁이 일어나자 전쟁을 반대하고 조선 독립을 기원하다가 1938년 4월 교인 10여 명과 함께 검거되었다.[55] 性道敎 역시 신통자의 조선통치와 신조선 왕국이 건설되면 고위관직에 오를 수 있다고 하여 1938년 8월 이민제 등 5백여 명이 검거되었으며,[56] 이들 중 이민제·고창원·김태운·신현택 등 4명이 대전지방법원에 송치되었다.[57] 人天敎는 교주 전용주가 교인들에게 장차 조선이 독립이 되면 신도들이 행복한 생활을 할 수 있다고 하였는데, 이를 보안법 위반을 적용하여 전용주는 징역 15년, 한일봉은 징역 1년 2개월을 언도받았다.[58]

삼도교는 교주 咸用煥 등 12명이 1937년 3월 9일 정오를 기해 총독부

---

53) 「사교 검거의 상황」(강원도).
54) 「선도교도의 조선독립운동사건」, 『사상휘보』 21, 241~245쪽.
55) 「민족주의운동관계검거표」(『조선독립운동』 1 분책, 349쪽) ; 「소화 13년도에 있어서의 선내사상운동의 개황」, 17~18쪽.
56) 「민족주의운동관계검거표」 ; 「소화 13년도에 있어서의 선내사상운동의 개황」, 18~19쪽.
57) 『동아일보』, 1938년 12월 29일자, 「혹세무민한 사교 성도교 일당 송국」.
58) 「인천교도의 불온행동사건」, 『사상휘보』 21, 1939. 12, 237~241쪽.

광장에서 '조선독립만세'를 전개하려다가 검거되기도 하였다. 이들은 조선독립을 위해서는 천도교와 협력해야 한다고 인식하였다. 이에 따라 교인 대부분이 천도교에 입교하는 한편 경기도 이천 출신 천도교인 엄주현을 삼도교에 입교시켰다. 삼도교는 만세운동을 준비하면서 엄주현을 천도교 최준모에게 보내 합동으로 할 것을 제의하였으나 거절당하였다. 이에 따라 함용환은 3월 8일 엄주현에게 커다란 기를 준비케 하고 다음날 9일 총독부 광장에 도착, 정오가 되기를 기다리다가 피체되어 미수에 그치고 말았다.[59] 또한 天地中央明流道는 교의에 따라 조선 독립을 주장하였으며, 독립운동자금을 모금하는 한편 태백산에서 공동체생활을 하였다. 그리고 독립운동의 구체적 방안으로 태백산 만경대에 '朝鮮獨立祈願祭場'을 축조하고 1937년 6월 조선독립기원제를 가졌다.[60]

유교 계열의 黃極敎도 비밀결사운동을 전개한 바 있다. 한말 중추원을 역임한 김영식은 3·1운동이 일어나자 이에 자극을 받아 일제의 식민지를 이탈하고 조선 독립의 목적을 달성시키기 위해 은세룡, 홍명선과 논의하고 1926년 10월(음) 겉으로는 종교단체를 표방하고 이면에는 비밀결사로 黃石公敎를 창시하였다. 이후 황석공교는 1932년 2월(음) 황극교로 이름을 바꾸고 교인들에게 독립의식을 고양시키는 한편, 교인 28명으로 小讐을, 소횡 33개로 大讐이라는 비밀결사를 조직하였다. 이들 조직은 지역별로 평남대횡, 김제소횡, 충북대횡, 충남

59) 「삼도교도의 불온계획사건 검거에 관한 건」, 京鍾警高秘 제3213호, 1937년 3월 9일자. 이 만세미수사건으로 경성지방법원에서 함용환은 징역 2년, 엄주현은 징역 1년 6개월, 김점손·김홍섭·김홍진·김홍렬·김홍식·김홍엽·김홍권·이병렬은 각 징역 1년을 선고받았다.(「함용환 등 판결문」).
60) 「천지중앙명류도의 보안법위반피의사건 검거에 관한 건」, 江高 제1230호, 1939년 12월 28일자. 천지중앙명류도의 교주 윤상명은 민족의식을 고취시키는 방법으로 교양교육을 자주 하였다. 이러한 일련의 활동으로 천지중앙명류도는 교인 61명이 보안법위반 등으로 검거되었다.

대회을 각각 두고 활동하다가[61] 1937년 8월 전국적인 검거 선풍으로 간부급 160여 명이 피체되었다.[62] 이들은 16개월 동안 취조를 마치고 1938년 12월 89명을 송치하여 61명은 기소유예, 10명은 기소중지, 11명은 불기소, 10명을 예심에 회부되었다.[63] 황극교 교인 정은교는 중일전쟁을 일으키는 등 현재는 일본이 왕성하지만 장차 반드시 멸망하는 시대가 도래한다고 인식하고 있다.[64]

한편 일제말기에 이르러 일본의 패망에 대한 유언비어가 돌고, 일본 패망이 현실화 되어감에 따라 민족종교의 비밀결사운동도 활발해져 갔다.

제주 출신 보천교인 양원준은 교인들에게 일제의 패망과 조선독립을 기원하는 등 민족의식을 고취시켰다.[65] 또한 하만수와 하천수도 1945년 제주도 한림에서 일본 국체를 부정하고 조선 독립을 목적으로 하는 보천교 재건을 기도하기도 하였다.[66]

이 외에도 상주 동학교의 김주희와 이림채,[67] 수운교의 서병석,[68] 태극교의 임일봉,[69] 증산교의 진희문[70]과 서한춘[71]·허욱,[72] 증산선

---

61) 「황극교사건」, 『사상휘보』 25, 224~231쪽.
62) 『동아일보』, 1940년 6월 5일자, 「보천교의 재건사건 황극교 공판 회부」.
63) 예심에 회부된 10명으로, 이들은 1938년 10월 전주지방법원에서 은세룡이 징역 4년, 김영식이 징역 3년 6개월, 오철식·조판순·김성규·노중옥·김공록은 각 징역 2년, 이하익은 징역 1년 8개월, 김정철과 김판봉은 각 징역 1년을 선고받았다.
64) 「사상용의자의 검거 취조에 관한 건」, 경고특비 제1473호 1938년 6월 25일자 ; 「보안법 및 군형법위반 피의사건 검거에 관한 건」, 경고특비 제1473호 1938년 10월 25일자.
65) 「양원붕진 등 4인 판결문」(광주지방법원 목포지청). 이 사건으로 양원준, 양계준, 송태옥, 이두생 4명은 긱긱 징역 1년을 선고받았다.
66) 「하동만수 등 2인 판결문」(광주지방법원).
67) 이림채는 1939년 8월 대구지방법원에서 조언비어죄로 금고 8개월을 선고받았다.
68) 서병석은 1939년 1월 대정지방법원에서 조언비어죄로 금고 10개월을 선고받았다.
69) 임일봉은 오일보 등 5명과 검거되었으며, 보안법 및 육군형법 위반으로 1938년 11월 현재 경성지방법원 철원지청에 기소 중이었다.
70) 진희문은 1939년 2월 부산지방법원 진주지청에서 보안법 위반과 횡령죄로 징역 8개월을 선고받았다.
71) 서한춘은 1939년 7월 보안법 위반과 사기죄로 대구복심법원에서 징역 1년 6개월을

도교의 서공수,[73] 선도교의 남상필과 남동수,[74] 무극대도교의 강승태 등,[75] 도이단교의 유학용,[76] 미륵불교의 이수인,[77] 주신교의 최봉규,[78] 불법연구회의 송인기[79] 등이 일본국체의 부정, 신국가 건설 등 비밀결사운동으로 탄압을 받은 사례가 있다.[80]

이상에서 살펴보았을 때 민족종교의 비밀결사를 통한 국권회복운동은 일제강점 직후뿐만 아니라 일제강점기 동안 끊임없이 이루어졌다. 1910년대는 일제의 무단통치하에 민족운동이 지하활동을 모색하였듯이 민족종교의 활동도 비밀조직으로 전환되었던 것이다. 여기에는 기본적으로 일제의 민족종교에 대한 인식과 탄압이 그대로 적용되고 있기 때문이기도 하다.

이에 따라 태을교계 민족종교의 포교활동도 비합법적이고 비밀적일 수밖에 없었다. 1920년대는 총독부 관리 암살을 목표로 하는 적극적 비밀결사와 개인적으로 다양한 독립운동단체에 참여하고 있다.

선고받았다. 그리고 이와 관련 인물로 강경욱 등 2명은 부산지방법원 진주지청에서 징역 10개월, 집행유예 3년을 선고받았다.

72) 허욱은 불경불언행동사건으로 광주경찰서에 검거되었다가 사망하였다. 그리고 이와 관련된 이병담 등 4명은 불경죄 및 보안법 위반으로 1939년 4월 현대 광주지방법원에 기소 중이었다.

73) 서공수 등 15명은 1939년 6월 현재 조언비어, 사기, 보안법 위반으로 광주지방법원에 기소 중이었다.

74) 남상필과 남동수는 1939년 10월 현재 보안법 위반과 조언비어죄로 대구지방법원 안종지청에 기소 중이었다.

75) 강승태와 강석구 등 19명은 1938년 8월 불경죄, 보안법 위반으로 광주지방법원 목포지청에서 예심기소 중이었다.

76) 유학용은 1940년 2월 부산지방법원에 보안법 위반으로 징역 1년 6개월, 그외 교인 10명은 징역 1년을 선고받았다.

77) 이수인은 1939년 4월 대구지방법원에서 보안법 위반 및 사기죄로 징역 8개월이 확정되었다.

78) 최봉규는 주신교불경사건으로 1938년 12월 광주지방법원에서 불경죄 및 보안법 위반으로 징역 1년을 선고받았다.

79) 송인기는 1940년 2월 현재 불경죄로 전주지방법원에 기소 중이었다.

80) 「사상범죄로 본 조선재래 유사종교」, 『사상휘보』 22, 17~37쪽.

또 하나는 민족종교를 비밀결사로 인식하고 국권회복운동을 전개하고 있다. 이 연장선에서 1930년대 민족종교들은 민족운동에 직접 나서기보다는 종교 본연의 활동인 기도를 통해 국권회복운동을 전개하였다는 특징이 있다.

3. 독립운동자금 모금운동

1910년 일제에 국권을 상실한 우리 민족은 독립의지를 버리지 않고 연해주를 비롯하여 만주, 중국 관내 등지로 망명의 길을 선택하였다. 이곳에 정착한 독립운동가들은 이미 형성된 이주한인사회를 기반으로 독립운동단체를 결성하거나 독립군을 조직, 독립운동을 전개하였다. 이와 같은 국외의 독립운동과 제1차 세계대전 후 민족자결의 원칙에 따라 국내에서는 3·1운동이 거족적으로 일어났다. 그 결과로 각지에서 수립된 임시정부는 1919년 8월 상해임시정부로 통합되었다. 이와 같은 일련의 민족운동의 흐름에서 국내의 많은 국민들은 만주지역에서 활동하는 독립운동단체와 상해에 수립된 임시정부를 유지해 나갈 독립운동자금을 보내기도 하였다. 독립운동단체나 임시정부에서는 독립운동자금을 모집하기 위해 국내로 요원을 파견하기도 하였다. 이러한 활동은 일제강점 이후 국내와 만주, 그리고 중국 관내를 연결하는 군자금 연결 루트를 만들기도 하였다. 여기에 민족종교도 적지 않은 역할을 담당하였다.

우선 천도교는 손병희가 정점이 되어 독립운동자금을 지원하였다. 1911년 2월 이종일은 보성사와 대한제국민력회원이 민중시위를 전개하고자 할 때 5백 원을 지원한 적이 있었다.[81] 그러나 이종일은 손병희 혼자서 군자금을 조달하기 어렵다고 보고 1914년부터 대한제국민

---

81) 『묵암비망록』, 1911년 2월 10일조.

력회원 20여 명과 보성사 사원 30여 명과 함께 군자금 모금을 시작하여 수백 원을 모았다. 그리고 이 중 1백 원을 독립의군부에 전달하였고[82] 이외의 독립운동단체에도 전달하였던 것으로 추정된다.[83] 당시 이종일은 10만 원을 군자금 모금의 목표로 정하였고,[84] 이는 무기구입과 1919년 3·1운동 지원 자금으로 활용되었다.

　3·1운동 이후에도 천도교는 독립운동자금 모금에 적극적이었다. 천도교는 3·1운동 직후 일제로부터 모든 자금이 동결되어 독립운동자금을 지원할 수 없게 되었다. 이에 천도교는 박인호의 명의로 '특별성미'라는 명목으로 교인들로부터 1인당 3원 내지 10원씩 총 30만 원을 모금하였다. 이 중 3천 원을 洪一昌, 金天一, 李東求 등을 통해 만주에서 독립군으로 활동하고 있는 李東輝에게 군자금으로 전달하였다. 또한 김상규를 통해 6만 원을 만주지역 독립운동단체에 군자금으로 전달하였다.[85] 이 특별성금 모금에는 당시 천도교의 주요인사 중 정광조 3만 원, 金永倫이 1,870원, 李岐琓이 118원, 李仁淑이 3,870원, 洪聖雲이 3,000원, 金台鉉이 280원, 金順成이 117원, 金今得이 280원, 申光雨가 1,800원, 金文鬪이 4,715원, 金在根이 60원, 손필규가 150원, 김종학이 285원 등을 모금한 바 있다. 뿐만 아니라 오상준, 황석교, 노헌용, 이병춘, 오영창, 정용근, 정현태, 정계근, 정계완, 오응선, 홍기억, 방찬두, 정도영, 오지영, 이상현, 최사민, 오명운, 장기렴, 박화생, 김영언, 이채일, 임동호, 신태련, 김희봉 등이 각 지역에서 독립운동자금 모금에 참여하였다.[86] 특히 강계교구는 교구장 이정화를 중

---

82) 『묵암비망록』, 1914년 5월 27일조.
83) 『묵암비망록』, 1915년 11월 29일조.
84) 『묵암비망록』, 1916년 4월 22일조.
85) 천도교에서 이동휘에게 독립운동자금을 지원하였던 관계로 천도교와 이동휘가 서로 연대하여 만주에서 독립운동을 계획하기도 하였다.
86) 「의견서」, 『한민족독립운동사자료집』 9, 국사편찬위원회, 402~418쪽.

심으로 1만 7,765원을 모금하였고,[87] 북청교구도 교인 1인당 6원씩 모금하였다.[88] 북청교구 김계식과 이도재 등은 한인 관리를 포섭할 목적으로 자금모금운동을 전개하여 180원을 모금한 바도 있다.[89] 그 밖에 특별성미라는 명목으로 모금한 독립운동자금은 다음 〈표 2〉와 같다.

〈표 2〉 3 · 1운동 직후 천도교의 독립운동자금 모금 현황

이름	소속교구	모금액	이름	소속교구	모금액
김치순	신계교구	140원 30전	오계문	의주교구	64원
김영식	여주교구	225원	김구종	춘천교구	36원 70전
배세창	김천교구	150원	홍성운	함흥교구	1,600원
홍성운	신흥교구	400원	오현서	영변교구	929원 40전
박태안	성주교구	15원	이채일	영천교구	35원
홍종호	덕원교구	60원 50전	전희순	진주교구	180원 30전
정갑수	정읍교구	100원	이상옥	개천교구	549원 10전
양재목	양평교구	45원 40전	황정욱	담양교구	211원 64전
신용모	영동교구	400원	김광준	순안교구	522원 10전
한순회	광주교구(경)	76원 18전	최규흥	순창교구	280원
이면규	파주교구	10원	김영구	괴산교구	150원 20전
윤종구	양주교구	20원	이기진	시흥교구	150원 50전
박창훈	진위교구	100원	서정목	진천교구	62원 90전
김중화	김제교구	260원	장덕필	금성교구	146원
김진현	홍천교구	57원 96전	김종학	부여교구	289원 28전

---

87) 『동아일보』, 1920년 5월 1일자, 「이정화 일파의 예심결정서」 및 5월 12일자, 「강계사건 예심결정」. 당시 독립운동자금 모금에 참여한 인물은 이정화, 김명준, 백인옥, 양재학, 조윤학, 김명진, 최경준, 문여필, 한봉주, 김문벽, 김영순, 이병기, 장세준, 장세호, 김세훈, 허봉하, 이병운, 이윤조, 이득수, 이승주 등이다. 그리고 이 자금은 후일 강계 교구에서 중일중학교를 설립하는데 사용되었다(『동아일보』, 1921년 10월 3일자, 「중 일교 기성회 조직」).

88) 「소요사건에 관한 민정휘보」, 騷密 第2040호, 1920년 5월 10일자(『조선독립운동』 1 분책, 701~702쪽 ; 「이도재 신문조서」, 『한민족독립운동사자료집』 16, 국사편찬위원 회, 1991, 54쪽.

89) 「소요사건에 관한 민정휘보」 ; 『매일신보』, 1919년 9월 17일자.

김치경	철원교구	500원	이정화	강계교구	2,535원
박석홍	무안교구	577원 72전	유도준	용인교구	102원 30전
진우춘	안성교구	123원 8전	김광한	용강교구	531원 50전

자료 : 「3·1운동과 천도교 성미」, 『한민족독립운동사자료집』 9·10, 국사편찬위원회, 1971.

또한 해월 최시형의 아들 崔東羲는 길림군정서 특파원 李採雨와 金永淳과 상의하여 독립군자금 조달방법으로 만주 길림에서 사금채굴을 계획하고 이들을 만주로 파견하였다.[90] 이들은 柳東悅을 만난 후 1919년 8월 국내로 돌아와 군자금 모금계획을 달성하기 위해 洪淳甲, 李時雨, 李曾魯로부터 단총을 구입을 하기로 하였다.[91] 이어 신문관에서 군령장을 인쇄하고 각 도에 愛國金領收委員을 두고 군자금을 모집하였다.[92]

그리고 앞서 살펴보았던 평남 강동군에서 결성된 농민단의 이근배, 이죽영, 최인택, 서달선, 정석홍 등은 1920년 9월 강동군 원탄면 이관식과 서상목의 집에 침입하여 상해임시정부에서 파견된 독립단이라고 밝히면서 142원과 100원을 각각 징수하였다.[93] 함북 명천 출신 金桂太는 북간도에 조직된 대한국민회에 가입하여 군자금 모금 요원으로 활동한 바 있다.[94]

천도교는 국내뿐만 아니라 만주지역에서도 독립운동자금을 모집한 사례가 없지 않다. 대표적인 인물이 집안현의 김충익과 장백현의 박기윤·김병흡이다. 김충익은 서변상계교구장으로 1919년 4월 교인

---

90) 『매일신보』, 1919년 11월 3일, 「13도를 분담하여 군자금을 모집」.
91) 「독립군자금 모집자 검거의 건」, 高警 第28169호, 1919년 10월 4일자(『조선독립운동』 1 분책, 112~113쪽)
92) 「이채우 등 5인 판결문」.
93) 「폭발물 투척 및 군자금모집 범인 검거의 건」.
94) 「대한국민회 군자금모집」, 高警 第16483호, 1921년 6월 4일자(『조선독립운동』 1 분책, 611~613쪽).

으로부터 403원을 모아 국내 중앙총부로 송금하였으며, 박기윤과 김병흡은 기독교인들과 연합하여 商務會를 조직, 독립운동자금을 조달하였다.[95]

이 외에도 천도교인으로 독립운동자금 모금운동에 참여한 인물은 다음 〈표 3〉과 같다.

〈표 3〉 독립운동자금 모금 활동을 하였던 천도교인

(출처: 국가보훈처 공훈사료관)

이름	출신지역	활동 내역
이성룡	황해 해주	1919년 3·1운동에 참가하여 8개월의 수형을 받고, 출옥 이후 대한독립단에 가입하여 친일파 최병혁을 처단
김의종	평북 선천	3·1운동 이후 중국으로 망명, 대신상점을 운영하면서 군자금 조달
홍만종	전북 익산	1922년 4월 독립운동 지하조직인 국민회에 가입, 145원의 군자금을 모집하여 상해임시정부에 전달
장석함	함남 함흥	1908년 단지동맹회 조직, 1910년 신민회에 참가, 북간도에서 1919년 3·13만세운동에 참여하고 독립기성회 재무위원으로 군자금 모집 활동
최공훈	전북 옥구	3·1운동 참가로 4개월간 옥고 치름, 출옥 후 1922년까지 군자금 모집에 종사
김영학	전남 곡성	한방섭, 김판곤 등과 군자금 1만 원을 모집키로 하고 김재우에게 요청
최석련	평북 의주	3·1운동 주도하고 최동오·김의종·신숙 등을 임시정부와 만주에 파견하고 군자금 지원, 1921년 7월 군자금 3천 원 모집하다가 피체
박문화	평북 자성	1919년 6월(음) 천도교인을 중심으로 독립운동 의연금을 모집
김치하	평북 자성	1919년 6월(음) 천도교인을 중심으로 독립운동 의연금을 모집
장학성	평북 자성	1921년 이원보 등과 함께 맹산, 영원, 덕천 등지에서 조직된 광복군청년단에 가입하고 군자금 모금활동에 종사
김종석	평남 성천	3·1운동 주도, 1920년 대한국민회 성천지부에 가입하여 군자금 모집원으로 활동

태을교 계열에서도 1920년대 초반 국권회복을 목적으로 독립운동

---

95) 만주지역 천도교인의 민족운동에 대해서는 성주현, 「일제강점기 만주지역 천도교인의 민족운동연구」, 경기대학교 대학원 석사학위논문, 2002를 참조.

자금을 모금한 사례가 적지 않았다. 김문하, 서석주, 김홍규, 이주범, 이군명 등이 대표적이라 할 수 있다.

강원도 이천 출신의 金文河도 국권회복을 목적으로 운동자금을 모금하였다. 김문하는 원래 侍天敎인이었지만 평소 배일사상을 가지고 동지를 규합하여 기회를 기다리던 중 李致洪의 권유로 태을교에 입교하였다. 그는 태을교의 목적이 국권회복에 있다면서 1921년 朴璟文 등 9명을 입교시키고 국권회복을 위한 운동자금으로 각각 12원씩 거둬 이치홍에게 전달하였다. 이 사건으로 김문하, 박경문 외에 金貞植, 朴貞燦, 金景植, 李達濟, 韓龍瑞, 朴命浩, 林顯漢, 曹秉河, 金元河, 金文煥, 秦文狹, 金順發 등의 태을교인이 검거되었다.[96]

김문하를 태을교에 입교시켰던 이치홍도 독립군자금 모금 활동에 종사하였다. 이치홍은 함남 덕원군 출신으로 李成麟과 선도교에 가입하여 포교활동에 종사하던 중, 1920년 12월(음) 李亨鳳 등 교인에게 국권회복 등 조선정치 변혁에 대한 불온언동을 하였다고 고등법원에서 징역 6개월을 언도받았다.[97] 그리고 이 사건으로 이치홍과 이성린 외에 李震厚, 朴斗煥, 咸惠熙, 李亨鳳, 朴鳳虞, 朴鳳濬, 朴時薰, 申萬淳, 宋南燮, 李元有, 丁君七, 朴寬植 등이 피체되었다. 이들은 "선도교인의 신도가 된 이상 독립적립금이라는 명목으로 금전과 물품을 내이는 것인데, (중략) 교도들은 기쁜 마음으로 금전을 제공"하였다고 밝히고 있는데, 모금한 독립운동자금은 놀랄 만할 정도였다.[98] 또한 강릉 출신 박희백은 1919년 6월(음) 李鳳錫의 권유로 태을교에 가입한 후 국권 회복을 목적으로 하는 태을교에 白南俱, 朴順龍, 韓道順,

---

96) 「강원도의 태을교도 독립단원 검거의 건」, 高警 第13765호 1921년 5월 10일자(김정명, 『조선독립운동』 1 분책, 595~596쪽) 및 『동아일보』, 1921년 5월 13일자 ; 『조선일보』, 1921년 5월 13일자.
97) 「이치홍 판결문」(고등법원) 및 「이성린 등 판결문」(경성복심법원).
98) 『조선일보』 1921년 4월 26일자, 「훔치교의 일부인 허무맹랑한 선도교」.

韓常順, 姜塡 등을 입교시키고 치성금이라는 명목으로 독립운동자금을 모금하였다.[99] 이로 인해 경성복심법원을 거쳐 고등법원에서 징역 10개월로 확정 언도를 받았다.[100]

양양지역 태을교인 김홍식 등 14명도 독립운동자금 모금에 참여하였다. 김홍식은 무관학교를 졸업하고 육군 참위로 활동하다가 군대 해산으로 귀향하였다. 3·1운동이 전개되자 여기에 참여할 기회를 갖던 중 태을교에 가입하고 백남구와 협의하고 교인 수백 명을 모으는 한편 독립운동자금 수백 원을 모금하였다. 그리고 기회를 보아 독립운동을 기도하던 중 발각되어 강릉지청에서 징역 2년을 언도받았다.[101] 김홍식은 이에 불복하였고 경성복심법원에서 징역 6개월이 확정되었다.[102] 뿐만 아니라 李柱範, 이종승, 이종명 등은 강릉지청에서 징역 1년 6개월을 언도받았으나 이에 불복하고 경성복심법원에서 징역 6개월을, 그리고 김사국은 징역 3개월에 집행유예 2년을 선고받았다.[103]

전남 함평 출신의 徐錫柱도 강원도 고성군에서 태을교를 포교하고 국권회복운동을 전개하였다. 평소 조선독립운동에 투신하기로 결심하고 태을교에 입교한 서석주는 강원도 고성군 신북면의 池明漢, 金永俊, 金淮鎬, 韓眞煥, 金英根, 金鎭鎬 등에게 국권회복을 목적으로 하는 태을교를 권유·입교시켰다. 이후 1921년 1월 26일 밤 신북면 西娥里 성황당에서 천제를 지내고 조선독립을 목적을 달성하자고 맹세하였다. 이에 앞서 이들은 독립운동자금을 모금하기로 하고 지명한이 두 차례에 걸쳐 80원, 김영준이 두 차례 30원, 김회호 두 차례

---

99) 『동아일보』 1921년 4월 30일자, 「태을교인의 독립운동」.
100) 「박희백 등 2인 판결문」(경성복심법원) 및 「박희백판결문」(고등법원).
101) 『동아일보』 1921년 10월 30일자, 「무관 출신으로 독립운동」.
102) 「김홍식 등 14인 판결문」(경성복심법원) 및 「김홍식 판결문」(경성복심법원).
103) 「김홍식 등 14인 판결문」(경성복심법원).

60원, 김영근 20원, 김진호 두 차례 210원 등 모두 400여 원을 갹출하였다. 이 사건으로 원산지청에서 서석주와 지명한은 징역 8개월, 그 외는 징역 6개월을 언도받았다.[104] 그러나 이들은 이에 불복하고 경성복심법원에 공소하였으며, 결국 무죄로 확인되었다.[105]

경북 안동, 청송 지역의 태을교인도 독립운동자금 모금운동에 적극 참여하고 있다. 안동 출신 손재봉 등 26인은 보천교에 입교하여 정치적인 색채를 띠우고 조선독립을 기도하는 한편 국권회복을 위해 독립자금을 모집하였다.[106] 이들 중 안동 출신 김재원은 태을교에 입교한 후 12인조에 가입하였다. 그는 태을교의 진정한 목적은 국권회복에 있다고 인식하고 치성금이라는 명목으로 군자금을 모금하는 한편 교인들을 포섭하여 비밀결사를 만들었다. 특히 1924년 갑자년에는 국외의 독립운동과 보조를 맞추고, 이들 독립결사단과 서로 호응하여 조선독립운동을 전개, 그 목적을 관철시킨다는 계획에 동참하여 교인을 조직하고 독립자금 모집에 노력하였다. 그리고 그 취지에 따라 치성금 10원을 출원하고 1920년 4월 안동군 임북면 정산동 김남규 외 7명을 태을교에 입교시키는 한편 치성금 65원을 모집하는 등 조선독립 달성을 목적으로 동지 규합과 군자금 모집에 노력하였다.[107]

---

[104]「김홍규 등 10인 판결문」;『동아일보』, 1921년 8월 25일자;『조선일보』, 1921년 8월 25일자,「계혈로 맹세한 태을교도의 공소」및 9월 30일자,「계혈로 맹세하고 독립운동 하던 태을교도 공소심」.

[105]「서석주 등 7인 판결문」(경성복심법원).

[106]「손재봉 등 26인 판결문」(대구지방법원 안동지청). 이 사건에 관련된 인물은 손재봉, 권헌문, 김정기, 김재원, 이학우, 김무규, 박예환, 이원연, 배동환, 신상의, 이상걸, 김은규, 김달희, 권중수, 신상용, 신동환, 우택락, 유택락, 신상기, 권중호, 김시열, 최상익, 김택룡 등이다. 이들은 안동지청에서 제령7호 위반으로 징역 4년 내지 2년, 1년을 각각 선고받기도 하였다.

[107]「金在源 등 24인 판결문」(대구복심법원) 및「김재원 등 판결문」(고등법원). 이 판결문에 의하면 김재원 외에 독립운동자금 모금에 참여한 인물로는 김무규, 권중수, 신상용, 권명록, 신상기, 김성술, 홍재훈, 유한성, 유상준, 이구석, 이남호, 김구현, 김병조, 권경수, 강석희, 신봉규, 권영재, 박창규, 김상대, 신응부, 권영상, 권무현, 김봉규 등이 있다.

영덕 출신 권영기도 청송, 안동, 영양, 의성 등지의 태을교인 18명과 함께 국권회복을 기도하며 독립운동자금을 모금하였다.[108] 이들은 대구지방법원 안동지청에서 징역 2년 또는 징역 1년을 선고받았다.[109] 또한 영양군의 이정호 등 4명의 태을교인도 조선의 독립을 기도하며 정치변혁을 목적으로 독립운동자금을 모금하였으며, 안동지청으로부터 징역 1년을 선고받았다.[110] 뿐만 아니라 김천 출신 이군명은 군위, 달성 지역 태을교인 12명과 독립운동자금을 모집하는 한편 조선독립을 기도하여 제령 7호 위반으로 안동지청에서 징역 2년 또는 징역 1년을 선고받았다.[111] 그리고 청송 출신 태을교인 李琦雨는 교단의 계획을 실행하기 위해 독립운동자금을 모금하였다. 이로 인해 1921년 제령 7호 위반으로 검거되어 대구지방법원에서 징역 1년을 선고받았다.[112] 청송 출신 박주한 등 27명도 태을교를 포교하면서 암암리에 조선독립을 기도하고 치성금이라는 명목으로 독립운동자금을 모집하였다.[113]

---

108) 「권영기 등 18인 판결문」(대구지방법원안동지청).

109) 권영기・권영구・전명조・조규영은 각각 징역 2년, 신명주・김성술・권영훈・이우석・유경찬・남재정・이유복・정원술・정한모・이명달・이만준・이종구・이진우 등은 각 징역 1년을 선고받았다. 한편 이 사건으로 정한모는 국가보훈처로부터 건국훈장 애족장을 추서받았다. 그리고 권영구는 대통령표창에 추서되었다.(포상자 공적조서).

110) 「이정호 등 4인 판결문」(대구지방법원 안동지청). 징역 1년을 선고받은 태을교인은 이정호, 김인상, 여성백, 김철진 등이다.

111) 「이군명 등 12인 판결문」(대구지방법원 안동지청). 홍재훈・유상준은 징역 2년을, 이군명・임춘일・임경갑・홍연흠・홍석우・홍영우・홍창흠・홍순근・장연수・유한성 등은 징역 1년을 선고받았다.

112) 「李琦雨 판결문」(대구지방법원).

113) 「朴柱翰 등 27인 판결문」(대구지방법원 안동지청). 이와 관련된 인물은 박주한, 남동기, 이남호, 김구현, 전경준, 임병묵, 김선수, 장낙규, 하대룡, 조규복, 김병조, 김종기, 권도수, 권경옥, 김병한, 이극모, 권태종, 강대구, 김시찬, 이춘화, 김병문, 김술로, 김주노, 장주환, 배효원, 김용규, 홍기환 등이 있다. 한편 이 사건은 대구복심법원에서 병합되는데, 이들 외에 관련된 인물로는 강석희, 전암우, 박인길, 이준용, 신봉규, 전상희, 박승조, 신용균, 신락도, 이태복, 이기백, 박필조, 권영재, 안규석, 김영식, 유완식, 김종휘, 이치균, 신철희, 손량중, 조용원, 박창규, 김상대, 권억문, 박영수,

또한 조선총독부 도순사를 재직하던 경주 출신 이인석은 1924년 7월 사직하고 보천교에 입교하여 포교에 종사하던 중 허동훈에게 독립운동에 참여할 것을 권유받고 대한독립단에 가입하였다. 이어 간도의 독립운동자금을 마련하기 위해 두 차례에 걸쳐 영일군 부호 정철겸에게 1만 원을 요청하였으나 뜻을 이루지 못하였다. 이로 인해 이인석은 징역 8개월을 선고받았다.[114] 그리고 문경 출신 김은봉은 1924년경 정읍 보천교 본부로부터 10만 원의 독립운동자금을 요청한 바 있다.[115] 경북 의성 출신 李海雲은 1920년 4월 28일 李活, 李章頭 등 수 명을 태을교에 가입시키고 독립군자금 모금을 기도하였다. 이로 인해 이해운은 경찰범처벌규칙이 적용되어 구류 25일에 처해졌다.[116]

태을교인은 전국적으로 포교는 되었지만 본부가 정읍과 원평, 논산 등지에 집중되어 있어 전라북도와 충청남도 경찰부에서는 늘 주목을 받고 있었다. 그러던 차 1920년 모처에서 비밀회의를 개최하던 李容河, 金赫中, 高僑相, 金洪圭, 崔斗洪, 康泰圭, 睦源益 등 7명은 제령 7호 위반으로 검거되었다. 김홍규 등은 평소 조선의 국권회복을 희망하고 있었으며, 이들은 태을교 60방주의 하나로 조선 독립을 달성코자 군자금을 수십만 원을 모금하였다. 최두홍은 1924년 5월경(이하 음력), 김혁중은 1917년 2월경, 김홍규는 1917년 4월경, 목원익은 1918년 1월경, 강태규는 1918년 3월경, 이용하는 1919년 1월경에 각각 태을교에 가입하였다. 이후 김홍규는 師授로 임명되어 1917년 10월경부터 1919년 12월까지 전북 김제군 만경면 金公七의 집에서 김혁중으

신응부, 신응직, 권영상, 권무현, 권태철, 이원봉, 신범희, 김봉규, 권중연 등이 있다. (「박주한 등 55인 판결문」)

[114] 「李寅錫 판결문」(대구지방법원) 및 「이인석 판결문」(대구복심법원).

[115] 「金殷奉 판결문」(대구복심법원). 김은봉은 상해임시정부에서 파견된 군자금모집 요원으로 보인다. 『동아일보』, 1924년 4월 1일자에 의하면, 상해임시정부는 김모라는 인물을 보천교에서 제공할 독립운동자금을 받기 위해 파견하였다라고 밝히고 있다.

[116] 「李海雲 판결문」(대구지방법원 의성지청).

로부터 5,000원 등 교인 4명으로부터 모두 10만 3,730원을 받아 보관하였다. 이용하는 師授로 임명되어 1918년 10월경 충남 예산군 오가면 朴勝八로부터 200원, 1920년 1월 예산군 응봉면 崔錫暉로부터 800원 등 8,000원을 모아 김홍규에게 전달하였다. 김혁중은 師授로 임명되어 1918년 가을 본인이 2,100원을 비롯하여 서천군 비인면 蔡洙鴻으로부터 1,500원 등 5,000원을 모아 김홍규에게 전달하였다. 이밖에도 김홍규는 김두홍로부터 7만 원, 白南九로부터 1만 원, 채선묵으로부터 6,000원, 林學先으로부터 3,000원을 받아 보관하였다.[117]

최두홍 역시 사수로 활동하였는데, 강태규·목원익 등 4명을 자신이 관리하는 六任으로 임명하였다. 그리고 목원익과 강태규로부터 치성금을 받아 보관하였다. 강태규는 최두홍으로부터 육임에 임명된 후자신이 관리하는 12인조로부터 50원씩 985원과 그 외 모두 1,315원을 모아 최두호에게 전달하였고, 목원익도 육임된 후 자신이 관리하는 12인조로부터 1918년 1월부터 1918년 2월까지 120원과 또 다른 교인으로부터 120원 등 합계 240원을 모아 최두홍에게 전달하였다. 이들이 모은 치성금은 조선독립의 소요자금으로 제공되었고 이들은 안녕질서를 방해한 혐의로 피체되었다.[118] 이로 인해 김홍규는 징역 1년 6개월, 최두홍은 징역 1년, 김혁중·강태규·목원익은 징역 10개월을 공주지방법원에서 각각 언도받았다.[119] 이들은 고등법원에 상고하여 면소판결을 받았으나 김홍규와 최두홍은 기각되어 형이 확정되었다.[120]

---

117) 『京城覆審法院 刑事控訴事件判決原本綴』(복사본), 정부기록보존소, 1923 및 『동아일보』, 1921년 12월 29일자.
118) 「김홍규 등 10인 판결문」.
119) 『京城覆審法院 刑事控訴事件判決原本綴』(복사본) 및 『동아일보』, 1921년 12월 29일자.
120) 「김홍규 등 2인 판결문」(경성복심법원). 이 중 김홍규는 독립운동 공로가 인정되어 국가보훈처에서 건국포장을 받았다.

함양 출신 태을교인 김영두 등 3인은 조선총독부의 정치에 반대하고 국권회복을 목적으로 태을교에 가입, 독립운동자금을 모금하였다. 이로 인해 이들은 제령 7호 위반으로 전주지방법원에서 김영두는 징역 2년, 김홍칠은 징역 1년, 김민두는 징역 8개월을 선고받은 바 있다.[121] 평남의 태을교인 劉繼堯(중화군 중화면 정척리)·朴基澄(용강군 다미면 동전리)·崔斗浩 등은 1922년 워싱턴회의에 참가할 임시정부의 林元浩·崔俊鎬의 비용을 전담하기로 하고 金勳錫 외 수십 명으로부터 운동자금을 모금한 혐의로 검거되었으며, 유계요는 원산지방법원에서 징역 1년의 판결을 받았으나 이에 불복하고 복심법원에 공소하였다.[122]

한편 태을교 계열의 경우 독립운동자금 지원과 관련하여 상해임시정부 또는 국외의 독립운동단체와도 밀접한 연결고리가 있었다. 즉 고려공산당, 상해임시정부, 정의부 등이 보천교와 제휴하거나 독립운동자금을 지원받았다.

1922년 고려공산당에서 세계약소민족회의에 김규식, 여운형, 나용균 등 6명을 파견하기로 하였으나 비용이 만만치가 않았다. 이에 보천교에서는 최팔용과 장덕수를 통해 1만 원을 지원하였고,[123] 무사히 회의에 참가할 수 있었다.

평양 출신으로 1925년 4월 보천교에 입교한 조만식은 당시 친일단체로 인식되었던 보천교의 변화를 꾀하기 위해 김정곤, 한규숙, 이춘배 등과 협의, 정의부와 제휴하여 독립운동자금을 지원하고자 하였다.[124] 그 제휴방안은 다음과 같다.

---

121) 「김영두 등 판결문」(전주지방법원).
122) 『동아일보』, 1922년 2월 24일자.
123) 「본대로, 드른대로 생각난대로 지어만든대로」, 『지운 김철수』, 한국정신문화연구원, 1999, 14쪽.
124) 「정의부 및 보천교의 군자금모집 계획에 관한 건」 및 「조만식 신문조서」, 『한민족독

보천교는 재외독립운동을 지원할 것, 그 방법으로는 만주에서 개척사업을 일으켜 생활이 곤란한 보천교도를 이동시켜 생산기관을 조직하고 그 이익금을 독립단에 제공할 것, 이를 위하여 소요되는 자본 약 30만 원을 보천교는 지출할 것, 지출하는 데는 신용할 수 있는 연락이 있는지의 여부가 판명되지 않기 때문에 내가 무장단을 연행하여 와서 확실한 독립단의 연락이 있으니, 허위가 아닌 것을 보이면 그때 그 금액을 제공할 것, 따라서 나는 신민부의 이진산을 알고 있기 때문에 소개하겠다고 서약할 것, 무장단을 연행한 후 군자금을 모집할 것, 보천교는 모집에 관하여 자산가 조사, 길 안내 등을 하여 군자금 강요행위를 방조할 것[125]

즉 보천교에서 30만 원을 투자, 만주에 개척사업 기관을 설치하고 보천교인을 이주시킨 다음 여기서 나오는 이익금을 정의부에 제공한다는 것이었다. 그러나 이 계획은 실행과정에 준비 소홀로 뜻을 이루지 못하였다. 또한 정의부 재무부원 이춘산 등 3명이 보천교에서 마련한 독립운동자금 20만 원을 청구하러 국내에 들어왔다가 검거된 바 있다.[126] 또한 1924년 3월에도 상해임시정부에서 보천교에 독립운동자금을 모금하려고 요원을 파견하기도 하였다.[127] 뿐만 아니라 한 구술자료에 의하면 3·1운동 당시 48인 중 1인이었던 임규를 통해 독립운동자금으로 5만 원을 지원하기도 하였다.[128]

한편 만주지역에서 의열단에 가입, 활동하고 있는 姜逸은 태을교 대표로, 裵同知(본명 裵致文, 裵浩告)[129]는 보천교 대표로 각각 북경

립운동사자료집』 39, 국사편찬위원회, 1999, 26~151쪽 참조.

125) 「조만식 신문조서」, 31쪽.

126) 『동아일보』, 1925년 12월 11일자, 「정의부 의용군 별동대원 잠입설」. 이 신문기사에 의하면 백백교에서도 8만 원을 제공하기로 되었다고 밝히고 있다.

127) 『동아일보』, 1924년 4월 1일자, 「보천교에 군자금 모금 혐의로」.

128) 윤이흠, 『일제의 한국민족종교 말살책』, 고려한림원, 1997, 238쪽.

129) 裵致文은 1890년 2월 17일 목포에서 출생하였으며, 3·1운동 당시 목포에서 만세시위를 주도하다가 피체되어 징역 1년 6개월의 옥고를 치렀다. 출옥 후 1923년 5월 상해의 국민대표회에 참석한 후 의열단에 가입하였으며 1926년 2월에는 조선공산당에 입당한 후 김철수와 접촉, 조공재건을 논의하였다. 1931년에는 신간회 목포지회장을 맡기

國民代表會에 참여하고 있다. 강일은 의열단 대표인 金元鳳과 具汝淳과 등 친교를 맺는 한편 1923년 여름 배동지와 文承漢을 義烈團에 가입시켰으며 무기 구입에 필요한 군자금 모금을 위해 국내에 잠입하여 합천 등지에서 활동하였다.[130] 그리고 1920년 濟化敎에 입교한 權寧萬도 독립운동자금을 모금하다가 일경에 검거되었다. 광복회에 가입하여 활동하던 권영만은 安鍾雲, 李載煥, 禹利見, 蘇鎭亨 등과 같이 1920년 8, 9월경 독립운동을 모금하기로 논의하고 부호를 협박하여 2,200원을 강제로 징수, 상해임시정부에 제공하였다. 이에 앞서 2월에도 윤일병에게 500원을 징수한 바 있었다.[131] 이 외에도 권영만은 폭탄을 제조하여 실험하는 등 독립운동에 적극적인 참여를 기도하기도 하였다.[132]

이처럼 민족종교의 독립운동자금 모금운동은 종교가 가지는 장점, 즉 '성미' 또는 '치성금'이라는 헌금을 통해 합법적으로 전개되었다. 그리고 이렇게 모금한 독립운동자금은 상해임시정부를 비롯하여 만주지역 독립운동단체에 제휴 등의 방법으로 지원 계획을 하거나 지원되었던 것이다.

4. 맺음말: 성격과 한계

이상으로 일제강점기에 드러난 민족종교의 국권회복운동과 이를 위한 독립운동자금 모금운동을 살펴보았다. 이를 요약하고, 민족종

도 했다. 1982년에 독립유공자로 포상되었다.(『독립유공자공훈록』8, 국가보훈처, 1990, 169쪽 ; 이균영, 『신간회연구』, 역사비평사, 1996, 362쪽 ;『독립운동사자료집』 14, 국가보훈처, 1978, 392쪽)
[130] 「의열단원 검거의 건」, 京鍾警高秘 제16789호의 3, 1923년 12월 26일자.
[131] 「이재환 등 판결문」(경성지방법원).
[132] 『權寧萬訊問調書』(국사편찬위원회).

교의 국권회복운동과 독립운동자금 모금운동이 갖는 성격과 한계를 살펴보는 것으로 결론을 대신하고자 한다.

첫째, 일제의 강점기 민족종교의 국권회복운동은 천도교를 비롯하여 태을교계 등 대부분이 비밀결사운동의 형태로 전개되었다. 일제는 민족운동세력의 기반을 파괴하기 위해 무력적인 탄압과 조직적인 파괴공작을 획책하였다. 이러한 현상은 민족운동단체에만 한하지 않고 민족종교에 대해서도 그대로 적용되었다. 즉 민족의식이나 민족정신의 부활을 주장하는 민족종교를 탄압하였다. 이에 따라 민족종교의 활동은 대부분 지하활동을 모색하지 않을 수 없었으며, 이는 비밀결사운동으로 전개되었다. 1910년대 대표적인 민족종교의 비밀결사를 통한 국권회복운동으로 천도교의 天道救國團, 태을교와 청림교 등의 비밀결사운동이 있다. 1920년대에는 천도교는 결사대 형태로, 태을교계는 여전히 비밀결사를 통해 국권회복운동을 전개하였다. 그리고 1930년대는 천도교의 경우 조국광복회 또는 청년당의 오심당 등이 있으며, 그밖의 민족종교의 활동은 그 자체가 비밀결사운동이었다. 정도교, 선도교, 청림교, 삼도교 등이 대표적이라 할 수 있다.

둘째, 민족종교의 독립운동자금 모금운동은 일제강점기 내내 이루어지고 있다. 그리고 모금된 독립운동자금은 자체의 민족운동뿐만 아니라 상해임시정부 또는 국외독립운동단체에 지원되었다. 천도교의 경우 대표적인 독립운동자금 모금운동은 이종일과 보성사가 주최였으며, 3·1운동 직후에는 '성미'라는 명목으로 독립운동자금을 모금하였다. 태을교의 경우는 '치성금'이라는 명목을 통해 독립운동자금을 모금하였으며, 정의부 등 국외독립운동단체와 제휴를 통해 새로운 변신을 추구하기도 하였다. 그리고 경우에 따라서는 부호를 협박·강요하는 사례도 없지 않았다.

이상에서 볼 때 일제강점기 민족종교의 국권회복운동과 독립운동자금 모금운동은 종교의 기본적인 활동이었다고 할 수 있다. 이는 민족종교가 본질적으로 지니고 있는 교의에서 비롯되고 있다. 즉 민족종교가 추구하는 본질적인 교의는 한국이 세계의 중심이 된다는 것이며, 이는 곧 민족사상 또는 민족정신의 발현이었다. 또한 민족종교의 정치변혁사상은 동학사상을 연원으로 하고 있으며, 동학이 19세기 민중에게 희망을 주었듯이 민족종교의 국권회복운동과 독립운동자금 모금운동은 일제강점기 민중에게 새로운 희망을 주는 민족운동이라는 의의를 지니고 있다. 또한 민족종교가 추구하는 민족정신의 회복은 한말 민족의 정신, 혼, 얼, 정기 등을 지키고 가꾸면서 독립의 그날을 대비하면 언제인가는 반드시 독립은 달성된다는 민족주의 역사학과 동일한 맥락에서 이해할 수 있지 않을까 한다. 이러한 점에서 일제강점기 민족종교의 국권회복운동과 독립운동자금 모금운동을 포함하는 민족운동은 한국독립운동사에서 새롭게 평가되어야 한다고 본다.

그러나 앞서 살펴본 민족종교의 국권회복운동과 독립운동자금 모금운동의 한계도 없지 않다고 본다.

첫째는 민족종교와 비밀결사와의 구분이 없다는 한계성이다. 일반적으로 비밀결사는 "종교적 또는 정치적 목적을 달성하기 위하여 그 목적 · 조직 · 행동 · 소재 등을 비밀로 하는 결사"를 의미한다. 이는 종교가 지니고 있는 장점을 잘 살렸다고 볼 수 있지만 그 한계성을 그대로 드러내는 모순이라고 할 수 있다. 그리고 이 비밀결사적 성격은 이후 민족종교에 대한 부정적인 이미지를 더욱 강조하게 되었던 것이다. 특히 '치성금'이라는 명목의 독립운동자금은 일제의 탄압을 피할 수 있는 방법이었지만, 역으로 일제에 의해 대부분 '橫領 또는 詐欺'라는 명분을 제공하기도 하였다. 즉 일제의 민족종교에 대한 적용 법조항은 제령 7호 또는 치안유지법 등이었지만, 또 다르게 적용한 것은 횡령죄 또는 사기죄의 적용이었다. 이는 일제가 민족종교를 탄압하기 위해 침소봉대한 경우도 없지 않다고 본다. 여기서 민족종교를 비밀결사로 인식하고 있는 한계를 어떻게 극복할 것인가가 과제일 수도 있다. 그리고 이 과제는 오늘날까지 계속된다고 볼 수 있다.

둘째로는 민족종교의 국권회복운동과 독립운동자금 모금운동이 그 운동상의 실체가 모호하다는 점이다. 천도교의 경우 경남결사대나 오심당처럼 비밀결사의 구체적 실체가 보다 분명하지만 태을교의 경우 그 실체가 분명하게 드러나지 않고 있다. 이러한 점은 민족종교의 민족운동이 소극적인 민족운동으로서의 한계성을 갖게 한다.

셋째는 민족종교의 국권회복운동은 현실참여가 부족하였다는 점이다. 민족종교의 국권회복운동의 대표적인 것은 천자등극이나 제의를 통한 국권회복은 자기를 희생하는 국외독립운동단체의 무장투쟁 등보다 구체성이 결여된 신비주의적 성격이 강하다. 즉 차경석이 천자로 등극하고 조선의 독립이 이루어질 것이라는 예언은 결국 이루어지지 않았고, 이는 결국 한국민에게 실망을 주었다고 할 수 있다. 더욱이 차경석의 보천교는 일제에 협력하여 1920년대 대표적인 친일단체인 시국대동단 결성에 참여하게 된다.

그렇다 하더라도 민족종교의 국권회복운동과 독립운동자금 모금운동이 폄하되어서는 안된다고 본다. 민족종교의 가치관은 어떠한 어려운 상황이라도 민족정신을 고취시키는 역할을 하였기 때문이다. 그동안 민족종교의 민족운동에 대한 연구가 아직도 미흡한 부분이 많지만 본 발표문을 통해 보다 활성화되기를 기대해 본다. 또한 외면당하였던 민족종교의 민족운동이 재평가되었으면 한다.

제10장 1920년대 초 태을교인의 민족운동

1. 머리말

일제는 한말부터 한국을 강점하기 위해 광산·철도·전선이권 등 경제적 침탈을 비롯하여, 한일협정서를 통한 외교권 침탈, 주차군 주둔, 군대해산, 사법권 침탈 등 다양한 방법을 동원하였으며 결국 1910년 8월 식민지화하였다. 이러한 일련의 시기에 1905년 11월 17일 한일협상조약으로 통감부가 설치되면서 천왕제 국가의 신성성과 절대성 이념을 바탕으로 한 皇道를 한국인에게 이식시키기 위해 부단한 노력을 하였다. 이러한 노력은 종교라고 예외가 아니었다.

통감부 시기 종교에 대해서는 공식적인 방침이나 법률적 통제장치는 비록 없었으나 伊藤 통감은 '반도의 교화를 시정의 기본방침으로 삼고, 이를 위해 외국 선교사를 일종의 국민교화를 담당하게 하는 敎化師와 같은 역할을 담당하게 하며, 정권과 교권을 엄격하게 분리하여 교권은 정신적 방면에서의 국민계몽과 교화를 담당하는 것에 국한시켜 이른바 종교의 사회화를 달성하고, 이러한 기능에 충실할 경우에는 정부가 재정지원을 통해 이를 지원한다'는 종교정책의 방침에 따라 이미 시천교나 대동교, 불교진흥회 등을 후원하여 친일종교로 육성하였다.

이러한 통감부 시기의 종교 방침은 강점 이후 총독부 시기에는 보다 적극적으로 통제와 회유를 이용하여 종교를 취체하였다. 1911년 『施政年報』에 처음으로 치안부분에서 종교 취체항을 설정하여 종교단체의 활동을 법률적으로 통제하고 간섭하였다. 특히 종교에 대한 취체는 일본종교인 神道를 비롯하여 기독교, 불교 등 공인하는 종교보다 한국의 민족성을 일깨워주는 민족종교에 대해 더 크게 적용하였다. 이 시기의 종교정책은 일제강점기하에서 그대로 수용되었고 천도교, 증산교 등 한국에서 자생한 민족종교[1]를 탄압하는 데 활용되었다.

특히 일제는 이러한 한국에서 자생한 종교를 類似宗敎라 하여 似而非化하여 민중으로부터 격리시키고자 하였으며 결국 많은 자생종교들이 이로 인해 자연 위축되거나 해산 또는 소멸되고 말았다. 일제시기에 소멸된 자생종교로는 대부분이 姜甑山을 교조로 하는 증산계 민족종교이다. 일제강점기하 증산계의 민족종교는 최초의 교단인 太乙敎를 비롯하여 普天敎, 仙道敎, 人道敎 등 다양하게 분화되었으며, 교단 나름대로의 민족운동을 전개하였다. 증산계의 민족종교에 대한 기존의 연구 성과는 적지 않다.[2] 그러나 기존의 연구 성과는 대부분

---

1) 한국에서 자생한 종교에 대해서는 다양한 명칭이 혼용되고 있다. 일제하에서는 이를 類似宗敎, 해방 후에는 신흥종교, 신종교, 민족종교 등이라 부른 것이 그 사례이다. 본고에서는 논지의 성격상 민족종교로 사용하고자 한다. 이에 대해서는 金洛必, 「민족종교 연구의 주요 쟁점」, 『韓國宗敎史硏究』 제8집, 한국종교사학회, 2000을 참조 바람.
2) 일제강점기의 증산교계 교단에 관한 연구 성과는 다음과 같다.
   노길명, 『한국의 신흥종교에 관한 연구』, 서강대 사회문제연구소, 1976 ; 황선명, 『민중종교운동사』, 종로서적, 1980 ; 조성윤, 「일제하의 신흥종교와 독립운동」, 『한국의 종교와 사회변동』, 한국사회사연구회, 1987 ; 강돈구, 「한국 근대종교운동과 민족주의의 관계에 관한 연구」, 서울대학교 박사학위논문, 1990 ; 강돈구, 「신종교와 민족주의」,

증산교 계열의 교단 전체를 다루고 있어 단편적인 이해를 돕는 데는 도움이 되지만 구체적인 민족운동의 활동을 파악하는 데 적지 않은 아쉬움을 주고 있다.

따라서 본고에서는 증산교계의 민족종교 중 1920년대 초 太乙敎人의 종교활동과 민족운동을 중점적으로 살펴보고자 한다. 이를 위해서 첫째로 증산의 사후 형성된 태을교의 교단 형성과정을 살펴보고자 한다. 이는 일제강점기하에서 적지 않은 태을교인의 민족운동의 흐름을 파악할 수 있기 때문이다. 둘째는 일제강점기 조선총독부의 종교정책을 살펴보고자 한다. 조선총독부의 종교정책은 신도·불교·기독교 등 공인한 종교와 천도교·대종교·보천교 등 한국에서 자생한 민족종교를 소위 유사종교라 구분하여 지원 또는 통제하였기 때문이다. 즉 공인된 종교와 유사종교는 엄연히 정책상 차별을 받을 수밖에 없었다. 이러한 점에서 일제하에서 태을교 등 민족종교에 대한 인식이 새롭게 조명되어야 하기 때문이다. 셋째는 이러한 일제의 민족종교에 대한 차별적 정책하에서 태을교의 포교활동과 일제의 대응을, 넷째로는 태을교인이 국권회복을 위해 전개하였던 독립자금모금운동을 단편적인 사례를 통하여 고찰하고자 한다.

다만 본고에서 논하고자 하는 태을교인의 민족운동 시기는 증산의 사후 1914년 교단의 형성에서 1920년대 초기까지 당시 각종 자료에 나타난 것에 한정하고자 한다. 이는 증산계의 일부 민족종교와 중첩되는 점은 없지 않지만 당시 태을교라는 종단의 사회적 역할을 추적하는 데는 가장 바람직한 방법이기 때문이다. 사실 태을교는 甑山의 사후 최초로 형성된 종단이지만 1921년 태을교의 교권을 장악하고 있던 차경석이 경남 함양에서 고천제를 지내고 普化敎를 선포하기

『한국근대종교와 민족주의』, 1992 ; 윤이흠, 『일제의 한국민족종교 말살책』, 한국종교사회연구소, 1997.

전까지 仙道敎, 欽哆敎 등 증산계 민족종교를 통칭하여 불리곤 하였
다. 즉 태을교에 관한 명칭은 일제강점기 탄압을 거치면서 地下結社
的 성격, 다양한 교파 형성, 일반사회의 인식부족 등 여러 가지 이유
로 혼칭되어 불려졌다. 이러한 점은 교단 내외의 사료를 정리하면 다
소 구분이 가능하겠지만 본고에서는 논점의 한계에도 불구하고 사료
에 나타난 그대로 기술하는 것을 원칙으로 하고자 한다.

그리고 이를 고찰하기 위해『東亞日報』,『朝鮮日報』,『每日申報』등
당시 발간된 신문, 그리고 일제 측 자료인『朝鮮獨立運動—民族主義篇』,
『朝鮮の類似宗敎』,『日帝檢察編綴文書』,『京城覆審法院刑事控訴事
件判決原本綴』등의 태을교인 관련기록을 기본자료로 활용하고자
한다.

2. 태을교의 형성과 그 계통

증산계 교단은 증산 강일순의 사후 그 제자들에 의해 하나의 종교
집단체제를 형성하였다.[3] 태을교 역시 증산의 사후에 교단이 성립되
었다. 증산계 교단에서 교단이 성립된 것은 1914년 증산을 교조로 하
고 首婦 高氏[4]를 증산의 敎統을 계승한 교주로 한 태을교이다. 그러
나 태을교는 고씨에 의해 성립된 태을교 이외에도 安乃成의 태을교,
朴公又의 태을교, 申鉉喆의 태을교 등이 형성되었다. 또한 車京錫이

---

[3] 증산교계는 강일순 사후 한때 80여 개의 교파를 이룬 대교단을 형성한 바 있다. 그
가운데 普天敎와 같은 100만 교인을 헤아리는 교파도 있었다. 그러나 일제의 탄압과
類似宗敎란 이름으로 邪敎化하여 침체상태를 면치 못하였으며, 8·15 해방과 더불어
다시 일어나 현재 60여 개의 교파를 이루고 있다.(李康五,『한국신흥종교총람』, 한국
신종교연구소, 1992, 186쪽)

[4] 首婦 高氏의 이름은 高判禮로 차경석의 이종누이로 미망인이었는데 증산이 전북
정읍군 입암면 대흥리 차경석의 집에 머무를 때 天地公事를 하자면 陰陽이 갖추어져
야 한다고 하여 증산의 수부로 맞게 하였으며 그 처소를 首婦所라 하였다.

1921년 함양 황석산에서 고천제를 지내고 普化敎를 설립한 후 이듬해 1922년 교명을 普天敎라 고치고 조선총독부에 등록인가를 얻기 전까지 증산계의 교단은 사회적으로 대부분 태을교 또는 欽哆敎라 불렸다. 즉 金亨烈의 彌勒佛敎, 차경석이 태을교에서 분립하여 보화교를 설립하기 전까지가 이에 해당된다.

증산계 최초의 교단인 태을교는 증산의 부인이었던 고씨에 의해 창립되었다. 증산이 39세를 일기로 1909년 6월 24일 죽자 증산을 따르던 추종자들은 대부분이 허망함을 느끼고 뿔뿔이 흩어졌으나, 일부는 그가 옥황상제 혹은 미륵불로 돌아간 것이라 주장하고 때가 되면 다시 출세할 것이라고 믿기도 하였다. 그러던 중 2년이 지난 1911년 9월 19일 증산의 부인이었던 고씨가 치성을 하던 중 갑자기 졸도하는 사건이 일어났다. 얼마 뒤 회복된 고씨는 증산의 성령이 자신에게 附依하였다고 하였으며, 그의 목소리와 행동이 생전의 증산과 닮아갔다. 이러한 고씨의 奇行異事가 알려지자 증산의 부활을 믿고 있던 추종자들은 이를 증산이 재림하였다고 여기고 다시 모여들기 시작하였으며, 점차 세력화하였다. 이리하여 1914년 증산을 교조로 하고 고씨를 증산의 교통을 이어받은 교주로 받들며 종교집단을 형성하게 되었는데, 교명은 仙道敎 또는 태을교라 하였다.[5] 당시 교단 창립 초기에는 차경석·李致福 등이 주로 활동하였다.

고씨에 의해 창립된 태을교의 교세가 크게 발전하자 차경석은 자신이 교주가 되기 위해 고씨를 따르던 추종자들을 이간시키는 한편 고씨의 처소를 禮文이라 이름하고 추종자는 물론 일반 신도까지 출입을 금지시켰다. 결국 차경석은 교권을 장악한 후 고씨를 古阜 客望里의 媤家에 가서 머물게 하고 교인들과 접촉을 못하게 하였다. 이로

---

5) 이강오, 『한국신흥종교총람』, 192쪽.

인해 자유로운 포교와 활동을 금지당한 고씨는 姜應七의 주선으로 金堤郡 白山面 祖宗里로 거처를 옮기고 그동안 자신을 따르던 추종자를 모아 1919년 다시 교단을 세우고 교명을 태을교라 칭하였다.[6] 이로써 차경석을 추종하는 태을교와 고씨 부인을 추종하는 태을교로 분립되었다. 이후 차경석의 태을교는 1921년 보화교를 거쳐 보천교로 발전하였으며, 고씨 부인의 태을교는 보천교의 혁신운동으로 한때 교세가 늘어났으나 1929년 고씨의 양자 姜大容의 전횡으로 침체되었다.[7] 『조선의 유사종교』에 의하면 1934년 태을교의 포교소는 2곳, 교도는 남 48명, 여 12명, 도합 60명으로 파악되고 있다.

이에 앞서 차경석이 태을교의 교권을 전횡하자 고씨를 추종하던 교인들 중에서 태을교를 이탈하여 새로운 교단을 형성하기도 하였는데 이들 대부분이 태을교의 교명을 그대로 사용하였다. 안내성의 태을교, 박공우의 태을교, 신현철의 태을교가 그들이었다. 안내성은 증산의 24제자 중 한 사람으로 고씨가 1914년 태을교를 창립하자 이에 참여하였다. 그러나 차경석이 점차 교권을 독식하고 전횡을 일삼자 태을교를 이탈하여 고향인 여수로 돌아가서 태을교를 창립하고 순천과 무안 등지에서 포교활동을 시작하였다. 이후 1925년 김제군 금산면 逍道里 白雲洞으로 본부를 옮기고 교명을 甑山大道敎라 고쳤다.[8]

박공우 역시 증산의 24제자 중 한 사람으로 증산의 사후 고창군 흥덕명을 중심으로 포교를 하였으나 크게 호응을 얻지 못하였다. 그러나 1916년 교명을 태을교라 바꾸고 본부를 태인으로 이전한 후부터는 상당한 교세를 형성하였다. 1928년에 김제군 금산면 원평으로 본부를 다시 옮겨 포교를 하다가 사망하였다. 이후 宋宗守가 그 뒤를

---

6) 이강오, 『한국신흥종교총람』, 193쪽.
7) 村山智順, 『朝鮮의 類似宗敎』, 國書刊行會, 1935, 345~346쪽.
8) 이강오, 『한국신흥종교총람』, 194쪽.

이었다.[9]

　한편 신현철은 원래 차경석의 보천교의 간부였으나 敎金盜得事件
으로 차경석과 알력이 생기자 金英斗와 공모하는 한편 張弓挽과 연
락하여 서울에 太乙敎本部라는 간판을 내걸었다. 신현철은 차경석의
보천교를 박멸시키기 위해 노력하였으나 크게 성장하지 못하고 교세
부진으로 간판을 내리게 되었다.[10] 이 외에도 김형렬의 미륵불교도
태을교라 불렸는데 이는 고씨가 태을교를 창립하자 초기에 고씨를
추종하였기 때문이다. 김형렬 역시 증산의 24제자의 한 사람으로 고
씨가 태을교를 창립하자 초기에는 여기에 동참하였다. 그러나 차경
석이 점차 교권을 독차지하고 전횡함에 따라 내왕을 끊은 후 모악산
금강대에서 증산의 영통을 받았다고 주장하면서 포교를 시작하였으
며 1922년 미륵불교를 창립하고 금산사에 본부를 두었다.[11]

　이 외에 증산을 교조로 하고 태을교에서 분립된 증산계 교단은 태
을교의 교권을 전횡하고 1921년 보화교를 선포하였다가 이듬해 1922
년 보천교로 교명을 바꾼 보천교를 비롯하여 趙哲濟의 無極大道, 許
昱의 三德敎, 蔡慶大의 人道敎, 李祥昊의 東華敎, 金煥玉의 無極大道,
徐白一의 彌勒佛敎, 鄭寅杓의 彌勒佛敎, 姜承泰의 無極大道敎, 余處
子의 仙道敎 등이 있다. 이 중 보천교가 증산계 교단을 대표하여 한때
1백만 교도의 교세를 형성하였으나 1938년 조선총독부의 해산령에
의해 해체되었다.[12] 이후 증산계 교단은 공식적으로는 대부분 해체
되었으며 비밀포교활동으로 해방까지 명맥을 유지하였다.

---

9) 이강오, 『한국신흥종교총람』, 195쪽.
10) 이강오, 『한국신흥종교총람』, 196쪽.
11) 이강오, 『한국신흥종교총람』, 194쪽.
12) 태을교에서 분화된 증산계 교단에 대해서는 이강오, 「甑山敎系」, 186~205쪽 참조.

3. 민족종교에 대한 일제의 종교정책

일제의 한국 강점은 同化主義 政策을 근본방침으로 1910년 한국을 강점한 이후 1945년까지 일관되게 유지되었다. 이에 따라 일제의 종교정책은 당연히 이를 위한 것이었다. 일제는 이미 통감부 시기부터 민족정신을 탄압하기 위해 '韓國의 安寧秩序를 維持'하기 위해 필요할 경우 병력을 사용할 수 있는 권한을 統監에게 위임하였으며, 1907년 勅令 제323호인 '한국주차헌병의 건'에서 일본헌병의 임무가 '治安維持'임을 명기하였다.[13] 즉 통감부 시기에는 종교를 통제하기 위한 규제나 법령은 없었지만 종교를 통제하고자 하는 방침은 마련되었다. 예컨대 기독교의 경우 선교사로 하여금 국민교화를 담당케 하며, 이를 충실히 시행할 경우 재정 등 적극적인 지원을 하고자 하였다.[14] 기독교의 경우 국제관계 등을 고려하여 적극적인 통제보다는 회유 또는 정교분리정책을 활용하고자 하였다. 하지만 정치성이 적지 않은 천도교를 비롯하여 태을교 등 증산교계의 민족종교에 대해서는 처음부터 단속의 대상으로 취급하였다.[15] 즉 1907년 7월에 공포한 保安法[16]에 의해 규제가 가능하였기 때문에 별도의 대책을 마련하지는

---

[13] 鈴木敬夫, 『법을 통한 조선식민지 지배에 관한 연구』, 고려대학교 민족문화연구소, 1989, 59~60쪽.

[14] 朝鮮總督府, 『朝鮮總督府施政年表』, 1918~1920년, 149쪽.

[15] 朝鮮總督府, 『施政三十年史』, 853쪽.

[16] 보안법의 주요내용은 다음과 같다.

제1조 내부대신은 안녕질서를 유지하기 위해 필요한 경우에는 결사의 해산을 명할 수 있다.

제2조 경찰관은 안녕질서를 유지하기 위해 필요한 경우에는 집회 또는 다중의 운동 또는 群集의 제한, 禁止 또는 해산을 명할 수 있다.

제4조 경찰관은 도로 기타 공개석상에서 문서 도서의 게시 및 分布, 낭독 및 언어, 形容 기타의 행위를 하여 안녕질서를 교란시킬 우려가 있다고 이정될 때에는 이를 금지하도록 명할 수 있다.

제5조 내부대신은 정치에 관한 불온한 움직임을 할 우려가 있다고 인정되는 자에 대해 그 거처로부터 퇴거를 명함과 동시에 1년 이내의 기간을 특정하여 일정한

않았다. 이 외에도 1906년에 제정한 保安規則(통감부령 제10호),[17] 警察犯處罰令(통감부령 제44호) 등을 통해서도 민족의식을 고취시킨다든가 어떠한 반일운동, 단체를 탄압할 수 있는 법적 근거를 마련하였다. 이러한 배경 아래 통감부 시기에는 종교를 직접 규제하는 법령은 없었지만 종교를 통제하고자 할 경우 언제라도 가능하였다. 특히 보안법의 경우 첫째 안녕질서를 위한 결사 · 집회 또는 다수의 운동 또는 군중의 제한 · 금지 · 해산, 둘째 안녕질서 유지를 위한 무기 및 폭발물 기타 위험한 물건 휴대금지, 셋째 공개된 장소에서 안녕질서를 해칠 우려가 있는 언동 금지, 넷째 정치에 관한 불온한 동작을 행할 우려가 있는 자에 대한 거주 등의 제한, 다섯째 정치에 관한 불온한 언동을 행하여 치안을 방해하는 자의 처분을 목적으로 하고 있다. 이 경우 보안법의 실질적 목적은 정치에 관한 반일적인 사상과 관련하여 모든 행위나 언동 등을 처벌할 수 있도록 규정하고 있다. 따라서 '일본의 패망과 한민족의 부흥'을 내포하고 있는 민족종교를 탄압하는 데는 매우 효율적인 것이었다. 또한 한민족의 반일운동이나 의식의 고취에 대한 치안법으로 입법된 집회취체[18) 역시 민족종교의 활

지역 내에 犯入하는 것을 금지시킬 수 있다.
제6조 전2조에 의해 명령을 위반한 자는 40 이상의 태형 또는 10월 이하의 禁獄에 처한다.
제7조 정치에 관한 불온한 언동 또는 남을 선동, 교사 또는 사용하거나 타인의 행위에 간섭함으로써 치안을 방해하는 자는 50 이상의 태형, 10월 이하의 금옥 또는 2년 이하의 징역에 처한다.(鈴木敬夫, 『법을 통한 조선식민지 지배에 관한 연구』, 69쪽)
17) 保安規則의 주요내용은 다음과 같다.
제1조 이사관은 일정한 住居 또는 生業을 갖지 아니하고 평상시 조잡하고 난폭한 언동을 일삼는 자에 대해 일정한 기간 내에 주거를 정하거나 또는 생업을 갖도록 명할 수 있다. 전항의 명령을 받은 자는 주거를 정하거나 또는 생업을 구했을 때에는 이를 이사관에게 신고하여야 한다.
제3조 명분 여하에 관계없이 금품을 모집하거나 또는 단체 가입을 권유하려고 할 때에는 미리 그 목적과 방법을 적어 이사관의 인정을 받아야 한다.
제10조 정당한 이유없이 제1조를 위반한 자는 3개월 이하의 重禁錮에 처하거나 50원 이하의 벌금에 처한다.(鈴木敬夫, 『법을 통한 조선식민지 지배에 관한 연구』, 63쪽)

동을 제한하는 것이었다.[19] 이와 같은 반일의식이나 운동을 탄압하던 포괄적 정책은 1910년 소위 강점 후 구체적으로 체계화되었다. 이에 따라 종교단체에 대한 탄압도 본격적으로 추진되었다. 조선총독부는 1911년 『施政年報』에서 처음으로 치안부분에서 종교취체항을 설정하여 보다 구체적으로 종교를 통제할 방침을 밝혔다.

종교취체에 관해서는 명치 35년 통감부령 제45호[20]로 내지인의 종교

---

[18] 集會取締의 내용은 다음과 같다.
당분간 內政에 관한 集會 또는 屋外에서의 多衆集會를 禁止한다. 단 屋外에서의 說敎 또는 학교 학생의 體育運動 등 集會로서 관할 경찰서의 허가를 받은 것은 이에서 제외한다. 본령을 위반하는 자는 拘留 또는 科料에 처한다. 본령은 發布日로부터 시행한다.(『改訂 朝鮮制裁法規』, 朝鮮圖書出版, 1939, 776쪽 ; 鈴木敬夫, 『법을 통한 조선식민지 지배에 관한 연구』, 86쪽 재인용)

[19] 비록 태을교와 관련된 것은 아니지만 종교인에 적용한 사례를 보면 다음과 같다. '보안법' 제7조 위반으로서
〔注文〕피고인을 징역 1년에 처한다.
〔理由〕피고는 승려의 신분으로서 排日思想을 품고 1907년 음력 7월경 露領浦鹽에서 전부터 알고 있는 폭도의 수괴인 李範允의 부하가 된 者이다. 1910년 음력 7월경 淸國 奉天省 安圖縣 白河西大岑 陽河에 거주하는 동지 車道善을 방문했다. 同人으로부터 조선독립을 기도하고 장래 기회가 있으면 그 목적을 수행하려는 뜻이 있음을 듣고 同人으로부터 朝鮮內地의 상황을 정찰하여 보고할 것을 의뢰받아 이것을 승낙하고 다음해 1911년 음력 4월경부터 人蔘行商으로 가장하여 함경남도 갑산군, 삼수군 및 함경북도 길주군, 단천군 등 각지를 돌아다니며 경찰 및 군비의 배치와 상황, 기타 조선인 일반의 의향 등을 정찰했다. 그리고 이를 車道善에게 보고하고 그 후도 계속 같은해 12월 하순까지 前記 각 군을 돌아다니며 정찰함으로써 치안을 방해한 者이다. 一法을 생각할 때 피고의 소행은 보안법 제7조에 해당함으로 同法이 정한 징역을 선택하고 그 刑期範圍 내에서 처단한다. 따라서 주문과 같이 판결한다.(村崎滿, 『保安法의 史的 素描』, 30쪽 ; 鈴木敬夫, 『법을 통한 조선식민지 지배에 관한 연구』, 73쪽)

[20] 統監府令 第45號 宗敎의 宣布에 關한 規則은 다음과 같다.
제1조 제국에 있어서의 神道 佛敎 其他 宗敎에 屬하는 敎宗派로서 布敎에 從事하랴 할 時는 當該 官長 又는 此에 準할 者 韓國에 있어서의 管理者를 선정하여 이력서를 添加하고 左의 사항을 具하고 統監의 認可를 受함이 可함.
1. 포교의 방법 2. 포교자의 감독방법
제2조 前條의 경우를 除한 外 제국신민으로서 종교의 선포에 종사하려 할 時는 종교의 名稱 및 포교의 방법에 관한 사항을 具하고 이력서를 添加하여 所轄 이사관을 經하여 統監의 인가를 수함이 가함.
제3조 종교의 用에 供하기 위하여 寺院 堂宇 會堂 說敎所 又는 講義所의 類를 설립하려 할 時는 교종파의 관리자 又는 前條의 포교자는 좌의 사항을 具하고 其 소재지

선포수속절차를 정한 바 있다. 하지만 조선인 및 외국인의 종교에 관한
것은 하등의 법규도 없어서 그로 인해 布敎所가 함부로 설치되고 있어 그
폐해가 크다. 특히 天道敎·侍天敎·大倧敎·大同敎·太極敎·圓宗宗務
院·孔子敎·大宗敎·大成宗敎 등의 宗이 있는데, 그 종류가 너무 많고 잡
다할 뿐 아니라 그 움직임도 정치와 종교를 서로 혼동하여 순연히 종교라
인정하기 어려운 것이 많아 그 취체가 불가피하다.[21)

이는 통감부 시기와는 달리 적극적으로 종교정책의 필요성의 인식
을 시사한 것이다. 즉 기독교·불교 등에 대해서는 포교에 관한 법적
규정을 만들고, 정치 세력화할 수 있는 종교단체, 특히 천도교·태을
교 등을 비롯한 민족종교에 대해서는 정치단체 또는 비밀결사체로
보고 이를 규제하겠다는 의도가 분명히 드러나고 있다. 여기서 더
나아가 조선총독부는 종교를 구체적으로 통제하기 위해 1915년 8월
총독부령 제83호로 布敎規則[22)을 공포하였다. 그러나 이 포교규칙은

관할의 이사관의 인가를 수함이 가함.
　　1. 명칭 및 소재지 2. 종교의 명칭 3. 관리 및 유지방법
제4조 교종파의 관리자 또는 제2조의 포교자 기타 제국신민으로서 한국 사원의 관리
　　의 위촉에 應하려 할 시는 필요한 서류를 첨부하여 其 사원 소재지의 所轄 이사관을
　　경하여 통감의 인가를 수함이 가함.
제5조 前各條의 인가사항을 변경하려 할 시에는 更히 인가를 수함이 가함.
제6조 교종파의 관리자 또는 제2조의 포교자는 소속포교자의 氏名 및 자격을 所轄
　　이사관에 届出함이 가함. 其 포교자에 이동이 있었을 시 亦同함.
부칙
제7조 본칙은 明治 39년 12월 1일부터 此를 시행함.
제8조 본칙 시행의 際 현재로 포교에 종사하거나 또는 제3조 혹은 제4조의 규정에
　　해당하는 자는 본칙 시행 후 3개월 내 각조의 인가사항을 届出함이 가함.(『統監府法
　　令資料集』 상, 대한민국국회도서관, 1972, 234~235쪽)
21) 朝鮮總督府, 『朝鮮總督府施政年報』, 1911(국학자료원, 1983), 77쪽.
22) 조선총독부가 마련한 포교규칙의 중요한 사항을 보면 다음과 같다.
　　제1조 본령에서 종교라 함은 신도·불교 및 기독교를 일컫는다.
　　제2조 종교의 선포에 종사하려는 자는 左의 사항을 구비하여 포교자로서의 자격을
　　　증명할 수 있는 문서 및 이력서를 첨부하여 조선총독에게 신고하여야 한다.
　　제4조 조선총독은 포교방법, 포교관리자의 권한 및 포교자 감독의 방법 또는 포교관리
　　　자가 부적합한 자로 인정될 때는 이의 변경을 명할 수 있다.
　　제5조 포교관리자는 조선 거주하는 자라야 한다.

일본종교인 신도와 재래종교인 불교, 그리고 외국종교인 기독교는 종교라 하여 공인하고 있지만 한국에서 자생한 종교는 종교로서 인정하고 있지 않고 있다. 즉 포교규칙은 1911년 『施政年報』에서 밝힌 '조선인 및 외국인의 종교인에 관한 하등의 법규'도 없어서 그로 인해 포교소가 함부로 설치되고 있어 그 폐해가 크기 때문에 법규를 제정, 이를 통제함으로써 '정치와 혼용되고 있는 순연한 종교로 볼 수 없는' 특히 민족종교를 얼마든지 사회법으로 처벌할 수 있도록 하기 위한 이중의 법적 장치였다.

결국 조선총독부는 자신이 공인하는 종교에 대해서는 포교규칙으로 통제하고, 그 이외의 종교, 즉 천도교·태을교 등 민족종교에 대해서는 통감부 시절에 마련한 보안법과 집회취체, 경찰범처벌규칙 등을 통해 여전히 규제하였다. 특히 1912년에 공포된 경찰범처벌규칙은 1908년 제정한 경찰범처벌령을 강화한 것으로 일제가 한국을 강점하는 동안 한민족을 탄압하는 데 가장 철저했던 법률이었다.[23]

제12조 조선총독은 현재 종교용으로 쓰이는 교회장·설교소 또는 강의소 등에 대해 안녕질서를 문란케 하거나 그럴 경우가 있다고 인정될 때에는 그 설립자 또는 관리자에 대해 그것의 사용을 정지 또는 금지시킬 수 있다.
제14조 조선총독은 포교관리자·포교책임자 또는 조선 사찰지주에 대해 필요하다고 인정될 때에는 보고서의 신고를 명할 수 있다.(조선총독부, 『朝鮮法令便覽』 上, 帝國地方行政學會 朝鮮本部, 1922, 7집 22~24쪽)

23) 鈴木敬夫, 『법을 통한 조선식민지 지배에 관한 연구』, 86쪽. 이 경찰범처벌규칙 중 민족종교를 규제할 수 있는 조항을 보면 다음과 같다.
· 일정한 주거 또는 생업 없이 이곳 저곳 배회하는 자
· 이유 없이 면회를 강요하고 또는 强談, 脅迫行爲를 하는 자
· 이익을 취할 목적으로 억지로 물품, 입장권을 강요하는 자
· 단체가입을 강요하는 자
· 불온한 연설을 하거나 또는 불온문서·도서·시가를 게시, 반포, 낭독하거나 큰 소리로 읊는 자
· 남을 유혹하는 유언비어 또는 허위보도를 하는 자
· 마구 길흉기도를 하고 또 저주를 하거나 부적 등을 주어 사람을 현혹시키는 행위를 한 자
· 병자에게 금압·기도·저주 또는 정신요법 등을 하거나 神符, 신수 등을 주어 의료를 방해하는 자

이처럼 통감부 시기부터 종교규제정책을 철저하게 시행했음에도 불구하고 종교인을 중심으로 1919년 3·1만세운동이 전국적으로 전개되자 조선총독부는 종교에 대한 탄압을 더욱 심화시켰다. 3·1운동 직후 총독부는 4월 15일 치안법으로 '정치에 관한 범죄처벌의 건'(이하 제령 7호라 칭함)을 제정하여 민족종교의 활동을 더욱 위축시켰다. 당시 3·1운동을 보안법에 적용한 일제는 이 보안법이 不備하여 민족운동을 진압하는데 적당하지 않으므로 제령 7호를 공포한 것이다.[24] 제령 7호는 '政治의 變革'을 꾀할 목적으로 다수 공동으로 안녕질서를 방해하거나 방해하려는 것을 규제하기 위한 것이었다. 그 전문을 보면 다음과 같다.

제1조 政治의 變革을 目的으로 多數共同하여 安寧秩序를 妨害하거나 또는 妨害하려는 者는 10年 以下의 懲役 또는 禁錮에 處한다. 但 刑法 제2편 제2조의 規定(內亂罪의 項)에 該當하는 者는 本令에 적용하지 않는다. 前項의 行爲를 하게 할 目的으로써 煽動한 者도 前項의 刑과 같다.
제2조 前條의 罪를 犯한 者가 發覺전에 自首하였을 때는 그 刑을 減輕 또는 免除한다.
제3조 本令은 帝國 밖에서 제1조의 罪를 犯한 帝國臣民에게도 이를 適用한다.[25]

이처럼 제령 7호가 규제를 목적으로 하는 '정치의 변혁을 목적으로 하는 다수공동'은 독립운동단체나 일제가 규정한 유사종교, 즉 민족종교를 탄압하는데 목적이 있다. 즉 3·1운동 이후 태을교·보천교 등 증산교 계열의 종교가 聖都運動[26]을 비롯하여 국권회복운동을 전

---

[24] 鈴木敬夫, 『법을 통한 조선식민지 지배에 관한 연구』, 186쪽.
[25] 『改訂 朝鮮制裁法規』 完, 朝鮮圖書出版, 1939, 919쪽(鈴木敬夫, 『법을 통한 조선식민지 지배에 관한 연구』, 187쪽 재인용)
[26] 聖都運動은 김연국의 상제교가 계룡산 신도안에 본부를 두면서 사회적으로 크게 알려졌으며, 이후 차경석의 보천교 본부가 있던 전북 정읍군 입암면 대흥리, 이상룡의

개하자 대부분이 이 제령 7조를 적용, 탄압한 것은 이를 증명하는 사례라 할 수 있다. 이 제령 7호는 治安維持法이 공포되기 전까지 민족종교를 탄압하는 데 가장 유력한 것이었다.

한편 일제가 민족종교를 어떻게 인식하였는가를 살펴보는 것도 태을교를 이해하는 데 도움이 된다. 일제는 민족종교를 일관되게 부정적으로 인식하고 있다. 寺內 총독은 '한국의 말기에 당하여 政綱의 弛廢, 사회의 不安, 그리고 時勢變遷의 부산물로 발생한 것은 종교유사단체이다. … 그 設한 바 대부분이 미신을 쫓아 아직 하나의 종교로서 인정을 얻은 지역에 달하는 것이 아니다. 지금 주된 天道敎 侍天敎 靑林敎 普天敎 太乙敎 太極敎 大倧敎 檀君敎 大宗敎 觀聖敎 등이 이것이며, 어느 것이나 상당한 신자를 안고 있다'라고 하여[27] 한국에서 자생한 종교를 부패된 사회의 부산물로 인식하고 있으며,[28] 아직 종교로 인정할 수 없는 미신의 상태이므로 단속해야 한다는 논리이다. 이러한 논리는 1930년대까지 그대로 이어지고 있다.

유사종교 단체의 횡행은 사회의 안녕질서를 문란케 하고, 인심을 광혹시키며 銃後治安의 확보에 지장을 生할 뿐 아니라 교의의 이면에 민족의식의 색채가 농후한 것이 많고, 그 중에는 不敬罪 또는 流言蜚語罪도 띤 것이 많음으로, 이의 團束强化徹底는 刻下의 急務라 믿는 바입니다. 各位는 이들 敎團의 행동에 한층 엄밀한 視察을 가하고, 裏面의 동향에 주의하여 治安에 妨害하는 것이 있으면 단호하게 嚴重處罰의 方針으로 나가 半島思想사범의 防遏에 대하여 만의 하나 遺漏 없기를 기하고자 합니다.[29]

수운교 본부가 있던 충남 대전군 탄동면 추목리 금병산, 전연운의 인천교 본부가 있던 함남 문천군 운림면 마간리, 그리고 충남 연기군 금남면 금천리 등이 성도운동과 관련이 있는 곳이다. 성도운동에 관해서는 村山智順, 『조선의 유사종교』, 872~875쪽 참조.

27) 朝鮮總督府, 『施政三十年史』, 87~88쪽.
28) 村山智順, 『조선의 유사종교』, 879~882쪽.
29) 「思想犯罪로 본 최근의 朝鮮在來의 類似宗敎」, 『思想彙報』 22, 1940, 17~18쪽.

즉 한국에서 자생한 종교는 사회 안녕질서의 유지를 방해하고 또 그 이면에는 민족주의적 성격을 내포하고 있기 때문에 철저히 단속해야 한다는 것이다. 이러한 기조는 한국을 강점한 이래 '치안상 빈번하게 경계를 요하는 대상적 존재'[30]로 파악한 것의 연장선이라 할 수 있다.

4. 포교활동과 일제의 대응

태을교의 초기 포교활동은 주술적이거나 기복적인 성향을 가진 하층 민중들만 참여한 것은 아니었다. 당시까지 경전이나 제도를 갖추지는 못하였지만 구전으로 전해지는 증산의 사상에 포함된 민족의식과 함께 민중에게 급속히 확산되었을 뿐만 아니라 민중을 집결하고 민족의식을 고취시키고자 하는 일부 지식인들에게도 좋은 계기가 되었다. 더욱이 일제가 1910년 한국을 강점한 후 모든 사회단체가 해산당한 상황에서 그나마 활동이 가능하였던 것은 종교단체밖에 없었다. 이러한 점을 활용하여 평소 반일의식이나 민족의식을 가진 자들도 상당수 참여하였다. 이들은 증산의 사상 중 민족주의적 의식을 찾아내어 민중에게 확산시킴으로써 민족자존과 독립에 기여하려는 강한 동기를 갖고 있었다.[31]

태을교에서의 민족의식 또는 민족주의적 성향은 증산의 天地公事[32]의 하나인 世運公事[33]에서 찾을 수 있다. 이 세운공사에는 한민

---

30) 朝鮮總督府, 『施政三十年史』, 853쪽.

31) 노길명, 「초기 증산종단의 민족의식과 민족운동」, 60쪽.

32) 증산교 계열에서는 天地公事의 필요성을 다음과 같이 제기하고 있다. 첫째, 현대는 말세에 해당하고 있으므로 운도의 측면에서 본다면 현대는 선천운로부터 후천운으로 교체되는 先後天交替期에 해당하기 때문에 선천시대로부터 누적되어온 신명계와 인간계의 모든 원한과 살기가 터져 나올 수밖에 없다. 따라서 현대는 이러한 원한과 살기를 해소할 새로운 법리로 새 질서를 이루는 개벽이 필요하다. 둘째, 神人協和로써

족을 중심으로 한 후천선경을 이 땅에 구현하고자 하는 주체의식이 잘 드러나 있다. 이와 관련하여 일제하에서 태을교가 포교활동의 이념으로 삼은 민족주체의식을 살펴보면 다음과 같다.[34]

첫째, 증산은 상제의 권능과 힘으로 후천선경을 꾸밀 곳으로 바로 우리 나라를 선택하고 이 민족을 중심으로 하였다는 점이다. 이 같은 선민사상은 한민족을 주체로 하여 장차 전세계를 선경으로 만들려고 했다는 것으로 특히 일제강점기라는 지배상황에서 나타난 강한 민족주체의식의 발로라 할 수 있다. 둘째, 서양·중국·일본에 대해 강한 斥外思想을 갖고 있다는 점이다. 앞서 살펴보았듯이 서양의 제국주의는 동양을 지배하고자 하는 힘의 원천으로 보았으며, 중국은 두려

신명계와 인간계는 서로 분리할 수 없는 관계인데 현대에는 신명계의 정황이 극도로 혼란하여 신명과 인간과의 조화가 없을 뿐 아니라 신명계의 혼란한 상황이 인간계에 그대로 반영되므로 이를 바로 잡기 위해서는 신명계의 조정이 불가피하다. 셋째, 기성종교들의 한계성으로 기성종교들은 각 민족과 그 민족의 문명에 토대를 두고 있기 때문에 사회적인 판도가 넓어지고 일이 다양화된 오늘날에는 인간에게 참 희망을 열어 줄 보편성이 없기 때문이다.(노길명, 「신흥종교 창시자와 추종자의 사회적 배경과 그들간의 관계 ; 증산교를 중심으로」, 『증산사상연구』 제3집, 증산사상연구회, 1977, 149~153쪽)

33) 세운공사는 인류미래에 다가올 정치·경제·문화 등에 대한 변천과정과 발전양상을 미리 설계하여 한국이 세계통합의 구심점과 세계의 上等國이 되도록 짜놓은 것으로 다음과 같이 세 단계로 구분할 수 있다. 제1단계는 서양세력을 물리치는 단계로써 증산은 19세기 말에 등장하는 서양의 제국주의 세력을 경계하고 이를 막지 못한다면 한국을 비롯한 동양사회는 영원히 서양의 지배를 받게 될 것이라고 파악하였다. 이에 따라 그는 세운공사의 첫 단계로 동양으로 밀려오는 서양의 세력을 막기 위해서는 사회지도급의 적극적인 대항함에도 불구하고 소극적인 것을 개탄하고 결국 삼계대권을 가지고 있는 자신이 나설 수밖에 없다고 강조하였다. 제2단계는 서양의 세력이 발흥하지 못하도록 하는 단계로써 일단 동양이 서양 세력에 지배를 받는다 하더라도 한국의 지방신을 서양으로 보내 서양 열강의 내분과 대란을 일으키게 하고 이 기간동안 약소민족이 갱생할 수 있도록 하는 단계이다. 이 단계에 이르면 한국인, 중국인 기타 동아시아의 여러 민족들이 민족적인 각성과 문화적인 발전을 얻게 되는 것이다. 세운공사의 제3단계는 한국의 독립으로써 현재 비록 일본의 지배를 받고 있더라도 민족적 각성과 문화적 발전이 된다면 한국의 독립은 반드시 이루어진다는 것이다. 이 3단계를 거침으로써 한국이 新世大運의 발상기점이 된다는 것이다. 즉 증산의 세운공사는 한민족과 한국을 세계의 중심으로 전개시키는 것이라 할 수 있을 것이다.

34) 김홍철, 『한국 신종교사상의 연구』, 집문당, 1989, 301~303쪽.

움의 대상이라기보다는 그동안 한국에 행사하던 영향력을 상실하고
그 힘이 우리나라에 온다고 하였다. 그리고 일본에 대한 견해 역시
전반적으로 비판적이었다. 증산은 '일본은 강렬한 地氣로 그 민족성
이 사납고 탐욕이 많고 침략열이 강하기 때문에 그 기지를 뽑아야'[35]
장차 우리나라가 편안하다며 경계하였다. 셋째, 한국을 장차 세계문
화의 종주국으로 만들고자 하였다는 점이다. '天師 매양 뱃소리를 하
시거늘 從徒들이 그 뜻을 묻자 조선을 장차 세계 上等國으로 만들려
면 서양신명을 불러와야 할지라, 이제 배를 실어오는 화물표를 따라
서 넘어오게 되므로 그러하노라'[36]고 하였듯이 증산은 한민족의 영
원한 메시아적 구원의 사명의식을 가지고 한국에 강림하여 천지공사
적 개혁의지를 펴면서 민족구제의 정신을 기본으로 하고 있다.[37] 이
러한 내용은 특히 제령 7호에 의해 검거된 태을교인의 입교동기에서
그대로 드러나고 있다.

일제강점기 한민족의 메시아적 구원사상과 한국의 상등국을 주장
하고 있는 태을교의 포교운동이 민중들의 호응으로 급속히 확산되었
다. 강화군의 거상 韓孝植은 1910년 일제의 강점 후 자신이 경영하던
해물업이 안되자 이를 처분하고 태을교에 입교하였으며 국권회복을
위해서는 태을교를 믿는 방법밖에는 없다고 권유하면서 포교에 종사
하였다.[38] 안성의 柳永瑞는 형 세 명이 독립운동의 지목으로 체포되
어 일제의 혹독한 고문으로 사망하자 1919년 태을교에 입교하였으며,
具桐書는 큰 인물이 나와야 국권회복을 할 수 있다고 생각하였는데
차경석을 본 이후 입교를 한 사례가 있다.[39] 또한 황주군 청수면에

---

35) 『대순전경』 제42장 169절.
36) 『대순전경』 제4장 188절.
37) 이현희, 「증산사상의 민족사적 위치」, 『증산사상연구』 제7집, 1981, 110쪽.
38) 洪凡草, 『汎甑山敎史』, 범증산연구원, 1988, 109쪽.
39) 홍범초, 『범증산교사』, 83쪽.

사는 金炳俊은 태을교에 입교한 후 교도가 55만 7천 명이 되면 조선 스스로가 독립이 된다고 믿고 남선 지방을 내왕하여 교도 모집에 적극 참여하였다.[40] 이 외에도 李榮魯·柳必憲·蔡相允·李東穆·曺仁煥·金德鉉·金㽵佑·李康建·申喆均·金宇鎭·曺珪泰 등은 1921년 5월 경성부 笠井町 20번지 우필헌의 집에 布敎所를 설치한 뒤 취지문을 발표하고 태을교를 포교하였다.[41] 더욱이 경기도 高陽郡 漢芝面 上毛里의 경우 金基澤·林在善·李熙成·韓中敎 등의 포교로 마을 1백여 호가 모두 태을교에 입교할 정도였다.[42]

이처럼 태을교의 교세가 점차 민중으로 확산되어 지배통치에 방해가 되자 일제는 이를 규제하기 위해 태을교인을 감시하고 탄압을 유발하였다. 일제는 앞서 살펴본 바와 같이 태을교를 유사종교로 분류하고 '세상사람의 심리를 시끄럽게 하거나 금품갈취, 미신을 쫓는 비밀단체'로 보았으며, 태을교인이 많이 있다는 것은 '공안' 또는 '치안'에 방해가 되는 일이라 하여 늘 주목하였다. 특히 3·1운동 이후 태을교가 전국에서 크게 발호하자 각지의 태을교인을 검거하였다. 밀양군 청도면의 朴成夏, 마산군 양산면의 陳景午, 밀양군 내이동 상송정리의 李浩龍 등 13명의 태을교인이 祭天式을 지낸다고 체포되었으며,[43] 안동군에서는 3백여 명이 안동지청에서 취조를 받았다.[44] 이 외에도 경성 시내에서 태을교를 비밀리에 선전한다고 세 명이 검거된 것[45]을 비롯하여 경기도 고양군에서 安成禹,[46] 평양에서 蔡善

---

40) 『朝鮮日報』, 1921년 5월 19일자.
41) 金正明, 『朝鮮獨立運動Ⅰ分冊－民族主義運動篇』, 原書房, 1967(國學資料院, 1992), 439~440쪽.
42) 『東亞日報』, 1921년 5월 14일자.
43) 『동아일보』, 1920년 6월 3일자.
44) 『동아일보』, 1921년 4월 7일자.
45) 『동아일보』, 1921년 5월 9일자 및 5월 12일자.
46) 『동아일보』, 1921년 5월 14일자.

黙·金奎堂, 평남 평원군에서 金珍洙,[47] 경기도 여주군에서 林某,[48] 남원군에서 金周權,[49] 전남 고흥군[50] 등지에서 많은 태을교인이 검거되었다. 특히 고흥군의 '太乙敎人銃殺事件'은 태을교 탄압의 대표적인 사례라 할 수 있다. 당시 『조선일보』에 보도된 사건의 개요는 다음과 같다.

> 1922년 6월 26일 고흥군에서 개최된 太乙敎 기도식장에 巡査 사오인이 무리하게 입장하려 함으로 그 식장의 司察 있는 朴洪三 宋達燮 宋鍾泰 宋淡壽 등은 입장을 거절한즉 순사들은 더욱더욱 강제적으로 침입하려 할 즈음에 사찰들은 말하기를 지금 기도식을 거행하는 중이니 이 시간에는 어떤 사람이든지 들여보내지 아니하는 규칙인즉 조금만 기다렸다가 기도가 끝나거든 들어가라 한즉 관리의 말을 저항한다고 사찰의 뺨을 때림으로 피차간에 언쟁이 일어나며 並松 순사부장과 保田 순사는 가졌던 권총으로 함부로 쏘아 박홍삼[51]은 卽死케 하고 또 다른 여자까지 사경에 이르게 하여 상금까지 그 행패에 대한 민원이 사회문제가 되어 오는 터인데 執務妨害罪로 그때에 검속되었던 네 사람의 공판이 … 판결언도하였는데 柳永善 柳永文은 불온한 流言을 전파하여 임심을 동요하였다는 죄로 구류 29일에, 송달섭 송종태 송담수 등은 경관의 직무집행방해죄로 6개월 징역에 언도를 하였다더라.[52]

이 고흥 태을교인총살사건(이하 총살사건)은 사회적으로도 크게 이슈화되었는데 『동아일보』에서는 사건이 난 지 2개월 후인 8월 19일부터 9월 13일까지 11차례를 보도하였으며,[53] 조선총독부의 기관지

---

47) 『동아일보』, 1921년 4월 30일자.
48) 『동아일보』, 1921년 12월 19일자.
49) 『동아일보』, 1922년 2월 11일자.
50) 『每日申報』, 1922년 8월 19일 ; 8월 22일 ; 8월 25일자.
51) 『동아일보』 기사에는 朴炳濟로 보도하고 있다.(1922년 8월 22일자)
52) 『조선일보』, 1923년 5월 1일자.
53) 『동아일보』, 1922년 8월 19일자 ; 8월 22일자 ; 8월 24일자 ; 8월 25일자 ; 8월 28일자 ; 8월 29일자 ; 8월 31일자 ; 9월 1일자 ; 9월 4일자 ; 9월 7일자 ; 9월 13일자.

『매일신보』에서도 3차례나 보도하고 있다.54) 그러나 이 사건은 단순히 종교 규제만 머물지 않고 인권문제로 확대되었다. 당시 이 사건을 맡았던 고흥경찰서는 일본 순사의 정당방위로 보고 사건을 왜곡하였을 뿐만 아니라 유언비어 유포와 집무방해로 오히려 태을교인에게 불리하도록 진상을 발표하였다.55) 이에 대해 태을교인과 고흥군민은 올바른 진상파악과 경찰의 처벌을 요구하였으며, 보천교에서도 나름대로 진상조사를 위한 대책을 마련하기도 하였다.56)

한편 총살사건과 관련하여 사회의 여론이 비등하자 民友會와 각 단체 유지들은 人道上 인권옹호차원으로 다루어야 한다고 뜻을 모으고 9월 5일 중앙종로청년회관에서 人權擁護大演說會를 개최하였다.57) 이날 회의에는 朴勝彬, 李鍾麟, 金喆壽, 崔元淳 등이 연사로 참가하였으며 공정한 수사와 인민의 인권보장을 요구하였다. 이 외에 張德秀, 薛泰熙, 박승빈을 교섭위원으로 선정함과 동시에 조선 민중의 생존권 옹호와 종교활동의 보장 등 5개항의 결의문을 채택하였다.58) 결의문 내용은 다음과 같다.

　人權의 是認은 文明의 根本이오. 社會의 土臺라. 政治的으로 此를 失하면 그 國家는 存在의 理由가 絶하고 社會的으로 此를 亡하면 그 民族이 存在의 形勢가 滅하는도다. 人權은 人民個人의 人格을 認定하고 그 生活을 保障하는 唯一한 道理라. 此를 扶植치 아니하고 어찌 文明이 存하며 此를 肯定치 아니하고 어찌 國家社會가 立하리오. 吾人은 이제 高興郡銃殺事件에 對하여 此 大原則에 據依하여 左와 如히 決議하여서 朝鮮民衆의 生存權 擁護를 期하노라.

54) 주 51) 참조.
55) 『동아일보』, 1922년 8월 31일자.
56) 『동아일보』, 1922년 8월 25일자.
57) 『동아일보』, 1922년 9월 4일 및 9월 7일자.
58) 『동아일보』, 1922년 9월 7일 및 9월 13일자.

一, 殺人한 巡査의 刑事上 責任에 當하여 當該官憲은 特히 嚴正하며 且
　　公平한 態度로 審査를 進行함을 要望함.

二, 良民을 銃殺하는 不詳한 事變을 惹起함을 至케한 當該 警察署로 하
　　여금 其 責任을 明白히 함을 可함.

三, 警務監督官署는 其 監督上의 責任을 明白히 함을 期함.

四, 宗敎 其他 一般集會에 對하여 警務官吏는 從來와 如한 橫暴의 態度
　　를 除去하고 敬意의 愼念으로써 取扱함이 可함.

五, 適當한 方法으로써 右記 諸項의 實現을 期함.

　이 사건은 당시 인권옹호문제로까지 확대되었으나 결국 불온한 유
언비어를 전파하여 인심을 동요시켰다하여 유영선과 유영문은 구류
29일, 그리고 송달섭·송종태·송담수는 직무집행방해죄로 각각 징
역 6개월에 언도되었다. 총살사건에서 볼 수 있듯이 일제는 태을교의
정상적인 종교행위까지 규제하였을 뿐만 아니라 이를 이용하여 태을
교를 탄압하는 명분으로 삼았다.

　그리고 1919년 12월에 태을교를 믿으면 질병에서 쾌유되고 조선의
독립 등 모든 소원이 성취된다고 하면서 포교운동을 전개하자 일제
는 신도의 금품절취와 태을교 세력을 이용하여 불온한 계획을 세운
다는 혐의로 金亨烈·張基憲·鄭東勳·郭法鏡 등 16명을 보안법 위
반으로 검거하였다.[59] 또 1922년 조선군참모부에서는 태을교가 미신
이나 세력이 점차 커가고 있으므로 상당히 주의를 요하는 대상이라
고 밝히는 동시에 태을교의 내력, 현황, 의식 등을 조사한 내용을 육
군성 참모본부 등 각 기관에 발송하기도 하였다.[60]

---

59) 김정명, 『조선독립운동』 I, 247~250쪽.
60) 김정명, 『조선독립운동』 I, 687~694쪽.

5. 국권회복과 독립자금모금운동

1920년대 초 태을교인의 민족운동의 대부분은 국권회복을 위한 독립자금모금에 한정되고 있다. 이는 동학혁명의 전개와 실패를 직접 목격한 증산이 사회적 모순과의 대결이나 투쟁은 또 다른 갈등과 원한을 창출시킬 뿐 사회적 모순을 근본적으로 해결하는 데는 큰 도움이 안된다고 인식하였기 때문이다. 이러한 증산의 사상은 그를 교조로 받드는 태을교의 경우처럼 사회변혁을 향한 인간의 투쟁행위를 근원적으로 차단시키고 있다.[61] 따라서 무장투쟁 등 적극적인 민족운동보다는 자연스럽게 국권회복을 위한 비밀결사의 조직 또는 독립자금모금이라는 소극적인 민족운동에 머무르고 있다. 이와 관련된 사례를 구체적으로 살펴보면 다음과 같다.

　　강원도 김화군 김화면 읍내리에 거주하는 趙俊浩는 1920년 4월(음) 禹富根과 같이 경기도 고양군에 사는 태을교인 盧重根을 찾아가 태을교의 목적이 국권회복에 있음으로 교인을 권유, 비밀조직을 결성하기로 하고 연명부에 서명하고 돌아와 뜻을 같이 하는 朴昌萬, 金龍燮, 金光釗, 安壽喆, 韓學敎, 金在勳, 金東秀, 趙學俊 등 16명을 입교시켰다. 이어 8월에 조준호, 우부근, 노중근과 새로 입교한 16명은 경성에 모여 독립의 목적을 달성하기 위해 일치단결키로 하고 8명 1조로 하는 國權回復八人組를 조직하는 한편 닭피(雞血)를 마시며 목적달성을 서약했다.[62]
　　또한 강원도 이천군 판교면 광현리의 金文河도 국권회복을 목적으로 운동자금을 모금하였다. 김문하는 원래 侍天敎인으로 평소 배일사상을 가지고 동지를 규합하여 기회를 기다리던 중 李致洪의 권유로 태을교에 입교하였다. 그는 태을교의 목적이 국권회복에 있다면서 1921년 朴璟文 등 9명을 입교시키고 독립운동자금으로 각각 12원씩 거둬 이치홍에게 전달하였다. 이 사건으로 태을교인은 김문하, 박경문 외에 金貞植, 朴貞燦, 金景

---

[61] 노길명, 「초기 증산교단의 민족의식과 민족운동」, 65쪽.
[62] 김정명, 『조선독립운동』 I, 558~560쪽.

植, 李達濟, 韓龍瑞, 朴命浩, 林顯漢, 曺秉河, 金元河, 金文煥, 秦文狹, 金順發 등이 검거되었다.[63]

그리고 전라도 함평군 학교면 금곡리의 徐錫柱는 강원도 고성군 신북면의 池明漢, 金永俊, 金淮鎬, 韓眞煥, 金英根, 金鎭鎬 등에게 태을교를 권유 입교시킨 후 1921년 1월 26일 밤 신북면 西娥里 城隍峙에서 닭피를 나누어 마시고 조선독립을 관철시키는 한편 독립자금 3백여 원을 모았다가 발각되어 원산지청에서 서적주, 지명한은 징역 8개월, 그 외는 징역 6개월을 언도받았으나 이에 불복하고 경성복심법원에 공소하였다.[64]

태을교인은 전국적으로 포교는 되었지만 본부가 정읍과 원평, 논산 등지에 집중되어 있어 전라북도와 충청남도 경찰부에서는 늘 주목을 하고 있던 중 1920년 모처에서 비밀회의를 개최하던 李容河, 金赫中 高僞相, 金洪圭, 崔斗洪, 康泰圭, 睦源益 등 7명을 제령 7호 위반으로 검거하였다. 이들은 태을교 60任의 하나로 조선독립을 달성코자 군자금 수십만 원을 모금하였다. 이 중 김홍규는 1914년 蔡權會의 권유로 태을교에 입교하였으며, 의연금(독립자금)을 모아 보관하던 중 1921년 평양으로 포교차 갔다가 체포되었다. 그는 김두홍으로부터 7만 원, 白南九로부터 1만 원, 이용하로부터 8,000원, 채선묵으로부터 6,000원, 김혁중으로부터 2,500원, 林學先으로부터 3,000원을 받아 자기집에 둔 혐의로 징역 1년 6개월을, 최두홍은 목원익으로부터 250원, 강태규로부터 1,035원을 모금한 혐의로 징역 1년을, 김혁중·강태규·목원익은 독립운동자금을 제공하고 안녕질서를 방해한 혐의로 1922년 4월 4일 경성복심법원에서 징역 10개월을 각각 언도받았다.[65]

특히 김홍규와 최두홍은 고등법원에 상고하였으나 기각당하고 5월 17일에 형이 확정되었다.[66]

이 외에도 강원도 양양군 손양면 수여리의 李柱範 등 네 명이 독립운동을 모의하다가 체포되어 강릉지청에서 징역 1년 6개월을 언도받았으나 이에 불복하고 경성복심법원에 공소하였으며,[67] 경남 청도군 진보면 진안리 李琦雨는 1921년 제령 7호 위반으로 검거되어 대구지방법원에서 징역 1년[68]을 언도받았다. 그리고 경상북도 안동, 청송, 영양, 영덕, 경주 지역의 태을교인 李君明 외 150명이 역시 제령위반으로 검거되었는데 權憲文·金在源·金武圭·權重銖·申相鎔·權明銖·禹宅洛·申相琪·崔相翊·李廷浩·金仁相·李琦雨·金聖述·李君明·林春一·林敬甲·洪載燻·洪演欽·洪泳佑·洪昌欽·劉漢星·柳相俊 등은 대구복심법원에서 징역 2년을 언도받았다.[69] 평남의 태을교인 劉繼堯(중화군 중화면 정척리)·朴基鎣(용강군 다미면 동전리)·崔斗浩 등은 1922년 워싱톤회의에 참가할 임시정부의 林元浩·崔俊鎬의 비용을 전담하기로 하고 金勳錫 외 수십 명으로부터 운동자금을 모금한 혐의로 검거되었으며, 유계요는 원산지방법원에서 징역 1년의 판결을 받았으나 이에 불복하고 복심법원에 공소하였다.[70]

한편 그동안 태을교인의 민족운동은 앞서 살펴본 것처럼 대부분이 독립자금모금운동이었지만 국외의 독립운동단체와도 연결이 되었다고 보여진다. 1923년 의열단원 검거 보고문건(京鍾警高秘 제16789호의

---

66) 『高等法院판결문』, 정부기록보존소, 1922.
67) 『동아일보』, 1921년 10월 7일자.
68) 『大邱地方法院 刑事裁判書原本第十一册』(복사본), 정부기록보존소, 1921.
69) 『大邱覆審法院 刑事控訴事件判決原本綴』(복사본), 정부기록보존소, 1921 및 『동아일보』, 1921년 10월 7일자.
70) 『동아일보』, 1922년 2월 24일자.

제10장 1920년대 초 태을교인의 민족운동

3)에 의하면 姜逸은 태을교 대표로, 裵同知(본명 裵致文, 裵浩告)[71]는 보천교 대표로 각각 상해 國民代表會에 참여하고 있다.[72] 태을교 대표로 국민대표회에 참여한 강일은 의열단 대표인 金元鳳과 具汝淳과 친교를 맺는 한편 1923년 여름 배동지와 文承漢과 義烈團에 입단하였으며 무기 구입에 필요한 군자금 모금을 위해 국내에 잠입, 합천 등지에서 활동하였다. 그리고 태을교의 핵심 교역자인 李祥浩와 申鉉哲은 1921년 교인으로부터 조선통일군자금을 모금하여 상해임시정부에 송금하고자 하였으나 검거되어 불발로 끝나고 말았다.[73] 이 외에도 權寧萬은 임시정부와 관련하여 일경에 검거되었는데, 권영만은 1919년 7월경 安鍾雲, 李載煥, 禹利見, 蘇鎭亨 등과 같이 미곡거래를 빙자하여 상해임시정부에 송금할 목적으로 독립운동자금 300원을 모금하였다. 또한 권영만은 폭탄을 제조하여 실험하는 등 독립운동에 적극적인 참여를 기도하기도 하였다.[74]

6. 맺음말

이상으로 1920년대 초기에 드러난 태을교인의 종교활동과 국권회복을 위한 군자금모금운동을 살펴보았다. 그리고 이를 통하여 태을교인의 민족운동의 성격과 한계를 살펴보는 것으로 결론을 대신하고

---

[71] 裵致文은 1890년 2월 17일 목포에서 출생하였으며, 3·1운동 당시 목포에서 만세시위를 주도하다가 피체되어 징역 1년 6개월의 옥고를 치렀다. 출옥 후 1923년 5월 상해의 국민대표회에 참석한 후 의열단에 가입하였으며 1926년 2월에는 조선공산당에 입당한 후 김철수와 접촉, 조공재건을 논의하였다. 1931년에는 신간회 목포지회장을 맡기도 했다. 1982년에 독립유공자로 포상되었다.(『독립유공자공훈록』 8, 국가보훈처, 1990, 169쪽 ; 이균영, 『신간회연구』, 역사비평사, 1996, 362쪽 ; 『독립운동사자료집』 14, 국가보훈처, 1978, 392쪽)

[72] 『檢察行政事務에 關한 紀錄』(1), 1923년(국사편찬위원회 소장).

[73] 『京畿道警察富 訊問調書』, 1921년(국사편찬위원회 소장).

[74] 『權寧萬訊問調書』(국사편찬위원회).

자 한다.

태을교인의 민족운동은 국권회복을 위한 비밀결사의 조직과 독립자금모금에 한정되고 있다. 이는 동학혁명의 전개와 실패를 직접 목격한 증산이 사회적 모순과의 대결이나 투쟁은 또 다른 갈등과 원한을 창출시킬 뿐 사회적 모순을 근본적으로 해결하는데는 큰 도움이 안된다고 인식하였기 때문이다. 이러한 증산의 사상은 그를 교조로 받드는 태을교의 경우처럼 사회변혁을 향한 인간의 투쟁행위를 근원적으로 차단시키고 있다. 따라서 무장투쟁 등 적극적인 민족운동보다는 자연스럽게 국권회복을 위한 비밀결사 조직 또는 독립자금모금이라는 소극적인 민족운동에 머무르고 있다. 그러나 일제의 민족종교에 대한 차별적인 종교정책, 즉 '치안상 빈번하게 경계를 요하는 대상적 존재'로 인식하고 있는 상황에서 국권회복을 위한 비밀결사와 독립자금모금운동을 전개하였다는 점은 민족운동에서 일정 부분 담당하였다고 본다.

그리고 한계성으로는 다음의 몇 가지를 지적하고자 한다. 첫째, 교단의 조직적인 활동이 없다는 점이다. 앞서 살펴보았듯이 비밀결사의 조직이나 독립자금모금운동은 교단적 차원에서 전개한 것이 아니라 교인의 민족의식에서 발로되었다. 더욱이 교단의 본부가 있는 전북 지역보다는 강원도를 중심으로 일정한 지역에서만 전개되는 한계성을 보이고 있다. 둘째, 모금한 독립자금의 송금문제이다. 태을교인의 독립운동자금은 임시정부나 국외의 독립운동단체에 직접적으로 전달된 구체적인 경로가 확인되지 않고 있다. 비록 이와 같은 계획이 사전에 발각되어 실패하였다 하더라도 한두 사건에 그치고 마는 단편적이라는 것이다. 또한 김홍규의 경우처럼 모금된 독립운동자금이 그때그때 전달되는 것이 아니라 자신의 집에 보관하고 있어 실제적으로 독립운동자금으로 사용되었는지 확인이 되지 않고 있다. 이러한 점은 태을교인의 민족운동을 희석시키는 요인으로 작용하고 있다. 사실 태을교인이 모금한 독립운동자금은 치성금이란 명목으로 교인들로부터 거두어들인 것이다. 이 중 일부는 독립운동자금으로 전달되었겠지만 대부분은 성도운동의 하나인 교당건립 등에 사용되었을 개연성이 없지 않다. 셋째, 태을교인의 민족운동은 국내적 한계를 벗어나지 못하고 있다는 점이다. 이는 강일과 권영만이 임시정부나 의열단과 연계를 시도한 흔적은 있지만 이 역시 사료의 한계로 명확하게 밝혀주지 못하고 있다. 이 점에 대해서는 좀 더 많은 연구가 필요하리라고 본다.

보론

제1장 천도교 문화운동의 흐름

1. 머리말

오늘날 우리 사회의 종교문화를 어떻게 인식해야 하느냐 하는 것은 간단한 문제가 아니라고 생각한다. 이는 그만큼 종교문화의 개념은 포괄적이어서 단락적으로 정의할 수 없기 때문이다.

문화는 어느 시대를 불구하고 중요하게 인식되지 않은 적이 없다. 특히 일제의 식민지 지배하에서는 더욱 중요하게 인식되었다. 1876년 운양호사건 이후 끊임없이 한국을 지배하고자 모든 수단과 방법을 동원하여 1910년 8월 29일 마침내 자신들의 야욕을 채운 일제는 식민지 지배정책으로 한국을 그들의 경제적 수탈지역으로 둠과 동시에 한국인의 민족정신 말살과 내선일체의 미명 아래 황국신민으로 동화시키기 위한 방안을 아울러 시도하였다. 이러한 일제의 식민지 정책에 대해 한민족은 일제의 지배로부터 벗어나고 국권을 회복하기 위해 다양한 문화운동으로 대항하였다.

일제 1920년대는 이른바 문화운동의 시대라고 일컫는다. 3·1운동으로 한민족의 독립의지를 새롭게 경험한 일제는 1910년 조선을 강제 합병한 후 시행하였던 무단정치를 폐기하고 문화정치로 전환하지 않을 수 없었다. 그러나 문화정치는 일제 식민통치의 근본 목표인 동화정책의 연장선에 불과하였다. 국내에서는 일제의 이러한 문화정치를 최대한 활용하여 언론·출판·교육·결사·산업·문예 등 각 분야에서 활발한 문화운동을 전개하였다.

동학혁명 이래 일제에 항거하였던 천도교 역시 청년들을 중심으로 이 시기를 활용하여 새로운 민족문화운동을 준비하였다. 그 결과로 3·1운동 직후인 9월 2일 천도교청년교리강연부를 창립하고 후천개벽을 위한 신문화운동을 적극 전개하였다. 천도교청년교리강연부는 천도교청년회, 천도교청년당, 천도교청우당 등 발전적으로 조직을 확대 강화하면서 민족정신의 함양을 위한 문화운동을 전개하였다.

그러나 해방 후 천도교는 일제 말기 암울했던 역사를 극복하지 못하고 오늘에 이르고 있다. 남북분단은 천도교의 발전에 적지 않은 영향을 미쳤으며, 일제시기에 지속되었던 교단의 분규는 해방 후에도 이어졌다. 이러한 내적 외적 요인으로 인해 천도교가 예전의 모습을 되찾지 못하고 점차 역사에서 잊혀져 가는 군소종단에 머물고 있는 현실이 안타까울 뿐이다. 이러한 마음으로 오늘날 급변하는 사회체제에 대응하지 못하고 있는 천도교의 현상을 문화운동을 통해서 살펴보고자 한다.

이러한 관점에서 본고에서는 먼저 일제하 천도교청년단체를 중심으로 전개되었던 문화운동을 살펴보고자 한다. 이는 일제강점기라는 어려운 상황에서도 민족과 종교적 역할을 다하였던 점을 되새겨봄으로써 천도교의 문화운동의 본질을 파악할 수 있기 때문이다. 둘째, 해방 공간에서 천도교청우당을 통해 전개되었던 정치활동과 통일운동을 살펴보고자 한다. 이는 일제하 천도교청년단체의 문화운동의

연장선상에서 이루어졌기 때문이다. 셋째로는 6·25 이후 천도교의
활동을 문화운동이라는 포괄적 의미에서 간략하게 살펴보고자 한다.
이에 앞서 본고에서 살펴본 현재 천도교의 활동이 일제시기나 해방
정국에서의 활동보다 미약한 것은 이념적 또는 출신지역의 정서적
한계가 적지 않게 담겨 있기 때문임을 밝혀두고자 한다.

2. 일제강점기 천도교의 문화운동

3·1운동은 한민족의 비폭력 무저항의 평화적 시위에 의한 거족적
인 민족운동이었지만 일제 제국주의의 무력적 탄압으로 좌절되고 말
았다. 하지만 3·1운동은 국내에 적지 않은 영향을 가져왔다. 즉 3·1
운동은 한민족의 민족의식, 독립정신에 새로운 자각과 자신을 불어
넣어 주었으며 특히 교육·언론·문예·학술·종교·실업계 등의 지
식인들에게 민족자립의 기초, 민족문화의 향상과 민족자본의 확립
등이 독립운동의 첩경임을 실감하게 하였다. 그리고 일제는 그동안
식민통치에 대한 근본적인 해결책을 모색하지 않으면 안되었다. 이
에 따라 지금까지 시행해오던 무단정치에서 소위 문화정치로 전환하
게 되었다. 문화정치는 3·1운동 이후 팽배해진 한국 민족의 독립운
동에 대한 의지를 회유 또는 완화시키기 위한 기만통치정책에 불과
한 것이다.

3·1운동의 중심에 섰던 천도교는 의암 손병희 등 민족대표와 교단
의 원로급 지도자들이 대거 구속되는 등 일련의 시련기에 당면하였
다. 이에 따라 이돈화·정도준·박래홍·박달성 등 청년들을 중심으
로 새로운 전기를 마련하고 교단의 안정적 발전을 위해 청년 중심의
조직체를 창립하기로 하였다. 이들은 1919년 9월 2일 '스승님과 선배
들의 정신을 계승하고 교리의 연구, 선전과 조선의 신문화의 향상

발전'을 목적으로 하여 '天道敎靑年敎理講演部'를 결성하였다. 이 교리강연부는 설립된 지 불과 반년만에 천도교회가 있는 곳마다 지부를 설치하고 전국적인 조직을 구축하는 한편 신문화운동을 실현하기 위해 이듬해 1920년 4월 '天道敎靑年會'로 명칭을 바꾸었다. 신문화운동을 위한 사업으로 청년회는 편집부를 설치하고 월간잡지 『開闢』을 창간하였으며 '天道敎少年會'를 조직, 어린이운동을 전개하였다.

그러나 1922년 12월 오지영·김봉국 등 天道敎聯合會의 일탈과 의암 손병희의 순도, 제1차 세계대전의 산유물인 파리강화회의, 군비제한, 극동 및 태평양문제를 토의하기 위한 위싱턴회의, 영·불의 조약체결, 폴란드의 독립 등 내외 정세의 급격한 변화는 청년회 신문화운동 자체에도 많은 영향을 주었다. 이와 같은 복잡한 상황적 정세는 청년회로 하여금 기존 청년운동의 틀을 벗어버리고 비약적인 발전을 모색하지 않을 수 없게 하였다. 이에 청년회는 1923년 9월 2일 이돈화·김기전·박사직·조기간·박래홍 등의 발의로 천도교청년회를 발전적으로 해체하고 '천도교청년당'(이하 청년당)을 창건하였다.

청년당은 후천개벽, 즉 지상천국 건설운동을 목표로 하여 이를 현실적으로 이루기 위하여 당원훈련, 포덕운동, 교리의 천명 및 내외선전, 창생조직, 문화운동, 체육운동, 정세연구와 통속운동 등 7대 운동으로 자체의 힘을 확대하며 당운동을 발전시켜 나갔다. 그리고 이를 보다 구체적으로 실천하기 위하여 연령별로 유소년·청년, 성별로 여성·청년, 직업별로 상민·노동자·농민·학생 등 7개 부문을 두고 중앙과 지방부에 각 책임위원을 두어 일반 당원으로 하여금 각 부문 운동에 참여하도록 하였다.

청년당은 7대운동 중 특히 문화운동에 중점을 두고 집중 전개하였는데 이 문화운동의 대강과 개관을 살펴보면 다음과 같다.

文化運動이니 人間社會의 一切 勝敗得失은 各其 自体의 意識程度와 文化程度의 高下를 따라서 생겨지는 成果이다. 思想의 新舊, 時代의 古今, 方法의 優劣 等 關係도 적지는 않으나 人間社會의 根本的 向上은 蒼生級의 意識的 覺醒과 文化的 向上에 잇는 것이다.

人間力의 總和, 社會力의 總和를 文化라 하는 것이다. 어떤 民族社會를 勿論하고 그 民族社會의 總努力의 結晶은 그 民族社會의 文化로 表現되어진다. 그러므로 文化란 것은 民族社會의 文化程度를 測量하는 水準器이며 尺度라고 할 수 잇는 것이다. 어떤 社會學者는 人間은 文化를 創造하는 動物이라고 하엿다.

時代의 新舊를 따라 文化의 新舊가 判別된다 함이 妥當할 것이다. 後天 發見者 大神師께서 '吾道는 今不古不의 事法이다. 儒道佛道 累千年에 運이 盡햇던가. 一天下의 飜覆運數 다시 開闢 아닐런가. 世運이 大革할진저' 云云을 말씀한 것은 先天의 모든 文化는 人間社會의 生活線上에서 임이 그 任務를 다하게 되며 存續할만한 效能이 乏盡되엿다는 뜻을 여러 가지 形式으로 말씀한 것이다.

思想은 文化의 中心이다. 思想없는 곧에 歷史가 없다는 哲人의 말도 잇거니와 思想없는 곧에는 文化가 돋아날 터가 없는 것이다.

天道敎의 人乃天運動은 後天開闢運動인 同時에 人文開闢運動, 卽 人類의 新文化를 創造하는 運動이라는 뜻이다.

다시 말하면 地上天國建設運動이란 말은 後天 新文化 建設 運動이라 말하여도 틀림이 없을 것이다.

天道敎의 人乃天主義로써 먼저 人間의 思想을 開闢하라는 精神 · 民族 · 社會의 三大開闢의 하나인 精神開闢은 後天 新文化 創造의 前提가 됨에서 큰 意義를 갖게 되는 것이다.

이 點에서 天道敎 運動 中에는 이 新文化運動이라는 것이 가장 重大한 任務를 갖지 안으면 아니 된다. 그러므로 우리 敎會의 여러 가지로 新文化 運動에 努力하여 오는 中인 바(『천주교청년당30년사』)

즉 청년당의 신문화운동은 일제가 전개하는 문화정치의 산물이 아니라 천도교의 이념에 따른 후천개벽운동의 일환으로 인류의 신문화를 창조하는 운동인 것이다. 이러한 관점에서 당시 청년당이 전개한 문화운동을 개략적으로 살펴보면 다음과 같다.

▲開闢社 創立. 이는 1920(大正 九)年 六月에 天道敎靑年會 編輯部 事業으로 言論機關「開闢社」를 創立하야 一般社會民衆을 相對로 하는 政治時事雜誌로 月刊『開闢』을 發刊하게 된 바 當時 朝鮮言論界에 唯一한 權威를 占하게 되엿스며 追後로 다시 朝鮮 어린이를 相對로 하는 雜誌 月刊『어린이』와 朝鮮 女性을 相對로 하는 雜誌 月刊『新女性』과 學生을 爲한 雜誌 月刊『學生』等을 發行하엿다. 月刊『開闢』은 그 以後 七年間 繼續하야 七十二號를 發行하고 當局의 忌諱로 發行禁止되엿다. 挽近 五六年 前부터 開闢社는 財政을 獨立하게 됨으로부터 그 經營에 잇어는 本黨과는 別個의 機關으로 되엿다.

▲新文化 宣傳. 1919(大正 八)年 九月 二日 天道敎靑年敎理講硏部가 成立되자 當時 朝鮮의 最初 巡講隊를 組織하야 全鮮的으로 巡講하기 始作하엿다. 그 以後 靑年會, 當時代를 通하야 오늘날까지 十五六年間 繼續하야 年 一二次의 巡講으로 講演, 講道, 講座, 講習 等의 形式으로써 天道敎의 人乃天眞理와 그에 相應하는 後天新文化를 宣傳하엿다.

▲朝鮮情形硏究會 組織. 1927(昭和 二)年 十二月 二十六日 本黨 擴大中央執行委員會에서 朝鮮文化와 其他 內外 一切 情形을 알기 爲하야 黨部잇는 곧에는 必히 朝鮮情形硏究會를 두기로 決定되야 그대로 實施하게 되니 初期이니만큼 勿論 成績은 特著하는 것이 없으나 黨員은 一般的으로 그 方面에 關心하게 된 것만은 收益이라 하겟다.

▲新人間自學 創設. 1926(昭和 元)年 五月 二十一日 本黨 委員會(現에 中央執行委員會格인 것)에서 一般黨員의 知識向上과 意識的 敎養을 爲하야 年 一次 以上의 自修自學工夫를 機關으로서 全般 個人黨員에게 勵行시키는 制度로「新人間自學」制度를 創設하야 그 後 繼續 實行하여 오다.

▲侍日學校 創設. 1926(昭和 元)年 八月 十八日 本黨 委員會에서 全般道人에게 人乃天眞理의 闡明, 敎史敎政의 究明, 一般社會常識 等의 普及을 爲하야 敎會機關이 잇는 곧은 均一的으로 侍日學校를 세워 侍日마다 一般 道人 黨員으로 하여금 敎理를 中心한 工夫를 實行케 하다.

▲黨機關誌『黨聲』發行. 1931(昭和 六)年 四月 一日부터 우리 黨의 活動을 內外에 알리며 黨員의 意識的 敎養 及 知識向上을 爲하야 月 一回 發行으로 機關誌『黨聲』을 發刊하게 되다.

▲刊行物 出刊. 1928(昭和 三)年 七月에 黨沿革의 槪要를 內外에 알리기 爲하야『天道敎靑年黨一覽』을 發行하고, 1930(昭和 五)年 九月에 本黨 少年部 事業으로 朝鮮少年運動과 少年指導者를 爲하야『少年指導者要覽』을

發行하며, 昭和 五年 十月에 一般黨員의 黨的 意識을 確立하며 黨運動을 一層 活潑케 하기 爲하야 『黨憲釋義』를 發行하엿으며, 1932(昭和 七)年 六月에 『朝鮮及國際條約集要』를 發行하야 舊韓國及各國과의 關係條約을 內外 一般에게 알게 하엿으며, 1932(昭和 七)年 十二月 臨時全黨大會의 決議로 建黨 十週年紀念小史를 發行하게 되엿다.

▲自修大學講義 發行. 1933(昭和 八)年 四月 三日 第七次 全黨大會에서 知識階級黨員의 專門化와 社會一般的으로 中等學科를 맞이고 그 以上 學科를 修得할 길이 없는 處地에 잇는 朝鮮靑年에게 專門的 知識을 修得케 하기 爲하야 『自修大學講義』를 發行하기로 決定되여 同年 七月부터 「宗敎, 哲學, 政治, 經濟, 社會, 藝術, 體育」 等의 七大 科目으로 된 大學程度의 綜合講義를 發行하게 되엿다.

▲黨學 創設. 1932(昭和 七)年 五月 以後 全黨的으로 實施하여 오는 「新人間自學」의 制度가 漠然한 非具體的이어서 積極的 實效를 거두기 어려움을 느끼에 되여 1933(昭和 八)年 十二月 二十日 本黨 中央執行委員會의 決議로 「黨學」의 制度를 創定하야 黨員은 이 몇 가지 科目의 學科는 반듯이 알어야 된다는 意義에서 黨學을 세우게 되엿다. 許多한 方面의 生活, 健康의 四大 方面에서 1. 敎理敎史 2. 朝鮮語 3. 朝鮮史 4. 農學 5. 體育 等 五大 學科를 選擇하야 黨員의 必須 學科로 한 바 이를 「黨學」이라 名稱하야 1934(昭和 九)年 一月부터 機關誌 黨聲을 通하야 通信敎授方法으로 實施하게 되엿다.(『천도교청년당소사』)

3. 해방공간 천도교의 문화운동: 청우당을 중심으로

일제의 패망을 고대하며 국내외에서 민족운동을 전개해 오던 주요 세력들은 일제가 패망하자마자 새로운 국가를 건설하기 위한 정치활동을 펼쳤다. 1944년 8월 건국동맹을 조직하였던 여운형은 8월 15일 아침 총독부의 엔도 정무총감과 면담하고 돌아오자마자 조선건국준비위원회의 발족에 착수하여 8월 17일 제1차로 부서 책임자의 선정을 완료하였다. 그리고 朴憲永·李康國 등은 해방 직후 조선공산당의 재건에 착수하여 9월 11일 李英·崔益翰·鄭栢 등이 조직한 고려공산당계 인물 등을 흡수하여 조선공산당을 재건하였다.

한편 민족주의 계열은 8월 18일 元世勳 등이 고려민주당을 조직하였으며, 8월 28일에는 金炳魯·白寬洙 등이 원세훈과 합작하여 조선민족당을 조직하였고, 9월 4일에는 白南勳·尹潽善 등이 한국국민당을 조직하였다. 이들은 9월 16일 宋鎭禹·徐相日 등이 조직한 국민대표준비회와 李仁·趙炳玉 등이 결성한 연합군환영준비위원회 등의 단체와 합하여 한국민주당을 창당하였다.

정당과 정치단체가 우후죽순처럼 설립되는 것에 자극 받아, 천도교에서도 1945년 9월 14일 천도교청우당을 부활하였다. 천도교청우당의 부활 취지문에는 다음과 같이 되어 있다.

> 유사 이래 대참극인 제2차 세계대전도 일·독 양국의 패배로써 종국을 고하게 되어 약 반세기 동안 일본제국주의 철쇄 하에 얽매이어 신음하던 우리 삼천만 동포도 해방의 기쁜 날을 맞게 되었습니다. 경애하옵는 남녀 동포 여러분, 우리는 조국의 광복을 고함과 같이 우리 청우당의 光活을 선포하는 기쁨을 갖게 되었습니다. 과거 20년에 있어서 우리 당이 그 일본제국주의 정치의 탄압 밑에 있으면서도 어떻게 활동하고 어떻게 수난을 당하였는가 하는 것은 우리 일반이 다 같이 당하고 다 같이 아는 바로서 새삼스럽게 더 말할 것도 없거니와 이제 대운이 순환하야 만국이 갱장되는 차제에 우리 당이 혁연한 부활을 보는 것은 교내로 교외로 의의가 지극 중대함이라. 기뻐 이를 仰佈하오니 종래의 남녀당원 제씨는 물론이요 우리 동덕 제현도 용약 이를 맞이하여서 지방당부를 신속히 부활하옵는 동시에 대내대외하야 적극적으로 활동을 하오며 신국가 건설에 공적이 있기를 바라옵니다.

위의 내용에 따르면, 천도교청우당은 만물이 갱장하는 기운을 만나, 교내·교외의 활동을 추진하기 위하여 설립되었다. 즉, 단지 종교적 활동이 아니라 '신국가 건설'과 같은 정치적 활동을 전개하기 위하여 설립되었던 것이다.

천도교청우당 본부는 동일 각 부서의 책임자를 선정하였는데, 위원장은 李應辰, 부위원장은 馬驥賞, 상무위원 李團, 위원 金炳淳·李錫保·金起田·趙基栞·林文虎·孫在基·朴浣·羅相信·宋重坤·金東濟·崔蘭植·白重彬이었다. 이들은 다음달 개최할 전당대회의 준비위원이었다는 점에서, 정식으로 체제를 정비하기까지의 과도기적 책임자였다.

천도교청우당은 10월 31일 오후 1시 경운동에서 지방대표 1,000여 명이 참석한 가운데 마기상의 사회로 전당대회를 개최하였다. 이날 전당대회에서는 민족통일기관 결성 촉진, 전재동포 구제, 실업대책, 기관지 발행 등을 결의하고 새로 임원을 선임하였다. 당시 위원장은 김기전, 부위원장 이응진, 총무국장 마기상, 정치국장 承寬河, 조직국장 이석보, 문화국장 具中會, 특별국장 마기상(겸임), 중앙위원 김기전·손재기 외 42명, 중앙검찰위원 박완·桂淵集, 동후보위원 金昌鳳·鄭雲采였다.

천도교청우당은 본부의 설립과 아울러 각지에 지부를 부활하였다. 당시 지부의 정확한 소재지와 그 책임자에 대해서는 아직 확인할 수 없다. 그렇지만, 포덕 70년대 중반, 천도교청우당이 해체될 무렵의 그것과 대체로 비슷할 것으로 짐작된다. 천도교청우당은 1945년 10월 일제의 탄압으로 폐쇄되었던 개벽사를 다시 설립하여, 경운동 88번지에 사무소를 마련하고 주간으로 김기전을 임명하고 재출발하였다.

그러나 천도교청우당의 진로가 순탄한 것만은 아니었다. 1945년 말 천도교 신·구파의 갈등이 재연되었다. 갈등의 일차적 원인은 박인호의 4세 교주 인정여부와 교회의 제도와 운영 등과 관련된 교권문제였다. 아울러, 천도교 구파는 民議路線을 취하고, 천도교 신파는 民戰路線을 취하는 정치적 갈등이 있었다. 이에 따라, 천도교 구파에서는 1946년 5월 20일 교인대회를 열고 분립을 결정하고, 5월 23일 사무실과 문서 등을 갈랐다. 그리고 1946년 7월 7일 천도교보국당을 결성하고, 당수로 손재기, 부당수로 鄭煥奭을 선정하였다. 손재기는 성명을 통하여 "본당은 모체인 천도교의 인내천주의하에 보국안민 광제창생의 목적을 달성코자 하는 전위당이므로 민중의 복리만을 위하여 투쟁하는 당이다"라고 성명을 발표하였는데 이것으로 보아 천도교보국당도 교회활동과 정치활동을 위한 천도교 구파의 청년전위단체였음을 알 수 있다. 천도교보국당에서는 속속 지부를 부활시켜 조직을 정비하여 나갔다. 또한, 교회의 연합제적 운영을 주장하던 천도교연합회도 오지영, 이군오, 유지훈, 김도경, 이단 등이 중심이 되어 1946년 8월 4월 경운동 천도교대강당에서 동학당연맹 결성 준비위원회를 개최하였다. 그리고 독자적인 활동을 전개하여 나아갔다.

구파가 분립을 결정한 다음날인 1946년 5월 21일 천도교청우당은 확대중앙위원회를 개최하여 중앙집행위원 97명을 개선하고, 23일에는 신임중앙위원회를 개최하여 위원장 조기간, 부위원장 이응진, 상임위원 朴榮敏·金秉濟·馬驥賞·林文虎·李錫保·全義贊·金起田·李鍾海·羅相信·李鍾泰·崔潤煥·李宇英·宋重坤·李海錫·鄭雲彩·河道仁·金炳淳·金鉉國·吳允珍 등의 신임임원을 임명하였다. 이로써 천도교청우당의 조직은 새롭게 정비되었다. 그리고 1946년 10월 31일에는 전당대회를 개최하여 위원장 김기전, 부위원장 이응진, 총무국장 마기상, 정치국장 승관하, 조직국장 이석보, 문화국장 구중회, 특별국장 마기상(겸임), 중앙위원 김기전·손재기 외 42명, 중앙검찰위원 유재순·오윤진·하상태·박완·계연집, 동후보위원 김창봉·정운채 등으로 임원을 변경하였다.

이러한 천도교청우당은 1946년 8월경, 170개 당부와 15만 당원을 갖고 있었다. 그리고 동년 말경에는 50만 명의 당원과, 道黨部 6개소, 郡黨部 200여 개소를 갖고 있었다.

다음은 천도교청우당의 정치이념에 대하여 살펴보자.

천도교청우당은 당의 정책을 설정하기 위하여, 천도교의 교리와 역사 및 현실인식에 기초하여 정치이념을 수립하였다. 천도교청우당의 정치이념은 1946년 말 기고하여 1947년 3월 31일자로 발간한『천도교의 정치이념』과 1947년 여름 이돈화가 작성하여 동년 10월 5일 평양 천도교종학원이 발행한『敎政雙全』을 통하여 잘 알 수 있다.

『천도교의 정치이념』에 의하면, 천도교청우당의 주의, 강령, 정책을 다음과 같이 말하였다.

> 첫째 당의 主義를 지상천국건설이라 하였으니 지상천국의 내용을 순수 정치적 견지에서 推想한다면 무침략, 무압박, 무착취, 무차별의 진정한 평등 자유의 세계를 이름이니 이것은 高遠한 이상인지라 燔論할 것 없고, 둘째 당의 綱領은 새제도의 실현과 새윤리의 수립을 내세웠으나 그 역시 이상 편에 속한 것이니만큼 조급히 論할 것 없으며, 셋째 당의 政策으로서 정신개벽, 민족개벽, 사회개벽을 期하였다 하였으니, 이 정책에 와서야 비로소 당의 정치적 기본이념이 표시되었다고 볼 수 있는 바, 其實 청우당의 활동목적은 민족개벽과 사회개벽 두 가지에 중점을 두었던 것이 사실이다. 민족개벽이라 함은 여러 가지의 의의가 있지만 일본 제국주의의 羈絆에서 우리 민족이 해방을 얻자는 것이 第一義的이었고, 사회개벽이라 함은 자본사회의 제도를 개혁하여 무산계급을 해방하자는 것이다. 이상 세 가지를 종합해 보면 청우당의 현실적인 정치이념은 민족해방과 계급해방이었던 것은 분명히 알 수 있다.

위의 내용에 따르면, 천도교의 주의는 무침략 · 무압박 · 무착취 · 무차별의 진정한 평등 · 자유의 세계인 지상천국을 건설하는 것이고, 강령은 새 제도의 실현과 새 윤리의 수립이라 하였다. 그리고 정책, 즉 정치적 기본이념은 민족해방과 계급해방이었다.

천도교청우당은 천도교리의 '保國安民'의 '보국'은 민족해방을 의미하며, 보국은 민족주의의 계단으로서 각각 그 민족의 민족적 행복을 도모하는 것을 목적하였다고 하였다. 그리고 당시의 현실을 연합국의 위대한 승전으로 우리의 민족해방이 된 것은 사실이나, 자주독립을 완성하지 못한 만큼 아직도 이 과업은 우리에게 그대로 남아있다고 보았다. 또, 연합국의 원조는 우리의 주권을 손상함이 없이 우리의 자력의 부족을 보충하는 정도로서 민족적 우호관계를 돈독히 하는데 한할 뿐이며, 그 이상 他力信賴, 외세의존은 배제하지 않을 수 없다고 하였다. 그리고 천도교청우당은 당시의 상황을 주의의 독립, 정책의 相違는 민족혁명의 현단계에서는 피치 못할 사실이나, 지금은 그것에 대한 투쟁을 일삼을 때가 아니라 강토회복의 국권확립이 더욱 중하다고 하였다.

천도교청우당은 보국, 즉 민족해방을 위한 방안으로서 혼의 통일, 실력통일, 사상통일을 제시하였다. 이를 기반으로 민족통일을 이루고, 이 위에 민주적 강력한 정치기구 통일을 기도함이 민족해방을 위해 필요하다고 보았다. 즉, 동학을 기초로 혼의 통일을 이루고, 인민경제실력 · 인민치안실력 · 정치훈련실력 등의 실력통일을 이루어야 한다고 하였다. 이때, 경제실력이란 인민들이 경제를 생산할 기술을 갖고 있고, 국가는 인민의 경제적 기술을 응용할 수 있는 직장을 주는 상황에서 인민들의 노동력이 항상 경제를 생산할 수 있는 것을 의미하였고, 인민치안실력이란 경찰이 없어도 치안이 유지될 만한 문화 정도를 갖추는 것을 말하였다. 이어 인권평등 · 경제평등 · 기회평등 등의 평등 관념으로 민주주의적 사상통일을 이룰 것을 주장하였다.

다음으로, 천도교청우당은 보국안민의 '안민'은 바로 계급해방을 의미한다고 보았다. 천도교청우당은 계급해방과 관련하여, 대지주와 자본가를 본위로 한 구경제제도를 개혁하고, 그 토대 위에 전 민족의 생활문제를 근본적으로 해결할 만한 신경제제도를 수립하자고 하였다.

이러한 민족해방과 계급해방을 추진하기 위하여, 청우당은 새로운
정치이데올로기를 제시하였다.

> 우리는 미국형인 자본가 중심의 자유민주주의를 원치 않는다. 그것은
> 자본제도의 내포한 모순과 폐해를 미리부터 잘 알기 때문이다. 동시에 소
> 련류인 무산자독재의 프로민주주의도 필요치 않다고 생각한다. 그것은 조
> 선에는 일찍이 자본계급의 전횡이 없었기 때문이다. 우리는 조선의 현단
> 계에 적응한 '조선적 신민주주의'를 주장한다. 조선적 신민주주의란 어떤
> 것이냐. 민족해방과 계급해방을 輕重先後의 차별없이 동일한 목적으로 취
> 급하는 민주주의이다. 조선의 자주독립과 아울러 조선민족사회에 맞는 민
> 주정치, 민주경제, 민주문화, 민주도덕을 동시에 실현하려는 민주주의이
> 다.(『교정쌍전』)

청우당은 미국식 자유민주주의와 소련식 프로민주주의(공산주의:
필자)를 모두 반대하고, 민족해방과 계급해방의 동시 구현을 지향하
는 '신민주주의'를 제시하였다. 그리고 이 신민주주의의 실현을 위하
여 민주정치·민주경제·민주문화·민주윤리를 수립할 것을 제시하
였다.

민주정치의 실현을 위해서는 첫째, 봉건적 제관계를 청산하고, 둘
째, 식민지적 성격을 제거하고, 셋째, 반동적 파쇼를 타도하며, 넷째,
근로대중의 단결로써 영도적 세력을 지을 것을 주장하였다. 이돈화
는 완전한 민주정체의 이상은 인민이 주권을 가지고 법률사용권, 선
거권과 피선거권, 파면권, 징계권과 부결권을 행사함으로써 실현될
것이라고 보았다.

민주경제의 수립을 위해서는, 청우당은 봉건적 특권계급이 경제적
실권을 가졌던 봉건시대의 경제제도와 소수의 자본가계급이 경제적
실권을 가지는 현재 자본주의사회의 경제제도를 모두 부정하고, 인
민대중이 경제적 실권을 갖는 경제제도를 수립하려고 하였다. 즉, 농

민·노동자·기술자 등 근로자가 토지·광산·공장·교통기관·기계 등 생산수단을 소유하려 하였다. 그리하여, 어느 정도의 개인의 사유권과 중소상공업의 사유화를 인정하지만, 중요산업기관은 국유로 하여 국영 또는 공영으로 운영하려고 하였으며, 지주·소작관계의 토지제도를 조속히 해결하려 하였다.

민주문화의 수립을 위해서는 교육제도의 사회화, 교육기관의 대중화, 교육정신의 민주화를 주장하였다. 동시에 문맹퇴치, 초등교육의 의무제 확충, 노동자와 농민의 교양, 부인계몽 등을 중시하면서도 기술자 양성과 천재교육도 중시하였다. 그리고 민주윤리의 수립을 위해서는 계급적이거나 상하적인 君臣·父子·夫婦·長幼·班常·官民 등의 관계를 규정한 도덕이 아니라, 인간 상호 간 평등한 입장에서 인격을 존중하고, 공동사회·공동생활에 입각한 도덕을 수립할 것을 주장하였다.

이와 같은 정치이념하에 청우당은 해방 직후 대한민국임시정부 지지와 신탁통치 반대운동, 민주주의민족전선 참여와 좌우합작운동을 통한 통일정부수립을 위한 운동을 전개하였다.

4. 분단 이후 천도교 문화운동의 흐름

해방의 혼란기와 6·25라는 민족상잔을 겪은 사회는 각 분야에서 전후 복구와 조직의 안정을 위해 새로운 환경을 마련하였다. 전쟁기간 중 천도교인은 반공지하단체인 태극단을 조직하여 전시동향을 알리는 전단지를 배포하였다. 일부 부산으로 피신을 한 천도교인들은 천도교구국단을 조직하여 전시하에서 교단을 수호하는 전위단체로 활동하였다. 천도교국구단은 서울 수복 후 발전적으로 해체하고 보국연맹으로 개칭하였다. 이어 천도교는 새로운 집행부를 구성하고 조직의 안전화를 기하고 전시 중에 월남하는 천도교인의 수습과 전후 복구 사업으로 '동포애발양기간'을 정하고 선전사업, 위문사업, 모금사업, 문자해독사업을 추진하였다.

분단 이후 교단은 남한의 교인과 북한으로부터 월남한 교인 간의 알력으로 분규에 휩싸이기도 하였으나 다시 합동으로 안정을 기할 수 있었지만 적지 않은 타격을 남겼다. 이 시기 교단은 청년회를 중심으로 고등교육기관인 대학설립을 추진하기도 하였다. 당시 추진하였던 교육기관은 수운학관으로 종교철학과, 법정학과, 음악과 등 3개학과를 설치하고자 하였다. 하지만 교육기관 설립은 뜻을 이루지 못하였다. 이는 현재 천도교가 교육기관을 여전히 갖지 못하는 단초가 되었다고 할 수 있다. 다만 천도교의 교육이념을 실천하기 위해 천도교인이 설립한 교육기관으로 현재 부산예술문화대학과 가야대학교가 있다.

전후 천도교는 월남한 교인들이 교단의 핵심으로 자리잡은 관계로 자연스럽게 보수적인 시각을 갖게 되었다. 이러한 현상은 당시 사회적 현상이었지만 천도교가 보다 적극적이었던 것으로 보인다. 특히 청년회의 경우 1956년 10월 아세아반공청년학생대회 개최 당시 홍정식을 상임위원으로 파견하는 한편 반공학생대회에 참가한 대표자를 초청, 환영회를 갖기도 하였다. 이러한 보수적 시각은 아직도 유효하지 않는가 여겨진다. 해방 이후 현재까지 천도교는 정체성을 찾기 위해 많은 노력을 하고 있다. 그렇지만 그 실체는 아직까지도 크게 향상되지 않고 있다. 이는 많은 반성을 필요로 하고 있다고 본다.

오늘날 천도교의 문화운동은 일제강점기나 해방공간에서 전개하였던 문화운동과는 현저하게 축소되었지만 수도연성을 통한 신앙운동의 전개, 환경운동과 사회복지활동, 종학원을 통한 내적교육과 인내천강좌를 통한 외적교육, 그리고 이웃종교 간의 교류활동, 천도교의 지상과제로 삼고 있는 통일운동과 남북교류를 통해 나름대로 활동하고 있다. 사실 천도교의 오늘날 문화운동에 대한 본질에 대해서는 교단 자체의 보다 많은 고민과 과제를 안고 있다. 그렇다고 이를 해결할 수 있는 방법 또한 뚜렷하지 않다는 것이 가장 큰 고민이다. 그럼에도 불구하고 나름대로 그 방안을 제시하면 다음과 같다.

첫째, 수도연성을 통한 신앙운동의 전개이다. 수도연성은 천도교 신앙생활에 있어 기본으로서 중앙총부의 주관으로 수도원을 통해 계층별로 실시하고 있다. 현재 수도원은 동학의 발상지인 경주 용담정의 용담수도원을 비롯하여 의창수도원, 화악산수도원, 가리산수도원, 명동산수도원, 복호동수도원, 법원수도원, 원동수도원, 호암수도원 등 9개가 운영되고 있다. 이 수도원을 이용하여 동계와 하계기간 동안 1년에 두 차례씩 모든 교인이 수련연성에 참여하기를 권유하고 있다.

수도연성의 경우 수운이 동학을 창도할 시기부터 은도시대라 불리우는 1905년까지는 대체적으로 49일이 중심이었으나 현대생활에서는 일반적으로 7일을 기준으로 하고 있으며, 특별히 대학생들을 위해 49일 특별수련을 갖고 있다. 수도연성의 목적은 개인적으로는 자아완성, 교회적으로는 교단중흥, 민족적으로는 남북통일이 상정되고 있다. 그러나 최근에는 수도연성에 참여하는 비율이 점차 낮아지고 있다. 그밖에 동학의 창시자인 수운의 탄신일(10월 28일)과 순도일(3월 10일)을 기하여 재가 또는 집단으로 특별수도연성을 갖고 있다.

둘째, 환경운동과 사회복지활동이다. 환경운동과 사회복지활동은 천도교 이념에서 살펴볼 경우 가장 활동이 적극적이어야 하나 아직 초보적인 단계에 머물고 있다. 이웃종교의 경우 각종 환경운동단체를 조직하거나 사회복지시설을 설립하여 종교의 영역을 넘어 시민단체로서의 역할을 보여주고 있다. 천도교의 경우 교리적으로는 삼경

사상(경천·경인·경물)을 내세우면서 생활신앙을 통해 환경운동을 실천하고 있지만 환경운동단체의 조직에까지는 이르지 못하고 있다. 다만 여성회를 중심으로 생활환경운동여성단체연합 등에 참여하여 생활 속에서 환경운동을 실천해 나가고 있다. 그리고 환경운동을 효율적으로 실천하고 이를 사회적으로 확대하기 위해 모임으로 결성된 '환경보호실천한울타리'를 모체로 하여 본격적인 환경운동단체로 발돋음을 준비하고 있다. 특히 환경보호실천한울타리는 서울시가 주관하는 환경탐방행사를 통해 환경보존의 필요성을 절감하는 한편 천도교의 생명사상을 기저로 하여 새로운 모습의 탄생을 예고하고 있다.

사회복지활동은 하계사회복지관 후원 및 여성회원의 자원봉사가 유일하다고 할 수 있다. 사회복지활동의 경우 동학의 2세 교조 해월 최시형은 有無相資 정신을 통하여 사회복지이념을 실천적 과제로 남겨주었으나 교단 여건상 아직 요원하다. 하계사회복지관은 1991년 개소하여 현재 컴퓨터, 미용, 메이크업, 영어, 피아노 등 사회교육 프로그램을 운영하고 있다. 자원봉사활동은 여성회원을 중심으로 '샘봉사단', '여성회봉사단' 등을 조직하여 국립재활원, 하계사회복지관 등에서 봉사활동을 하고 있다.

셋째, 교육활동으로 종학원을 통한 내적 교육기능과 인내천강좌를 통한 외적교육기능을 각각 담당하고 있다. 종학원은 1905년 동학을 천도교로 명칭을 변경한 이후 교단의 교역자 양성을 위하여 설립된 것이 효시이다. 이후 천도교가 보성전문학교(현 고려대학교)를 인수할 때 종학원을 보성전문학교로 통합하였으나 학생들의 종교교육에 대한 반발로 이루어지지 못하였다. 교역자 양성을 위한 종학원은 이후에도 교단적 차원에서 양성화하려고 하였으나 일제의 방해로 정상적으로 운영되지 못하였다. 해방 후 종학원이 설립되어 현재에는 종학대학원으로 확대 개편하여 운영되고 있다. 또한 교단은 정규교육기관을 설립하기 위하여 많은 노력 끝에 1998년 수운학원 학교법인을 인가 받은 바 있으며 단설대학원 설립을 위해 준비중에 있다.

그리고 외적교육기능으로 인내천강좌가 최근 지속적으로 전개되고 있다. 인내천강좌는 일반인을 위한 교양강좌로 2001년 7월부터 시작하여 천도교의 우주관·신관, 사회관·인간관, 선악관, 사후관·향복관, 동학의 정치사상 등을 내용으로 현재까지 이어 오고 있다.

넷째, 이웃종교 간의 교류는 민족종교와 7대종단 교류 활동으로 나누어 살펴볼 수 있다. 민족종단의 대표격인 천도교는 종교 상호 간의 유대 및 협력을 증진하고 민족문화의 창달, 민족정신의 선양을 위하여 1985년 한국민족종단협의회 창립을 주도하였다. 민족종단협의회는 종단 간의 이해와 상호방문으로 협력을 도모하는 한편 민족 고유의 전통문화 보급과 미풍양속, 윤리도덕 실천운동을 전개하고 있다. 그리고 7대종단 교류는 천도교, 천주교, 기독교, 불교, 유교, 원불교, 민족종단협의회가 종단 간의 상호이해를 도모하고 종교 간의 대화를 모색하고 있다. 최근 남북교류활동을 통해 통일운동에도 적극 참여하고 있다. 특히 지난 3월 1일부터 3일까지 워커힐 호텔에서 가진 남북종교인민족대회는 7대종단의 역할이 적지 않았음을 보여주고 있다.

다섯째, 천도교가 무엇보다도 가장 활발하게 추진해왔던 것이 통일운동이 아닌가 한다. 이는 마치 천도교의 지상과제로 삼고 있는 듯하다. 이러한 이유는 첫째로 북한에 연고를 든 교인이 아직도 통일이라는 과제를 교단의 과제와 일치로 인식하고 있다는 점, 둘째는 해방 이후 북한에서 교세가 급격하게 확대되었던 상황과 남한에서 천도교가 재대로 자리잡지 못한 것에 대한 보상심리가 아닌가 한다. 사실 해방 당시 천도교의 교세를 살펴보면 필자의 판단에는 북한에 전체교인의 4분의 3까지 가능하였다고 보여진다. 이는 일제강점기

교인분포와 비교하여 보았을 때도 동일하게 여겨진다. 당시 교세는 북한의 경우 평안도 및 함경도, 황해도 지역 전체를 아우르고 있으나 남한의 경우에는 강원도, 충청도, 경기도 일부와 호남지역과 경남지역 일부에 분포하고 있었다. 이러한 교세의 편중현상은 교단 발전에 적지 않은 영향을 주었지만 통일에 대한 의식은 강하였다고 보여진다. 천도교의 통일운동과 남북교류에 대해서는 추후 발표할 것으로 보아 여기서는 생략하기로 한다.

이밖에 미술분야에서 '천도교미술인회'를 조직하여 해마다 정기회원전과 대한민국종교예술제에 참여하고 있으며, 공연문화와 관련하여 극단 '모시는 사람들'을 통해 '들불', 소파 방정환 탄신 100주년 기념 '사랑의 선물' 등을 공연한 바 있다. 그리고 최근 동학의 교조 수운의 검무를 재현한 마당극 '칼노래 칼춤', 용담검무 등을 통해 새로운 공연문화를 만들어 가고 있다. 청년회의 경우 성지순례, 각종 예술제, 야영대회, 아동강습회, 한울학교, 심성수련 등 다양한 프로그램을 운영, 비록 내적이지만 천도교문화를 만들어가는 데 기초적인 활동을 꾸준히 전개하고 있다.

5. 맺음말

이상에서 살펴보았듯이 천도교 문화운동의 흐름은 시대적으로 매우 편향적으로 나타나고 있다. 일제강점기에는 출판문화운동, 농민운동, 어린이운동, 노동운동, 교육운동 등 다양한 방면에서 전개하였으며, 해방공간에서는 주로 정치활동과 관련하여 전개되었다고 할 수 있다. 그리고 분단과 그 이후 현재에 이르기까지 뚜렷한 문화운동의 흐름을 추적하는 데는 적지 않은 어려움이 따르고 있다. 이러한 현상은 천도교의 정체성 재고에도 많은 문제점을 남겨주고 있다. 오늘날 이러한 상황은 다만 천도교뿐만 아니라 한국에서 자생한 모든 종교에 해당된다고 보여진다. 본고에서는 천도교를 포함한 민족종교의 과제를 간단히 언급하면서 결론을 대신하려고 한다.

천도교를 비롯한 한국 민족종교운동은 한국의 근대사와 현대사에서 심화되어온 계급모순과 민족모순을 고발하는 동시에 그에 대한 극복방안을 제시함으로써 민족의 정체성 회복과 민족문화 발전에 기여하여 왔다. 이러한 한국 민족종교의 전통이 앞으로도 지속되어 함은 당연하다고 본다.

종교의 발생과 기능 및 변동은 사회의 구조나 변동과 밀접한 관련을 맺는다. 따라서 한국의 민족종교들이 민족사 속에서 지금까지와 같은 기능과 역할을 담당하기 위해서는 한국사회의 변동을 명확하게 분석하고 그에 대응해야 할 것이다.

첫째는 무엇보다도 종교 제도화의 과제이다. 천도교 등 민족종교들이 '세계종교'로 성장하기 위해서는 교회제도의 확립, 교리체계와 儀禮의 발전, 사회와의 관계 정립 등 내적인 기반을 갖추어야 할 것이다.

둘째로는 보편적 가치와 윤리 규범의 창출이다. 종교의 가장 중요한 기능은 인간 존엄성·사회 정의·세계 평화 등과 같은 인류의 보편적 가치와 공동선·인간애·해원상생 등과 같은 윤리 규범을 제시하고 구현하는 데 있다. 민족종교 창교자들이 제시한 이념과 사상은 처절한 고뇌와 체험 그리고 人間愛의 산물이었다. 이것은 결코 변화될 수 없는 그 종교의 본질적인 것이지만 시대와 상황의 변화에 따라 이를 재조명하고 재해석해야 한다. 이러한 노력은 관념적인 차원을 넘어, 생활을 통해 사회적으로 구현될 수 있도록 생활윤리로 구체화되어야 한다.

셋째로는 민족 정체성의 확립과 민족문화의 형성에 기여해야 한다. 주어진 변화에 대응하기 위해서는 무엇보다도 자신은 누구이며 어떠한 소명을 지니고 있는지를 분명히 인식하는 것이 필요하다. 마찬가지로, 정보화와 세계화의 흐름에 대응하고 그것을 주도하기 위해서는 뚜렷한 민족적 정체의식과 민족문화의 확립이 요구되게 마련이다. 한국 민족종교는 세계사의 물결 속에서 손상된 민족적 자존심을 회복하고 밀려오는 외래문화의 충격 속에서 민족문화의 정체성을 확립하려는 강한 의지와 노력을 보여 왔다. 이러한 한국 민족종교의 전통은 오늘날과 같은 정보화 세계화 시대에는 더욱 지켜지고 발전되어야 한다.

넷째로는 민족의 화해와 일치 그리고 통일에 적극적으로 기여해야한다. 이 과제를 풀어내는 데는 민족모순에 대응하고 민족의 자존을 회복하기 위해 투신해 온 한국 민족종교들이 앞장서야 한다. 민족의 화해와 일치를 통한 분단상황의 극복을 위해서는 종단 차원의 노력뿐아니라 민족종교들 간의 협의와 협력 그리고 타종교들이나 타 사회단체들과의 공동 활동도 모색할 필요가 있다.

다섯째로는 생명 존중 사상을 보급하고 생태계의 보존을 위해 노력해야 한다. 과거 산업시대에는 합리성과 능률의 원리가 강조되었고 자연에 대한 개발과 정복이 인류사회에 복지를 가져다줄 것으로 인식되고 있었다. 그러나 이러한 사유방식은 인간소외와 자연파괴를 불러왔으며, 그 결과 오늘날 생명·환경·자연의 중요성이 제기되고 있다. 생명·환경·자연의 중요성을 이미 강조해온 한국 민족종교들은 이와 같은 세계문화의 흐름에 부응할 잠재력을 충분히 지니고 있다. 한국 민족종교들은 이러한 자신의 잠재력을 개발하고 그것을 실제의 행동을 통해 사회적으로 구현하는 데 모범을 보여야 할 것이다.

여섯째로는 새로운 종교문화의 형성에 기여해야 한다. 오늘의 한국사회는 여러 종교들이 자신의 자산을 증대시키고 사회적 영향력을 강화하기 위해 무한 경쟁하는 다종교 상황을 나타내고 있다. 이에 따라 종교 간의 대립과 갈등은 심화되고 있으며, 종교문화 역시 '양적 성장, 질적 저하'라는 평을 들을 정도로 미숙한 상태를 극복하지 못한 채 많은 종교문제들을 양산하고 있다. 민족종교들은 '병든 사회'에 능동적으로 대응하지 못하는 기성종교들의 한계점을 고발하면서 등장하였다. 이러한 민족종교들의 초기 의지는 자신의 모든 것을 사회에 드러내 보여 공론화시킴으로써 비리와 병폐를 근원적으로 차단하고 건전한 종교문화를 창출하는 것으로 입증해야 한다.

제2장 3·1운동과 민족대표
-신복룡 교수의 논지에 대한 반론-

　신복룡 교수는 2001년 『동아일보』에 「한국사 새로보기」[1]를 통해 2001년 6월 2일 '전봉준이 동학교도가 아니다'라는 논란을 일으키고 2개월 후인 8월 4일에도 '3·1운동은 민족대표 33인의 거사 아니다'라는 논지로 재차 논란을 제기하였다. 앞서 그의 허무맹랑한 논지에 대해 반론한 바 있지만 이번에도 그의 터무니없는 주장에 대해 반론하고자 한다. 반론에 앞서 신 교수의 논지에 대하여 몇 가지 첨언하고자 한다. 우선 그가 주장하고 있는 논지의 가장 큰 문제는 사료적 근거가 명확하지 않다는 것이다.

　2001년 6월 2일 제기하였던 '전봉준이 동학교도가 아니었다'에서도 마찬가지였지만[2] 이번 역시 적확한 사료적 근거 없이 흥미위주로 독자를 현혹하고 있다는 것이다. 그리고 그가 주장하고 있는 문제에

---

[1] 신복룡 교수는『동아일보』에 연재한 글과 연재하지 못한 글을 모아 2001년 11월『한국사 새로 보기』(풀빛)를 간행하였다. 이 책에는 연재하면서 겪었던 '추기'를 덧붙이고 있다.

[2] 필자는 '전봉준이 동학교도가 아니었다'라는 글에 대해 반론을 제시한 바 있다. 성주현, 『동학과 동학혁명의 재인식』, 국학자료원, 2010, 119~129쪽 참조.

대한 사료의 뒷받침 또한 적확하지 않고 있다. 이러한 점은 그가 제기하고 있는 주장을 설득력 있게 만들지 못하고 있다. 오히려 학자로서의 자세에 대해 의문을 제기하게 된다. 본고에서는 신 교수가 『동아일보』를 통해 '3·1운동은 민족대표 33인의 거사 아니다'에서 제기하고 있는 논제를 사료를 통하여 반론하고자 한다.

신복룡 교수가 '3·1운동은 민족대표 33인의 거사 아니다'에서 주장하는 논지 중 사료적으로 문제가 있는 것은 다음과 같다.

> 첫째, 최린이 종로경찰서 고등계 신철에게 5천 원을 주었다.
> 둘째, 신철이 5천 원을 받은 사실이 일본 측 기록에는 있고 한국 측 기록에는 없다.
> 셋째, 독립선언서를 한용운이 쓰기로 되어 있었다.
> 넷째, 민족대표가 파고다 공원에 나오지 않아 학생들이 분노하여 민족대표에게 비난하며 대들었다.
> 다섯째, 학생 대표들이 오후 3시에 민족대표의 소재를 알았다.
> 여섯째, 민족대표가 오후 2시가 아니라 오후 3시에 모였다.
> 일곱째, 민족대표의 독립선언 자리에 음식상이 나오고 기생들이 시중을 들었다.
> 여덟째, 민족대표가 일경에 붙잡혀 간 것은 통고가 아니라 그냥 체포였다.

이상이 신복룡 교수가 '3·1운동은 민족대표 33인의 거사 아니다(이하 '거사 아니다')'에서 주장하고 있는 것이다. 이에 대해 순서대로 하나하나 반론하고자 한다.

첫째 주장에 대해 신 교수는 '거사 아니다'에서 다음과 같이 언급하고 있다.

> 인쇄소를 급습당한 보성사 사장 이종일의 얼굴이 흙빛이 되었다. 신철은 선언서 한 장을 챙겨들고 말없이 인쇄소를 나갔다. 이종일은 즉시 천도교 유력자인 최린에게 이 사태를 보고했고, 최린은 신철을 저녁식사에 초

대했다. 이 자리에서 최린은 신철에게 민족을 위해 며칠 동안만 입을 다물어 줄 것을 부탁했다. 이때 최린은 그에게 5000원을 주며 만주로 떠나라고 권고했다.

여기서 신 교수는 '이종일이 최린에게 보고하고 최린이 신철을 만나 5천 원을 주었다'고 언급하고 있으나 이것은 전혀 사료적 근거가 없다.

독립선언서는 3·1운동이 일어나기 전인 2월 27일부터 천도교가 경영하고 있던 보성학원 내의 보성사에서 인쇄 중이었다. 당시 보성사에는 사장이며 민족대표 33인의 한 분인 이종일과 공장 감독 김홍규 등 세 명이 있었다. 한참 인쇄 중이던 한밤중 밖에서 문 두드리는 소리에 열어보았더니 악명 높은 종로경찰서 고등계형사 신철이었다. 이종일은 신철에게 '하루만 지나면 모든 것이 백일하게 들어 날 터이니 오늘 하루만 용서해주시오'라고 읍소하였다. 이에 말이 없자 이종일이 신철을 데리고 가회동 의암 손병희 선생의 집으로 가려고 하자 그는 '나는 여기 있을 테니 당신이 갔다 오시오'라고 하였다. 이종일은 즉시 의암 손병희를 뵙고 상황을 전달하자 손병희는 '이걸 갔다 주시오'라고 하였다. 이에 이종일은 인쇄소로 돌아와 이를 신철에게 건넸다. 오히려 신철은 이를 아무에게도 말하지 말라며 유유히 사라졌다.

당시 신철이 들이닥치자 이종일은 상황의 위급함을 알고 이를 즉시 손병희에게 알렸고 손병희의 지시에 따라 처리하였다. 이에 대해 이종일은 비망록에서 다음과 같이 기록하고 있다.

어제 대한인 형사는 의암과 상의하여 겨우 매수할 수 있었다. 수천 원을 덥썩 집어주니 겸연쩍게 물러갔다.[3]

3) 이종일, 「黙菴備忘錄」, 『沃坡李鍾一先生論說集』 卷三, 沃坡文化財團 沃坡記念事業會, 1984, 500쪽.

한편 신 교수가 언급하고 있는 최린은 당시 신철을 만나지 못했다. 당시의 상황은 손병희와 이종일의 사이에서 발생하고 처리된 것이기 때문에 최린과는 직접적인 관계가 없는 것이다. 최린 역시 그의 자서전에 신철과 만난 기록이 없다. 따라서 신 교수가 주장하고 있는 이종일이 최린에게 보고하고 최린이 신철을 저녁식사에 초대하고 5천 원을 주었다는 것은 사료적 근거가 없는 허구인 것이다.

두 번째 신 교수가 주장하고 있는 것은 신철이 5천 원을 받았다는 기록이 일본 측에는 있고 한국 측 기록에는 없다는 것인데 다음과 같이 언급하고 있다.

일본 측 기록에는 신철이 그 돈을 받았다고 되어 있고, 한국 측 기록에는 "그가 돈을 받지 않고 묵묵히 듣고만 있다가 나갔다"고 되어 있다.

신 교수가 두 번째 주장하고 있는 것은 이미 첫 번째 주장의 반론에서 해명되었다. 다만 8월 9일 신 교수를 만나 이 주장과 관련하여 토론할 때 이종일의 「묵암비망록」을 제시하자 '본 적이 없다'고 답변하였다. 그의 답변은 너무 무책임하게 느껴졌다.

신철은 천도교로부터 5천 원을 받은 후 만주로 갔다가 민족대표의 독립선언 발표를 무사히 치룬 후 일경에 체포되었는데, 3월 14일 서울로 압송되었으며 헌병대에서 취조를 받은 후 5월 15일 구치장에서 자살하였다.[4]

셋째, 신 교수는 독립선언서를 한용운이 작성하기로 되었다고 하면서 다음과 같이 언급하고 있다.

본래 독립선언서는 만해 한용운이 쓰도록 되어 있었다. 그러나 원고

---

[4] 『每日申報』, 1919년 5월 22일자.

검토과정에서 문장이 너무 격렬하다는 이유로 유보되었고, 최남선에게 다시 쓰게 하였다.

신 교수가 주장하고 있는 것은 아마도 한용운이 서대문형무소에서 쓴 「독립의 서」를 독립선언서로 착각하고 있는 듯하다. 실제 신복룡 교수를 만났을 때, 신 교수는 한용운의 「독립의 서」를 「독립선언서」라고 하였다. 독립선언서의 작성은 이종일도 하고 싶어 했으나[5] 처음부터 육당 최남선이 작성하기로 되어 있었다. 최린은 최남선·현상윤과 함께 3·1운동을 기획하는 과정에서 선언서를 준비해 둘 필요성을 제기하였다. 이때 최남선은 자신은 '학자로 일생을 마치기로 결심한 바 독립운동의 표면에 나서고 싶지 않으나 독립선언서만큼은 직접 쓰고 싶다'고 하였다. 최린은 육당의 충정과 처지를 생각하여 그에게 맡기기로 결정하였다.[6] 이 시기가 2월 초순이었고 독립선언서가 작성된 것은 2월 15일이었다. 다만 한용운은 독립선언서를 작성한 최남선이 독립운동에 참여하지 않는다는 이유로 자신이 작성하겠다고 했으나 최린은 최남선이 작성하는 것이 당연하다고 하면서 거절하였다.[7] 그리고 한용운 자신도 취조과정에서 독립선언서 작성은 최린이 맡았다고 증언하였다.[8]

한용운이 3·1운동에 참여한 시기는 대체로 1월 말경이다. 최린은 기독교와 3·1운동을 같이 하기로 합의한 후 1월 말경(한용운의 취조록에 의하면 1월 27, 28일경[9]) 한용운과 만나 민족자결원칙을 논의한 바 있으나 3·1운동 계획에 대해서는 말하지 않았다.[10] 이후 서너 차

---

5) 이종일, 「黙菴備忘錄」, 500쪽.
6) 최린, 「自敍傳」, 『如菴文集』 上, 如菴先生文集編纂委員會, 102쪽.
7) 이병헌, 『3·1운동비사』, 시사시보사출판국, 1959, 193쪽.
8) 이병헌, 「한용운선생 취조서」, 『3·1운동비사』, 613쪽.
9) 이병헌, 『3·1운동비사』, 601·605쪽.
10) 이병헌, 『3·1운동비사』, 594쪽.

례 만나면서 최린은 3·1운동 계획을 설명하였고 한용운도 참여하고
싶다하여 참가하게 되었다.

넷째, 다섯째, 여섯째 주장에 대해 신 교수는 민족대표들이 오후
3시에 태화관에 모였고, 학생대표들이 민족대표들이 파고다 공원에
참석하지 않은 것에 대해 분노하고 비난하였다고 하면서 다음과 같
이 언급하고 있다.

> 약속대로 젊은 학생들은 파고다 공원에 모였으나 민족대표들이 보이지
> 않았다. … 민족대표들의 불참에 대해 학생들의 분노가 폭발했다. … 2시
> 에 모이기로 한 사람들이 거의 모두 모인 것은 오후 3시였으며 … 이 때가
> 오후 4시였다. 이 무렵 강기덕을 중심으로 하는 학생들이 태화관으로 들이
> 닥쳐 민족대표들이 파고다 공원에 참석하지 않은 것을 비난하며 대들었
> 다.

이와 관련하여 신 교수의 주장은 민족대표들이 오후 2시에 태화관
에 모이기로 했는데 1시간이나 늦은 오후 3시에나 모였다는 것이다.
그러나 사정에 의해 길선주·유여대·김병조·정춘수 등 4명을 제
외한 민족대표들은 오후 2시경에 모두 참석하였다. 민족대표의 취조
록에 의하면 정오경에 권동진[11]·최린,[12] 오후 1시경에는 의암 손병
희[13]·권병덕[14]·최린·오세창 등이, 오후 1시 반경에는 양한묵[15]·
이종일,[16] 오후 1시40분경에는 나인협,[17] 오후 1시 45분경에는 양전
백[18] 오후 2시경에는 이필주[19]·백용성[20]·김완규[21]·김창준[22]·나

---

11) 이병헌, 『3·1운동비사』, 190쪽.
12) 최린, 「자서전」, 201쪽.
13) 이병헌, 『3·1운동비사』, 97쪽.
14) 이병헌, 『3·1운동비사』, 222쪽.
15) 이병헌, 『3·1운동비사』, 270쪽.
16) 이병헌, 『3·1운동비사』, 389쪽.
17) 이병헌, 『3·1운동비사』, 244쪽.

용환[23])·이명룡[24])·이종훈[25]) 등 모두 2시경에는 태화관에 참석하였다. 그리고 이난향의 회고록에도 오후 1시부터 민족대표들이 모두 모였다고 증언하고 있다.[26])

이와 같이 사료적 근거가 명확한데도 신 교수는 어느 근거에 의해 민족대표들이 오후 3시에 모두 모였다고 하는지 명확하게 밝혀야 할 과제이다.

또한 신 교수는 학생들이 민족대표의 소재지를 파악하지 못하다가 오후 4시에 태화관으로 달려갔다고 하였다. 그러나 3·1운동을 준비하고 있던 학생대표인 강기덕은 이미 10시에 민족대표들이 태화관에 모인다는 것을 알고 있었다.[27]) 강기덕은 김문진으로부터 이 소식을 듣고 확인하기 위해 오후 1시에 태화관에 도착하였다. 그리고 신 교수가 언급한 것처럼 비난하고 대들었던 것이 아니라 장소를 변경한 이유를 알아보고자 하였다. 또한 현장에 있었던 이병헌은 당시의 상황을 다음과 같이 기록하고 있다.

> 이때 강기덕·김원벽·한위건 3인은 태화관으로 와서 무슨 일로 공원서 선포한다 하고 이곳 와서 있느냐 하며 어서 공원으로 가서 대중 앞에서 선포하라고 강요하였다. 그 당시 손병희 선생과 최린 선생이 이해될 말로 양해를 시켜서 전기 3인은 돌아갔다.[28])

---

18) 이병헌, 『3·1운동비사』, 256쪽.
19) 이병헌, 『3·1운동비사』, 126쪽.
20) 이병헌, 『3·1운동비사』, 138쪽.
21) 이병헌, 『3·1운동비사』, 150쪽.
22) 이병헌, 『3·1운동비사』, 162쪽.
23) 이병헌, 『3·1운동비사』, 233쪽.
24) 이병헌, 『3·1운동비사』, 335쪽.
25) 이병헌, 『3·1운동비사』, 380쪽.
26) 이난향, 「남기고 싶은 이야기들－명월관」, 『중앙일보』, 1971년 1월 15일자.
27) 이병헌, 『3·1운동비사』, 695~696쪽.
28) 이병헌, 「일지 중에서」, 『3·1운동비사』, 66쪽.

일곱째 주장은 3·1운동의 정체성을 혼돈케 하는 것으로써, 신 교수는 다음과 같이 언급하고 있다.

음식상이 나오고 주산월을 비롯한 기생들이 시중을 들었다.

이에 대한 근거로 신 교수는 당시 기생이었던 이난향의 회고록을 제시하고 있다. 그러나 이난향의 회고록에는 어느 한 곳에서도 민족대표들이 모인 자리에 술상이 나오고 기생이 시중을 들었다는 기록이 없다. 이는 전적으로 민족대표를 폄하하기 위한 모략으로밖에 보이지 않는다. 이 문구로 인해 '거사 아니다' 기사의 삽화는 민족대표들이 독립선언 자리에서 기생을 끼고 술파티를 벌인 것으로 단정하고 있다. 이는 숭고한 3·1정신을 술자리로 폄하하는 것이다. 이에 대한 반론은 이난향의 회고록으로 대신하고자 한다.

손병희 선생이 도착하자 좌중은 거의 찼고 어느 틈엔가 태화정 동쪽 처마에는 태극기가 힘차게 나부끼고 있었다. … 이윽고 손병희 선생을 위시한 민족대표 33인 중 이날 참석한 29인이 자리에서 일어나 동쪽을 향해 태극기에 경례한 다음 육당 최남선이 지은 독립선언문을 낭독했다.
독립선언문 낭독이 끝난 다음 대한독립만세 3창이 우렁차게 터져 나왔고 이미 독립선언 축하연이 베풀어졌다.[29]

그 외에도 이와 관련하여 이날 민족대표들의 상황에 대해 이병헌은 '간소한 식사',[30] 강기덕은 '상을 한가운데 놓고 둘러 앉았다',[31] 이종일은 '기독교 대표들은 차려놓은 음식도 제대로 먹지 않고 예수께 기도만 올리면서 경건하고도 긴장된 모습이었다'[32]고 밝힌 바 있

[29] 이난향, 「남기고 싶은 이야기들—명월관」.
[30] 이병헌, 『3·1운동비사』, 66쪽.
[31] 이병헌, 『3·1운동비사』, 696쪽.
[32] 이종일, 「묵암비망록」, 562쪽.

다. 한용운도 '식사가 나왔다'고 증언하고 있다.[33] 그리고 주산월은
이미 1911년에 의암 손병희를 만났으며, 1913년부터 가회동에서 생활
하였다.[34] 또 1921년 서대문형무소의 손병희의 옥바라지를 하는 주
산월이 6, 7년 전부터 손병희를 모시고 있었다고 하였다.[35]

끝으로 신 교수는 민족대표들이 통고가 아니라 그냥 체포되었다고
하였는데 이에 대한 언급은 다음과 같다.

> 학계에서는 이 문제를 놓고 자수냐 통고냐, 아니면 투항이냐 하면서 한
> 때 치열한 감정 싸움까지 번진 적이 있으나 … 독립운동이 범죄는 아니므
> 로 자수란 말은 온당치 않다. 통고란 앞서 지적한 것처럼 원초적으로 존재
> 하지 않는다. 투항이란 용어는 적과 대치한 상황에서 더 이상 저항을 포기
> 하고 항복하는 행위로서 이 또한 독립운동가에게는 맞지 않는 용어이다.
> 그냥 체포되어 간 것이다.

신 교수는 종래의 기록에는 '민족대표들이 태화관 주인 안순환으
로 하여금 종로경찰서에 전화를 걸어 통고하도록 했고, 연락을 받고
경찰이 달려와 민족대표를 연행했'라고 되어있으나[36] 출처가 없다
고 단언하고 있다. 다만 이러한 근거는 이난향의 회고록을 참고한
것으로 짐작된다.

그런데 여기서 하나 짚고 넘어갈 것은 신 교수가 이난향의 기록을
경우에 따라서는 1차 사료로, 그렇지 않을 경우에는 1차 사료로 보지
않는다는 점이다. 즉, '음식상이 나오고 기생이 시중을 들었다'고 할
때는 1차 사료로 보는 반면, 민족대표의 통고설에서는 1차 사료로 인
정하지 않고 있다.

---

33) 이병헌, 『3·1운동비사』, 616쪽.
34) 「천도교종법사 주옥경 약력보고」.
35) 『동아일보』, 1920년 5월 14일자.
36) 『한국독립운동사』 2권, 원호처, 1971, 102쪽.

그러나 '민족대표의 통고설'은 이난향의 회고록 외에도 민족대표 33인인 이종일의 비방록에서도 '의암은 곧 최린에게 일본 총감부에 전화로 우리의 소재를 알리게 하고 "우리는 당당히 스스로 잡혀가는 것"임을 강조했다'라고 기록하고 있다.[37] 그리고 이병헌도 '의암 선생이 최린에게 왜경총감부에 전화로 통고하라고 했다'라고 하여[38] 통고설을 뒷받침하고 있다. 결국 신 교수의 주장인 '그냥 체포'라는 기술은 민족대표를 억지로 폄하하려는 작업의 일환으로 볼 수밖에 없다.

모든 운동에서 항상 운동을 계획하고 추진하는 지도부와 운동과정에서 참여하는 참여자가 있게 마련이다. 따라서 운동은 이 모두 다 중요한 위치를 차지하고 있다. 결국 지도부와 참여자는 둘이 아니라 하나라는 인식을 가져야 한다. 그동안 학계에서는 3·1운동을 영웅사관으로 평가하지는 않고 있다. 그리고 3·1운동에 참여한 일반인에 대해서도 폄하하지도 않고 있다. 다만 역할의 크고 작음을 평가할 뿐이다. 그러므로 3·1운동은 전 민족이 참여한 민족의 대제전으로 인식하고 있다. 그렇기 때문에 3·1정신이 오늘날 헌법정신의 기초가 되고 있는 것이다. 다만 신복룡을 비롯하여 몇몇 소수의 학자와 북한만이 3·1운동을 영웅사관으로 본다. 이러한 신복룡의 논리라면 역사상에서 모든 운동뿐만 아니라 전쟁 역시 민중운동이라고 해도 과언이 아닐 것이다.

전체적으로 볼 때 신 교수는 1차 사료를 확인할 수 없다는 이유로 상상력을 동원한 허구를 주장하고 있다. 그 자신도 1차 사료가 없다고 하면서도 그것이 가장 정확한 사료인 양 사료적 가치가 적은 사료를 인용하고 있다. 역사의 기술에 있어서 사료의 인용은 신 교수처럼

---

37) 이종일, 「묵암비망록」, 502쪽.
38) 이병헌, 「일지중에서」, 『3·1운동비사』, 66쪽.

무비판적 무조건적 편향적으로 이용하기보다는 당시의 상황을 철저하게 인식하고 난 후 비판적 의식을 가지고 인용해야 한다. 그래야만 올바른 역사를 기술할 수 있다.

찾아보기

ㅇ

ㅈ

ᄎ

기타

성주현

　한양대학교 대학원에서 「천도교청년당연구(1923-1939)」로
박사학위를 받았으며, 천도교에서 신인간사 편집장, 자료실
장, 교무관서 등으로 20년간 활동하였다. 독립기념관 한국독
립운동사연구소 연구원, 부천대학 겸임교수, 경기대학교 전
통문화콘텐츠연구소 상임연구원 등을 역임하였다. 현재 청암
대학교 재일코리안연구소 연구교수로 있으며 중앙대학교와
경기대학교, 한양사이버대학교에 출강하고 있다. 주요 논저
로『동학과 동학혁명의 재인식』,『일제의 식민지정책과 매일
신보』(공저),『시선의 탄생』(공저) 등과 동학 및 천도교, 민족
운동 등 관련 논문 다수가 있다.